国家社科基金
后期资助项目
GUOJIA SHEKE JIJIN HOUQI ZIZHU XIANGMU

国家与建设：
南京国民政府建设
委员会研究（1928～1938）

State and Construction:
The Construction Committee of Nanjing National
Government, 1928-1938

谭备战　著

社会科学文献出版社
SOCIAL SCIENCES ACADEMIC PRESS (CHINA)

国家社科基金后期资助项目
出版说明

    后期资助项目是国家社科基金设立的一类重要项目，旨在鼓励广大社科研究者潜心治学，支持基础研究多出优秀成果。它是经过严格评审，从接近完成的科研成果中遴选立项的。为扩大后期资助项目的影响，更好地推动学术发展，促进成果转化，全国哲学社会科学工作办公室按照"统一设计、统一标识、统一版式、形成系列"的总体要求，组织出版国家社科基金后期资助项目成果。

全国哲学社会科学工作办公室

序

　　河南中医药大学马克思主义学院谭备战博士主持的国家社科基金后期资助项目"南京国民政府建设委员会研究（1928～1938）"通过结项评审，即将出版。书名定为《国家与建设：南京国民政府建设委员会研究（1928～1938）》。该书是目前学界第一部对南京国民政府建设委员会进行深入系统研究之作，填补了相关空白。在其出版之际，表示祝贺。

　　蒋介石等人1927年4月在建立南京国民政府，挑起宁汉对立之后，急需用各种方式来证明其政权的合理性与合法性，充分利用孙中山的"政治遗教"便是其中最重要的方式。孙中山生前提出的《建国大纲》和《实业计划》，即是必须严格遵守的"总理遗教"。为实现孙中山的遗愿，南京国民政府成立了诸多关于国家建设的机构，建设委员会即是当时建立的一个主管全国建设事业的政府机构。它是一个经济建设机构，但说它是特定历史时期的政治产物，也不为过。

　　随着国民党政权在全国统治的稳定，建设委员会的职权范围逐渐缩小，但凡其经营的事业，如无线电、电力、淮南煤矿及淮南铁路等，均对中国经济的现代化进程产生了积极影响。其后，随着国家建设走上正轨，以及中日民族矛盾的逐渐上升而准备全面抗战，建设委员会便开始失去了成立时被赋予的"政治意义"，且其功能被随后成立并渐渐壮大的全国经济委员会、国防设计委员会等机构所分解、取代，被边缘化。全面抗战爆发半年后，建设委员会即被裁撤，其功能与人员被并入经济部和资源委员会等机构，结束了其短暂的十年历史。

　　建设委员会成立与裁并的历史，基本上反映了这样一种历史现象，即一个新政权建立后，总要为其生存与发展寻找一个合法的政治外衣。南京国民政府成立后，孙中山的"政治遗教"成为其合法的政治外衣，建设委员会即是这一政治外衣的产物。其后，全国经济委员会及国防设计委员会的相继出现，反映了南京国民政府按照国家发展的实际情况，迅速调整经济建设领导机构的现象。这也是中国迈向现代化与准备全面对日抗战历史过程中会出现的必然情况，因为随着国家建设事业的增多，众多经济建设机构亦必定会适时出现。建设委员会建立、其职权范围会受到影响，甚至受到挤压而渐渐失去发展的空间，亦是时势使然。

谭备战博士的《国家与建设：南京国民政府建设委员会研究（1928～1938）》，是作者在精心爬梳史料的基础上，对建设委员会成立的背景、概况、曲折发展，直至在抗战爆发后被裁并的完整历史进行了全面梳理，对建设委员会所努力经营的主要事业进行了述评。这是国内外第一次以完整的学术视角全面细致地梳理建设委员会的发展脉络，第一次系统地构建建设委员会学术研究的科学体系与框架，确定了建设委员会研究基本范围与内容，具有学术上的开创性与原创性，是一项开拓性的学术研究。

这部著作以翔实的史料为基础，深入探讨了建设委员会所创办或者所管理的事业的发展历史。在实证研究的基础上，以建设委员会推动中国现代化建设为研究视角，对建设委员会整理与发展无线电事业、经营与发展煤矿事业、铁路与农田现代灌溉事业等，使其发展成为国营事业的措施与绩效进行探讨，进一步深化了学术界对中国经济现代化进程的认识。建设委员会与国民政府的"南京十年"相始终，抗战爆发后并入经济部。这表明在由传统社会向现代社会转型的过程中，国家机构主导的经济建设，也是一条可行之路。在这个意义上，建设委员会具有一定的历史地位与启迪意义。

在发掘史料，廓清史实，构建研究体系的基础上，这部著作将制度史与社会经济史研究熔于一炉，尝试对民国时期社会经济史与制度史进行有效的融合研究，大大丰富了两者的研究内容，使我们能够更清楚地了解抗战前十年中国社会经济发展的实际状况和抗战前中国的国防经济实力。该书在研究方法上也有所创新。首先将建设委员会放在20世纪中国逐步融入国际化的背景下进行研究，采取历史实证与历史分析的研究方法，利用现代化理论把政治制度史与社会经济史研究、个案研究与一般研究、微观研究与宏观研究有机地结合起来。同时，充分吸取社会学、政治学及经济学等相关学科的理论与研究方法，在唯物史观指导下，对建设委员会进行以历史学为主体的多学科、多层面的创新性研究。

历史研究归根到底，是对人类、人类生活的研究。谭备战博士的这部著作在研究建设委员会时，注重考察其领导人张静江对该机构产生的重要影响与作用，并对张静江一生的功过进行评点。书中提出，张静江是民国时期重要而又复杂的历史人物，既要看到其在国民革命后期支持以蒋介石为首的国民党新右派的反共政策，也要认识到张静江早期对孙中山资产阶级革命事业的支持，与1928年后致力于建设委员会工作时期对中国现代化建设的客观推动作用。通过对不同时期、不同层面的考察，我们对张静江的认识可以更全面、更立体、更客观。这样的分析方法，是值得肯定的。

全书主题明确，结构严谨，逻辑思路十分清晰，所用史料充分丰富。尤其是建设委员会所发行的《建设委员会公报》（1～77期）采用较多，这部分史料学界采用者不多。另外，书中也大量引用了档案资料与报刊资料。翔实的史料与考证，使该书的立论有了较坚实的基础。该书是一部史料基础厚实、创新点颇多的优秀学术著作。

如果用学术精品更高的标准来衡量，谭备战的论著仍存在一些不足或缺憾，有些问题尚需进一步深入研究，对该课题的研究还有提升的空间。例如，论著虽然将建设委员会放在中国国际化的背景下进行研究，但仍不充分。再如，对于建设委员会与全国经济委员会、国防设计委员会的关系，书中虽有论及，但并不充分，仍有诸多的研究空间。实际上，通过这三家机构的比较研究，可以全面了解全面抗战前国民政府发展经济事业的努力与结果，可以加深对民国社会经济史与政治制度史的理解，了解南京十年间国民政府政治经济体制的运行情况，从而加深我们对民国历史的认识。此外，在如何使论著的文字更精炼准确与更具思辨性方面，也值得再认真推敲。

谭备战博士从开始读博至今，一直致力于南京国民政府建设委员会的学术研究，前几年将25万字的博士论文扩充至40万余字，以"南京国民政府建设委员会研究（1928～1938）"为题申报了国家社科基金后期资助项目，并获得立项批准，去年已经顺利结项，交给社会科学文献出版社出版，并邀我作序。我作为他的博士生导师，有幸先读他的著作，目睹他的进步，由衷地感到高兴。

相信他能够以此书出版为新的学术起点，继续深化对于建设委员会的研究，并发掘新的课题，取得更大的学术成就。

是为序。

陈红民

2019 年 7 月 5 日

目　录

绪　论

一　选题缘起

本书为个案研究，对象为成立于 1928 年 2 月、1938 年 1 月被裁并至经济部的南京国民政府建设委员会（以下简称"建委会"），这是一个为实现孙中山《建国大纲》和《实业计划》而成立的负责国家建设事业的政府机构。

南京国民政府于 1927 年 4 月 18 日成立，翌年 2 月即宣布成立建委会。对于这样一个在新政府成立不足一年即宣告成立的政府机构，以往史学界普遍认为，建委会专为国民党政府负责经济建设计划，然而实际情况并非全部如此。黑格尔曾经指出："把历史描绘成阿拉伯式的图案画当然是显得巧妙的，阿拉伯式的图案画上面就是大花朵长在纤细的茎上，但是这样来解释历史是非常浮浅的。"[①] 我们解释历史现象时不能仅用一种固定的方法和唯一的视角，也不能用简单的因素或者细微的原因，而要用多重的视角、多种的方法全方位地进行审视，否则必然导致认识历史问题时出现一些偏颇。实事求是地看，抗战爆发前的十年，"就一个国家的生命来说，是一段短暂的时期，但是在中国出现了历史上找不到平行例子的变化……中国为建设国家，并决心克服重重困难将它完成而做出的努力，已经取得不小的势头"。[②] 建委会即是此十年中为国家经济建设做出巨大贡献的政府机构之一。遗憾的是，时至今日，国内外学术界对建委会展开学术研究者仍然不多。本书尝试将该会的成立、发展及其裁并至经济部的发展历程爬梳清楚，使学术界对建委会有一个整体了解，这无疑具有一定的学术创新意义。

[①]　转引自列宁《哲学笔记》，人民出版社，1963，第 169 页。

[②]　〔美〕阿瑟·恩·杨格：《一九二七至一九三七年中国财政经济情况》，陈泽宪、陈霞飞译，中国社会科学出版社，1981，第 471～472 页。

建委会在中国近代政治和经济史上具有十分重要的地位。它以政府机构的身份经营和管理一定的国营企业，但在抗战爆发前夕，将所属的几个大型国有企业，即首都电厂、戚墅堰电厂、西京电厂、淮南煤矿及淮南铁路等在一周之内迅速转变为民营企业。这种先国营而后转为民营的情况，在中国近代经济史上并不多见。通过分析其运作，我们更能清楚地了解，建委会所属国营企业的经营活动及其最后转向民营企业，有着较为复杂的国内外背景。本书试图通过对建委会成立的历史背景、每个时期的经营活动以及最终退出历史舞台的过程分析，揭示出这一特定历史条件下成立的机构所具有的特殊历史面貌，剖析出它名义上是政府机构而实际上却具有办理国有企业经营的特权。建委会在发展的过程中，时刻利用国营企业的特权获取一些私营企业不能获得的优惠条件，发展颇快。在抗战爆发前夕，却又突然将所属国营企业迅速转向民营企业，招徕商股中国建设银公司经营（值得注意的是，建委会并非"公开招徕商股"，并在短暂一周内即招好商股），由此中国建设银公司控股了建委会所属的四大国营企业。建委会为何将所属国有企业在经营良好时突然转为民营企业，值得深入探讨。当时报纸分析建委会实行私有化，"纯为提倡人民投资，以扩充建设事业，故招收商股，组织公司，继续营业，于事业本身及内部均无所更张，同时即将招得之资金创办其他建设事业"，① 然而实际原因并非如此简单。探讨建委会为何在抗战前夕迅速实施私有化是本书要解决的另一个重要问题。

建委会的成立与裁并均与当时的历史环境有着十分深刻的内在联系。通过深入分析，我们可以更加清楚地了解，在 20 世纪二三十年代的国内外环境下，南京国民政府开展经济建设以挽回国家民族利权以及国家资本投资国营工业开展经济建设的一些特点。建委会成立于南京国民政府建立之初，是在孙中山"建国"理念指导下领导国家经济建设的政府机构，几乎与南京国民政府经济建设的"黄金十年"相始终。"1928 年至 1930 年，由于南京国民政府采取了一些发展经济的措施，国民经济取得了一些微弱的发展，到 1930 年达于高峰……1935 年以后，国民经济又有发展，到 1936 年又达到一个新的高峰。"② 建委会的发展历史亦是中国近代经济发

---

① （南京）《中央日报》1937 年 5 月 20 日。
② 张宪文主编《中华民国史纲》，河南人民出版社，1985，第 416 页。

展史上国营工业发展的一个缩影，在南京国民政府发展工业的优惠政策引导下，抗战前十年国营工业本应有很好的发展，但考察该时期的国营工业，经营情况良好者凤毛麟角，而建委会的所属企业却经营良好。虽然中央政府在其开始建设事业时仅拨付 10 万元国币支持建设，却获得极大的发展。它的经营策略在当时的国有工业中显得与众不同，探讨其成功的原因即显得颇有意义。

如果我们将建委会置于一个农业文明向工业文明转变的历史过程中考察，就会发现中国迈向现代化的步伐是多么艰难。根据美国现代化专家 C. E. 布莱克（C. E. Black）的观点，人类历史上有三次伟大的革命性转变，第一次革命性转变发生在 100 万年前，原始生命经过亿万年的进化以后，出现了人类；第二次革命性转变是人类从原始状态进入文明社会；而第三次革命性转变则是近几个世纪正在经历的事，全世界不同地域、不同民族和不同国家，从农业文明或游牧文明逐渐过渡到工业文明，即今天我们所指的现代化。① 至于每个国家进入现代化的情况，则又有些不同。根据美国社会学家 M. 列维的分析，不同国家现代化历程的起步时间与启动方式不同，加之第三次革命性转变所特有的弥散、扩张性质，现代化国家可分为"内源发展者"和"后来者"两大类型，即"早发内生型现代化"与"后发外生型现代化"两大类。前者以英、法、美等国为典型代表，早在 16～17 世纪即开始起步现代化，最初的启动因素均源自本社会内部，是其自身历史的绵延。后者则包括德、俄、日及当今世界广大的发展中国家。它们现代化的进程大多迟至 19 世纪才开始起步，最初的启发动因和刺激因素主要来自外部世界的挑战与现代化的示范效应。② 中国现代化的反应类型与历史走向则是由中国历史和西方文明的示范效应叠加在一起共同制约的。

按照罗荣渠对中国现代化发展历程的研究，中国现代化的最初启动上溯至 19 世纪 60 年代的清末自强运动。以此为起点，大致可划分为两大阶段：1860～1911 年，即清王朝最后五十年中试图挽救其衰亡命运而从事的现代化努力，为第一阶段；1912～1949 年，即共和时代为争取按西方资本主义模式建立现代国家的独立、统一经济发展所做的努力，是

---

① 〔美〕C. E. 布莱克：《现代化的动力》，段小光译，四川人民出版社，1988，第 1～4 页。
② 孙立平：《后发外生型现代化模式剖析》，《中国社会科学》1991 年第 2 期。

第二阶段。① 在第一阶段，中国已在探索现代化的途径与方法，可是由于没有一个稳定的发展环境，当时统治者根本无法实现国家的现代化。至第二阶段，尤其是南京国民政府成立后，从内外环境而言，可谓出现了实现现代化的可能性，但在整个南京国民政府时期，由于政局不稳，战乱不断，尽管"政府发表了许多声明，召开了无数次的会议，宣布了支持发展现代化经济建设的好多方案，而结果是微弱的"。② 前期管理国家各项建设事业而后期逐渐缩小为仅管理全国电力工业建设的建委会，却取得了举世瞩目的成就。建委会初期管理全国水利灌溉与无线电事业，复经营煤矿，后期管理电力工业，所办理的国营工业大多经营良好，实为当时国营工业经营的典范，故本书对其也进行了逐一探讨，以求对建委会所经营与管理事业的整体面貌有所了解。研究建委会的所有建设活动，可以使我们进一步深化对中国现代化进程的认识。

我们在分析建委会时，了解到它在发展道路上遭遇许多艰难曲折。虽然如此，建委会并未退却，而是积极推进，无论管理的电力工业、铁路交通、灌溉事业，抑或经营的淮南矿路均成为当时国营事业良好发展的典型。"战前十年内不利于经济建设的陈腐风气和制度，还在不少程度上继续存在。这些有害的东西包括：普遍缺乏现代农业技术……投资人喜欢把钱投入土地和放债而不肯用于经营企业……几乎每一门经济活动都缺少合格的技术人员；时常有内乱；没有实行法治。"③ 虽然如此，建委会却能够将所属企业经营管理良好，的确是一个值得认真思考和深入研究的问题。

大陆方面对建委会自始至终的领导人张静江的学术研究成果非常少见，相关文章也对其多持基本否定态度。然而"我们评定一个历史人物，应该以他所处的历史时代为背景，以他对历史发展所起的作用为标准，来加以全面分析。这样就比较易于正确地看清他们在历史上所应处的地位"。④ 张静江在追随孙中山的资产阶级革命活动中，始终是一个坚定的

---

① 罗荣渠：《现代化新论——世界与中国的现代化进程》（增订版），商务印书馆，2004，第287页。
② 〔美〕小科布尔：《上海资本家与国民政府》，杨希孟、武莲珍译，中国社会科学出版社，1988，第8页。
③ 〔美〕阿瑟·恩·杨格：《一九二七至一九三七年中国财政经济情况》，第326页。
④ 郭沫若：《关于目前历史研究中的几个问题》，《郭沫若全集·历史编》（3），人民出版社，1982，第486页。

革命者。南京国民政府建立后，尤其是张被任命为建委会领导人后，开始致力于国家建设事业，利用主政浙江的有利条件，对浙江各项建设事业加大投入，力争将其办成全国的"模范省"。在张被迫辞去浙江省主席后，继续努力经营建委会的事业。虽然建委会的职权范围随着国家建设机构的增多越来越小，但建委会存在的十年间，中国电力工业急速发展，成就非凡。所办理的淮南煤矿、淮南铁路等其他企业，在当时国营企业中独树一帜，获得良好信誉。这说明张静江是一个具有经济头脑的人才。对张静江个人的重新认识，是本书要讨论的一个重要内容。笔者认为，对于张静江，既要看到他在大革命后期的反共行为，也要看到他早期对孙中山领导资产阶级革命事业的支持以及在南京国民政府建立后领导建委会工作期间对中国现代化建设事业的推动作用。

通过对建委会的深入研究和分析，我们可以深刻地理解上述各问题，探讨建委会作为一个负责国家经济建设事业的政府机构，在南京国民政府初建时期即成立时的雄心勃勃、立志大搞国家建设，而后期随着政治经济形势的变化职权逐渐萎缩的江河日下的局面，为中华民国史研究提供一个新的视角。这就是本书选题的意义。

二　研究状况回顾

时至今日，国内外专门研究建委会的论著尚不多见，仅有部分论著涉及张静江及其领导的建委会的情况，这些研究成果为我们进一步开展建委会研究提供了初步基础。

首先是大陆地区的研究。随着中华民国史研究的深入，至 20 世纪 90 年代，逐渐有学者开始撰文介绍张静江的政治与经济建设活动，自然也就涉及建委会的情况。国内较早研究张静江的论文是刘义生的《张静江评析》[①] 一文。该文首先介绍张静江与孙中山之间的关系，张静江尤其从经济上支持孙中山领导辛亥革命，可谓中华民国的功臣，奠定了他在中国国民党内的重要地位；论文接着论述了张静江与蒋介石之间的关系，张静江帮助蒋介石登上了国民党政权的顶峰，蒋十分敬重他，称之为革命"导师"；最后论述了张静江与全国实业建设的内容，对建委会的活动做了简单评价。此文为全面认识张静江提供了一个全新的视角。赵兴胜的

---

① 刘义生：《张静江评析》，《史学月刊》1992 年第 6 期。

《1928～1937年的张静江》① 一文对张静江在1928～1937年的主要活动做了实事求是的分析。全文共分三部分，第一部分介绍张静江创办建委会的简单情况以及他与蒋介石之间的矛盾；抗战爆发后建委会被裁并至经济部，结束它在中华民国史上短暂的十年历史。第二部分通过论述张静江在煤矿、电力、交通、水利与通讯五个方面的主要经济活动，说明他在领导建委会时期对国家经济建设所做出的重要贡献。第三部分论述张静江的一些建设思想：第一，以发展为原则，公私共建。以长兴煤矿先民营后国营再民营的经历，以及张静江鼓励并支持一些民营电厂的发展为例加以说明。第二，以效益为中心，实事求是。杭江铁路与淮南铁路的建筑与经营将这一思想表现得非常明显。第三，自力更生，保护国货。如1929年西湖博览会的成功举办。第四，重视技术、人才和管理。建委会几个附属企业均为技术专家管理，经营良好。该文侧重于以张静江个人为研究视角来进行评述，而非以建委会为研究对象，但也扩展了建委会的研究空间。

介绍张静江个人事迹行为的文章也开始出现。李占才撰写的《张静江修筑铁路》② 一文向读者展示了张静江作为江浙财团中的主要人物，为国家铁路建设做出了重要贡献。张静江一生修建有三条铁路，其中任职浙江省主席时修筑的杭江铁路（建成后一个月按照蒋介石的指示向江西延伸，延长为浙赣铁路）在抗战中发挥了重要作用。为解决淮南煤矿的运输需要而修筑的淮南铁路，推动了安徽中北部地方经济的发展。至于江南铁路，作者认为实为政府官僚投资企业的行为。方一戈所著《张静江与"四省三铁路"》③ 一文，内容与上文略同。康丽萍、张建敏合著的《张静江与中华民国建委会》④ 短文对张静江创办建委会做了简要介绍。

建委会的附属企业推动地方经济的活动首先引起了部分研究者的注意，如马陵合、廖德明所著《张静江与淮南铁路——兼论淮南铁路的经济意义》⑤ 一文，论述了张静江在开发淮南煤矿时由于运输需要而修筑淮南铁路的情况及其对安徽经济发展的影响。修筑淮南铁路采取了如下策略：

---

① 赵兴胜：《1928～1937年的张静江》，《近代史研究》1997年第1期。
② 李占才：《张静江修筑铁路》，《民国春秋》1996年第4期。
③ 方一戈：《张静江与"四省三铁路"》，《文史春秋》2004年第1期。
④ 康丽萍、张建敏：《张静江与中华民国建委会》，《城建档案》2007年第5期。
⑤ 马陵合、廖德明：《张静江与淮南铁路——兼论淮南铁路的经济意义》，《安徽师范大学学报》（人文社会科学版）2005年第1期。

不借外债；不用外籍工程师；自力更生；先求其通，后求其备。① 该路的
建成为淮南煤矿的发展提供了便利的交通条件，也为安徽经济带来了新的
增长点。

建委会作为南京国民政府时期重要的政府机构，至今大陆地区专门研
究者为数甚少，不过近几年有关该会活动的论述开始增多。如钟华、范展
所著《论张静江在建委会时期的经济建设活动》② 一文论述了张静江在建
委会时期的一些经济建设活动和建设思想，分为两部分，第一部分介绍张
静江在建委会时期的一些经济建设活动，主要是煤矿、电力、水利、通信
及铁路等各项事业。第二部分从五个方面论述张静江在建委会时期的经济
建设思想：第一，重视吸收新技术与优秀人才；第二，加强管理和完善体
制；第三，利用民间资本，实行股份制，让利于民，公私共建；第四，从
实际出发，以效益为中心，走"渐进式"建设道路；第五，建设活动中注
意保护并促进民族工业的发展。论文对建委会的研究虽不深刻，但它是大
陆地区以之为题的较早研究。

部分专著也涉及了建委会的有关问题，增加了我们对该机构的了解。
韩文昌、邵玲的《民国时期中央国家机关组织概述》③ 一书主要从国家政
权机构的角度简述了建委会的成立及其职能，内容较为简单，可作为研究
建委会的参考资料。赵兴胜所著《传统经验与现代理想：南京国民政府时
期的国营工业研究》④ 对建委会的部分活动做了介绍。该书是研究南京国
民政府时期国营工业发展方面的专著，建委会是该时期办理较好的国营工
业的管理部门，因此该书部分内容有所涉及。如该书第二章第三节"战前
国营工业的发展状况"简述了建委会所属厂矿企业的经营活动，如首都电
厂、戚墅堰电厂、电机制造厂、长兴煤矿及淮南煤矿等，但未做深入
分析。

关于张静江传记的著作亦开始出现。2003 年由潘荣昆、林牧夫共同

① 周颂贤：《纪念张静江先生》，世界社编印《张静江先生百岁纪念集》，台北，1976，第
19 页。

② 钟华、范展：《论张静江在建委会时期的经济建设活动》，《湖州师范学院学报》2005 年
第 5 期。

③ 韩文昌、邵玲主编《民国时期中央国家机关组织概述》，档案出版社，1994。

④ 赵兴胜：《传统经验与现代理想：南京国民政府时期的国营工业研究》，齐鲁书社，
2004。

撰写的《中华第一奇人——张静江传》① 一书，描述了张静江传奇一生的经历，但对建委会着墨不多，史料价值较小。浙江南浔学者张建智所著的《张静江传》② 一书，由著名历史学家章开沅作序。章开沅在序言指出该书作者"本着客观公正的科学态度，在掌握大量翔实史料的基础上，浓墨重彩地为我们重现了张氏传奇性的生平"。③ 但该书对张静江主持建委会时期的活动涉及较少，加之引用的史料也无出处，作为一般了解张静江个人生平事迹的图书尚可。2006 年，张静江的侄孙张南琛与传记作家宋路霞合著的《张静江、张石铭家族——一个传奇家族的历史纪实》④ 一书由重庆出版社出版。该书第 131 页至第 139 页叙述了张静江主持建委会时期的一些情况。其中部分内容引自张静江后人的回忆录，具有一定的史料价值。

笔者近年来一直从事于张静江及其领导的建委会的研究，并发表了多篇相关学术论文。《南京国民政府时期省办铁路的先导——张静江与杭江铁路》⑤ 一文论述了张静江任浙江省政府主席时期修建杭江铁路，解决了制约浙江发展的铁路交通问题，一定程度上推动了浙江经济的全面发展。《孙中山与蒋介石心目中的张静江》⑥ 一文介绍了张静江与孙中山及蒋介石之间非同寻常的关系。孙中山先生称张静江为"革命圣人"，蒋介石则称张静江为革命"导师"，足见张静江在孙中山与蒋介石两人心中的地位。《试论抗战前国有企业私有化的原因——以建委会商业化运营为中心的考察》⑦ 一文论述了张静江领导的建委会后期所属国有企业私有化运营的情况，其中既缘于建委会资金紧张的困境，也有当时国际国内政治形势的需要。《南京国民政府时期国营煤矿事业经营的典型——以建委会与安徽淮

① 潘荣昆、林牧夫：《中华第一奇人——张静江传》，中国文联出版社，2003。
② 张建智：《张静江传》，湖北人民出版社，2004。
③ 章开沅：《序言》，张建智：《张静江传》，湖北人民出版社，2004。
④ 张南琛、宋路霞：《张静江、张石铭家族——一个传奇家族的历史纪实》，重庆出版社，2006。
⑤ 谭备战、谭新喜：《南京国民政府时期省营铁路的先导——张静江与杭江铁路》，《杭州师范学院学报》（社会科学版）2008 年第 1 期。
⑥ 谭备战：《孙中山与蒋介石心目中的张静江》，《党史文苑》（纪实版）2007 年第 19 期。
⑦ 谭备战：《试论抗战前国有企业私有化的原因——以建委会商业化运营为中心的考察》，《中国经济史研究》2008 年第 4 期。

南煤矿的发展为例的考察》① 一文论述了张静江领导的建委会在安徽淮南开发淮南煤矿的情况，淮南煤矿的建成，使淮南从一个无名山村发展成为一个新兴煤矿业城市，极大地推动了皖北经济的发展。《张静江与近代浙江陆上交通建设》② 一文论述了张静江任职建委会委员长兼任浙江省政府主席时领导浙江省的各项建设事业，尤其是陆上交通建设的情况，致力于使浙江省成为全国"模范省"，以此推动全国建设现代化事业。《南京国民政府对西北电力工业的开发与建设——以建委会创办西京电厂为例的考察》③ 一文论述了建委会开办陕西西京电厂的艰难过程，西京电厂的建设开发了西北的电力工业，为西北的各项现代化事业提供了动力供应，推动了西安各项事业的现代化进程，同时也反映了当时国难背景下国人开发西北的民族热情。

台湾地区对建委会及其领导人张静江的研究比大陆早，如有关张静江的传记、文集及年谱相继出版，无疑有助于对张静江及建委会的深入研究。

首先，有关张静江的文集随着张静江百年诞辰活动的开展编辑出版。1976 年在纪念张静江百岁诞辰活动后，中国国民党中央委员会党史史料编纂委员会编纂出版的《张静江先生文集》④ 一书，是中国国民党为纪念张静江出版的唯一一本书。该文集选录了张静江的部分重要文稿和参加一些会议的提案等，虽然内容不全，但也基本上反映了他一生的主要政治与经济思想，是研究张静江与建委会不可或缺的重要参考资料。同时，由张静江、李石曾等人早年创办的世界社出版了《张静江先生百岁纪念集》⑤，该书部分内容乃首次披露，具有一定的史料价值。同年，台湾浙江同乡会也编印出版了《开国元勋、张乡长静江先生百岁诞辰纪念》⑥ 一书。上述两本著作均是在张静江去世后其僚属故友的回忆性文章，对其评价多褒誉

① 谭备战：《南京国民政府时期国营煤矿事业经营的典型——以建委会与安徽淮南煤矿的发展为例的考察》，《安徽史学》2010 年第 2 期。
② 谭备战：《张静江与近代浙江陆上交通建设》，《中国社会经济史研究》2011 年第 2 期。
③ 谭备战：《南京国民政府对西北电力工业的开发与建设——以建委会创办西京电厂为例的考察》，《中国经济史研究》2012 年第 4 期。
④ 中国国民党中央委员会党史史料编纂委员会编《张静江先生文集》，台北，中央文物供应社，1982。
⑤ 世界社编印《张静江先生百岁纪念集》，台北，1976。
⑥ 台北浙江同乡会编印《开国元勋、张乡长静江先生百岁诞辰纪念》，台北，1976。

之词，但亦可作为研究建委会与张静江的参考资料。

1981年，关于张静江的年谱和传记著作相继在台湾出版。较为著名的两部著作是杨恺龄所著《民国张静江先生人杰年谱》[①] 和张素贞所著《毁家忧国一奇人——张人杰传》[②]。前者是国内外至今可见的唯一一部张静江年谱，但是有些重要内容过于简略，给研究者带来诸多不便。后者是关于张静江一生的传记，其中不乏赞誉之词，但也基本反映了张静江的一生活动情况。

张朋园、沈怀玉合编的《国民政府职官年表》[③] 对建委会机构的运行做了简要介绍，对建委会各个时期主要管理人员的变动情况列表说明。该书是研究建委会的重要参考资料。

台湾大学三民主义研究所刘公昭的硕士学位论文《张人杰与中国革命建设》[④]，基本上总结了张静江一生的活动，褒奖甚多，论述未免失之偏颇。

20世纪90年代，台湾地区对建委会的研究进一步深入，领域开始拓宽。其中成就最大者，为台北中研院近代史研究所研究员王树槐先生。他通过深入分析张静江领导建委会期间所经营的几个大型国有企业，从一个新的视角展开了对张静江与建委会的研究，比较客观公正地评价了他在推动工业现代化建设方面所起的重大作用。[⑤]《张人杰与淮南煤矿，1928～1937》[⑥] 一文以淮南煤矿的开发与经营为例描述了张静江发展国营煤矿事业的艰辛。淮南煤矿属于建委会自主开发的企业。该文共七部分，第一部分，张人杰与淮南煤矿局。主要介绍张静江的经商才能与淮南煤矿局的开办经营历史。第二部分，淮南煤矿局的组织、人事与资金。该局在组织与人事方面采取专家治理，在资金方面采取借款经营，发展颇为艰难。第三部分，淮南煤矿局矿务工作的展开。第四部分，淮南铁路的兴建。淮南铁路是建委会为淮煤外运而修建的，淮南铁路在推动安徽经济发展方面作用

---

① 杨恺龄：《民国张静江先生人杰年谱》，台北，台湾商务印书馆，1981。
② 张素贞：《毁家忧国一奇人——张人杰传》，台北，近代中国出版社，1981。
③ 张朋园、沈怀玉编《国民政府职官年表》第1册，台北，中研院近代史研究所，1987。
④ 刘公昭：《张人杰与中国革命建设》，台北，台湾大学三民主义研究所硕士学位论文（未刊），1987。
⑤ 王树槐关于电力工业的论文，因不是本书叙述的重点，另有专书探讨，此不赘述。
⑥ 王树槐：《张人杰与淮南煤矿，1928～1937》，《中央研究院近代史研究所集刊》第17期（下），台北，中研院近代史研究所，1988。

甚大。第五部分，淮南煤矿局的产销业绩。淮南煤矿的发展壮大与淮煤日益提高的产销趋势密不可分。第六部分，淮南煤矿局的财务概况。论述了淮南煤矿局初期能够顺利开发建设的主要原因在于得到上海金融界的大力支持。文章结论部分总结了淮南煤矿局的发展得益于建委会领导人张静江的有效管理等诸多因素。

这一时期，有关张静江个人事迹的文章也开始出现，如秦孝仪先生主编的《中华民国名人传》中收录的蒋永敬所著《张人杰》[①]，简要介绍了张静江的一生。另外，吴相湘的《张人杰疏财仗义》[②] 一文描述了他豪爽侠义、助人为乐的性格。

香港郑会欣对张静江领导的建委会私有化现象进行了研究。郑会欣主要以研究民国时期的官僚资本见长，张静江主持的建委会属于国家资本经营，在其发展后期实行了国营企业的私有化。郑会欣的《扬子电气、淮南矿路两公司的创立与国有企业私营化》[③] 一文论述了建委会四个最主要的国有企业在后期经营活动中如何转向私营化的过程。该文分为三部分。第一部分简述了建委会的成立与初期的经营活动。第二部分论述了扬子电气、淮南路矿两公司的成立情况。第三部分探讨了建委会招收商股的真正原因。作者否定了他人提出的"继承人说"和"私自出售说"，也对王树槐的"张静江的精力不足"以及"国民政府在抗战初期为了提高行政效率，消除职权分散的弊端而实行机构合并"的提法表示了怀疑。第四部分论述了如何看待国有企业的私有化问题。作者从更深的层面分析了南京国民政府将建委会四大国有企业迅速转为私有化的历史原因。作者只是从国有企业私有化的角度论述了建委会在后期经营活动中由于资金不足等因素不得不转向私有化运营的过程，但没有考虑到当时国内外政治经济形势的影响。对此，笔者多方搜集资料后撰写了《试论抗战前国有企业私有化的原因——以建委会商业化运营为中心的考察》[④] 一文，认为应从社会大环境对其进行分析，从国际的视野看待这一历史事件。当时中日之间紧张对

① 秦孝仪主编《中华民国名人传》第 2 册，台北，近代中国出版社，1984。
② 吴相湘：《民国百人传》第 1 册，台北，传记文学出版社，1971。
③ 郑会欣：《扬子电气、淮南矿路两公司的创立与国有企业私营化》，《历史研究》1998 年第 3 期。
④ 谭备战：《试论抗战前国有企业私有化的原因——以建委会商业化运营为中心的考察》，《中国经济史研究》2008 年第 4 期。

峙，战争一触即发。从张静江个人因素考察，他是一个激进的民族主义分子，无论从早期参加辛亥革命或后来经营铁路等方面，均可看出他的民族主义思想。基于此，因抗战之需，张静江极有可能将建委会所属企业变为私有企业，为抗战做出自己的努力。

郑会欣的另一著作《从投资公司到"官办商行"——中国建设银公司的创立及其经营活动》① 中亦有一小部分内容涉及了建委会后期实施商业化运营的情况，令人遗憾的是没有展开论述。

三 研究方法

由于本书的研究范围仅限于南京国民政府建委会，笔者学识浅陋，加之观察历史问题的视角因人而异，得出的结论可能不很全面，甚至与他人不同。但笔者试图以多重视角审视、分析历史，力求客观全面地反映历史原貌，所以研究过程中采用了多种研究方法，甚至有时候几种研究方法交替使用。具体而言，研究方法有以下几种。

1. 采用现代化理论和国际化视野开展研究

在研究范式上，本书力争将建委会的发展历史及其地位作用放在中国由传统社会向现代社会转型的时代大背景下分析考察，按照现代化理论和国际化视野重新阐释建委会的发展历史，只有这样我们才能逐渐深化和拓展建委会的研究，才能得出创新而又符合历史事实的结论。根据罗荣渠的现代化理论，"从现代化的理论框架来看，近百年来为振兴中国而进行的各种政治、经济、文化运动，都可统称之为探索中国现代化道路的运动"。② 据此断定，建委会所从事的活动即为探索中国现代化道路的运动。对百废待举的南京国民政府而言，现代化并无基础可言，但在建委会的指导和经营下，发展迅速，成就显著。由此可见，建委会在中国现代化的发展历程中应占有一席之地。

2. 采用动态分析与静态分析相结合的研究方法

动态分析是考察研究对象在一定时间过程中变动的现象和规律，并分析相关变量在变动过程中的相互影响和彼此制约的关系。静态分析是考察

---

① 郑会欣：《从投资公司到"官办商行"——中国建设银公司的创立及其经营活动》，香港，香港中文大学出版社，2001。
② 罗荣渠：《中国近百年来现代化思潮演变的反思》，罗荣渠主编《从西化到现代化》，北京大学出版社，1990，第1页。

研究对象在某一时间点的现象和规律。采用动态分析与静态分析相结合的方法研究建委会的历史，会使分析更加透彻，结论更加全面。建委会作为一个主管全国建设事业的中央政府机构，职责范围随着时局的变化在不断调整，这使我们分析、评价该会时，应采取发展的眼光、动态分析的方法；但是委员长一职自始至终均由张静江担任，其指导思想、发展理念和管理制度等诸方面均无大的变化，因此也必要采取静态分析的方法，才能了解建委会的运营和管理情况。总之，必须采取动态分析与静态分析相结合的研究方法，否则无法全面理解建委会的发展情况。

3. 采用全面分析与重点研究相结合的研究方法

建委会乃一中央政府机构，运作起来十分复杂。本书以建委会为研究对象，必须对其进行全面分析才能还原历史全貌。但成立初期管理范围广泛，即使在中后期专营电力工业时也经理多个国有企业，因此分析建委会的发展时不可能做到面面俱到，必须有选择地进行个案研究、重点分析，如对建委会的附属企业就应有选择地进行重点研究。本书选取淮南煤矿及淮南铁路等附属企业为研究重点展开分析，只有这样才能做到重点突出，主次分明，一目了然。

4. 采用政治史与社会史相结合的研究方法

采用政治史与社会史相结合的研究方法，深入剖析建委会作为一个成立后负责全国各项建设事业的国家政府机构，在发展附属企业时，是如何利用政治力量扩充发展的。与此同时，建委会也推动了地方社会各项事业的现代化建设。只有将政治史的研究方法与社会史的研究方法综合利用，才能更清楚地理解与探讨建委会非同寻常的十年发展历史和对地方社会各项事业的深刻影响，尤其是对地方社会现代化的深刻影响。

5. 采用宏观与微观相结合的研究方法

从研究角度而言，既要用宏观的视角考察南京国民政府初期成立建委会的历史必然性，也要用微观的视角去审视建委会的具体运行情况，甚至用解剖麻雀的方法分析建委会几个重要的附属企业，以便对该会的整个运行情况加以全面了解。建委会是南京国民政府成立后不及一年即成立的主持国家全面建设事业的政府机构，反映了国民政府急需一个"政治符号"来证明政权建立的合法性。当中央政治会议提议成立建委会时，无一人表示反对；可是随着以蒋介石为首的国民党政权的稳固，已不需要它来支撑门面时，建委会的发展便开始受到各种力量的制约，以至于后期仅负责全国的电力工业的登记注册和管理所属的几个国有企业，最终随着抗战爆发而裁并至经济部，从而结束了十年的建设历史。建委会的成立与裁并均与国家政局有着密切的关系，只有将其放到当时的历史大环境中分析考察，才能得出更为合理的认识。但是在建委会的发展过程中，因办理一些附属企业，也必须对这些个别企业开展研究，因此只有从微观上对其加以分析，才能得出完整而又符合历史事实的结论。

6. 灵活运用统计与比较的研究方法

统计与比较研究方法的使用，可以使论述的事物通过统计、对比而更加显得清晰、明了。因此本书多处使用统计比较的研究方法，以取得对建委会推动地方现代化建设事业的了解。

陈寅恪曾言："一时代之学术，必有其新材料与新问题。取用此材料，以研求问题，则为此时代学术之新潮流。"[1] 笔者在撰写本书时尽量使用原始资料，即以往学术研究中他人未曾使用的大量建委会的档案史料与当时的报刊资料。这些材料主要来源于中国第二历史档案馆、江苏档案馆和南京图书馆，以及1928年建委会成立时为宣传建设思想而创刊的《建设》杂志（共23期）、1930年建委会创刊发行的《建设委员会公报》（共77期）等，其中《建设委员会公报》直到抗战爆发后建委会裁并至经济部才停刊。《建设委员会公报》的史料价值很高，台湾著名历史学者沈云龙先生曾高度评价该公报的史料价值："这是研究抗战前国民政府从事经济建设第一手资料，对于史学工作者，自有莫大的助益。"[2] 本书采用最多的史料即是《建设委员会公报》。

尽管如此，对同一历史问题的研究，因研究者视角及所引用材料的不同，可能会得出一些相异的结论。实际上，"作为一个从特定角度研究观察的结果，这种研究的成果也就不是绝对的而是有限制的，因为这种研究的角度绝不是惟一的，更不是排它性的"[3]。因此笔者对建委会的研究仅仅是关于这一政府机构的部分结论，对于建委会还有许多有意义的问题有

---

① 陈寅恪：《陈垣敦煌劫余录》，《金明馆丛稿二编》，上海古籍出版社，1980，第236页。
② 沈云龙：《我对编纂中华民国史的看法》，中国社会科学院近代史研究所中华民国史研究室编《中华民国史资料丛稿（增刊）·台港及外国对于民国史研究的反响》，中华书局，1982，第11页。
③ 〔德〕马克斯·韦伯：《新教伦理与资本主义精神》，于晓和、陈维刚译，上海三联书店，1987，第2页。

待更深入的研究，唯有如此才能合理而又全面地理解这一主管全国建设事业的政府机构。

总之，在研究方法上，本书主要采取历史实证与历史分析的方法，利用现代化理论把政治制度史与社会经济史研究、个案研究与一般研究、微观研究与宏观研究有机地结合起来。同时，本书又涉及相关学科，如社会学、政治学与经济学等，因此要充分吸取上述学科的理论与方法，在唯物史观指导下，进行以历史学为主体的多学科、多层面的创新性研究。

四　研究目的

本书希望通过研究，达到以下目的。

通过研究，了解在 20 世纪 20 年代的国内外复杂背景下，仅存在十年的建委会并不简单是国内政治形势的直接产物，其建立更有着深刻的国际背景。1929 年经济危机爆发前，世界处于相对稳定时期，各国都在致力于经济的恢复与发展，这使南京国民政府中的爱国民族主义分子产生了发展国家经济、建设美好国家的愿望，建委会的成立即是这一强国富民愿望的结果。正如中央大学首任校长、曾任建委会副委员长的张乃燕在考察法国与比利时时的感慨："欧洲大战时，比利时、法兰西受创最深。迨战事结束以后，两国进行建设事业，无稍疏懈，故十余年来，成绩均斐然可观。盖保障国家安全之道，惟有从事建设事业而已。有建设然后有国防，有国防而建设事业乃得稳固，观乎比法之建设事业可知矣……是故凡有建设，必应防护，有建设而无防护，乃国家之大祸也。"① 可见建委会的成立是建设强大的民族国家的需要。

通过对建委会整理与发展无线电事业的考察，可以看出建委会为挽回国家与民族利权所做出的努力。南京国民政府建立后未及半年，建委会在委员长张静江的领导下接收了全国无线电事业的管理权，在经费无着的窘境下迅速成立了以无线电专家王崇植为首的无线电管理处，在仅仅一年的时间内，大刀阔斧地整理国内外的无线电事业。在此基础上，全国无线电事业获得了快速发展，不仅在一定程度上挽回了国家民族利权，还推动了各地贸易的发展，也对当时对立较为严重的有线电事业产生了深远影响。

建委会对农田灌溉事业的经营，是其努力推动中国水利灌溉事业发展

---

① 张乃燕：《考察比利时建设报告》，《建设》第 19 期，1936 年 4 月，第 103 页。

的重要表现。建委会在成立初期，对国家的各项建设事业均有重大规划，水利建设亦不例外。后期建委会职权范围的日益萎缩，只办理了几个较小规模的模范灌溉实验场，但是这些实验场对地方水利灌溉事业的影响均十分深远，即使将其放到全国的水利灌溉事业层面比较亦毫不逊色。

对建委会经营煤矿事业的考察，使我们得以了解该会对抗战前国家煤矿事业发展的贡献。已经停办多年的浙江长兴煤矿，在建委会的良好经营下，迅速恢复生产。安徽淮南煤矿是建委会成立之初开发的国营煤矿，经过六年的短暂经营，很快成为全国国营煤矿的典型。并且在淮南煤矿的经营中，为了解决淮煤的外运问题，又修筑了淮南铁路。长兴煤矿和淮南煤矿的经营，凸显了建委会对于煤矿事业经营的卓越能力和为地方经济现代化建设所做出的努力。

建委会经营的铁路交通事业，在中国交通现代化建设上也具有重要影响。建委会及其领导人张静江所主持修筑的三条铁路，即杭江铁路、淮南铁路与江南铁路，至今仍发挥重要作用。淮南铁路现在仍然是安徽省贯通南北的重要铁路，江南铁路对于皖南各项事业的影响不言而喻。张静江任职浙江省政府主席时所修筑的杭江铁路在抗日战争爆发前，遵照蒋介石的命令西扩成著名的浙赣铁路，为抗战做出了重要贡献。

通过对建委会建设浙江"模范省"情况的研究，可以发现它在地方现代化建设方面取得了巨大的成就。张静江利用两次担任浙江省政府主席的机会，大力发展浙江的各项建设事业，如修建杭江铁路、规划和实施全省公路网建设、扩建杭州电厂等，为浙江经济的现代化发展奠定了基础。对于张静江任职浙江省主席期间的各项建设事业，目前研究不多。本书试图对此分析研究，以便了解建委会推动地方建设的成就。

毫无疑问，建委会为中国建设事业做出了积极贡献，通过对建委会附属机构的研究，可以发现建委会的经营与管理有许多值得借鉴的地方。先进的管理制度和对人才的重视是其发展的重要原因。不论建委会管理的电力工业，抑或经营的淮南煤矿和淮南铁路，均为国营事业管理良好的典型。在当时大多数国营企业经营不善、官僚习气浓厚的情况下，建委会经营的国营企业却蒸蒸日上、成绩显著，个中原因的确令人深思。笔者认为这不但缘于它先进的管理方式，如实行购料集中制度与预算和会计统一制度，这是当时其他国营企业中没有实施的，而且缘于其对人才的重视。建委会一方面将留学归国的各类精英人才延揽其下，主要机构和科室的负责人，均为学有专长的专家；另一方面通过招收高校优秀毕业生和办理培训机构多方网罗优秀人才以充实基层，这在一定程度上为建委会的健康发展提供了智力保障。

建委会是在张静江等人的要求下，在南京国民政府成立未及一年时建立的。建委会从 1928 年初成立至 1938 年合并至经济部，领导人均由张静江担任，因此考察张静江指导建委会的经济建设思想，无疑可以深化对该会各项事业的发展的理解。如张静江民生主义的建设指导方针、无政府主义思想，以及近代企业的经营理念，这些均为考察建委会快速发展不可忽视的方面。

建委会的发展与中国时局有很大的联系，对中国政治、经济形势均产生了一定影响，尤其是对相关的经济建设机构，如全国经济委员会与国防设计委员会的运作影响甚大。考察建委会所遭遇的困境有助于理解中国现代化发展历程的艰难，也更便于理解抗战前十年国民政府内部各种势力相互斗争的情况。

五　本书架构

本书的主要架构，可以分为以下几个部分。

绪论通过对建委会研究的历史与现实意义、研究现状以及主要研究方法等的分析，指出目前学术界对建委会的研究仍很薄弱，亟须进一步开展研究，如此才能深刻理解它是南京国民政府时期一个主持国家经济建设的重要政府机构，从而全面认识国民政府所谓"黄金十年"时期的政治与经济政策。

第一章，建委会的成立、发展与终结。建委会的成立是当时国内外政治经济形势发展的产物。经过张静江等人的积极酝酿及中国国民党中央执行委员会的决议，建委会在 1928 年 2 月 18 日正式成立。之后向全国延聘专家，成立一系列组织机构和附属机构，颁布组织法。建委会经历了初期的广泛经营、中后期的管理全国电业直至实行商业化运营，以及最后裁并至经济部等曲折的发展历程。

第二章，无线电事业之整理与发展。虽然建委会接管无线电事业时间并不长，仅仅一年的时间，可是建委会在这短暂的时间里，大刀阔斧地进行改革与整顿，不但在上海真茹建立了中国自己的国际大电台，还积极调查外国在华所设的电台，力争收回无线电主权，同时办理商业电台，加快

第一章　建委会的成立、发展与终结

　　建委会是南京国民政府建立初期国内外各种形势发展的产物。建委会成立之前，国际经济已趋向繁荣，处于稳定发展的良好时期；而国内南京国民政府的建立与形式上的即将统一，为建委会的成立与发展奠定了政治基础。1928年初建委会成立后，迅速建立了一系列的组织机构与附属机构。随着国民党"训政"时期的到来，南京国民政府开始实行五院制，建委会的职权受到了很大程度的削弱。虽然如此，建委会仍不遗余力地经营和管理所属企业，在抗战爆发后，迅速将主要企业进行了商业化运营。半年后，建委会被裁并至经济部，实际上结束了短暂的十年发展历史。

第一节　建委会的成立

　　建委会成立后，各界人士均对其抱有厚望，建委会领导人张静江更是对其满怀憧憬，期望发挥自己的经商才能，在国家经济建设上有更大的作为，以实现孙中山先生的宏伟建设事业。

一　建委会成立的背景

　　建委会是当时国内外政治经济形势发展的产物。20世纪20年代初，尽管第一次世界大战的硝烟尚未完全散尽，一些国际争端如战债与赔款问题还未最终解决，但国际政治形势在一定程度上得到了缓和，一些大国正努力恢复和发展经济，医治第一次世界大战留下的创伤。对于很多国家而言，20世纪20年代是一个经济迅速发展和需求量上升的时期。西方资本主义国家"1920~1929年的产量每年增长3.9%，失业平均数只有 3.3%"。① 世界经济在遭受战争的严重破坏后开始复苏，直至 1929 年 10 月席卷整个资本主义世界的经济危机爆发后才再次陷入萧条混乱。

国际经济形势的好转刺激了国内经济的发展，南京国民政府形式上的即将统一亦为建委会的成立提供了可能性。1927 年 4 月 18 日，南京国民政府成立，随后的"二次北伐"使其形式上统一了全国。国家的统一"迎合了中国实现现代化计划最重要和最有战略意义的需要"，② 加强经济建设的呼声逐渐高涨。国人普遍认为："革命成功，建设开始，以言建设，则首当注重经济。"③ 孙中山辞去南京临时政府大总统一职后，致力于全国建设计划，于沪上潜心著书，完成《建国大纲》与《实业计划》等。这些论著基本上体现了孙中山全国经济建设的思想，阐述了中国开发实业的途径、原则与计划，堪称一个以国家工业化发展为中心、实现国民经济全面现代化的宏伟蓝图。孙中山说过："建设为革命之唯一目的，如不存心建设，即不必有破坏，更不必言革命。"④ 因此南京国民政府成立后，对孙中山拟定的《实业计划》颇为重视。邵力子的观点为大多数国民党要员所认同："孙先生之计划，对外足应付经济竞争，对内尤预杜社会革命，开发全国之富力，防制少数之垄断，诚谋永久和平之惟一途径，国民应合全力从趋赴之者也。"⑤ 南京国民政府成立初期，国内各政治势力均表现出对国内经济恢复和发展建设事业的深切关注，以证明自己是孙中山三民主义的忠实信徒。在这种政治背景下，南京国民政府成立负责国家全面建设事业的专职机构可谓时势所趋。

1928 年 2 月 1 日，南京国民政府成立十个月后，国民党中央政治委员会召开第 127 次会议，孙科、张静江、胡汉民、李石曾、谭延闿、蔡元培及蒋介石等 17 人，提议立即设立一个负责国家全面经济建设的专职机构，

① 〔意〕卡洛·M. 奇波拉主编《欧洲经济史》第 5 卷下册，林尔蔚译，商务印书馆，1988，第 44 页。
② 〔美〕吉尔伯特·罗兹曼主编《中国的现代化》，国家社会科学基金"比较现代化"课题组译，上海人民出版社，1989，第 308 页。
③ 《国闻周报》第 5 卷第 27 期，1928 年 7 月 15 日。
④ 胡汉民：《今后的革命军人》，见《革理》总第 967 页，转引自蒋永敬《胡汉民先生年谱》，台北，中央文物供应社，1978，第 239~240 页。
⑤ 邵力子：《永久和平之惟一途径》，傅学文主编《邵力子文集》（上），中华书局，1985，第 90 页。

定名为"中华民国建设委员会"，以便按照孙中山的建国方略实施国家建设计划。[①] 因为在中央设置一个主管全国建设事业的机构为孙中山生前的愿望，据胡汉民在一次讲演中指出："总理生前曾主张在行政院下设一建设部，专事建设各部未及举办的建设事业，建设完成后，仍交各部管理。"[②] 因此与会全体中央委员一致同意成立中华民国建设委员会（而非建设部，以示对建设事业的重视），以领导国家经济建设事业。此次会议对成立建委会的事宜决议如下：

一、建委会组织法修正通过。

二、建委会经费每月 5 万元。

三、建设经费，由建委会切实筹集，如涉及国家税收时，由建委会商同财政部进行之。

四、建委会委员名单：

（1）孙科、张人杰、王徵、李煜瀛、魏道明、陈立夫、曾养甫、孔祥熙、宋子文、叶楚伧、郑洪年、蒋中正、谭延闿、李济深、冯玉祥、阎锡山、李宗仁、何应钦、胡汉民、吴敬恒、蔡元培、易培基；

（2）国民政府各部部长（以个人名义）；

（3）各省建设厅长。[③]

由上述建委会委员的名单可知，该会在成立初期应该具有一定的影响力。因为当时居南京国民政权中枢的人物蒋介石、谭延闿、孔祥熙及宋子文等人均是建委会委员，游离于南京国民政权核心之外的地方实力派人物亦大多名列其中。最后会议选出"孙科、张人杰、王徵、李煜瀛、魏道明、陈立夫、曾养甫、孔祥熙、宋子文、叶楚伧、郑洪年为（建委会）常务委员"。[④] 在常务委员中互推建委会主席一职时，由于成立建委会是张静江的积极提议，其对建委会工作又颇为热心，加之他是孙中山的生前好

---

① （上海）《中央日报》1928 年 2 月 2 日。

② 胡汉民：《胡委员汉民演说》，《建设》第 7 期，1930 年 4 月，第 8 页。

③ 《革命文献》第 22 辑，台北，中央文物供应社，1960，第 201 页。

④ 1928 年 3 月 9 日，由中央政治会议于委员中指定 7～11 人为常务委员，12 月 8 日，取消常务委员。见张朋园、沈怀玉编《国民政府职官年表（1925～1949）》第 1 册，第 326 页。

友，故大家一致推选张静江担任主席①，负责该会工作。

建委会的酝酿与成立反映了南京国民政府成立之初致力于国家经济建设的设想。1928 年 2 月 2～7 日，国民党于南京召开二届四中全会。会后发表了《中国国民党第二届中央执行委员会第四次全体会议宣言》，提出国民党的主要执政方针为"国民经济生活之建设，为国民革命最主要之目的"，② 指出"我党今后必以强毅而坚忍之决心，与不断的努力，以发展中国之农业工业者，裕中国国民之生活，建国家富强之基础，实现总理建国方略宏远之计划，而达人尽其才、地尽其利、物尽其用、货畅其流之目的，为维护此目的之进行，必须提携全国革命的民众，运用强国的政权与良善之法律，以全力为国民建设工作之后盾，反乎此义者，则是国民之蟊贼，必尽全力以刈除之，决不任其危害社会之生活，民族之生存，国民之生计，群众之生命也"。③ 表明南京国民政府成立伊始即决定以孙中山的"政治遗教"为国家经济建设的理论基础，着手进行全国经济建设。建委会即在这种国家政治背景下的成立。

二　建委会的成立

1928 年 2 月 18 日，建委会成立大会在南京国民党中央党部召开，参加者有张静江、谭延闿、吴稚晖、李石曾、黄郛、叶楚伧、陈果夫、缪斌，以及浙江、安徽、江苏三省建设厅厅长程振钧、张秋白、陈世璋等人。经过与会者的推选，张静江当选为建委会主席，张静江、孙科、李石曾、陈立夫、王征、叶楚伧、曾养甫、郑洪年、魏道明、宋子文、孔祥熙、吴稚晖、谭延闿、刘纪文、蒋介石、蔡元培、阎锡山、胡汉民、冯玉祥、李济深、何应钦等人当选为委员。建委会"欲收众擎易举事权统一之效，故罗致各部部长暨各省建设厅长为当然委员"，④ 指定张静江、孙科、

---

① 1928 年 3 月 9 日，规定常务委员中推选一人任主席，12 月 8 日，取消主席制，改设委员长、副委员长，由国民政府于委员中任命，其中委员长为特任职。见张朋园、沈怀玉编《国民政府职官年表（1925～1949）》第 1 册，第 326 页。

② 1928 年 2 月 8 日，国民党在二届四中全会结束时所发表的宣言中，提出国民党近期的执政方针，共有以下六条：（1）内政建设；（2）教育建设；（3）国民经济建设；（4）提高我国的国际地位；（5）完成北伐；（6）国民党的整理与建设。详见（上海）《中央日报》1928 年 2 月 9 日。

③ （上海）《中央日报》1928 年 2 月 9 日。

④ 叶楚伧：《建设委员会之使命》，《建设》第 2 期，1929 年 1 月，第 6 页。

李石曾、陈立夫、王征、叶楚伧、曾养甫、郑洪年、魏道明、宋子文及孔祥熙11人为建委会常务委员。3月9日，规定由常务委员中推一人兼任秘书长，然而实际上由并非建委会常务委员的霍宝树担任。12月8日，秘书长又改为秘书处处长。① 事实上领导该会工作的仅张静江一人，其他大多数人仅为挂名而已，并无收到"众擎易举事权统一之效"。大会规定建委会"仰体总理为建设而革命之精神，秉承国民政府所付予之职责，依据总理建国方略、建国大纲及三民主义，计划全国建设，经营国营事业，并指导各省建设之实施"。② 叶楚伧认为，"现值南北统一，军事底定之日，国内建设障碍悉已扫荡无遗，情势自较欧战后更进一筹。倘以所裁之兵，用诸建设之途，充分吸收外资，发展中国富源，大足以补救中国社会上之困穷"，③ 这也是当时大多数国人的愿望。

在这次大会上，建委会委员一致同意按照孙中山的建国方略和实业计划指导国家经济建设，并对具体建设方案进行了激烈讨论，最后通过两件重要的决议案：

> 一、本委员会正式成立，应即呈报国民政府，并发成立通电，决议通过。
>
> 二、委员黄郛提议，关于建委会与各省建设厅之关系。各省建设厅应受委员会之监督指导，以附行政院系统，又各省建设厅与农工厅权限之问题，农工厅掌管农工行政，如组织、运动、训练、教育、解决劳资纠纷，及其它关于农工范围内之行政处分。建设厅则掌管关于物质上之一切建设。此两点均须规定明文，以资维护，而免争执。议决由秘书处搜集材料，拟定建设行政暂行条例，裨资依据。④

至此，酝酿多日的建委会正式成立。至于建委会与各省建设厅的关系问题，因此时南京国民政府并无完全统一全国，所以仅首都南京附近的江苏、浙江、安徽三省，建委会的政令能够贯彻下去，而其他一些省份则鞭

---

① 张朋园、沈怀玉编《国民政府职官年表（1925~1949）》第1册，第326页。
② 《建设委员会自19年3~9月政治工作报告书》（1930年10月20日），《建设委员会公报》第11期，1930年11月，第43页。
③ 叶楚伧：《建设委员会之使命》，《建设》第2期，1929年1月，第7页。
④ 《上海时报》1928年2月20日，转引自《中华民国史事纪要初稿》编辑委员会编印《中华民国史事纪要初稿（1928年1月~6月）》，台北，1978，第267页。

长莫及，实际上建委会以后的建设项目亦以江、浙、皖三省最多。至于建设厅和农工厅之间的复杂关系，更是无从解决。

建委会的成立，是南京国民政府遵从孙中山"政治遗教"的产物。而建委会的职权范围随着时局的发展变化而不断发生改变。1928年2月建委会成立时，职权范围甚广，几乎无所不包。在国民党第三次全国代表大会上，建委会声称："中央政治会议之所期望于本会者，固在计划指导及提倡建设之方法，而尤在根据总理建国方略，实行经营一切国有事业，以树训政、宪政之基础。"[①] 3月23日，南京国民政府规定"建委会之职权依该会组织法第一条之规定，凡国营事业，如交通、水利、农林、渔牧、矿冶、垦殖、开辟商港、商埠及其他生产事业之须设计开创者皆属之"。[②]可见，建委会初期职权范围极广，即"一切国有事业"中的开创性事业均归其管理。

建委会成立八个月后，1928年10月2日，国民党中央政治会议通过《国民政府组织法》，实施五院制，建委会名称由"中华民国建设委员会"易名为"国民政府建设委员会"，与蒙藏委员会、侨务委员会、劳工委员会和禁烟委员会同归行政院领导。[③] 建委会由过去与行政院平级的机构下降为行政院的一个下属机构，其在中央政府内的地位发生了微妙变化。

以蒋介石为首的南京国民政府在成立初期决心以武力统一全国，建委会的成立虽然是国内外形势发展的需要，中央政府对它的支持力度却十分有限。建委会成立多日却无处办公的情况最能说明问题，而"暂借中央党部办公"使其发展更加艰难。[④] 由于国民党党部本身机构已很繁多，随着工作的开展，建委会的附属机构亦逐渐增多，为求发展，只好搬出中央党部，租赁南京市韩家巷32号一处民房为临时会所。然而租借一年后房东无论如何不再出租。无奈之下，只好呈文行政院说明当前的窘境，根据行政院第17次会议精神，"各院部在未照整个计划建筑以前，得就原址酌量自行扩充修造。但职会会所，原系租用民房，今既不能续租，而又无其他公私房屋可以拨借租用，再四思维，惟有根据前项议决案之原则，就本京

---

① 《革命文献》第26辑，台北，中央文物供应社，1963，第55页。

② 《国民政府建设委员会组织法》，《建设》第2期，1929年1月，第1页。

③ 《革命文献》第22辑，第325页。

④ 《建设委员会成立》，《申报》1928年2月19日，第4版。

西华门职会所属首都电厂东邻，暂行建造简朴临时会所，以应办公之急需"。① 行政院第 25 次会议通过上述申请，拨付 4 万元的建造经费，于1929 年 5 月 17 日在西华门首都电厂旁开始修建办公会所。但 4 万元的建造经费远远不够，最后建委会常务委员李石曾提出每月节约办公经费以补助建造经费的办法，才最终解决经费难题。由此可见建委会初期工作之艰难。

虽如此，张静江仍对其发展深寄予厚望。他在建委会主办的刊物《建设》的发刊词中指出："我国幅员辽阔，民族繁殖，久擅天府奥区之誉，具有凌欧驾美之资，乃晚近数十年来，疆域日蹙，民生凋敝，驯至阡陌不修，货弃于地，饿莩载途，群盗满山。"原因为何？张静江认为："推原厥始，固有政治之窳败，而根本原因，实出于建设事业之过于幼稚，即民生问题之未能解决。"② 因此张静江主持建委会期间十分注重"民生"建设，"希望本党全体忠实同志，一致努力协赞，集合于建设正轨之上，共负建设重任，庶几物质文明之进步，不数载踵武欧美，而本党建设大业与总理物质建设之伟大计划，亦于焉完成"，③ 反映了张静江等人对国家现代化建设事业满怀着憧憬和希望。

第二节　建委会成立初期概况

建委会成立伊始，面向全国延揽人才，制定组织法，设立各种专门建设机构，也面向全国征集各种国家建设计划，以期有更多的作为，为国家的现代化建设事业出谋献策。

一　延揽建设专家

建委会属新成立的中央政府机构，无论人才延揽或机构设立，均有相当困难。拥有专业人才是机构设立的首要条件。南京国民政府成立后，"因军阀祸国，兵火连年，百业凋敝，所谓建设人才，如寒林之马，深秋

---

① 《呈行政院为拟在西华门首都电厂旁建筑会所请饬拨款项以便兴工由》（1929 年 5 月 17日），《建设》第 4 期，1929 年 7 月，第 15 页。
② 张人杰：《发刊词》，《建设》第 1 期，1928 年 10 月，第 2 页。
③ 《革命文献》第 26 辑，第 84 页。

之蝉，星散飘零，寂静无声。现值南北统一，建设伊始，需才孔多"。① 说明建设方面的人才极为缺乏。建委会委员叶楚伧曾言："本会能集中中外专才，假以岁月，极深研几，吸收中外古今科学之精华，为建设新中国之张本，同时注意人才之培养，凡国内人士，专攻实业，学有专长者，本会当广为罗致"，② 表明建委会对人才的渴求。

为使全国经济建设紧张有序地开展，建委会初期聘请了很多具有建设经验的国外专家为顾问委员。如1928年8月25日，聘请时任海关副总税务司、对中国情况了解甚多的梅乐和③为顾问，聘书原文如下：

> 径启者，敝会成立伊始，百废待兴，现在对于全国建设事业业已着手计划，次第实施，惟是绠短汲深，时虞陨越，扶持指导，端赖大方，素仰先生洞悉国情，识验宏远，用特敦聘为本会顾问，所冀南针时锡俾有依归为荷，此致。④

10月9日，建委会聘请美国著名工程专家亚诺尔担任建委会顾问工程师。亚诺尔精于电力建设，担任首都电厂扩充整理委员会委员，对中国刚出现的电力灌溉事业尤为提倡，曾在《建设》第2期上发表《利用电力灌泄以发展戚墅堰电厂附近农田之计划》⑤ 一文，指出处于发展前沿的电力灌溉的巨大优势及重要作用。

除了聘请一些知名专家担任建委会顾问外，为具体指导建设事业，建委会还在全国聘用各行业专家担任专任委员。1928年8月25日，经过建委会常务委员会讨论通过，聘请陈汝良（桥梁）、陈有丰（机械工程）、李范一（无线电）、潘铭新（电业）、周君梅（蚕丝）、李宜之（即李仪祉，水利）、王星拱（化学）、刘贻燕（工业）、李昌祚（土木）、蔡增基（铁路）、周象贤（水利）、吴叔微（电气事业设计）、李宗侃（首都设

---

① 叶楚伧：《建设委员会之使命》，《建设》第2期，1929年1月，第5页。
② 叶楚伧：《建设委员会之使命》，《建设》第2期，1929年1月，第5~6页。
③ 梅乐和（F. W. Maze, 1871–1959），英国人，海关总税务司赫德的外甥。1891年即进入中国海关工作，1925~1929年任江海关税务司，1929年接替易纨士任中国第四任海关总税务司。至1941年太平洋战争爆发，梅乐和被日方拘禁，1943年获释后复任总税务司，是年5月，退休回英国。梅乐和对中国近代海关建设做出过一些贡献。
④ 《建设》第1期，1928年10月，第115~116页。
⑤ 《建设》第2期，1929年1月，第8页。

计）等 13 人为专任委员。①

11 月，又连续聘任国内一些著名专家，如张景芬（矿业）、杜镇远（土木）、陆法曾（电业）、李宗侃（建筑）、陈懋解（水利）、颜任光（无线电）等为专门委员。②

1928 年 4 月 19 日至 10 月 25 日，建委会聘任阎锡埠、陆法曾、池云、叶龢、戴占魁、吴新炳、鲍国宝、叶秀峰（兼审议科科长）、俞筼蠘、顾家模、张剑鸣、许幼石、万树芳、孙瑞璜、陆子冬、李安、吴凯南、朱世昀、唐景周等人为技正。之后又相继聘任了一些国内建设专家为建委会技正。

另外，建委会为完善机构与运转需要，1928 年 4 月 1 日至 11 月 1 日，相继任命杨天骥（6 月 27 日辞职）、狄膺、陈端（6 月 26 日兼代庶务科科长）、沈伯堂、王承桓、聂国梁、朱起蛰、秦瑜、孙瑞昌、江湛、胡世泽、霍宝树（兼会计科科长）、陈笋霖等为秘书。

顾问委员、专任委员、专门委员与技正的选聘为建委会初期开展工作提供了智力支持，奠定了建委会发展建设事业的人才基础。

二　成立管理机构

随着建委会顾问委员、专任委员、专门委员、技正及秘书等人员的聘任，一些附属的行政管理机构纷纷成立，建委会的管理亦渐入正轨，为其顺利发展奠定了组织基础。

成立首都道路工程处。1929 年 6 月 1 日，按照南京国民政府的决定，首都南京举行“总理奉安大典”。为此，建委会于 1928 年 8 月 2 日成立负责南京道路建设的首都道路工程处，任命南京市长刘纪文、著名建筑专家李宗侃为正、副处长，由李宗侃具体负责建设首都道路，重点是孙中山灵枢所经之处——中山路。首都道路工程处成立后，对南京实施大规模的道路建设，此举改善了南京道路的状况，为“奉安大典”做出了贡献，在一定程度上也改善了首都南京的城市面貌。

成立无线电管理处。1928 年 7 月，考虑到近代以来主权丧失使无线电管理权外溢现象十分严重，为挽救民族利权，建委会成立无线电管理处，任命著名无线电专家李范一为处长。8 月，任命恽震为秘书主任，杜光祖

① 《建设》第 1 期，1928 年 10 月，第 115 页。
② 《建设》第 2 期，1929 年 1 月，第 23 页。

为管理科科长，徐恩曾为营业科科长。[①] 为培养急需的无线电人才，9 月 13 日，该处成立由无线电专家王崇植为主任的无线电报务人员养成所。为减少利权损失和满足国内拍发电报的需要，稍后王崇植遵张静江之命，于上海真茹筹备国际无线电台。

创办震泽秋蚕管理处。张静江对江浙一带尤其是震泽的蚕桑养殖业非常重视，1928 年 8 月 4 日，成立震泽秋蚕管理处，任命俞淑贞为主任指导员，邓如玉、谢令仪等人为指导员，负责地方的秋蚕管理事宜，以期将中国丝绸全面推向世界。

成立电力事业处。电力工业划归建委会管理后，1928 年 10 月 8 日，成立电力事业处，任命专门委员潘铭新为处长，孙瑞璜为总会计师，加强对全国电力事业的经营与管理。

成立水利处。20 世纪 20 年代，全国水旱灾荒严重，认识到水利事业的重要性，1928 年 11 月 3 日，建委会成立水利处，任命专门委员周象贤兼任处长，孙辅世为秘书主任，着手对全国水利进行调研，以便制定切实的水利建设计划。

成立购料委员会与会计统一委员会。为更好地开展工作，1928 年 11 月 22 日，建委会成立购料委员会与会计统一委员会，任命霍宝树（兼委员长）、潘铭新、陈筚霖、俞汝鑫及顾丽江为购料委员会委员。[②] 购料委员会的成立为所属企业购料提供了极大方便，有利于附属机构的正常运行，使有限资金得到最大程度的使用，也在一定程度上减少贪污受贿现象。任命孙瑞璜、鲍国宝、张景芬、周延鼎、李宗侃、孙辅世、恽震、叶秀峰及吴大均为会计统一委员会委员，指定秘书长曾养甫兼任委员长。[③] 会计统一委员会的成立，从某种意义上而言，推动了建委会"滚雪球"式地发展壮大。如淮南煤矿开发后，为筹建淮南铁路，建委会将淮南煤矿、首都电厂及戚墅堰电厂等附属机构的资金盈余汇集起来，作为贷款本金投资建筑淮南铁路，充分体现了该会集中资金管理的重要作用。

1930 年，建委会形成了以总务处、事业处及设计处三个机构为基础的基本行政部门。三处之中，事业处为核心机构，下设矿业、电业、灌溉及会计四个科室，主管各项事业的稽核、充实、改良以及其他经国民政府

---

① 《建设》第 1 期，1928 年 10 月，第 115 ~ 118 页。
② 《建设》第 2 期，1929 年 1 月，第 7 页。
③ 《建设》第 2 期，1929 年 1 月，第 7 页。

核准试办的模范事业。总务处设有文秘和事务两个科室，其中文秘科掌理各类文件的收发、撰拟及保存事务，事务科负责所属机构的人事及财务统计等事宜。设计处主要负责全国建设事业的调查统计以及制定政府各项建设计划，设有技术和调查两个科室。

与此同时，根据建委会组织法的规定，建委会所属一些厂矿机构亦纷纷建立，如首都电厂、戚墅堰电厂、长兴煤矿和淮南煤矿等，各单位主要负责人均由专家担任，这种管理方式一直持续到建委会裁并至经济部。

建委会成立之初乃是一个人才汇集之地，职员多来自全国较发达地区，尤以江浙地区最多（参见表1-1）。

表1-1　建委会职员籍贯统计（1929年2月）

省别	辽宁	陕西	河北	山东	江苏	安徽	河南	湖北	四川	贵州
人数	2	12	43	6	253	16	3	9	7	1
省别	湖南	江西	浙江	福建	广东	广西	不明	外国	共计	
人数	14	6	99	12	23	2	8	2	518	

资料来源：根据立法院统计处《中央各直辖机关籍贯统计表》[《统计月报》第2卷第10期，1930年10月，转引自李文海主编《民国时期社会调查丛编（二编）：社会组织卷》，福建人民出版社，2005，第532页]整理而得。

由表1-1可知，建委会职员主要来自江苏（253人）和浙江（99人），分别占总人数的48.8%和19.1%，两省合计占到总人数的近68%。足见江浙两地的人才在建委会所占的分量。建委会在江浙一带推行工作甚有成绩，与此亦有很大的关系。

建委会的职员结构呈现出年轻化特点，彰显了该机构的勃勃生机（参见表1-2）。

表1-2　建委会职员年龄统计（1929年2月）

年龄（岁）	11~16	17~20	21~25	26~30	31~35	36~40
人数	1	22	81	132	126	80
年龄（岁）	41~45	46~50	50~55	不明	总数	
人数	34	12	1	15	518	

资料来源：根据立法院统计处《中央各直辖机关职员性别年龄统计表》[《统计月报》第2卷第10期，1930年10月，转引自李文海主编《民国时期社会调查丛编（二编）：社会组织卷》，第526页]整理而得。

由表 1-2 可知，建委会职员年龄在 21～40 岁的人数比例达 81%，年富力强者居多，说明该机构充满着朝气与活力。加之当时聘任的专门委员与设计委员多为国内著名的专家学者，且多有海外留学经历，这为建委会的发展提供了良好的人力基础。

三　征集建设计划

1928 年 2 月，建委会成立后，"为规划全国建设事业，谋集思广益起见，向国内外专家征集各项建设计划"。[①] 是年 8 月，建委会第一次常务会议通过决议，决定登报征求国内外关于国家建设的各项计划。8 月 10 日，建委会向海内外公布了内容广泛的《中华民国建设委员会征集建设计划书条例》。为了解建委会规划全国建设事业的范围和措施，现将其完整收录如下：

中华民国建设委员会征集建设计划书条例

第一条　本会为规划全国建设事业，依照本条例向国内外专家征集各项建设计划。

第二条　本会征集建设计划之范围以左列各项中具有国营性质者为限：一、交通，二、水利，三、农业，四、商业，五、矿冶，六、港埠，七、制造工业，八、建设首都。

第三条　应征计划须备左之各项：一、适合中国国计民生之要求，二、适合中国目前之需要，三、有科学的根据，四、有事实的根据，五、计划上详细计算图样或讨论，六、完成计划所需之经费。

第四条　应征的计划书不限用国文，除国文外，暂以英、法、德、日四国文字为限，惟均须缮写清楚，裨易阅览。

第五条　自 9 月 1 日起至 12 月 31 日止，为征集期间，但因计划之范围广大，需时较多，不能于限期内完成者，得预先声明商请展缓。

第六条　应征人呈送计划书时须备正副两本，并附履历书一份，四寸半身照相二张，如有模型或摄影等物，一并附缴。

第七条　本会收到计划书后，给以收据。

第八条　本会对于征集之计划书，组织审查委员会审查之，于未

---

① 《革命文献》第 26 辑，第 75 页。

经审查决定以前，负妥慎保管及保守秘密之责。

第九条　应征计划经本会审查，认有价值可以采用者，由本会给予奖金及奖状，其奖金金额分为左之五等：一、一等奖金五千元，二、二等奖金三千元，三、三等奖金一千元，四、四等奖金五百元，五、五等奖金二百元。

第十条　应征计划之特别优异者，除前项奖金奖状外，并由本会呈请国民政府嘉奖之。

第十一条　应征计划经本会采用实施时，其原计划人得由本会请其主办或任顾问。

第十二条　应征计划虽未经本会采用，而经审查委员会认其确有价值者，本会亦给以第九条规定之奖金之一部或全部。并得征求原计划人同意公布，以供研究。

第十三条　凡对于某种事业确有研究及经验，因计划时缺乏经费不能完成者，得向本会陈述情形及计划经过，由本会审查认可后，酌量协助之，但该计划得奖时，此项协助费额须由奖金内扣还。

第十四条　未经本会采用之计划书，应征人得凭收据向本会领还，其愿存会参考者听其便。

第十五条　审查委员会组织条例另定之。

第十六条　本条例自建设委员会公布日实行。①

从上述条例可知，建委会征集全国建设计划有如下几个鲜明的特点：

第一，规划全国性的建设事业而非地域性的建设事业，且面向国内外专家进行征集。

第二，征集范围为以下八个方面的国营事业：交通、水利、农业、商业、矿冶、港埠、制造工业与建设首都。

第三，所征计划应具备以下六个要求：（1）适合中国国计民生要求；（2）适合中国当前的需要；（3）有科学根据；（4）有事实根据；（5）应有详细计算图样或讨论；（6）完成计划所需经费。

第四，按照应征计划的使用价值程度，建委会给予评奖并颁发奖金。

第五，建委会协助完成那些确有研究和经验，但应因经费缺乏而不能

①　《中华民国建设委员会征集建设计划书条例》，《建设》第1期，1928年10月。

完成的应征计划。

建委会"自征求之日起至截至之日止，计收到计划书 284 件"。这些计划书按照其大致内容，可分为交通、水利、电气、农林、矿冶、垦殖、港埠、制造工业及首都建设等十种计划。很明显，较之征集计划书条例增加了电气与垦殖两项内容，这说明国人开始关注电气事业与垦殖事业的发展。这些计划"均经专门委员分别审查，或经予接受，或留备参考，或拟予接受而尚须补充者，均经分类列表，以便组织审查会精密审查"，[①] 共录取有一定价值的计划十余件。[②] 然后建委会对征集来的全国建设计划的可行性做出评估，分别颁发优、良、中三种获奖证书，以鼓励更多的建设专家参与国家建设计划的活动。

为更好地实施全国建设规划，除向国内外征集建设计划书外，建委会还"搜集各项材料，务求完备，且须加以整理而编制之"。初期编制的主要统计报表涉及国家交通与铁路、煤炭及钢铁等重工业部门，如"全国公路统计表、亚洲各国灌溉面积比较图、最近国煤产销统计表、中国铁产数量统计表、中国铁消费及其输出入统计表、国产石油产量表等"。[③] 这些统计报表的编制，使建委会对全国的公路交通、灌溉事业，以及煤、铁、石油的产销等情况有了全面的了解。

建委会成立初期对全国建设事业的精心调查与建设计划的广泛征集，丰富了其对国情的了解，为日后开展现代化建设事业奠定了一定基础。

四　三次修改组织法

1. 第一次颁布组织法

为规范有序地组织国家的经济建设，组织上做到有法可依，南京国民政府在酝酿成立建委会的同时亦制定了该会的组织法。1928 年 2 月 1 日，修改后的建委会组织法由国民政府审查后予以公布。详细内容如下：

中华民国建设委员会组织法

（1928 年 2 月 1 日公布）

第一条　本委员会定名为建设委员会，本总理三民主义、建国方

① 《革命文献》第 26 辑，第 75 页。
② 《建设委员会工作概况》，《建设委员会公报》第 16 期，1931 年 5 月，第 353 页。
③ 《革命文献》第 27 辑，台北，中央文物供应社，1963，第 366 页。

略及建国大纲之精神研究筹备及实行关于全国之建设计划。

　　第二条　本委员会委员由中央政治会议遴选若干人充任之，并指定常务委员七人至十一人，由常务委员推定一人为主席。各建设厅长为本委员会当然委员。

　　第三条　本委员会主席得出席于国民政府会议。

　　第四条　本委员会每年开大会二次，于一月、六月间举行之，如有重要事项，得随时召集之。

　　第五条　凡本委员会议决案之执行及普通行政事项均以主席名义行之。

　　第六条　本委员会得聘任国内外专家为专门委员或顾问，辅助本委员会技术上及专门事项之设施。

　　第七条　本委员会于必要时，得分设各处办事，并得设附属机关，其办事规则另定之。

　　第八条　本委员会设秘书处，置秘书长一人，由常务委员中推一人兼任之，督率秘书及各处执行本会之职务。

　　第九条　各省区建设厅，本委员会有指导监督之责。

　　第十条　本委员会会议及办事细则另定之。

　　第十一条　本组织法自公布之日实行。①

　　组织法对建委会成立初期的职责、权限的规定有如下值得注意之处：

　　第一，明确规定了建委会的工作指导精神和职责范围，即"本总理三民主义、建国方略及建国大纲之精神，研究、筹备及实行关于全国之建设计划"。

　　第二，规定建委会委员由中央政治会议决议任命，并指定常务委员7～11人组成。各省建设厅厅长为建委会委员。并且建委会主席必须具有出席国民政府会议的资格，从而保证建委会有足够的权力参与国事。

　　第三，建委会大会必须每年召开两次，分别于1月和6月举行。

　　第四，建委会在必要时可以分设办事处与附属机关。

　　第五，建委会有指导监督各省建设厅的职责。

　　建委会组织法颁布五天后，即12月6日通过的国民政府组织法规定，建委会与军事委员会、蒙藏委员会及侨务委员会同直属国民政府领导。

　　① 《中华民国建设委员会组织法》，《建设》第1期，1928年10月，第121～122页。

2. 第二次颁布组织法

1928 年下半年，南京国民政府宣布实施"训政"，推行五院制，政府机构有所变动。成立未及一年的建委会组织法亦随之进行修改。为了能够深刻了解建委会职权的变化，现将修改后的建委会组织法的内容全部摘录如下：

<h3 style="text-align:center">国民政府行政院建设委员会组织法</h3>

（1928 年 12 月 8 日公布）

第一条　建设委员会依据国民政府组织法第十七条之规定组织之。

第二条　建设委员会之职权如左：

一、建设委员会根据总理建国方略、建国大纲、三民主义研究及计划关于全国之建设事业。

二、水利电气及其他国营事业，不属于各部主管者均由建设委员会办理之。

三、民营电气事业之指导监督改良属于建设委员会。

四、国营事业之属于各部主管而尚未举办者，建设委员会得经主管部之同意办理之。

五、建设委员会创办之事业仍由建设委员会完成之。

第三条　建设委员会对于各省建设厅有指挥监督之责。

第四条　建设委员会委员除当然委员外，由国民政府聘请若干人充任，就中任命委员长及副委员长各一人。行政院各部部长及各省建设厅长为当然建设委员会委员。

第五条　建设委员会每年开大会一次，如有重要事项得随时召集之。前项议决事件由委员长执行之，委员长因事故不能执行职务时以副委员长代理之。

第六条　建设委员会于必要时得聘用专门委员或顾问。

第七条　建设委员会于必要时得设分会及其他附属机关，其组织另定之。

第八条　建设委员会置秘书处，设秘书长一人，秘书若干人。

第九条　建设委员会委员长为特任职，副委员长、秘书处长为简任职，秘书为荐任职。

第十条　建设委员会会议规则及处务规程另定之。

第十一条　本法自公布日施行。[1]

此次颁布的建委会组织法使建委会的职权发生了较大变化，即从初建时期的职权范围广泛变为逐渐受到限制。与第一次颁布的组织法相比，第二次颁布的组织法约有五项内容有较大变化：第一，建委会只是负责全国建设事业的计划而非建设；第二，水利电气及其他国营事业，不属于各部主管者均由建委会办理；第三，指导监督改良民营电气事业；第四，国营事业属于各部主管而尚未举办者，建委会得经主管部同意办理；第五，建委会创办之事业仍由建委会完成。此次组织法不仅使建委会的职权范围更加明确，而且其管理范围已大大缩小。尤其值得注意的是，建委会管理电力工业也是从此时开始的。再者，建委会与各省建设厅的关系由过去的"指导监督"变为"指挥监督"。这些内容变化，反映了建委会的职权受到了某种程度的有意限制。

3. 第三次颁布组织法

建委会第二次修改组织法两年零二个月后，1931年2月17日，即在全国经济委员会全力筹备成立之际，为了使全国经济委员会能够发挥更大的作用，减少别的部门对其职权的阻碍，南京国民政府再次对建委会组织法进行修正。为清楚地了解建委会的职权变化情况，将此次修正后的建委会组织法全文摘录如下：

国民政府建设委员会组织法

（1931年2月17日国民政府修正公布）

第一条　建设委员会直隶国民政府。

第二条　建设委员会之职权如左：

一、遵照实业计划，拟制全国建设事业之具体方案，呈国民政府核办；

二、国民建设事业有请求指导者，应为之设计；

三、办理经国民政府核准试办之各种模范事业。

第三条　建设委员会委员，除当然委员外，由国民政府聘定若干人充任，就中任命委员长副委员长各一人。行政院各部会长官为建设委员会当然委员。

第四条　建设委员会，每半年开全体委员会一次，由委员长召集，如有重要事项，得由委员长随时召集会议。

第五条　建设委员会置左列各处：

一、总务处；

二、设计处；

三、事业处。

第六条　总务处掌左列事项：

一、关于收发、分配、撰拟、保存文件事项；

二、关于公布命令事项；

三、关于典守印信事项；

四、关于纪录本会及所属各机关职员之进退考核事项；

五、关于议案之记录整理编制及保管事项；

六、关于出版及报告事项；

七、关于本会及所属机关之预算及会计事项；

八、关于机械、材料之购置事项；

九、关于本会庶务及其它不属各处之事项。

第七条　设计处掌左列事项：

一、关于全国建设事业之调查、统计及设计事项；

二、关于国民事业之指导，及促进事宜；

三、关于鉴定材料机械之标准事项；

四、关于制定政府交办之各项建设计划事项；

五、关于编制及搜集整理各项图案事项；

六、关于其它设计事项。

第八条　事业处掌左列事项：

一、关于本会所办各种模范事业之稽核、充实及改良事项；

二、关于其它经国民政府核准试办模范事业之管理事项。

第九条　建设委员会于调查设计或试办事业有必要时，得设附属机关，其组织法另定之。

第十条　建设委员会委员长，承国民政府之命，依全体委员会之决议，综理会务，监督所属职员及各机关。

第十一条　建设委员会副委员长，辅助委员长处理会务，委员长因故不能执行职务时，由副委员长代行之。

　　第十二条　建设委员会设秘书长一人，承长官之命，赞襄会务，秘书四人，分掌会务会议及长官交办事务。

　　第十三条　建设委员会设参事二人至四人，撰拟审核关于本会法案命令。

　　第十四条　建设委员会各处设处长一人，分掌处务。

　　第十五条　建设委员会办理设计事项时，得聘用专家为顾问，或专门设计委员，由委员长聘定后，呈报国民政府备案。

　　第十六条　建设委员会设科长八人至十二人，科员四十至六十人，承长官之命，办理各项事务。

　　第十七条　建设委员会委员长特任，副委员长、秘书长、参事、处长、及秘书二人简任，其余秘书及科长荐任，科员委任。

　　第十八条　建设委员会设技正八人至十六人，其中六人简任，余荐任，技正十二人至二十人，其中八人荐任，余委任，技佐十二人至二十人，委任，承长官之命，办理技术事务。

　　第十九条　建设委员会处务规程，及所属机关各规程，以会令定之。

　　第二十条　本法自公布之日施行。①

　　从上述内容可知，第三次颁布的建委会组织法较前两次变化更大。此次颁布的建委会组织法无论对职权、机构设置、人数还是部门权限均有明确规定。

　　首先，职权大为缩减。此次修改的组织法规定建委会的职权有三：第一，遵照实业计划，拟制全国建设事业的具体方案，呈国民政府核办；第二，国民建设事业有请求指导者，应为之设计；第三，办理经国民政府核准试办的各种模范事业。稍后将水利事业划归至导淮委员会、黄河水利委员会和扬子江水利委员会等水利部门。第三次组织法颁布后，建委会的管理范围只是所办理的几个附属企业，尽管电气事业划归其管理，但仅是发给电气事业人执照，或到地方视察与指导电力工作而已。

　　其次，机构设置开始细化，人数受到限制。此次修改组织法后，建委会仅设三个机构，即总务处、设计处与事业处。这限制了建委会的发展。

---

① 《建设委员会组织法（组织类2号）》，建设委员会法规委员会编印《建设委员会法规汇编》，1934，第1~4页。

最后，对于建委会与各省建设厅的关系，此次组织法并无规定，说明建委会对各省建设事业的管辖权限开始模糊，实际上淡化了建委会对地方建设事业的管理。此外，前两次组织法均规定各省建设厅厅长是建委会的当然委员，此次却取消了这一资格，从而斩断了建委会与各省建设厅的直属关系。上述规定充分说明，随着南京国民政府政权的逐渐稳固，各个国家建设机构职能逐步明确，尤其是全国经济委员会和国防设计委员会成立后，建委会的职权日益受到挤压并开始萎缩。

1932 年 1 月 31 日，曾养甫由建委会副委员长调任浙江省政府委员兼建设厅厅长，副委员长一职由张静江之侄、曾任中央大学首任校长的张乃燕接任。1933 年 4 月，因建委会"会务日繁，聘请本会委员吴敬恒、李煜瀛、张嘉璈为本会常务委员常驻员共策进行"。1934 年 1 月 12 日，张乃燕辞建委会副委员长之职，赴比利时任全权大使，张静江呈请国民政府"为便利会务之推进起见，嗣后处理一切，拟即由本会常务委员常驻员常川驻会，分别辅助进行，以重会务，副委员长一职拟请暂缓遴员接充"，① 以阻止他人干涉建委会事务。此后，建委会直到被裁并至经济部，未再设副委员长一职，实际上是张静江不愿他人染指自己所精心创办的"独家"事业。

第三节　建委会的曲折发展

建委会于 1928 年 2 月 18 日在南京国民党中央党部正式成立，至 1938 年 1 月 1 日被裁并入经济部，前后历时十年之久，其间职权发生了很大变化，从初期以管理无线电与水利为主，到中后期管理全国电力工业，以及实行商业化运营。本节拟梳理建委会的主要发展脉络。

建委会刚成立之时，由于国家初建，百废待举，职权管理范围可谓广泛，但亦有重点发展的内容，无线电事业与水利建设即是建委会初期发展的重要内容。

一　发展无线电事业

中国的国际通信始于 1871 年，由外商丹麦大北公司经营垄断。十年后，清政府在丹麦大北公司帮助下建成津沪电报线，于 1881 年 12 月开始

---

① 《呈国民政府》（1933 年 12 月 30 日），《建设委员会公报》第 36 期，1934 年 1 月，第 116 页。

营业。中国无线电事业虽有半个世纪的创设历史，却发展十分缓慢，技术亦较为落后，至南京国民政府成立时，无线电事业仍然乏善可陈，"对内则电信交通之效用未彰，对外则主权利益之投资迭见"。① 张静江认为亟须发展无线电事业，不仅可收回和保护国家与民族利权，而且可缩短中国无线电技术的国际差距，因此积极向中央要求由建委会经营和管理。

　　1928 年 6 月 25 日，张静江由于认识到无线电事业于国家民族利权关系甚大，在中央政治会议上临时提议由建委会主管无线电事业，认为"欧美各国之无线电台设施已大发达，我国所设备者，不及各国千分之一，只能作为试验时期，不可谓之实施时期也。故此项建设应积极进行，急起直追，以五年期或可与欧美相比较"，并提出如何实施的意见及实施的步骤。指出现在"繁盛都市及商埠皆应设立大电台，但所有已设之电台似应暂交建委会管理，俾事权统一而利进行，五年之后，全国设备完成之际，届时仍可交还主管机关管理"。至于建设无线电事业的经费问题，张静江提出："建设经费若财政部一时不能筹拨，杰当极力设法筹垫，但财部能力所及之时，应立即陆续拨还，以昭公允。"② 张静江提出的发展无线电事业的措施得当合理，况且此时中央建设经费缺乏，故中央政治会议当日议决"全国无线电台由建委会积极筹建，所有各处已设之电台，应暂交该会管理，以利进行"。③ 于是建委会接管了全国的无线电事业。

　　在张静江的努力下，建委会很快成立了无线电管理处，主要工作分为对内和对外两方面。对内首先整理全国各地电台，解决全国各地电台管理混乱的现象，以求事权划一，收归国家统一管理。建委会对国内无线电事业的整理，使无线电事业逐渐纳入国家统一管理之下，推动了无线电事业的健康发展。

　　在无线电管理处对国内无线电事业加以管理的同时，也开始对外人在华设立的无线电事业进行整理，包括建设属于自己的国际电台、建立中菲转播电台、收回外国在华的广播电台等。通过这些举措，逐渐收回了无线电事业的国家主权，挽回了国家利权，为中国无线电事业的发展提供了良好的环境。

----

① 建设委员会编印《建设委员会办理国营无线电事业之经过》，1929，第 1 页。
② 《中华民国国民政府训令（第 324 号）》（1928 年 6 月 30 日），《国民政府公报》1928 年第 71 期，第 13 页。
③ 建设委员会编印《建设委员会办理国营无线电事业之经过》，第 1 页。

无线电管理处整理国内国际电台的同时，还积极培养无线电机器制造方面的人才，为中国的无线电事业初步奠定了人才基础，也为后来抗战期间无线电事业的发展提供了良好支持。

为与国际接轨，建委会又呈文南京国民政府，请求政府加入国际无线电公约。因为"近来我国无线电事业日益发达，亟须与国际联络一致，以免扞挌之虞，且于技术业务方面，亦得有所遵守……我国未便再缓"。① 南京国民政府同意后，1929 年 1 月 1 日，中国正式成为国际无线电公约组织中的一员。此后中国无线电建设事业与其他国家的交流逐步扩大，推动了无线电事业的迅速发展。

经过无线电管理处两年来的艰苦努力，中国无线电建设事业从小到大，挽回了许多国家利权，取得了前所未有的成就，"一年内完成 27 座（电台），可以通达 33 处，各方称便"。② 建委会接管无线电事业以后，与交通部产生了许多利益冲突，交通部对此意见甚大，实际上交通部始终也并"未遵院令办理，以致国内其他无线电机关，未能完全归入本会管理系统之下，本会于施行职权时，每以不能统一为憾"。③ 说明交通部始终未将无线电管理权完全交与建委会。为统一事权，1929 年 6 月 17 日，国民党三届二中全会决议将无线电事业由建委会移交交通部管理。6 月 28 日，由行政院政务处处长陈融、交通部电政司长庄智焕、无线电报管理处处长于润生、建委会秘书处处长霍宝树及无线电管理处代处长徐恩曾组成无线电移交委员会。8 月 1 日，建委会正式将未曾完全办理好的无线电事业交与交通部管理，同时交通部亦将民营电气事业交与建委会管理。此后，建委会开始经营与管理全国民营电气事业。

二　发展水利事业

1929 年 6 月，鉴于国家渐趋统一，为建设现代化国家，国民党三届二中全会决定以铁道、水利及电气事业为国家建设事业的中心。建委会成立初期，由于南京国民政府刚刚建立，百废待举，水利多年不修，以致连年灾荒。这引起了以建设现代国家为己任的建委会的注意，因此发展水利事

---

① 《咨外交部请呈明国民政府批准根据无线电公约及附属规则由》，《建设》第 3 期，1929 年 4 月，第 16 页。

② 蒋永敬：《张人杰》，秦孝仪主编《中华民国名人传》第 2 册，第 388 页。

③ 建设委员会编印《建设委员会办理国营无线电事业之经过》，第 3 页。

业也被提上了建委会的发展日程。

张静江提出，"现在农业中之急需改良者为水利，故水利应为以后建设之中心"，然而"我国向来忽视水利，故历年以来，非苦旱即苦涝；黄河、淮河之患，著闻世界，其他如白河、长江、珠江等流域，几无年不有水灾，淹没田亩人民牲畜财产，不可数计。如其天气亢旱，则又赤地千里，前数年华北之水灾旱灾，本年豫、晋、陕、甘、湘、黔等省之旱灾，可为殷鉴，饿死人民动以万计。倘不急起直追，积极兴办水利，则食粮日减，民命何堪，瞻念前途，真觉不寒而栗。抑有进者，讲求水利不仅关系农业，并可以便利交通，发展水电，实为工商事业之母，水利之投资，并非消耗而实为生产，即谓为建设中最有利之事业亦无不可"。① 因此张静江颇为重视水利建设事业，有意将其纳入建委会管理。

1929 年 7 月 17 日，建委会根据张静江的意见，呈文行政院决定筹划全国水利建设事宜，并提出水利建设的七条具体措施：

一、设立全国水利最高机关确定水政系统。水利事业，包括治河、开港、灌溉、防涝、垦殖、航运、水电各种问题，必须有统筹之中央机关，通盘筹划，方不至有顾此失彼之虞。现在我国水利机关林立，省自为政河自为政者，比比皆是，系统纷歧，号令不一，莫此为甚！

二、划分全国水利区域。

三、整理现行各沿河计划方案规定施工程序。

四、举办各重要河道之地形水文测量，拟具疏治计划。

五、培植水利人才，现在我国水利专才，供不应求，极感缺乏。值兹水利建设时期，亟宜设法培植。拟由职会商同教育部办水利专科学校于首都。甄选中学毕业生，授以水利专门学识，四年毕业，每年毕业生名额，暂定为四十人。其在校成绩特优，堪资深造者。择尤[优]选送欧美各大学研究院专攻水利工程，或实地练习，以三年为限。水利专门学校之内，应附设大规模之水工试验室，及模范水利农场，以资研究。

六、设立全国水文测站及雨量站。

---

① 《革命文献》第26辑，第109页。

　　七、调查全国水利状况。[①]

　　从上述呈文可以看出建委会规划全国水利建设事业主要从三个方面展开：第一，设立全国最高行政机关，统一管理全国水政事业；第二，划分水域，设立全国水文观测站，调查水利状况；第三，大力培养水利建设人才。

　　由于认识到水利问题与民生事业关系极大，应有统一的政府管理机关，以统筹水利建设事业，建委会迅速成立水利处，公布组织大纲，分科办事，以专其成。1930年4月任命水利专家陈懋解、张自立为水利处正、副处长。[②] 此时水利设施历经战乱，大多荡然无存，建设全国水利，亟须首先整理水利资料。为此，建委会遵照中央政治会议决议案，接收了前农商部水利科及前全国水利局、前农工商部水利司的案卷和图籍。

　　水利处成立不久后，为具体领导水利建设事业，建委会开始设立水利附属机关，初期水利事业的管理机关主要有以下三个：

　　（1）整理导淮图案委员会。为治理灾害严重的淮河，建委会派员调取前安徽水利局驻蚌测量所、前全国水利局江淮测量处的图籍、案卷以及测绘仪器等的系列数据，进行分析研究。在此基础上，成立整理导淮图案委员会，沈伯先、林平一、许心武为委员，从事整理导淮图案，作为治理淮河的前期准备。

　　（2）华北水利委员会。原名顺直水利委员会，由建委会遵照中央政治会议决议案接收改组而成，李仪祉（主任委员）、李书田、须君悌、周象贤、王季绪、彭济群、陈汝良及吴恩远为委员。华北水利委员会成立以后，组织测量队，继续进行前顺直水利委员会未完成的白河流域测量工作，又测量黄河干流，添设流量测候所多处，并完成永定河的治标计划。

　　（3）太湖流域水利工程处。以前属行政院，后隶属建委会管理，所有工作仍照原定计划进行，不予改变。[③]

　　上述即为建委会成立初期所创立的三个水利建设的领导机构，不

①　《呈行政院为具水利施政计划大纲呈请转呈国府核夺施行由》（1929年7月17日），《建设》第5期，1929年10月，第8～10页。
②　张朋园、沈怀玉编《国民政府职官年表（1925～1949）》第1册，第328页。
③　《革命文献》第26辑，第70页。

过后因建委会组织法多次进行修改，水利事业实际上并未向前明显推进。

该时期制约水利建设事业正常进行的最大因素是经费缺乏。例如，建委会在国民党三届四中全会报告中指出："本会时有无米为炊之感，但于困苦艰难之中，仍未肯因噎而废食，关于本会主管事业，如水利电气两项，无论关于行政实施方面，靡不于经费支绌之状况下继续进行，以有相当之成绩，即林矿等项，本会虽不过问行政，然于事业方面亦就经济人才所能及，或与农矿合办，或向农矿部领照悉力经营。"如华北水利委员会"因在军事时期，经费异常支绌，自本年三月起迄今八个月内，仅领到一个月之经常费，致该会在本期内所拟举办之各种水利工程及灌溉事业均不能进行"。① 由此可见，水利事业因经费异常支绌而举步维艰，最后也随着 1931 年 2 月建委会第三次修改组织法而转交至其他相关部门，建委会负责全国水利建设事业的活动亦随之终结。

三　唯一一次建委会大会

虽然按照建委会的组织法规定，应该每年召开一次全体大会，但建委会存在的十年内，仅于 1930 年 2 月召开过一次全体大会。此次会议为建委会的未来发展提出了一系列的问题。从以后建委会的发展情况看，此次会议影响深远。故在此单独论述。

1. 建委会大会的召开

1929 年 1 月 21 日，张静江和曾养甫分别就任建委会委员长（国民政府特任）和副委员长（国民政府简任）。经过两年多的艰难发展，至 20 世纪 30 年代初，国家政局渐趋稳定，建委会各项事业进入良性发展阶段。

经过多方筹备，1930 年 2 月 25～27 日，即建委会成立两周年之际，建委会委员大会于南京召开。参加会议的有委员长张静江，副委员长曾养甫，委员李石曾、胡汉民、何应钦、孙科（梁寒操代）、魏道明、孔祥熙（第二天由徐善祥代）、易培基、叶楚伧、郑洪年、刘纪文、李宗侃、贺国光、葛敬恩、赵铁桥及李铎等。各部会长，如外交部长王正廷、教育部长蒋梦麟、卫生部长刘瑞恒、内政部长杨兆泰等人及部分省份的建设厅厅长

---

① 《革命文献》第 81 辑，台北，中央文物供应社，1979，第 407～409 页。

也出席了会议。另有部分建委会各机构主要负责人列席会议，如水利处处长陈懋解、电气处处长鲍国宝、太湖流域水利委员会秘书长孙辅世，专门委员王崇植、聂其焜、张景芬及技正张自立等。为保证大会顺利进行，大会还专门成立了秘书处，陈逸凡为秘书主任，秦瑜、恽震、张鉴暄及曹理卿四人为秘书。

1930 年 2 月 25 日上午，与会代表先参谒中山陵，下午正式召开会议，会后全体参加会议人员摄影留念。在开幕式上，作为建委会领导人的张静江致开幕词：

> 本会依照组织法，应于每年开委员大会一次，今届大会，即依法而为第一次的召集。人杰窃念训政时期中，建设至关重要，本会职责所在，尤宜积极进行。一载以来，幸承国府主席、行政院长的训示，本会各委员的赞助，以及曾副委员长暨在会各职员的努力，会务已略具规模。继此以往，行见全国建设事业，将由萌芽时期，而达于滋长时期，此诚人杰所不胜欣祷者。但建设事业至繁，应如何斟酌缓急，分头进行，则胥于今届大会公同商榷而研之。且建设经费，每感困难，一时不易筹措，尤应请出席各委员详切指陈办法，俾于实施之际，获所秉承，本会幸甚，人杰幸甚。①

在开幕词中，张静江表达了两个内容：一是建委会通过两年来的努力已初具规模，二是请各位委员考虑建委会以后的发展问题。具体而言包含两个问题：一是国家"建设事业至繁，应如何斟酌缓急，分头进行，则胥于今届大会公同商榷而研讨"；二是"建设经费每感困难，一时不易筹措，尤应请出席各委员详切指陈办法"。张静江对建委会两年来的建设工作表示非常满意，认为中国建设事业只要"继此以往，行见全国建设事业，将由萌芽时期，而达于滋长时期"，因此要求所有与会人员为建委会的发展献计献策，解决制约其发展的经费难题。

中央党部代表叶楚伧、国民政府代表陈果夫、行政院代表胡迈（因行政院长谭延闿有病，代为出席），以及国民党中央委员代表胡汉民、李石曾及孔祥熙等人分别发表演说。在这些演说中，唯有胡汉民的演说颇显建委会成立的意义。他指出当前建设的重要意义："现在中华民族是衰败的，

---

① 张人杰：《张委员人杰开会词》，《建设》第 7 期，1930 年 4 月，第 1 页。

中华民国是贫弱的，我们如再不注重建设，非但国家不能强盛，并且还要衰败下去，而终至于灭亡。"又对张静江大加赞扬："我对于本委员长张先生非常佩服，他不愿做其它各部的事，单要来做建设委员会的事业，虽然受人家埋怨，受人家麻烦，仍毫不因此而减少他的勇气……总理生前曾主张在行政院下设一建设部，专事建设各部未及举办的建设事业，建设完成后，仍交各部管理。现在张先生不辞辛苦艰难，来做这种工作，真是'前人种树，后人乘凉'，可惜现在中国只有一个张先生，如果有十个百个张先生，中国一定建设好了。"① 胡汉民言语之间表达了对主持全国建设事业的张静江的由衷钦佩。

　　大会第二天，由建委会副委员长曾养甫做工作报告，总结了建委会近两年来的工作。报告分六个部分："一、本会之沿革；二、本会之职权及办理事业之对象；三、本会办事之精神和方法；四、工作进行的概要；五、两年来所感受之困难；六、本会以后进行之方针。"报告指出建委会工作人员应该具备三种精神："一、革命化的精神；二、科学化的精神；三、经济化的精神。"认为"迎头赶上就是革命化的精神"；科学化精神就是"采取科学态度，实施国家建设"；至于经济化精神，即指"办理建设事业一定要经济化、商业化，如果不是经济化，就要多费国帑，不是商业化，将来国家就无力继续建设"。② 曾养甫接着分析了建委会两年来遭遇的困难：一是环境困难；二是人才困难；三是经济困难；四是外人的经济压迫。曾报告完毕后，另有九省建设厅厅长分别做地方建设事业的报告。由于当时多数省份并无实际建设项目，所以报告内容大多空乏，只有江苏、浙江、安徽三省的报告内容比较翔实，因为这三省为国民政府实际控制的区域，推行建设事业也较好。这从侧面反映了全国建设事业的艰难。

2. 大会提案的内容

　　建委会大会第三日分组讨论大会提案。大会共收到各类提案55件，其中包括有关建设经费的提案4件，水利事业的提案24件，电气事业的提案9件，其他各项建设事业的提案18件。下面将其分类略做分析，从中亦可看出建委会努力发展的方向。

---

① 胡汉民：《胡委员汉民演说》，《建设》第7期，1930年4月，第8页。
② 曾养甫：《建设委员会曾副委员长养甫报告》，《建设》第7期，1930年4月，第3页。

关于建设事业经费的提案，以张静江《拟请确定全国建设经费保管支配方案以利建设案》最具代表性。张静江于提案中指出，全国建设经费毫无保障，导致建设事业虽有庞大计划，但无法按时实施。国民政府规定，"一、自民国十八年度起，每年关税之收入，其超过十七年度关税收入之全部增加额，应用于国家之物质建设；二、自民国十八年度起，每年关于土地之税收，其超过十七年度关于土地税收额入之全部，应用于地方之物质建设"，由此也可"具见中央筹划建设之苦心"。实际情况则并非如此，因为在"过去一年内，该项决议案，迄未见诸事实，建设事业，空沾口惠，其根本原因，在乎无具体之保管支配方案"。[①] 针对建设事业经费无法落实的困境，张静江提出建设事业经费的六条管理办法：

一、凡中央及各省建设经费，应实行会计独立制，其组织另定之。

二、每年关税收入增加额之全部，及其他指定为中央之建设经费，应拨由财政、交通、铁道、工商、农矿各部部长及建委会委员长所组之中央建设经费保管委员会，专案保管，及支配监督其用途。

三、每年各省土地税收增加额之全部，及其他指定为各该省建设经费，应拨由各该省财政、建设、农矿工商各厅厅长所组之地方建设经费保管委员会，专案保管，及支配监督其用途。

四、中央及各省官营事业之收益，应以全部用作发展建设事业之用。

五、各省地方收入，除土地税增加额之外，应以30%至50%，作为建设事业之用（专指物质建设言）。

六、中央及地方税收，凡前时既有惯例，作为某种建设经费，或在十七、十八两年度，有明令指定为某某机关建设经费者，应仍继续拨发；其有短发积欠之款项，应由中央或地方财政当局，尽先筹足补发各该机关，以利事业之进行，惟此种种建设经费之用途，仍受建设经费保管委员会之监督。[②]

---

① 张人杰：《拟请确定全国建设经费保管支配方案以利建设案》，《建设》第7期，1930年4月，第10页。

② 张人杰：《拟请确定全国建设经费保管支配方案以利建设案》，《建设》第7期，1930年4月，第10页。

上述张静江的保管支配全国建设经费的提案中，有几个值得注意的地方：第一，建设经费应实行会计独立制；第二，分别组建中央与地方建设经费保管委员会，专案保管及支配监督其用途；第三，中央或地方官营事业的收益应全部作发展建设使用；第四，各省地方收入，除了土地税增加额之外，应以30%～50%作为建设经费使用。

由于张静江关于保管支配全国建设经费的提案对于全国经济建设事业十分重要，受到与会者的密切关注。大会经过热烈讨论，决定对其进行修补和完善后提交即将召开的国民党三中全会议决。值得注意的是，这一提案使张静江与蒋介石日趋紧张的关系雪上加霜。需要说明的是，此次建委会委员大会，蒋介石虽然是建委会委员，但是并未参加。1930年2月10日，阎锡山通电要求蒋介石下野，并联络反蒋派冯玉祥、李宗仁开始组建反蒋联盟。蒋此时决心以武力统一全国，正对中共与党内政治对手全力以军事"围剿"，需款甚亟，而张静江为发展全国建设事业，竟然提议将建设经费实行专项管理，实际上是对蒋介石将国家税收所得完全用于军事战争的行为表示不满，曾是盟友兼兄弟的蒋介石与张静江之间本来就有的矛盾由此更加尖锐。

关于水利建设事业的重要提案，曾养甫提出《拟请设立水利专科学校案》以培养水利建设人才，还提出《拟请发行水利建设公债以资兴办水利事业案》，主张通过发行水利建设公债兴办水利事业。

《拟请设立水利专科学校案》认为，既然国民党三届二中全会已确立农业是工商业的基础，而水利事业是保证农业正常发展的重要环节，目前全国水利专门人才又急剧缺乏，基于此，该提案提出应创办全国规模的水利专科学校，以解决水利人才之不足。而此时一些建设机构纷纷拟办水利培训机构，"如湖北水利局有设立水利工程学校之议；河北建设厅亦有设立河务讲习所之提案；华北水利委员会并于去夏办理暑期灌溉讲习班……导淮委员会亦办有工务人员训练班，足见水利人才，极形缺乏，亟应及时培植，以免有碍水利建设之进行"。[①] 最后众委员一致同意与教育部协商后在南京创办水利专科学校，培养水利技术人才。

曾养甫所提的《拟请发行水利建设公债以资兴办水利事业案》认为，水利建设事业项目多，涉及面广，用款亦庞大，如"一、关于河道之治理

---

① 曾养甫：《拟请设立专科学校案》，《建设》第7期，1930年4月，第21页。

者。永定河治本计划，约需工款洋 2000 万元；大清河下游独流入海河工程计划，约需工款 1530 余万元；疏浚吴淞江计划，约需工款洋 105 万元。二、关于灌溉者。永定河下游灌溉工程计划，约需工款洋 96 万元；陕西渭北灌溉计划约需工款 336 万元；黄河后套灌溉工程整理计划，约需工款洋 133 万元。以上各项均属救灾兴利之要图，关系民生，至为密切，不可不积极举办。惟统计各项工程所需工款，达 4200 余万元，现时国库支绌，筹措维艰，舍发行水利建设公债外，实无以济急需而资进行"。① 为此，曾养甫提出该提案以解决水利建设经费问题。

关于电气事业发展方面，因属于建委会重点发展的内容，所以提案也很多。重要的提案有以下几个：

（1）关于设立电机制造厂的提案。以曾养甫《提议创办全国电机材料制造厂案》和李范一《提议建设大规模之电机制造厂案》最具代表性。

曾养甫针对中国电机制造工业严重依赖国外进口的情况提出上述提案。曾氏认为，中国电气事业尚处于初步发展时期，所用各种电机电线，"悉自外洋输入，甚至极小之电机零件，亦多为舶来品，利权外溢，莫此为甚。际兹电气事业积极发展之时期，所需机器材料，数量尤多"。因此中央政府"亟宜设立大规模电机材料制造厂，积极研究，并制造各种电机及材料，以塞漏卮，而应需要"。② 李范一也认为，中国所用电气机件，"悉仰给于国外，利权外溢，为数可惊"，欧战中曾有常州震华电气公司与德国西门子洋行合组兼营电机制造之议，后因与德绝交，电机制造厂未果。近年来虽然国内机电厂家偶有能仿制小件电机等部分，"惟产额极小，不足与外货争衡"，建委会虽建有一个电机制造厂，"亦因资本太小，不易发展，出品又多偏于无线电方面，非增加资本，扩充范围，不足以应目今之需要"。为此请建委会"拟具扩充计划，呈请国民政府拨款若干万元，并募集商股若干万元，以为资本"，借鉴日本电机制造事业的发展办法，"与国外各大电机制造厂，订定合作契约，以利进行"。李范一提出，在订立合同时，"惟须注意条件之平等与互惠"，③ 这样才不至于损失国家主权

① 曾养甫：《拟请发行水利建设公债以资兴办水利事业案》，《建设》第 7 期，1930 年 4 月，第 42 页。
② 曾养甫：《提议创办全国电机材料制造厂案》，《建设》第 7 期，1930 年 4 月，第 60 页。
③ 李范一：《提议建设大规模之电机制造厂案》，《建设》第 7 期，1930 年 4 月，第 64 页。

而又能发展民族工业。

（2）曾养甫《提议扶助民营电气事业发展案》。曾养甫针对当时电气事业民营居多，但"因乏政府之指导及协助以致发展迟缓，甚至难以维持"的现状，为发展全国电气事业，提出中央政府"亟宜确定方针，积极扶助，俾各民营电气事业得以充分发展，以早臻全国电气化之境"。建议中央政府采取以下办法对民营电气进行扶助：第一，严厉取缔窃电行为；第二，免除苛税；第三，补助经费；第四，切实指导。①

（3）李范一《促进经营小城市电灯厂案》。李范一认为，自电气事业传入中国二十余年来，所设电厂局限于沿海沿江等大城市，至于普通乡镇农村，除江浙两省因交通便利、风气早开之故，富庶城镇"多已开设电灯厂外，各省之可设电灯厂而未设之处尚多……推其原因，殆以提倡乏人所致"。因此拟请建委会"就全国较为富庶而未设电灯厂之各地，广事调查，再择其最易发展之地，为之拟就建设电灯厂之适当计划，派人与该地富商接洽，投资创办，以促进小城市电灯厂之成功，而达普遍电气化之目的"。② 李范一根据全国电气事业分布极为不均的现状，认为应大力发展小城市电灯厂以促进当地工农业发展，从而达到全国电气化的目的。该提案反映了建委会平衡发展全国电气事业的主张。

（4）曾养甫《提议积极发展电气事业以促进全国农工电气化案》。曾养甫认为将来各行业的发展必然以电力为动力，现今国家农工凋敝，生产落后，"补救之方，厥为利用机械，以辅助人工，而电力实为运转机械最经济之原动力"，如果"工厂利用电力，则成品廉而出品多，农田利用电力，则劳工少而收获富"，因此中央政府"亟宜确定发展电气事业方针，积极进行，以达农工电气化之目的"。③ 由此可见建委会办理电气事业的宏远目标。

（5）曾养甫《提议推广电力灌溉以裕农田收入案》。中国自古以农立国，然而近年来，农产低减、水旱之灾遍于全国，曾养甫认为"盖农田多赖人力与牛马灌溉，费重力微，效率极低，一遇水旱之年，难免饥馑之患"。考察欧美各国，"莫不利用机械灌溉，而尤以电力灌溉最为经济稳

① 曾养甫：《提议扶助民营电气事业发展案》，《建设》第 7 期，1930 年 4 月，第 61 页。
② 李范一：《促进经营小城市电灯厂案》，《建设》第 7 期，1930 年 4 月，第 64 页。
③ 曾养甫：《提议积极发展电气事业以促进全国农工电气化案》，《建设》第 7 期，1930 年 4 月，第 62 页。

妥，欧美各国，成绩显著"。另以戚墅堰电厂供给当地电力和农田灌溉导致地价增高为例说明电力灌溉的益处，戚厂"灌溉常锡二邑农田，约五万余亩。农田一用电力灌溉，收获辄至倍蓰，故电线所达之地，田价即为增高，足征灌溉之效，亟宜积极推广，以增加农田收获，而利民生"。① 针对上述情况，曾养甫提出了解决电力灌溉农田的五条措施：

一、官营电厂须设法引杆线至各乡，以供给农田灌溉之电力。

二、由本会及各建设厅督促各民营电气事业，推广杆线至各乡。

三、由本会及各建设厅宣传电力灌溉之利益，并指导电力灌溉之方法。

四、各省设立灌溉区，以为电力灌溉模范。

五、劝导各银行，投资电力灌溉事业。②

曾养甫提出的上述措施体现了建委会发展电力灌溉的总体思路。关于建委会实施电力灌溉的情况，本书第三章有详细的论述，此不赘述。关于开发垦荒、发展农业的提案，以曾养甫的《拟请设立江浙皖三省国营垦务局案》最有代表性，曾养甫在提案中阐述了在江浙皖三省设立国营垦务局的原因：

一、我国以农立国，而舶来之农产品，每年约值关平四万二千三百万两（民国十六年海关统计），此项农产品销售于东南三省者为最多，足征江浙皖三省垦务之重要。

二、我国西北东北之垦殖，固属重要，然因治安交通及风俗习惯种种关系，移民实边，颇非易事。而江浙皖三省荒地，有八百余万亩之多，设法开垦，较为轻而易举。

三、三省八百余万亩荒地垦殖，初期需费颇巨，然一年以后，其农作收入，可敷翌年发展之用，至第三年收入增加，即可逐渐筹还国家所投之资，以国库现状论，举办较易。

四、垦殖为重要国营事业之一，与水利电气关系最为密切，全国水利电气及国营事业，皆在本会职权范围，现本会对于东南三省水利

① 曾养甫：《提议推广电力灌溉以裕农田收入案》，《建设》第7期，1930年4月，第63页。
② 曾养甫：《提议推广电力灌溉以裕农田收入案》，《建设》第7期，1930年4月，第63页。

电气计划进行，不遗余力，故三省国营垦务，由本会筹备，实有相互并行之利，易收同力合作之效。

　　五、最近中央虽有设立垦殖委员会之议，然以所需经费，为数甚巨，尚无具体组织。且该会注意筹划者，为东北、西北之垦务，江浙皖三省垦务，经费较小，进行较易，尽可提前举办，即将来该委员会成立后，亦可协商进行。①

曾养甫提出由建委会设立江浙皖三省国营垦务局，负责开展垦殖事业，预算第一年开办经费约 55 万元，其中经常费约 4 万元，开垦费约 42 万元，设备及建筑费约 9 万元。第一年开办经费稍多，但三年之后，平均每年收入最少为 100 万元，足以收益。

　　总之，此次会议的与会代表纷纷为国家建设事业及建委会的发展献计献策，提出了许多宝贵意见和建设性议案，为建委会的发展酝酿了广阔的前景。然而，1930 年 11 月，国民党召开四届三中全会，通过"刷新中央政治，改善制度，整饬纲纪，确立最短期内施政中心，以提高行政效率案"，决定改革中央政府组织制度，提出行政院的各部会"应力求缩小，严定员额，由中央政治会议审议决定之，各部会之直属机关，亦应减少员额，节省经费"。建委会"应注重设计，指导国民建设，不必列于行政机关，当直隶于国民政府。其有模范事业请求国民政府批准者，亦得设计试办"。② 此后，建委会的职权范围大为缩小，仅负责规划各地的建设事业与附属的几个企业，发展处境日益艰难，这也是其在发展了三四年之后不得不走向商业化运营的一个原因。

第四节　推动地方建设的无奈——以武昌电厂与宜洛煤矿为例

　　抗战爆发前夕，建委会的主要企业实行商业化运营后，建委会只是股东之一，再无全权对企业实施管理，于是将更多的注意力转向中西部地区的开发建设。本节以建委会筹建湖北武昌电厂与开发河南宜洛煤矿为例，

---

① 曾养甫：《拟请设立江浙皖三省国营垦务局案》，《建设》第 7 期，1930 年 4 月，第 75 页。
② 荣孟源主编《中国国民党历次代表大会及中央全会资料》（上），光明日报社，1985，第 919 页。

分别说明建委会后期对中西部电力事业与煤矿事业的经营和管理，从而折射出建委会后期推动地方经济建设的无奈。

一　筹建湖北武昌电厂

1. 筹议湖北武昌电厂

在建委会未实行商业化运营时，有感于中西部电力工业极为缺乏，对筹建武昌电厂之事即已酝酿多时。1936 年 6 月 25 日，建委会召开经济委员会第四次会议，出席委员有刘石心、秦瑜、陈大受、张家祉、许敦楷、吴玉麟、程士范、恽震、蒋元新及陈笙霖（刘石心代）等人，主要讨论两个问题，一是建委会与中国建设银公司谈判实施商业化运营问题，二是时任全国电气事业指导委员会主任恽震提出的《建委会与鄂省合办武昌水电厂案》。恽震认为，国营电气事业多分布在江苏、浙江等地，广大中西部地区却缺少电力工业，为完成全国电网计划，应在中西部增设电厂。考虑到武昌为国内工商业中心、九省通衢之地，且湖北省政府有意与建委会合作筹设电厂，因此恽震提出此案，请建委会予以考虑：

> 查武昌为国内工商业之中心，以前有商办电厂，供给电灯，惟因办理不良，上年业由鄂省府收归官办，并有改良扩充之意。本会负有完成全国电网之使命，虽主办之国营电气事业，现仅集中于苏浙二省之小部分，实不足以示模范，似应更择国内要地相机发展，以达目的。目下鄂省有意与本会合作，其要求有二，一为拟将水电厂合办，而本会投资不妨限于电厂，二为本会投资能供给大发电机二具，估计需 70 至 80 万元。关于第一点，已有先例可援，本会勉可同意，关于第二点，其机器之多少，机量之大小，以至投资额应占若干，不妨于将来派员详细勘察后，从长计议。最近鄂省府业向杭州电厂购买旧械两具，以济急需，是则筹设新厂之计划，反可从容讨论。照本席意见，本会无论利用庚款或另筹财源，如与鄂省府合办，此事对于本会地位事业前途均属有益。①

上述恽震的提案有两项内容：一是建委会不仅发展江浙一带的电力工

---

① 《建设委员会经济委员会会议记录及委员潘铭新派令》，中国第二历史档案馆藏国民政府建设委员会档案，全宗号：46，案卷号：110。

业，更应该选择国内其他重要地点发展电力工业，从而完成全国的整个电网计划；二是现在湖北省政府愿意与建委会合作。恽震认为，此事对建委会的"地位事业前途均属有益"。此提案在第四次经济委员会会议上原则上通过。武昌电厂的具体筹备事宜由秦瑜、恽震、张家祉及许应楷四委员共同研究。1937年4月，建委会任命潘铭新、恽震、张家祉、陈大受、陈中熙、孙保基及廖芸皋等人为武昌电厂筹备委员，同时派廖芸皋赴湖北省政府商洽合办电厂事宜。

2. 与湖北省政府协商合办武昌电厂

抗战爆发后，上海等地的工业开始内迁至武汉，国民政府要求建委会迅速在武汉建立大型电厂以应急需。1937年7月26日，建委会派秘书林士模与首都电厂事务主任廖芸皋赴武昌与湖北省政府具体协商合办电厂之事。经过林士模与湖北省政府的协商，根据建委会的指令，7月底，双方草签《合办武昌水电股份有限公司草约》，内容如下：

　　一、建设委员会及鄂省为发展武昌市区及其临近一带电气及自来水事业，特合资组织武昌水电股份有限公司。

　　二、公司资本暂定为国币600万元，分为6万股，其分配如左：建设委员会4万股，占全额4/6，鄂省府1万股，占全额1/6，当地商股1万股，占全额1/6，由建委会负责招足。

　　三、公司设董事11人，内建设委员会7人，鄂省府2人，当地商股2人。

　　四、公司设监察5人，内建设委员会2人，鄂省府2人，当地商股1人。

　　五、公司每年之盈余，除去股本利息（年息8厘）及所定之公积金外，所余数额须至少提出30%留作扩充本公司设备及投资开发鄂省电气事业之用。

　　六、公司组织成立后，鄂省府即将现有之武昌水电厂全部资产及营业权出让移交公司接办。

　　七、办法一：武昌水电厂全部作价110万元，该厂自出让移交公司接办后，归公司全权经营，至在出让前所有该厂一切债款本息及其未了事务，统归鄂省府负责清理。办法二：武昌水电厂自移交公司接办之日起，至新发电所完成之日止（届时旧发电所即停止发电），每年收入除去一切经常开支、呆帐及折旧准备并因扩充设备新加资本之官利外，所有盈余或损失均归鄂省府负担，武昌水电厂之全部资产价值由双方共估定之（两办法中择其一）。①

从上述双方所签草约可知：第一，建委会与湖北省政府以股份有限公司的形式组建武昌水电股份有限公司，建委会股份占4/6，湖北省政府股份占1/6，商股占1/6；第二，湖北省政府将现有武昌水电厂的全部资产及营业权出让移交公司接办，从而使武昌水电股份有限公司起步较快，发展迅速。

然而当时正值抗战爆发初期，湖北省政府无暇顾及此事。由于原省政府主席杨永泰被刺，新任湖北省主席黄绍竑未曾到职，"中间差不多有三个月没有主席"。②黄绍竑自1938年1月16日到武汉接任后，又在庐山担任训练工作一个月，"实际上完全致力于省政的时间，不过五个多月"。③黄绍竑任职极短，仅5个月，且在黄来任职之前杨永泰被刺后的三个月无人主持省政，当然无暇顾及电厂事。另一方面，上海及无锡一带的工厂纷纷内迁至武汉，电厂又必须尽快建成以应急需。建委会鉴于形势日益紧张，8月2日，致函湖北省政府阐明办理武昌电厂的重要性与紧迫性："查水电设备，因属公用事业，然在非常时期，于军用及治安各方面，所关尤重。武昌系长江中游要镇，值兹时局紧张之际，该项设备，实须积极充实，备应急切需要。故本会现经决定从速举办，务请迅速接洽，早日商定，俾利进行。"8月10日，张静江致函黄绍竑再次说明建立武昌电厂的必要性。22日，黄复信："现以时局紧张，省政府财政困难，此时无款办理，可否暂缓？"④无奈之下，建委会常务委员吴稚晖只好求助于军事委员会。9月3日，军事委员会、资源委员会联合致电建委会要求尽快建设武昌电厂，以备后方各项事业急需。

3. 独自创建武昌电厂

建委会与湖北省政府几次协商，筹建武昌电厂事仍拖延不决，电厂无

---

① 《建设委员会筹办武昌电厂事宜》，中国第二历史档案馆藏国民政府建设委员会档案，全宗号：46，案卷号：612。

② 黄绍竑：《黄绍竑回忆录》，东方出版社，2011，第315页。

③ 黄绍竑：《黄绍竑回忆录》，第330页。

④ 《建设委员会筹办武昌电厂事宜》，中国第二历史档案馆藏国民政府建设委员会档案，全宗号：46，案卷号：612。

法按时开工建设。建委会"鉴于各方需要殷切，未便再缓，决提前进行，至于合作办法，当仍继续洽商，请借拨毡呢厂基地 80 亩应用"，[①] 决定单独筹建电厂，只求湖北省政府提供厂址。9 月 4 日，建委会将军事委员会与资源委员会的公函告知湖北省政府，意欲给其增加压力，迫使其尽快同意筹建武昌电厂：

> 查沪战发生以来，海上大小工业因闸北等电厂毁于炮火，动力缺乏，并鉴于在沪再图复兴之非计，均纷纷向内地转移，似此情形，政府方面，允已设法予以协助，俾属早日继续生产，以能补战区之消耗，而充实后方抗战之力量。武昌属长江中游，交通利便，为各工业迁移最适当之目的地，自须赶速准备大量电力，以供此须急切需要。该地现有电厂之发电容量，只能照明，不足应付大量工业动力，故本会深感前所拟定建设较大规模电厂之计划，实属不容再缓。正筹办间，接准国民政府军事委员会资源委员会本年 9 月 3 日密字第 5834 号函，略以上海各工厂已陆续迁移武汉，需要动力颇巨，贵会筹设武昌电厂，谅已着手，事关后方工厂动力急切需要，务希从速进行，以利国防建设，除函湖北省政府外，相应函请查照办理，并复等由，准此。爰决定除一面仍与贵省府继续洽商合作办法外，一面由会先行筹款进行，俾期提早完成。想贵省府为各工业复兴前途计，当荷赞同关于该厂工程，已饬技正黄辉驻武积极筹备，尚希贵省府随时予以协助，俾利进行。至该厂厂址，前已派员勘定，在毡呢厂基地范围以内，请准拨让 80 亩以资应用。[②]

从上述公函可知：第一，建委会无法解决落实电厂建设的问题，只好借助于军事委员会和资源委员会的公函迫使湖北省政府立即解决；第二，为抗战力量计，必须立即建设武昌电厂；第三，建委会决定先筹款进行勘定电厂厂址等事宜。

由于建委会的一再催促，9 月 24 日，湖北省政府在建委会致函二十天之后，终于复函表示"原则上则可赞同，惟因武昌水电厂系接收前武昌竟

---

① 《建设委员会筹办武昌电厂事宜》，中国第二历史档案馆藏国民政府建设委员会档案，全宗号：46，案卷号：612。

② 《建设委员会筹办武昌电厂事宜》，中国第二历史档案馆藏国民政府建设委员会档案，全宗号：46，案卷号：612。

成电灯公司及前武昌水厂合并办理，关于电厂全部资产，时有扩充增加，所负债额，亦时有增减，并与前竟成公司纠纷交涉，久未了结，及该厂逐月营业盈亏情况，均须详查清晰"。① 经湖北省建设厅调查武昌电厂的情况，交与省政府委员会第261次会议决议，"查本府对于武昌水电厂投资，均系以该营业收益作担保，向银行借贷而来，在借款未偿清以前，本未便让度资产于第三者"。如果建委会要接管武昌水电厂，湖北省政府提出武昌水电厂全部资产做价160万元。9月29日，建委会致函湖北省政府，提出武汉水电厂做价太高，因为建委会估价110万元"已属尽量提高"，湖北省政府提出高达160万元的估价，"似嫌过巨，盖新厂负担增重，势必影响将来电价，不但难以核减，甚至有加重之必要，是与筹建新厂供给较廉价之电力，以补助工业发展之初意不符"。针对湖北省政府的提议，建委会建议："如贵府为清理该厂旧债，用款不敷，似不妨将新厂投资数额，酌予减少，借以挹注，亦无不可。"湖北省政府则针锋相对地提出解决办法："最好贵会一面筹划新厂工程，该厂仍照旧营业，俟新厂成功，再行议价接收，以期两不相妨。"双方互不相让。而当时军事委员会和资源委员会一再催促建委会尽快建设电厂，以满足迁至武汉的工厂的用电需求。无奈之下，1937年10月15日，建委会武昌电厂工程处正式成立，任命技正黄辉为主任，具体负责筹建电厂工作。

受武昌电厂的选址等诸多因素的制约，建委会不得不再次求助于军事委员会与资源委员会。10月20日，建委会致函军事委员会，请其转请湖北省政府将武昌水电厂移归建委会接管。而资源委员会更催促建委会立即发电，以使迁移武汉的各工厂能够尽快复工。但建委会认为"先行放线通电一节，因供电与发电关系密切，必须统筹办理，否则无法进行，而土木工程亦须俟厂址圈定方能开工，兹为便利筹备起见，拟请贵会（资源委员会——引者注）转知鄂省政府先将旧厂移归本会接管，并将毡呢厂基地划归本会，俾一面进行新厂土木工程，一面筹计先行供给工业用电，至于合作办法，当仍由本会迳与鄂省府详细洽定"。② 10月28日，军事委员会同意建委会的请求，致函湖北省政府要其严格按建委会的要求办理，以加快

---

① 《建设委员会筹办武昌电厂事宜》，中国第二历史档案馆藏国民政府建设委员会档案，全宗号：46，案卷号：612。
② 《建设委员会筹办武昌电厂事宜》，中国第二历史档案馆藏国民政府建设委员会档案，全宗号：46，案卷号：612。

进展。至此，湖北省政府唯有遵令办理。

遗憾的是，建委会正在竭力筹建武昌电厂之际，武汉会战爆发，武汉陷入一片战火之中。1938 年 1 月 1 日，建委会遵照中央政治会议的决议，被裁并至经济部，武昌电厂的建设也暂告一段落。5 月，资源委员会电业室接管了武昌电厂的所有事宜，再次将电厂的筹建提上日程。

二　开发河南宜洛煤矿

1. 办理河南宜洛煤矿

建委会实施商业化运营前后，随着中日之间形势紧张的加剧，其开始向内地经营煤矿事业，开发河南宜洛煤矿即为其中之一。1937 年春，"华北局势日趋严重，津浦、平汉两线胥受敌军威胁，设北方煤运一旦发生障碍，东南各省工业与交通所需燃料，立有缺乏之虞"。并且"平汉、津浦两线黄河铁桥，暨中兴、淮南、大通等矿，均受敌机威胁，燃料供给问题异常严重，亟宜另行筹划克供代替之煤矿，以备不虞"。[1] 有鉴于此，建委会决定筹建豫西的宜洛煤矿。

宜洛煤田在河南宜阳县城东南约 1 公里，北距新安县陇海铁路车站 26 公里，东北距陇海铁路洛阳站约 32 公里。据建委会勘测，宜洛煤田东西长约 20 公里，储量达 1 亿吨以上，煤质属于可冶炼金焦的上等烟煤，热力甚大。1931 年，当地士绅何客星集资开采此矿，随着业务的增大，成立了宜阳煤矿股份有限公司从事经营。经过 7 年建设，"两井上下设备既与焦作矿式齐驱，采矿俱用新式，逐日产量不下 700 余万吨"。[2] 宜洛煤矿具有一定的开发基础。

1937 年春，建委会开始勘测与开发宜洛煤矿。根据《矿业法》第 9 条 "凡可以炼冶金焦之烟煤应归国营之规定"，设定了国营宜洛煤矿矿区一千余公顷。7 月 7 日，在宜阳煤矿工程筹备委员许本纯与郭楠的带领下，建委会开发宜洛煤矿的工作人员抵达宜阳，于县城内成立宜洛煤矿筹备委

---

[1] 《宜阳煤矿公司呈文铁道部》（1937 年 8 月），《建设委员会与宜洛煤矿工程处业务联系往来函件》，中国第二历史档案馆藏国民政府建设委员会档案，全宗号：46，案卷号：780。

[2] 《宜阳煤矿公司呈文铁道部》（1937 年 8 月），《建设委员会与宜洛煤矿工程处业务联系往来函件》，中国第二历史档案馆藏国民政府建设委员会档案，全宗号：46，案卷号：780。

员会工程处，矿业科科长陈大受为筹备委员会主任，梁宗鼎任事务主任，倪桐材任工务主任，建委会委任蔡同涵担任会计，并拨付 1 万元筹备开工。10 日晨，许本纯、郭楠与工程处筹备人员抵达矿区，实施勘测。根据勘测情况，制定了如下开采计划：

一、恢复柏坡煤矿，拟于年内恢复，每日出煤 50 吨，以后逐渐改良附近土窑工程，增加产煤，至 27 年 6 月底，每日可产 200 吨至 300 吨。

二、在二里庙附近，开凿方 1 公尺半风井 1 座及斜井 1 座，于 10 个月内完成后，再开凿井底平巷及铺设井口上下设备等，需时又约 1 年余，故至 28 年年底，日可产煤 500 吨，以后仍添开永久出煤大井，添置机械设备，逐渐增加产煤，达到每日 3000 吨计划。

三、在三道岔方面，开凿平巷 300 公尺，于 5 个月内完成，至 27 年 6 月底，每日亦可产煤 300 至 500 吨，此后再继续增加，达到每日产煤 800 吨计划。

总计以上三项工作，规定了最近数年内的产煤数量（见表 1 - 3）。

表 1 - 3　1937 ~ 1940 年宜洛煤矿产煤计划

1937 年底	日产煤 50 吨
1938 年 6 月底	日产煤 500 吨
1939 年底	日产煤 1000 ~ 1300 吨
1940 年 6 月底	日产煤 3000 吨

资料来源：《建设委员会所属各矿进行状况及开发方案》，中国第二历史档案馆藏国民政府建设委员会档案，全宗号：46，案卷号：773。

建委会计划三年之内将宜洛煤矿办成内地较大的煤矿。8 月 15 日，宜洛工程处以 24000 元的价格收买了柏坡协盛煤矿。9 月 1 日，正式将其接收。18 日，开始发售柏坡煤厂的存煤。与此同时，将三道岔及二里庙的民地陆续买进，以供开凿新井之需。经过此番筹备，宜洛煤矿的各项工作已紧张有序地展开。

运输问题历来是煤矿发展的关键。为解决该矿运输问题，建委会拟修筑由洛阳至宜阳煤矿的洛宜支线，以便与陇海铁路衔接。为此，宜洛煤矿工程处与郑州陇海铁路当局协商。陇海铁路当局表示，由于没有筑路资金，该支线"最好由建委会出资修筑，而归陇海路管理，所投资本将来可由应缴之运费内扣除"。[①] 11月10日，建委会拟定《铁道部、建委会兴筑陇海铁路宜洛支线借款供煤互惠合同大纲草案》，规定在5个半月内完成宜洛支线建设。建委会决定筹款40万元以修此路，要求铁道部在该路工程建设方面"力求撙节，处处应陋就简，地价稍缓发放，则40万元当可足用"。[②]

为解决煤矿建设所需木材，宜洛煤矿工程处于煤矿附近张贴购买木材的布告，又函请洛南县政府代为调查收购，甚至直接派职员张宝山去东乡购买，又派孙祉钦和张绍渠去洛宁当地购买。至于五金零件、铁管及钢条等，则派庄竑携款赴郑州购办。但因时局紧张，交通堵塞，许多物品无法运至煤矿，开发进程变缓。建委会认为"现军事奇紧，燃料至关重要"，而宜洛煤矿为"国营事业，既负有重大使命，理应加紧进行，免误戎机"，[③] 于是对其所需物品采取"强迫借用"的方式，"以应急需"。至11月中旬，开矿所需物品已大多运至宜阳，正欲开工时，国民政府为加强后方力量，命令各地厂矿组织工会，以加强国防教育和训练。宜洛煤矿认为："本处现值筹备之际，雇佣工人不多，且奉令加紧出煤，以备国防上之需要，与严密组织工会借扩充抗战实力同为国防当务之急。"因此对河南省党部要求设立煤矿党部的训令暂不予理睬，自始至终未建工会。11月27日，建委会电令宜洛工程处："关于采矿工程应加紧进行，所需一切锅炉、机器、木材及五金材料等件，应在可能范围内，设法就近采办，或向其他各矿商让，以应急需，克期兴工，毋得延误。"[④] 可未及半月，12月11日，宜洛煤矿筹备委员会即接到河南省政府关于将工矿迁移后方的指示："中央为保存生产力量，决将临近战区各厂矿迁移后方……豫省地

① 《宜洛煤矿工程处工作报告》，中国第二历史档案馆藏国民政府建设委员会档案，全宗号：46，案卷号：777。
② 《开发宜洛煤矿计划书》，中国第二历史档案馆藏国民政府建设委员会档案，全宗号：46，案卷号：773。
③ 《宜洛煤矿工程处事务主任梁宗鼎呈文》（1937年10月30日），《河南宜洛煤矿筹备委员会总务业务文件》，中国第二历史档案馆藏国民政府建设委员会档案，全宗号：46，案卷号：774。
④ 《宜洛煤矿工程处事务主任梁宗鼎呈文》（1937年8月10日），《河南宜洛煤矿筹备委员会总务业务文件》，中国第二历史档案馆藏国民政府建设委员会档案，全宗号：46，案卷号：774。

近战线，为未雨绸缪计，所有重要工厂，亦当即行迁移。"① 河南工矿调整委员会派陈世桢至宜洛煤矿办理迁移后方的一切手续。宜洛煤矿暂时停办。翌年 1 月 1 日，建委会并入经济部，宜洛煤矿也随之并入资源委员会。3 月下旬，宜洛煤矿与矿业试验所同时被资源委员会接收。至此正式结束了建委会办理煤矿事业的历史。

2. 宜洛煤矿停办的原因

宜洛煤矿正在努力经营、即将出煤之际突然接到建委会的命令，不得不停办，迁移后方。虽然抗战爆发为其停办首要原因，但还有其他原因影响了宜洛煤矿的开发与建设。约有如下几点：

（1）经费紧张。宜洛煤矿的开办经费一直十分紧张。宜洛煤矿工程处事务主任梁宗鼎于 1937 年 8 月 10 日呈文建委会："截至 8 月底止，除一切开支外，仅存 3000 元左右，前次所呈预算，迄今未蒙批示发还，是以每月经常开支，无从计划，当此国事严重之际，不得不未雨绸缪，以免临渴掘井，否则设使战事扩大，则交通阻断，汇兑停顿，一旦绝粮，便无门可以乞贷，届时本处员役上下有 20 余人之多，生活即无以为继"，② 请求建委会续发经费 1 万元以稳人心。另外，收购协盛煤矿及其开支所需的 27000 元资金，梁宗鼎也希望能在 7～12 月的经临费内拨付，由此可见宜洛煤矿的经费紧张程度。而此时中日战端一开，向外国购办的煤矿机器设备等材料，均需现款交易，否则无法进行。如 1937 年 8 月 13 日，通过购料委员会准备向外国洋行购买材料时，陈筜霖称，"惟沪上各商行，现因时局紧张，皆坚持须现款交易，迭经磋商，不能通融"。③ 这严重影响了宜洛煤矿的开发进度。梁宗鼎感到"在此机械、材料一无把握之时，又值后方急需燃料之际，能走一步即走一步，以利用时间，惟定期出煤难有把握耳"。④ 这种经费捉襟见肘的状况自然影响到宜洛煤矿的

---

① 《宜洛煤矿工程处事务主任梁宗鼎呈文》（1937 年 12 月 11 日），《河南宜洛煤矿筹备委员会总务业务文件》，中国第二历史档案馆藏国民政府建设委员会档案，全宗号：46，案卷号：774。

② 《宜洛煤矿工程处事务主任梁宗鼎呈文》（1937 年 8 月 10 日），《河南宜洛煤矿筹备委员会总务业务文件》，中国第二历史档案馆藏国民政府建设委员会档案，全宗号：46，案卷号：774。

③ 《河南宜洛煤矿筹备委员会总务业务文件》，中国第二历史档案馆藏国民政府建设委员会档案，全宗号：46，案卷号：773。

④ 《宜洛煤矿工程处工作报告》，中国第二历史档案馆藏国民政府建设委员会档案，全宗号：46，案卷号：777。

开发进程。

（2）补给严重不足。自宜洛煤矿开始筹建后，其后勤补给情况实在是难合人意。1937年8月15日，梁宗鼎向建委会报告宜洛煤矿的粮食供应不济的情况："此间以连年荒歉，本无上等粮食储存，近因时局关系，尤形稀少。"工程处委托洛阳通讯社购买米面时，"即次一等者，目下亦数已无处可得"。至建委会的主要机构迁至湖南办公后，梁感到煤矿工程处"此后更将呼吁无门"。① 至最后竟然无法正常联络到建委会，补给更无从谈起，煤矿开发工程自然无法应期开展，以致不得不停办。

（3）安全无法保障。豫西向来为匪患聚集之地，安全问题必须重视。在建委会开始筹建宜洛煤矿后，即有汇报，"洛阳交界地方，现有土匪蠢动，客商行旅，常有被劫情事"。建委会收买协盛煤矿后，8月22日，宜洛煤矿即筹组临时矿警队10人，向地方人士借枪6支，以维治安。10月9日，梁宗鼎提出应慎重考虑警长的人选，"窃思警长一席，比会计尤为重要，设使不得其人，则将来受累，必致不堪设想"。② 梁提出由建委会推荐合适人选，最后任命黄埔军校第五期毕业生陈嘉善为警长。又为减少地方干涉宜洛煤矿开发进程，梁宗鼎聘用宜阳著名人士胡士桢与宜阳城保甲联保主任刘治权两人为地方协进员，他认为，刘"品行正直，处事明达，在东北军队任事有十余年之久，当此多事之秋，罗致此等人才，颇为必要"。③ 总之，煤矿安全问题始终影响着宜洛煤矿的发展。

（4）建委会建议适时撤退。"八一三"事变爆发后，宜洛煤矿上的工人人心惶惶，局势益加动荡，根本无法正常开展工作。建委会建议宜洛煤矿工程处的职员中"如有恐慌者，可任其疏散"，但"事务、工务两主任，以职责关系，均有留守必要，但万一平汉线军事失利，敌军如逼近黄河岸时，请再考虑行止"。进而提出"万一陇海路阻断时，可向豫公路局交涉车辆送平汉线车站，以便退至汉口，如此法办不通，请即研究沿陇海

① 《宜洛煤矿工程处工作报告》，中国第二历史档案馆藏国民政府建设委员会档案，全宗号：46，案卷号：777。
② 《宜洛煤矿工程处事务主任梁宗鼎呈文》（1937年10月9日），《河南宜洛煤矿筹备委员会总务业务文件》，中国第二历史档案馆藏国民政府建设委员会档案，全宗号：46，案卷号：774。
③ 《宜洛煤矿工程处事务主任梁宗鼎致陈大受函件》（1937年8月9日），《建委会与宜洛煤矿工程处业务联系往来函件》，中国第二历史档案馆藏国民政府建设委员会档案，全宗号：46，案卷号：780。

西段及汉中路退至四川办法，以备不虞"。① 至此，随着抗战形势的发展，宜洛煤矿工程实在无法向前继续推进。

宜洛煤矿的开发，是建委会所属主要国有企业实行商业化运营后开发内地煤矿事业的一次重要尝试。由于抗战的爆发和建委会很快被裁并至经济部等多种原因，开发宜洛煤矿的努力终成泡影。

三　推动地方经济建设乏力的原因

抗战爆发后，建委会仍能顺应历史潮流，站在时代前沿，力所能及地为抗战服务，奋力筹建湖北武昌电厂与河南宜洛煤矿等。尽管如此，建委会后期在推动现代化建设方面成绩仍明显不足，这是由多方面原因造成的：

（1）权限大为减小。建委会后期，张静江与蒋介石关系由于各种原因开始疏远，加之随着全国经济委员会职权范围的扩大与国防设计委员会改组为资源委员会，建委会的发展空间受到挤压，在国家经济建设中的作用逐渐下降，国家重要的建设项目已不再完全依赖于建委会的规划与设计，重要的国防工业建设由资源委员会经营和管理，公路及水利建设由全国经济委员会负责，建委会仅经营和管理全国的电力工业和附属企业而已，即使对电力工业的经营和管理也仅负责电厂的调查与统计以及营业执照的发放等行政性业务，几乎谈不上对地方建设事业有更多的指导与推动。

（2）国家时局影响。1937 年 7 月，日本发动全面侵华战争，南京国民政府的许多建设事业不得不中断，建委会推动国家经济建设的努力也被迫停顿。

（3）经费与人才均感短缺，缺乏发展活力。建委会后期，资金严重短缺，发展难以为继，为此不得不将所属主要企业实行商业化运营，以将更多的建设资金投向中西部投资能源工业。建委会自身力量的日渐薄弱、职权范围的日益缩小，使会内许多建设精英人才纷纷离去。因为全国经济委员会和资源委员会成立后，经费充足，发展前景广阔，在一定程度上吸引了大量科技人才，建委会的科技人才纷纷跳槽，向其他部会转移，从而削

---

① 《许本纯致梁宗鼎函》（1937 年 8 月 20 日），《建设委员会与宜洛煤矿工程处业务联系往来函件》，中国第二历史档案馆藏国民政府建设委员会档案，全宗号：46，案卷号：780。

弱了建委会的整体发展活力。

正是由于上述原因，建委会日渐走到了它的历史终点，而抗战爆发加剧了它的终结。

第五节　建委会的终结

抗战爆发后，建委会实施商业化运营未及半载即很快被裁并至经济部和资源委员会，这是近代公司制度历史发展的结果，也是抗战初期急剧形势下的产物。

一　裁并至经济部

抗战爆发前一周，建委会迅速实行了商业化运营，将主要经营的国营企业实行官商合办。七七事变后，南京国民政府为了适应战时需要，统一国防经济力量，实施持久作战，决定对原有的经济管理机构加以调整。

战前国民政府的经济机构设置重叠，权责不明。就国民党内而言，负责经济事务的管理机构即有两层，经济最高决策权集中在国民党中央政治会议，其下设立财政、经济、交通委员会；国民党中央执行委员会内设置了国民经济计划委员会与财务委员会，负责经济工作的设计、指导及监督等。就政府而论，南京国民政府内部亦有许多管理经济的部门，如直属于行政院办公厅的全国经济委员会、直属于军事委员会的资源委员会、直属于国民政府的建委会，以及隶属于行政院的实业部、铁道部、交通部等；立法院下设经济委员会和财政委员会，监察院下设立审计部。上述各类经济部门建制重叠，互不相属，彼此分权，职责不明，根本无法适应抗战需要。因此，随着抗战的爆发，建委会的存留问题逐渐被南京国民政府提上议事日程。在 1937 年 12 月 31 日召开的国防最高委员会会议上，国民政府决定将实业部改组为经济部，原全国经济委员会的水利部分、建委会、军事委员会第三部（主管国防工业）和第四部（主管国防经济）、资源委员会、工矿调整委员会、农产调整委员会等机构全部合并至经济部。

1938 年 1 月 1 日，国民党中央第 62 次常委会通过了《中央机构调整案》，将中央行政系统统一于行政院之下。是日，国民政府发布《调整中央行政机构令》，规定调整经济建设领导机构的原则如下：

一、凡工作因受战事影响，不能继续进行之机关，暂行停办或裁撤。

二、凡工作因与战事无关，不必继续进行之机关，暂行停办或裁撤。

三、凡某一机关之工作与另一机关之工作性质重复者合并之。

四、凡工作有继续进行之必要之机关加强之。

五、凡工作有进行之必要而目前尚无机关办理者，创设之。①

新成立的经济部以翁文灏为部长（主管工业），秦汾担任政务次长（主管水利），何廉担任常务次长（主管农业）。由各种经济机构重组后合成的经济部的建立，使民政府完成了从和平时期的经济体制向战时经济体制的过渡。此次调整，精简了各类经济部门的政府机构，减少了大批冗员，提高了工作效率，使"经济机构，均依军事部署与科学管理，统一指挥，分层负责，简化手续"，② 有利于战时统制经济政策的完全实施。经济机构的改组与调整，使国家权力进一步集中，强化了经济统制的力量，加强了政府对经济的干预力度，顺应了全国抗战形势。

经济部于1938年1月1日宣告成立。9日，经济部部长翁文灏与建委会秘书长秦瑜商谈建委会的移交办法。26日，资源委员会正式接收建委会的事业部分。3月22日，国民政府行政院第355次会议，正式决定实业部、建委会、全国经济委员会和水利机关均裁并至经济部，其中建委会的电气行政部分归属经济部第四科工业司办理，事业部分归入资源委员会。

至此，成立十年之久的建委会的历史终于画下了句号。

二　裁并至经济部的原因

建委会在抗战爆发后为何很快地被裁并至经济部，是一个值得深入思考的问题。结合当时形势，应有以下原因：

（1）抗战的需要。早在1934年1月，国民党四届四中全会通过的

---

① 中国第二历史档案馆：《国民党政府经济部关于战时经济建设的工作报告》，《民国档案》1989年第3期。

② 浙江省中共党史学会编印《中国国民党历次会议宣言决议案汇编》（2），1986，第163页。

《建设根本方针案》即指出："国民经济必须统一于中央政府势力之下。"①
1937年2月，国民党五届三中全会再次明确宣布"中国经济建设之政策，
应为计划经济，即政府根据国情与需要，将整个国家经济，如生产、分
配、交易、消耗诸方面制成彼此互相联系之精密计划，以为一切经济建设
进行之方针"。② 因此国民政府实施机构合并是形势发展的结果和国家统
一政策的需要。抗战爆发后，为适应战时需要，各个经济机构迅速统一，
经济部的成立即是国家统一全国经济力量进行持久抗战的结果。这是建委
会被裁并至经济部的主要原因。

（2）张静江与蒋介石矛盾激化的最终结果。南京国民政府成立后，蒋
与张之间矛盾逐渐凸显出来。这不但与两人对南京国民政府成立后国家政
策的重点有关，亦与两人性格有关。张静江力主按照孙中山的《建国大
纲》与《实业计划》等指导方向而致力于开展国家各类建设事业，这从
他在建委会大会的《拟请确定全国建设经费保管支配方案以利建设案》提
案中可以看出；而蒋则一味"革命"，以"剿共"与消灭异己力量为主要
目标。另外，张静江出身经济实力雄厚的丝商大族，"是地地道道的'公
子哥儿'，挥霍任性，刚愎自用，好大喜功"，③ 这种性格特点与蒋介石出
身盐商家庭又少年而孤形成的性格截然不同。虽然张静江对蒋介石的崛起
帮助甚大，但南京国民政府成立后，蒋介石已不再需要张静江这样一个
"老朽"在身边碍手碍脚，便让张到浙江省任主席。即使在其任浙江省主
席任内，张对蒋亦并不买账，导致"蒋介石对张很不满意，并有'不懂驭
下，不宜做官'等语"，两人的矛盾日渐加剧，再无昔日盟兄弟的情谊。
据长年担任张静江账房先生的李力经回忆，当年蒋逼迫张辞去所有职务
时，张曾言："我只辞去省政府主席的行政职务，建委会是做建设事业的，
我绝对不辞，除非将我撤职。"④ 当然蒋介石非常清楚南京国民政府成立
初期成立建委会的政治意图，再加上张静江与孙中山的特殊关系，他是绝
不会令张静江撤职的，但是对张静江的反感已显现出来，这也说明此时蒋
张矛盾已逐渐公开化，昔日"盟兄"再无过多"友情"。抗战爆发后，张
静江曾抱怨："我一生被人利用，今后将不再给人利用了。像蒋介石这种

① 浙江省中共党史学会编印《中国国民党历次会议宣言决议案汇编》（2），第99页。
② 浙江省中共党史学会编印《中国国民党历次会议宣言决议案汇编》（2），第295页。
③ 李力经：《漫谈张静江》，《上海文史资料存稿》（2），上海古籍出版社，2002，第326页。
④ 李力经：《漫谈张静江》，《上海文史资料存稿》（2），第335页。

人只可共患难，不可共安乐，只知为己，不知为人，而且是毫无信义。"[1]
对蒋介石的不满溢于言表。在建委会成立至被裁并的这十年之中，张静江
与蒋介石的关系似乎在逐渐疏远，此亦为建委会被合并至经济部的重要原
因之一。

（3）建委会职权范围变小，无存在意义。建委会在实施商业化运营之
后，所属主要企业大多由中国建设银公司经营，此时只负责民营电厂事
宜。而民营电厂也在抗战爆发的背景下，或停业，或转移，因此建委会此
时可谓无事可做。对于这样一个无事可做的政府机构，又在抗战形势日甚
一日的紧张背景下，唯有撤并了事。

由上述分析可知，由于抗战形势的需要、张静江与蒋介石之间的矛盾
日益紧张等多种因素，待抗战临近，建委会被裁并至经济部，从而结束了
十年短暂历史，而此时张静江也早已赴美国，做了寓公，对国内建委会被
裁并事也无可奈何。

三　裁并后的善后事宜

建委会被裁并后，关于移交事项十分复杂，大致可以分为两个部分。
首先是行政方面的移交，也就是一些卷宗与器材等方面的移交。关于电气
行政卷宗及所属中央电气试验所电力测验仪器材料，由时任电业人员训练
所主任张家祉接收；普通及事业捐资文具账册等事项由江汉工程局会计主
任杨泽接收；由经济部技佐任培元与纪瑞明两人协助张家祉接收建委会运
往长沙的所有财产。3月12日，由粤汉铁路管理局调拨一节装载量为40
吨的车皮，由电气试验所公役吴德安沿途押送至武昌，之后将建委会存于
武昌的器材由民生实业公司包运至宜昌，再将该会存于宜昌的器材装运船
上，继续西运至重庆。[2]

1938年7月，建委会奉令裁并至经济部半年后，业务方面才正式向资
源委员会办理移交手续。办理业务移交手续之复杂，从建委会向国民政府
的呈文即可看出：

> 案查本会奉令并入经济部，遵照将在长沙设立办事处办理结束情

---

① 李力经：《漫谈张静江》，《上海文史资料存稿》（2），第337页。
② 《张家祉报告接收经过》（1938年7月11日），《建设委员会移交事项》，中国第二历史
　档案馆藏国民政府经济部档案，全宗号：4，案卷号：8742。

形，呈报钧府备案在案。兹查本会及各直辖机关先后结束完竣，所有移交资产，综计2163.7万元，均经造具清册，逐一点交经济部接收清楚。再查本会成立已久，兹于结束移交之际，于以往资产情形，应有简明报告，以昭核实。按本会成立计达十年，先后办理电气、煤矿等事业甚多，其已著成效而于26年7月1日招收商股改为官商合办者，则有首都、戚墅堰两电厂改组为扬子电气股份有限公司，淮南煤矿淮南铁路改组为淮南路矿股份有限公司。当改组之际，本会为首都电厂所增资产为1384万余元，戚墅堰电厂所增资产为688万余元，淮南煤矿资产为530万余元，淮南铁路资产为1083万余元，共计达3685万余元，本年一月奉令结束，除扬子、淮南两公司股本外，计投资于其它电厂煤矿等事业，计约200万元，投资于其他企业者，计120余万元，总计所有资产已在4千万元以上，而流动资产，如银行存款、应收帐款及材料等尚不在内，至此次移交，固定资产计740余万元，流动资产计910余万元，其他资产500余万元，已详见会计报告。惟查本会购料委员会分储沪港材料，经经济部派张专门委员延祥接收，张委员指派崇德新、朱庭筠两代表在沪接收清楚，盖章签回临时清单，由沪运港，由张委员复派孙世球重行点收，据张委员声称，稍有出入，正式移交册迄未加签，但本会已移交清楚，取得清单，中途发生之变化及数目上之出入，均与本会无关。现已全部结束，未便久候，但职责所在，不容含混，合并陈明。理合检同本会移交清册总目一本，清册八十本，会计报告一本，在沪材料清单一份，接收人员名单一份，备文呈请钧府鉴核备案。实为公便。①

从上述建委会的呈文可知：第一，建委会所有移交资产达2163.7万元，而在1928年2月建委会成立时，国民政府仅仅拨付其10万元建设经费，从10万元的开办费至2163.7万元的资产规模，可见其发展之迅速。第二，建委会除了实施商业化运营的所属首都电厂、戚墅堰电厂以及淮南铁路、淮南煤矿之外，也并没有其他企业。因为上述几个企业总投资"共计达3685万余元"。而建委会"投资于其它电厂煤矿等事业，计约200万元，投资于其他企业者，计120余万元"，两者总计仅有320万元，仅占

---

① 《建设委员会呈文国民政府》（1938年8月），《建设委员会移交事项》，中国第二历史档案馆藏国民政府经济部档案，全宗号：4，案卷号：8742。

建委会总投资额的 8.68% 。从这个数据也可以看出建委会努力工作的方向。

张静江对建委会裁并至经济部一事十分不满。据李力经回忆，张静江听到建委会被裁并至经济部后，"闷闷不欢，至为消极"，[①] 对移交之事也不积极配合，总是对移交手续借故拖延。行政院第 383 次会议议决，建委会的"债务善后办法，由财政部、经济部、及前建委会主管人员会商"。[②] 经济部一再催促资源委员会上呈移交情况。1938 年 10 月 18 日，资源委员会致函建委会，因"交接案内，以购料借款、担保等事项，亟待清理"，请"指派人员姓名及来部会商时期见复，以便转知财政部届期派员参加"。[③] 20 日，经济部训令资源委员会问及建委会的移交情况，"迄今四月有余，该项证券簿册，尚未据送到，究因何故延搁，何时方能送部，应速具复，又该会接收建委会移交沪港材料为时已久，所有该项移交清册，以及接收经过情形，亦应遵迻令克速呈报核办，毋得延缓"。[④] 但一个月后，仍无呈报。11 月 16 日，经济部再次训令资源委员会迅速接收建委会，"已逾半载，其类别、数量、价值及处置情形，并原清册，迻经令饬详报，迄今尚未据报到部，殊有未合"。[⑤] 25 日，资源委员会呈文经济部称接收建委会的档案分为两部分，一为建委会存沪及港的材料接收；二为存湘的一些中、西文图书接收，由资源委员会前秘书长王文山赴湖南接收，共计西文图书 5689 册，中、日文书 10397 册。资源委员会将其收归图书室收管使用。[⑥] 至此，经历了近半年的协商交涉，建委会向资源委员会的业务移交工作才算基本完成。

建委会裁并后，国民政府为奖励张静江对中国经济建设事业做出的重大贡献，当然亦有照顾其情绪之意，在国防最高会议常务委员会第 48 次

---

① 李力经：《漫谈张静江》，《上海文史资料存稿汇编》（2），第 338 页。

② 《行政院指令经济部》（1938 年 10 月 7 日），《建设委员会移交事项》，中国第二历史档案馆藏国民政府经济部档案，全宗号：4，案卷号：8742。

③ 《资源委员会公函建设委员会》（1938 年 10 月 18 日），《建设委员会移交事项》，中国第二历史档案馆藏国民政府经济部档案，全宗号：4，案卷号：8742。

④ 《经济部训令资源委员会》（1938 年 10 月 20 日），《建设委员会移交事项》，中国第二历史档案馆藏国民政府经济部档案，全宗号：4，案卷号：8742。

⑤ 《经济部致电资源委员会》（1938 年 11 月 16 日），《建设委员会移交事项》，中国第二历史档案馆藏国民政府经济部档案，全宗号：4，案卷号：8742。

⑥ 《遵令呈报接收前建设委员会沪港材料及存湘图书经过及处置情形》，《建设委员会移交事项》，中国第二历史档案馆藏国民政府经济部档案，全宗号：4，案卷号：8742。

会议上，由汪精卫、吴稚晖、陈果夫、陈立夫及孔祥熙等人提议补助张静江 100 万元民营建设事业费：

> 为提案事，查张委员人杰，主持建设委员会会务已达十年，惨淡经营，始终不懈。该会先后所支行政经费总计不及四百万元，乃十年之间，为国家所增资产，总额在四千万元以上。其裨益民生，及养成人才之处，尤属难以数计。现在政府改革行政机构，该会已归并经济部，其所主办各事业，虽大都沦入战区，然所可移转之现金、材料等，尚在一千五百万元左右，若非擘画周详，曷可臻此？至其私人提倡之民营企业，如江南铁路、江南汽车等公司，对于抗战军事，更多协助，并悉因战事而全部牺牲。张委员首翊革命，继主建设，近年以来，一以倡导民营生产事业为职志。兹为尊崇硕德，彰表殊勋起见，拟请于建设委员会移交经济部现金项下，拨发提倡民营建设事业费一百万元，交张委员全权处理，俾能完成素志，兼以激励来兹。是否有当，敬请公决。①

全体与会人员经过讨论公决，均表同意。1938 年 1 月 31 日，国防最高委员会密函国民政府实施。该款由建委会秘书长秦瑜陆续送至张静江，由于币值一再下降，在实际收到时，"其数已不足 20 万港币了"。②

1928 年 2 月，建委会在南京宣告成立，之后广揽全国建设人才，成立一系列专门组织机构，初期经营管理的全国无线电、水利事业，中后期的主要电力工业。除此之外，又利用职责关系，接管首都电厂、戚墅堰电厂，创办了淮南煤矿与淮南铁路等。所属企业经营良好。但由于发展过快，负债甚多，在 1937 年春，开始实施商业化运营。至抗战爆发后，1938 年 1 月裁并至经济部与资源委员会，从而结束其十年历史。

---

① 《行政院训令经济部》（1938 年 2 月 9 日），《建设委员会移交事项》，中国第二历史档案馆藏国民政府经济部档案，全宗号：4，案卷号：8739。
② 李力经：《漫谈张静江》，《上海文史资料存稿汇编》（2），第 338 页。

第二章　无线电事业之整理与发展

无线电①传入中国以后虽有半个世纪的发展历史，发展却十分缓慢，技术亦较为落后。至南京国民政府成立时，无线电事业与欧美强国相比不仅相差甚远，成就亦乏善可陈，"对内则电信交通之效用未彰，对外则主权利益之投资迭见"。② 南京国民政府认识到"世界交通，日益密切，比岁以还，国际商业竞争之激烈，以及外交应付之繁，遂令通信方法，不能不随而突进"。③ 建委会委员长张静江认为发展无线电事业，不仅可以收回和保护国家利权，还可缩小中国无线电技术的国际差距，因此积极要求由建委会接收和管理该事业。截至目前，学术界关于张静江及其领导建委会与民国时期无线电事业的研究尚不多见，讨论建委会接管全国无线电事业一年的短暂历史的论文仅有一篇。④ 实际上在此短暂的时间内⑤，建委会为近代无线电事业的发展做出了重要贡献。本章拟以当时报刊资料为依据，爬梳整理建委会在一年的时间内对全国无线电事业的对内、对外整理的发展情况及其影响。

第一节　建委会接收和管理全国无线电事业的方针

一　建委会接管无线电事业

南京国民政府成立前后，世人已意识到无线电事业的重要性："立国

---

① 因建委会仅管理无线电事业，本书所论无线电仅指无线电事业。
② 建设委员会编印《建设委员会办理国营无线电事业之经过》，第 1 页。
③ 《建设委员会为订购国际无线电台机件呈国府文》，《无线电新报》1929 年第 1 卷第 1 期，第 37 页。
④ 张云燕：《论 1928～1929 年国民政府建委会的无线电管理》，《河北大学学报》（哲学社会科学版）2006 年第 6 期。
⑤ 建委会于 1928 年 6 月 25 日按照国民党中央政治会议的决议，开始接管全国无线电事业，至1929 年 6 月 17 日国民党三届二中全会决议将无线电事业划归至交通部，共近一年的时间。

于今日之世界，欲国势之强盛，国基之巩固者，非有本国管理之无线电台以与世界通信不为功。证诸近年来之经验，此项利器，于国家之独立与夫国际间商业或文化上之交接，显有密切关系。"① 此时无线电事业由交通部主管，存在严重的官僚主义作风，且主要用于军事通信，故收入甚少，有时还需有线电报局进行贴补。针对无线电事业发展乏力的状况，南京国民政府也深感有必要进行改革。"交通当局对于电信设备，并曾拟有改善扩充计划，徒以政府成立伊始，各地电信经费尚未能达到统收统支的理想境地。因此，计划虽经拟就，然绌于经费，短期内尚不能全付实施。"② 此时踌躇满志的张静江正对全国的建设事业进行全盘筹划，发展缓慢的无线电事业自然亦在其筹划之列，加之他在国民党内的地位与影响，③ 成立未及半年的建委会趁机将全国无线电事业的管理权接收。

　　1928 年 6 月 25 日，张静江由于认识到无线电事业于国家民族利权关系甚大，在中央政治会议上临时提议由建委会接管全国无线电事业。他指出，"欧美各国之无线电台设施已大发达，我国所设备者，不及各国千分之一，只能作为试验时期，不可谓之实施时期也。故此项建设应积极进行，急起直追，以五年期或可与欧美相比较"，并提出实施意见及步骤。他还指出"繁盛都市及商埠皆应设立大电台，但所有已设之电台似应暂交建委会管理，俾事权统一而利进行，五年之后，全国设备完成之际，届时仍可交还主管机关管理"。至于经费问题，张静江提出："建设经费若财政部一时不能筹拨，人杰当极力设法筹垫，但财部能力所及之时，应立即陆续拨还，以昭公允。"④ 由于张静江提出发展无线电事业的措施得当合理，况且此时中央建设经费严重匮乏，故中央政治会议当日议决"全国无线电台由建委会积极筹建，所有各处已设之电台，应暂交该会管理，以利进行"。⑤ 于是建委会得以接管全国的无线电事业。

---

① 〔法〕William H. Scheifley：《各国扩充无线电之竞争》，余则照、孙承宗译，《电友》1926 年第 2 卷第 9 期，第 7 页。

② 肜新春：《民国经济》，中国大百科全书出版社，2016，第 160 页。

③ 关于张静江与孙中山、蒋介石非同寻常的关系及其在国民党内的重要影响，可参见谭备战《孙中山和蒋介石心目中的张静江》（《党史文苑》2007 年第 19 期）一文。

④ 《中华民国国民政府训令（第 324 号）》（1928 年 6 月 30 日），《国民政府公报》1928 年第 71 期，第 13 页。

⑤ 建设委员会编印《建设委员会办理国营无线电事业之经过》，第 1 页。

二　接管无线电事业的方针

在张静江的努力下，建委会于 1928 年 6 月正式接收全国无线电事业的管理权。为确保该事业的快速健康发展，张静江提出了建委会管理全国无线电事业的三大宗旨：

一、建设之首要在民生，故本会创办无线电事业，即以便利民众为前提，关于国内电台之设立、工商业之通讯，凡所以利吾民者，出全力以赴之，此其一。

二、无线电之建设，对外应以收回国际通讯权为先务。关于国际电台之筹设，与办理国际通讯事宜，凡所以尊重主权，提高我国地位者，出全力以赴之，此其二。

三、无线电之人才与机器，素向仰外人鼻息，无可讳言，必须速谋需要之供应，以求自给。关于制造厂所之经营，训练学校之设立，与奖进民办无线电事业，凡所以宏我制造及作育者，出全力以赴之，此其三。①

上述三大宗旨指出了建委会办理全国无线电事业的基本方针，即"利民"、"收回主权"、"设立电机制造厂与培养人才"。可见"利国利民"是建委会发展全国无线电事业的根本方针。

三　成立无线电管理处

建委会接管无线电事业之后，不仅迅速制定了《中华民国无线电管理条例》，呈报国民政府于 1928 年 7 月 20 日正式颁布实施，而且几乎与此同时，即于 7 月 23 日迅速成立了以留美的著名无线电专家李范一②为处长

---

① 建设委员会编印《建设委员会办理国营无线电事业之经过》，第 1 页。
② 李范一（1891~1976），字少伯，湖北应城人。近代中国无线电事业的重要开创者之一。13 岁中秀才，旋入两湖书院，与董必武等相善，接受民主革命思想，后加入中国同盟会。武昌首义后被编入学生军，颇受黄兴器重。获公费留学美国哥伦比亚大学，先学经济，后改习无线电。毕业后曾在美国一家无线电器制造厂工作。1924 年回国。后参加北伐，任国民革命军总司令部交通处处长。北伐胜利后，先后任南洋公学（今上海交通大学）校长、国民政府军事委员会交通处处长、军事交通技术学校校长、建委会无线电管理处处长等职。中华人民共和国成立后任燃料工业部副部长。

的无线电管理处。该处"用人的格言就是'人当其职，职尽其能'"，^①并且以年轻人居多，据统计，"全处平均岁数不到三十岁"。^②这显示了无线电管理处朝气蓬勃的年轻气氛。

《中华民国无线电管理条例》第二条规定："凡中华民国国内及国际间之无线电事业，统归中华民国建委会无线电管理处管理。"^③无线电管理处到底管理哪些无线电事业呢？根据无线电管理处的界定，包括以下四项：

> 一、无线电交通事项，凡无线电报、无线电话、无线电广播、无线电传形及其他关于无线电交通之事项皆属之。
>
> 二、无线电制造事项，凡关于制造及装设一切无线电机器及零件之事项皆属之。
>
> 三、无线电营业事项，凡关于贩卖无线电机器及零件、商报收发新闻传布及其他应用无线电之营业事项皆属之。
>
> 四、无线电行政事项，凡关于无线电法令之制定、颁布及其执行等事项皆属之。^④

根据《中华民国建设委员会无线电管理处组织大纲》的规定，该处负责事务如下："一、关于全国无线电之建设事项；二、关于管理各省电台事项；三、关于管理国际电台事项；四、关于编制及执行无线电法令事项；五、关于刊发无线电杂志事项；六、关于制造无线电机事项；七、关于无线电育才事项；八、关于无线电营业事项；九、关于无线电其他事项。"^⑤下设秘书室，秘书室之下有文书、编辑、会计与庶务四股，为无线电管理处"办事之中枢"。此外另设三科管理具体工作："一为管理科，下设考绩审核统计三股。一为营业科，下设宣传新闻商务账务四股。一为稽察科，下设考工监查国际三股。"^⑥秘书主任恽震、管理科科长杜光祖

---

① 一星：《筚路蓝缕之中国无线电事业》，《无线电新报》1929年第1卷第3期，第16页。
② 一星：《筚路蓝缕之中国无线电事业》，《无线电新报》1929年第1卷第3期，第16页。
③ 《中华民国无线电管理条例》，《建设公报》1928年第1期，第125页。
④ 《中华民国无线电管理条例》，《建设公报》1928年第1期，第125页。
⑤ 《中华民国建设委员会无线电管理处组织大纲》，《建设公报》1928年第1期，第130页。
⑥ 建设委员会无线电管理处：《建设委员会无线电管理处成立以来之经过》，《无线电新报》1929年第1卷第1期，第32页。

与营业科科长徐恩曾（兼任上海营业处主任）均由建委会任命。① 刚成立的无线电管理处主要使命有三："第一步为整理各地电台，使前此之庞杂错综者，今化成为有系统之通讯组织。第二步为扩充商用电台，使前此之专收官军电者，今开放而供一般民众通讯之需。第三步为筹划国际电台，使前此之仅仅注重国内者，今后将进而与世界各国为无线电之交换。"②

建委会接管无线电事业之后，迅速制定了管理无线电事业的三个宗旨，成立了管理处，并制定了无线电管理处的权限与职责，为其以后的发展奠定了基础。

第二节 无线电事业的对内对外整理

无线电事业在南京国民政府建立初期尚属初创，管理比较混乱，因此建委会接管之后，无论对内对外均需要一定的时间进行调研整理。虽然建委会接管仅有一年时间，但是经过其经营与管理，还是取得了一定的成就，既挽回了国家主权，又加快了无线电事业的发展，促进了国内外的经贸往来与人员交流。

一 对内整理无线电事业

无线电管理处成立后的主要活动分为对内和对外两方面。对内工作首先整理全国各地电台，解决全国各地电台管理混乱的现象，以求事权划一，收归国家统一管理。正如著名电信工程师宗之发所言："我们现在当前最重要的工作之一就是怎样将这许多无线电台完全连络起来，造成一个连络通信网，增进相互间通讯的效率，使得任何一短波无线电台，得与任何其他二三十个短波无线电台，互相通信。"③ 当时的主要工作从以下五个方面着手进行。

① 李范一：《建设委员会无线电管理处八月份工作报告》，《建设公报》1929 年第 1 期，第 164 页。

② 李心庄：《发刊词》，《无线电新报》1929 年第 1 卷第 1 期，第 2 页。

③ 宗之发：《一个实用的无线电通信网的建议》，《建设公报》1928 年第 1 期，第 78 页。宗之发（1905～1987），江苏常熟人，生于江苏南京。1927 年毕业于上海交通大学电机科电信专业，1928～1930 年赴美进修学习，曾任国民政府交通部国际电台工程师、工务主任，交通部电信总局总视察。1948 年由国民政府派任出席日内瓦国际电信会议。新中国成立后任邮电部国际关系处副处长、国际联络局副总工程师。

　　第一，整顿民用电台，将其纳入国家管理。当时民用电台众多，且"均属旧式机器，泰半运用不灵"。[1] 由于缺乏经营与管理，影响国家事权统一。建委会接管无线电事业后，开始对其进行全面整顿，力争尽快建成全国无线电通信网。经过近半年的努力，至1928年底，已成立并正式通报的无线电台，计有上海四座，汉口两座，南京、北平、天津、厦门、福州、宜昌、宁波、安庆、杭州、吴淞各一座，全国民用电台总计"达二十余座，专收商报，以利民众通讯"。[2] 建委会无线电管理处规定，"凡现有电台及营业处之地，均设立管理局"，[3] 并对电台所有人员均进行培训方能上岗。《中华民国无线电管理条例》第23条规定，"全国各电台之报务员及机务员均须经中华民国建设委员会无线电管理处考试及格发给执照方得行使职务"。[4] 因此各电台均由无线电管理局实施管理。

　　第二，改进自动电台四处，以期与国际接轨。上海、武汉、南京及广州为全国四大商埠，电台业务日益繁盛，普通人工机件难以应对快速发展的需要，于是无线电管理处"承建设委员会主席之命，向德国德律风根公司订购一千瓦特自动无线电台四座"，[5] 既可快速传递国内商报，又可收发邻近国家的无线电讯，扩大了国内外的交流渠道，使无线电事业逐渐与国际接轨，获得快速发展。

　　第三，接管军事机关电台三处，统一管理事权。无线电管理处成立后，曾向军事委员会提出移交全部电台，而军事委员会"以军事尚未完全结束，虽经本会迭与交涉，对于所属短波电台，迄未允以移交"。[6] 表明其不愿交出无线电管理权。但因张静江据理力争，蒋介石不得不将其交与建委会管理。至1929年春，"已经接管者计有吴淞电台崇明电台杭州电台

---

① 王崇植：《两年来我国无线电事业之新进步》，《无线电新报》1929年第1卷第2期，第21页。

② 王崇植：《两年来我国无线电事业之新进步》，《无线电新报》1929年第1卷第2期，第25页。

③ 建设委员会无线电管理处：《建设委员会无线电管理处成立以来之经过》，《无线电新报》1929年第1卷第1期，第33页。

④ 《中华民国无线电管理条例》，《建设公报》1928年第1期，第125页。

⑤ 建设委员会无线电管理处：《建设委员会无线电管理处成立以来之经过》，《无线电新报》1929年第1卷第1期，第33页。

⑥ 李范一：《建设委员会无线电管理处八月份工作报告》，《建设公报》1928年第1期，第160页。

三处"。① 军队原先在无线电事业里的一些特权被取消，例如，以前"军人打电报向来不付现的，现在也渐渐地照章纳费了"。② 此举也加深了张静江与蒋介石之间矛盾。这也可能是建委会接管无线电仅一年即划归交通部的原因之一，在某种程度上是建委会后期职权范围日益受限并被裁并至经济部与资源委员会的原因。

第四，装设船舶无线电台，加强海上无线电管理。由于船舶无线电台关系到航行安全，至关重要，当时世界大多数国家颁布了所有船只必须装设电台的管理条例。但当时中国无线电技术落后，无此规定。建委会接管后迅速改变了这种情况，在颁布的《中华民国无线电管理条例》中即有"外国轮船在中华民国领海内航行，或各口岸停泊时，非得中华民国建委会无线电管理处之特准，不得随意用无线电通讯"。"凡航行中华民国沿海各口岸及内河之中外商轮，在五百吨以上者，须一律安设等幅波式无线电台，如违反者，得由中华民国建委会无线电管理处呈请国民政府停止其航行。"③ 此外，无线电管理处又拟定了《船舶无线电台条例》呈交建委会转呈国民政府核准施行，并由建委会行文至各地海关，规定"凡航行中华民国沿海各口岸及内河之中外商轮，在五百吨以上者，须一律安设无线电台"。④ 如逾限不装，即禁止其航行。《船舶无线电台条例》颁布后，中国船舶装设电台的数量大增，既增加了船舶出行的安全，也便利了国家对船舶电台的管理。

第五，统一管理全国广播电台。随着各地广播电台的陆续设立，建委会要求无线电管理处迅速制定《收音机登记暂行规则》，对各地广播电台免费登记，发放执照，以此迅速将无线电台管理权紧紧地控制在政府手中。

除了上述管理措施之外，无线电管理处还积极制定了有关制度性条例等，如《中华民国广播无线电台条例》、《无线电工程师登记条例》等19个文件。⑤ 这一系列制度性文件的制定与颁布，逐渐改变了以前那种"电

① 建设委员会无线电管理处：《建设委员会无线电管理处成立以来之经过》，《无线电新报》1929年第1卷第1期，第33页。
② 一星：《筚路蓝缕之中国无线电事业》，《无线电新报》1929年第1卷第3期，第14页。
③ 《中华民国无线电管理条例》，《建设公报》1928年第1期，第127页。
④ 《中华民国船舶无线电台条例》，《无线电新报》1929年第1卷第1期，第43页。
⑤ 建设委员会无线电管理处：《建设委员会无线电管理处成立以来之经过》，《无线电新报》1929年第1卷第1期，第34页。

台相互间的转报方法，既无统一之规定，常以各台人员间之感情为接收或拒绝之转移，故除直接通报外，殊不能使用转报方法以连络通信"的状况。① 建委会对国内无线电事业的整理，逐渐将无线电事业纳入国家统一管理之下，有利于无线电事业的健康有序发展。无线电管理处在对国内无线电事业加以管理的同时，也开始对外人在华设立的无线电事业进行管理，以挽回国家民族利权。

二　对外管理无线电事业

鉴于国际无线电事业的蓬勃发展，加之邻国日本已于 1929 年 4 月 15 日起正式与欧洲通报，开通国际无线电通信业务，② 建委会无线电管理处也开始加强对无线电事业的对外管理。李范一认为："国际电报，交由外商水线公司传递，将必受制于人，平时足以影响我国外交与国际贸易之通信，一遇国际战争发生，更不足以应付我方军事需要。"③ 对外整理电台的主要工作如下。

（1）建立上海真茹国际大电台

据统计，当时中国对外通信，除外国人设立的无线电台私自收发外，与中国订有合同的外商共有三家，分别是丹麦大北电报公司、英国大东电报公司和美国太平洋水线电报公司。近代以来，"我国国际通讯，被大东大北水线公司把持四十余年，损失金钱以亿万计，国际宣传方面，常受诬陷，影响我国外交甚巨"。④ 基于此，为维护国家主权，早在 1918 年，孙中山即提出要在上海建立国际电台，但出于各种原因一直未能建成。建委会接管全国无线电事业后，张静江认为："国际电台为防制外患挽回主权及宣传国闻之利器，兴办不容缓图。"⑤ 因此无线电管理处成立后迅速任命著名无线电专家王崇植为国际无线电台筹备处主任，筹建国际电台。

---

① 宗之发：《一个实用的无线电通信网的建议》，《建设公报》1928 年第 1 期，第 79 页。
② 日本无线电报局投资 600 万元，在名古屋建造最新式的无线电发电所，1929 年 4 月 15 日开始与欧洲联络通报。《日欧间无线电开业》，《无线电新报》1929 年第 1 卷第 3 期，第 17 页。
③ 肜新春：《民国经济》，第 161 页。
④ 张人杰：《建设委员会过去工作的回顾与今后努力的标准》，《中央周报》1930 年新年增刊第 1 期，第 79 页。
⑤ 建设委员会无线电管理处：《建设委员会无线电管理处成立以来之经过》，《无线电新报》1929 年第 1 卷第 1 期，第 33 页。

国际无线电台筹备处下设总务课与工程课。总务课内有课长、文牍员、会计员、办事员与书记各一人。工程课课长由筹备处主任兼任,内有无线电工程师、电机工程师、土木工程师与机械工程师各一人。① 又为集思广益起见,聘请多位专家为顾问,"计所聘请者为王文伯、陈立夫、缪斌、潘铭新、李熙谋、薛次莘、范霭春、郑方珩、庄智焕、张定璠、高罕(E. Kocher)、汉森(Joh Hassen)、铁尔(A. B. Tyrrel)、歇克伦(G. F. Shecklen)、梯雷(Roy E. Delay)",② 为当时中外无线电方面的领军人物与学有专长者。虽为"名誉职",③ 但也充分说明建委会有意囊括诸多无线电专家参与此项工作。经过一番筹备,1928 年 11 月 3 日,建委会与美国无线电合组公司驻沪代表签订合同,决定在上海真茹建立一座国际电台,预算 17 万美元,双方商定由美国公司供给机件、材料,负责安装,无线电管理处选派专员赴美任监造工程师,负接洽督促之责,合同"自签字之日起八个月内交货"。④ 中方分三次付给美方资金,"第一次于订立合同之日付美金五万六千六百六十六元。第二次于运货单寄到上海时付美金五万六千六百六十七元。第三次于货到上海后六个月,付美金五万六千六百六十七元"。⑤ 该合同是在双方平等的条件下签订的。张静江言:"人杰细核合同条例,双方平等,纯属买卖契约,一洗从前丧失权利之所为。"⑥ 并且"该公司并允于合同签订后,我国能与菲律宾通信之日,即将菲电台与法电台私相通递之约立时废止。恢复主权,扩张通信,挽回利益,实现总理遗志,一举而四善备"。⑦ 按照无线电管理处的规划,国际大电台共建短波无线电发报台一座,装置发报机两座,电力分别为 20 千瓦与 30 千瓦,通信距离为 2500 ~ 9000 里。发报台址"设于上海特别市真茹区铁道线北桃浦东岸"。装置收报台一座,装置收报机三座,均为国际收发电信

① 《国际无线电台筹备处组织大纲》,《无线电新报》1929 年第 1 卷第 1 期,第 45 页。
② 《建设委员会国际电台筹备处聘顾问》,《无线电新报》1929 年第 1 卷第 1 期,第 42 页。
③ 《国际无线电台筹备处组织大纲》,《无线电新报》1929 年第 1 卷第 1 期,第 45 页。
④ 建设委员会无线电管理处:《建设委员会无线电管理处成立以来之经过》,《无线电新报》1929 年第 1 卷第 1 期,第 33 页。
⑤ 《建设委员会为订购国际无线电台机件呈国府文》,《无线电新报》1929 年第 1 卷第 1 期,第 37 页。
⑥ 《建设委员会为订购国际无线电台机件呈国府文》,《无线电新报》1929 年第 1 卷第 1 期,第 37 页。
⑦ 《建设委员会为订购国际无线电台机件呈国府文》,《无线电新报》1929 年第 1 卷第 1 期,第 37 页。

之用，收报台址"设于宝山县刘行乡月台宅附近"。① 所需机件、材料及装置，均系最新技术，该台建成之后，中国当"借以自操海外通信之权，并绝水线垄断之弊，外交商务，节节攸关，其重要殆不可胜道"。② 可见政府对其寄予厚望。实际上该台建成后也"为我国直接收发国际电讯之唯一机关"。③

在筹建上海真茹创立自国际电台的同时，收回并自主管理国际电报业务也在进行，此举也是维护国家主权的重要举措。为了能够高速有效地开展国际无线电报业务，无线电管理处了解到"欧美短波无线电事业最进步者，又推德国海陆无线电交通公司，与美国合组无线电公司。其所辖大电台，类皆构造精良，声誉素著，能与全球通讯"。④ 因此，1928 年 11 月 10 日，张静江与美国无线电合组公司及德国柏林海陆无线电交通公司的驻沪代表在上海分订报务合同，以便互通电报业务，"俾得夺回津沪间之大北营业"，⑤ 以达到收回国际电报业务主权的目的。不仅如此，电报收入亦颇丰。据估算，建成后的真茹国际电台的"商报收入，预算每年至少在百万元以上，这是国家极有利的营业，并且可以挽回莫大之利权"。⑥ 据悉，上述"两合同之内容，系以平等互惠为原则，毫无片面利益暨损失主权之处……一洗从前我国电政合同之积弊"。⑦ 中美、中德无线电报务合同的签订，影响甚远，因为自上述两个合同签订后，"不但外国水线公司将因我此举如戢凶锋，即前北京伪政府所订关于无线电之合同，亦将无形中自行废弃"。建委会在呈国民政府的公文中曾声言中德、中美无线电合同签订的影响为"从此国际通讯之自主权得以收回"，⑧ 而这些合同均为双方平等条件下所签订。正如负责筹备国际大电台的王崇植所言："现在所订

① 王崇植：《国际无线电台地点之先决问题》，《无线电新报》1929 年第 1 卷第 1 期，第 11 页。
② 《建设委员会为订购国际无线电台机件呈国府文》，《无线电新报》1929 年第 1 卷第 1 期，第 37 页。
③ 建设委员会编印《建设委员会办理国营无线电事业之经过》，第 18 页。
④ 《建设委员会为订定中德中美无线电报务合同呈国府文》，《无线电新报》1929 年第 1 卷第 1 期，第 38 页。
⑤ 建设委员会编印《建设委员会办理国营无线电事业之经过》，第 17 页。
⑥ 李范一：《无线电与中国》，《无线电新报》1929 年第 1 卷第 1 期，第 7 页。
⑦ 《建设委员会为订定中德中美无线电报务合同呈国府文》，《无线电新报》1929 年第 1 卷第 1 期，第 38 页。
⑧ 《建设委员会为订定中德中美无线电报务合同呈国府文》，《无线电新报》1929 年第 1 卷第 1 期，第 38 页。

各项合同，双方平等，一洗从前丧权失利之所为。"①

筹建上海真茹国际大电台和订定与国外无线电通信业务的合同，有助于逐步收回中国与国际无线电通信的主权，挽回了国家民族利权。王崇植如此评价国际电台的作用："其首要之目的，即为挽回已失利权，并杜外商水线之营业争竞。"② 不仅如此，还可"张我们千古未开的喉舌，更不至如上次济案宁案的被人捏造黑白，而一无办法了"。③ 总之，建立真茹国际无线电台，对于"国家之收入，外交之宣传，均皆不无裨益"。④ 然而此时仍有众多外人在华私设的电台，正侵蚀着中国的无线电主权，这使建设委员会开始考虑调查并取消外人在华设置的无线电台。

（2）调查并取消外人在华私设电台

近代以来，"外人在我国境内私设电台，私发商报，为时已久"，⑤ 严重损害我国主权。而"我国对于此事，视为无关轻重，稍由外部交涉，即便停止，以致外人视若无睹"。⑥ 这反映了中国历届政府缺乏无线电主权的意识。建委会成立后，张静江认为"必须彻底解决"这种外人危害无线电国家主权的状况。鉴于以前对外国人在华私设电台的情况缺乏明确统计，无线电管理处决定先彻查外国在华私设电台的情况。《中华民国无线电管理条例》第 13 条规定："凡不属于中华民国国籍之人民，或团体，或机关，绝对不得在中华民国境内设立置有发讯之电台。"⑦ 经过详细调查，无线电管理处"将外人私设之电台查明编成图表，详为载列"。⑧ 结果表明，近代以来外国在华私设电台情况十分严重。例如法国"借口天文报告，风雨警告，在（上海）顾家宅私立一台，其呼号为 FFZ，私收商电，

① 王崇植：《两年来我国无线电事业之新进步》，《无线电新报》1929 年第 1 卷第 2 期，第 25 页。
② 王崇植：《国际无线电台地点之先决问题》，《无线电新报》1929 年第 1 卷第 1 期，第 10 页。
③ 李范一：《无线电与中国》，《无线电新报》1929 年第 1 卷第 1 期，第 7 页。
④ 《建设委员会为订定中德中美无线电报务合同呈国府文》，《无线电新报》1929 年第 1 卷第 1 期，第 38 页。
⑤ 建设委员会无线电管理处：《建设委员会无线电管理处成立以来之经过》，《无线电新报》1929 年第 1 卷第 1 期，第 35 页。
⑥ 李范一：《建设委员会无线电管理处八月份工作报告》，《建设公报》1928 年第 1 期，第 161 页。
⑦ 《中华民国无线电管理条例》，《广东建设公报》1928 年第 3 卷第 2 期，第 95 页。
⑧ 建设委员会无线电管理处：《建设委员会无线电管理处成立以来之经过》，《无线电新报》1929 年第 1 卷第 1 期，第 35 页。

破坏我领土之完整"。① 由于该"机器陈旧，机力甚大，江浙二省人民之收受广播音乐者，无不受其干扰"。② 更有甚者，法国"近且在上海法租界福履理路加造一台，机器为四启罗瓦特之真空管式，意欲起而代顾家宅之FFZ，与我吴淞之XSG争夺船舶电报，可恨也已！"③ 法人在华的这种私设电台行为"实属侵害主权"。④ 因此有人即提出以下四点内容向法国政府表示抗议：

一、法人在我领土内，未取得我国政府之允许，擅自设台，一而再，再而三，是为破坏我国主权之完整；

二、法人电台，既以报告气象及试验为名，复私自收发国际商电及船舶电报，是劫夺我国空间通询［讯］之权利，妨害我国国营事业之发展，实是经济侵略之一种；

三、FFZ电台，用旧式火花长波发报机，干扰江浙广播播音，中外啧有烦言，显违国际公约之规定；

四、查齐卢战争时，卢永祥传达远方战讯，皆由FFZ电台包办，故军火与金钱，接济常来，致我江浙人员久罹兵祸，助长我国内乱，言之痛心。⑤

上述内容实际上总结了法人在上海私设电台的行为，不仅破坏了中国主权的完整，对华造成经济侵略，助长了中国内乱，而且违反了国际公约，令国人十分"痛心"。

对于外人在华所设电台开展的无线电报业务活动，无线电管理处提出严正抗议，据理力争以挽回国家利权。例如，"因美使馆电台扰乱北平电台的业务，法舰扰乱中菲电台的业务，向美法外交界当局抗议，都收到完满的结果"。⑥ 当时令其取消则十分困难。针对交通部与建委会多次向法国上海设立电台抗议而收效甚微的情况，有人提出了应对法国电台的积极

---

① 王崇植：《我们的使命》，《无线电新报》1929年第1卷第2期，第1页。
② 王崇植：《我们的使命》，《无线电新报》1929年第1卷第2期，第1页。
③ 王崇植：《我们的使命》，《无线电新报》1929年第1卷第2期，第1页。
④ 《致交涉署请抗议法租界顾家宅电台收发船舶电报函》，《无线电新报》1929年第1卷第3期，第49页。
⑤ 润：《怎样取消法人在上海私设的电台》，《无线电新报》1929年第1卷第3期，第30页。
⑥ 一星：《筚路蓝缕之中国无线电事业》，《无线电新报》1929年第1卷第3期，第17页。

与消极两种策略：

一、积极方面，我国应根据华府兵缩会议之议决，及国际公约之规定，向法人提出严重抗议，要求立停工作，务使报章宣扬，举世咸知，以寒法领之胆。并将全部机件无条件的移交我国政府以护主权。否则，将其违背公理之举动，明白宣布，以求各国之援助，再向国际联盟会依法提起诉讼；

二、消极方面，应取抵制之法，对于无线电机之购买，报务之联络，与彼法人概取不合作主义，则法国人民必能觉悟，不肯因少数人在上海之胡作胡为，而影响中法电信事业之全部，自动撤回。①

上述积极策略即令"举世咸知"法人在华设电台的无理，消极策略即是采取"不合作主义"。无线电管理处决定采取"釜底抽薪"的办法，"一面使菲方输诚于我，一方整理吴淞电台，使其业务之优良过于法台，再佐以外交之正当抗议，将来循此不懈，总有一天达到我们目的的时候"。② 足见其坚持不懈地收回国家无线电主权的精神。而且"为海行安全计，为收回外人在华私设电台计，当竭全力以整理吴淞电台。此举非特足以增加海上安全，抑亦收回主权之要图也"。③ 说明无线电管理处为收回外人在华电台，自己也要加强整理吴淞电台，使之发展壮大，考虑可谓周全。

通过调查外人在华私设电台的工作，无线电管理处完全了解了外人侵略中国无线电业务主权的情况。国人亦因此积极设法，采取措施彻底废除外人在华的无线电特权，维护国家无线电主权。

（3）设立中菲转报电台

由于近代中国的对外通信皆操于外人之手，"国内一切确实消息，不能播越国境，而外人所办之通信社，于是得捏造新闻，广为宣传，颠倒是

---

① 润：《怎样取消法人在上海私设的电台》，《无线电新报》1929 年第 1 卷第 3 期，第 30 页。
② 一星：《筚路蓝缕之中国无线电事业》，《无线电新报》1929 年第 1 卷第 3 期，第 17 页。
③ 王崇植：《我们的使命》，《无线电新报》1929 年第 1 卷第 2 期，第 2 页。

非，淆乱黑白，影响于我国在国际上之地位至为巨大"，① 建委会积极筹备在上海真茹建立国际大电台，以挽主权，"唯工程浩大，约须一年始可告成，在未成之先，国际通讯事宜，万难任令外人垄断，长其阴谋，故必须于最短期内先行建一国际转报电台，以应急需"。② 无线电管理处在上海租下南京路沙逊新屋作为临时电台筹备处，先设一座 100 瓦的短波无线电台，安装由无线电机制造厂研制的一座 500 瓦特电机与菲律宾互通无线电通信，以解决国际大电台未完全装竣之前国人的无线电国际通信问题。

1929 年 2 月 13 日，张静江代表国民政府建设委员会，赛克伦代替菲律宾无线电公司副总理兼经理南斯签订中菲报务合同，规定凡中国发往欧洲及南北美洲各国电讯，均由上海发交菲台转递，如此一来，"上海法界之法国无线电，与菲律宾无线电之合同取消"。③ 中菲无线电报务合同"有效八年，此后继续有效期，每期为二年"。④ 2 月 14 日，该电台正式通报。此事影响深远，不仅中菲双方互发贺电表示祝贺，美国合组无线电公司总经理哈博德也发来贺电表示祝贺："贵会（指建委会——引者注）上海电台国际无线电报，由菲列滨（即菲律宾——引者注）转达欧美各国，经短期之磋商，竟获良好之效果，无任欣幸，深信此项交通事业之前途，非特增进中美商务之发展，且使两国邦交，愈臻巩固，甚盼彼此竭诚合作，努力进行。"⑤ 张静江则复电表示，这是中国"自办电报机关与世界各国通报之嚆矢"，并要进一步加强中美双方无线电合作事宜，指出中美双方"于太平洋两岸各建大电台，互通消息，以期两国商务邦交，日趋进展"。⑥ 而且中菲转报电台"收入每月已达二万元，即此一个小电台，每年不难由外人手中，夺回三十万元，确是很痛快的事！"⑦ 1929 年 3 月 1日开始收发国际电报。⑧ 虽然如此，国人一开始并不了解和支持国际无

---

① 建设委员会编印《建设委员会办理国营无线电事业之经过》，第 12 页。
② 建设委员会编印《建设委员会办理国营无线电事业之经过》，第 18 页。
③ 《建设委员会与菲律宾无线电通信合同，张静江于十三日举行签字》，《顺天时报》1929年 2 月 15 日。
④ 《中菲无线电报务合同》，《无线电新报》1929 年第 1 卷第 2 期，第 46 页。
⑤ 《中菲电台开幕时双方之贺电》，《无线电新报》1929 年第 1 卷第 2 期，第 2 页。
⑥ 《中菲电台开幕时双方之贺电》，《无线电新报》1929 年第 1 卷第 2 期，第 2 页。
⑦ 王崇植讲演，尹国墉、戴先和笔记《中国今日之无线电》，《安徽建设》1929 年第 7 期，第 6 页。
⑧ 《革命文献》第 26 辑，第 57～59 页。

线电公约，无线电管理处"只好译成国文，由处印行，以广流传，想使办理无线电事业的人，自身感觉到遵守公约的必要，而收到遵守公约的效果"。① 这样一来，国人对于无线电公约稍有了解并开始支持无线电管理处的工作。由此看来，任何一个先进技术进入近代中国均有相当的难度。

中菲国际电台开通国际电报业务之后，"自内地各处同时开放收发国际报后，已不敷应用，近又增设一座，昼夜收发，据调查所得，四月份每日营业收入，较之二月份初创之际，已超过二十倍以上"。② 由此可见其业务量之大，收入亦颇为可观。此举也使南京国民政府建立初期就能够自主与国外通信，而不受制于人，逐渐收回外人在华无线电通信的特权。

第三节　培育人才、创办电机制造厂

无线电管理处为了能够迅速赶上国际先进无线电技术，在制定并经国民政府颁布的《中华民国无线电管理条例》第 12 条中规定："凡电台之装设使用，须以世界科学技术之进步为标准，力求完善，并勿使骚扰其他电台之业务，中华民国建委会无线电管理处，得派遣工程师随时指导监督各电台之设计建筑使用各事项。"③ 无线电管理处力争采用当时世界上最先进的科学技术来统一管理国内国际电台的同时，还积极培养无线电机器制造方面的科技人才，为中国的无线电事业发展奠定了无线电与无线电机制造方面的人才基础，也为抗战期间无线电事业的发展提供了良好支持。

一　培育无线电人才

南京国民政府建立后，中国无线电事业"服务各电台人员，加以考洵，确能称职者，百不获十"。④ 这说明了初创时期无线电"报务人才至

---

① 一星：《筚路蓝缕之中国无线电事业》，《无线电新报》1929 年第 1 卷第 3 期，第 16 页。

② 《建设委员会无线电业国内外电台之发展》，《大公报》1929 年 4 月 8 日。

③ 《中华民国无线电管理条例》，《建设公报》1928 年第 1 期，第 126 页。

④ 王崇植：《两年来我国无线电事业之新进步》，《无线电新报》1929 年第 1 卷第 2 期，第 21 页。

为缺乏"的尴尬处境。① 为此，1928 年 9 月 25 日，无线电管理处成立未久即于上海成立了无线电人才培训机构——无线电报务员养成所，延请全国知名无线电专家王崇植、倪尚达及杜光祖等人授课，"于实习收发之外，兼教以机务上应有之学识与经验"。② 该所第一届招收具有高中水平的学员 80 名，学习时间 6 个月。学员毕业之后受到各地电台的热烈欢迎，故又继续办理第二届，两届共有 150 余人，"分赴各通信所及各电台任事，咸能尽职"。③ 为快出人才，翌年 4 月，无线电管理处假无线电报务员养成所创办由潘世宜主持的译电夜校，培养译电知识技能的人才。此届夜校录取学生 40 人，6 月底毕业。④ 除此之外，在无线电机制造厂内还设有工程师养成所，"随时选考国内各大学无线电科毕业者入所实习，陆续派赴各电台担任重要工作"。⑤ 按照无线电管理处的愿景，通过这样的无线电人才培训，"每年必成材数百人，以备各台之任使"。⑥

　　无线电人才培训班和译电学校的举办解了无线电人才紧缺的燃眉之急，但大量无线电人才还需借助大学教育进行培养才能解决。因此无线电管理处除了力所能及地开办培训机构外，还向政府建议有条件的高校积极培养无线电人才，并时刻寻找机会使其实习。王崇植认为，"国内各大学无线电科学生，年有增加，本其在校所习之基本学理及经验，前赴新设各无线电机关，先为实地之练习，再量才以任事，必能用得其人，人尽其用"。⑦ 不仅如此，无线电管理处还"同时并与国内各大学合作，积极训育制造管理报务的人才，以期供求相应"。⑧ 至于"留学欧美归来者，学

① 建设委员会无线电管理处：《建设委员会无线电管理处成立以来之经过》，《无线电新报》1929 年第 1 卷第 1 期，第 34 页。
② 建设委员会无线电管理处：《建设委员会无线电管理处成立以来之经过》，《无线电新报》1929 年第 1 卷第 1 期，第 34 页。
③ 王崇植：《两年来我国无线电事业之新进步》，《无线电新报》1929 年第 1 卷第 2 期，第 23 页。
④ 《本会十八年三月份工作报告》，《建设》第 3 期，1929 年 4 月，第 3 页。
⑤ 王崇植：《两年来我国无线电事业之新进步》，《无线电新报》1929 年第 1 卷第 2 期，第 23 页。
⑥ 建设委员会无线电管理处：《建设委员会无线电管理处成立以来之经过》，《无线电新报》1929 年第 1 卷第 1 期，第 35 页。
⑦ 王崇植：《两年来我国无线电事业之新进步》，《无线电新报》1929 年第 1 卷第 2 期，第 27 页。
⑧ 《革命文献》第 26 辑，第 61～63 页。

验较深，隆待遇以延揽，严考复以责成，未有不尽为国用者"。① 正是在建委会无线电管理处的推动下，此后一些大学开始设置无线电专业以培养该方面的科技人才。王崇植还提出在国内积极培养无线电专业人才的同时，"即应随时选派专门人员，分赴各国，考查关于工程技术管理等项新设施，以资采择"。② 但是建委会管理无线电事业仅一年时间，尚未来得及组织人员出国考察即转交给交通部。总体而言，经过无线电管理处的不懈努力，无线电方面人才紧张情况有所缓解。

二　创办无线电机制造厂

在培养无线电人才的同时，无线电管理处也加大了无线电机制造的步伐。考虑到"若向外商订购，则又重价居奇，稽时耗费，既无多数成品，供给需要。且每以次货兜揽，徒使利权外溢。故不得不自行设厂采办材料，赶制各种机器"。③ 1928 年 9 月，无线电管理处建成上海无线电机修理所，11 月，建委会接管了军事委员会驻沪无线电机制造厂。初办时"并无宽裕之经费，全由主持者多方腾挪，百计维持，始得渐具规模，卓著成效"。④ 为扩大生产规模，无线电机制造厂在上海高昌庙半淞园筹建厂房。无线电管理处将无线电机修理所、军事委员会驻沪无线电机制造厂合并，成立上海无线电机制造厂，任命俞汝鑫为主任，专门委员颜任光为总工程师。

根据《建设委员会无线电机制造厂组织大纲》，该厂"制造及修理各种无线电机件，以供给建设之需要。并随时商承无线电管理处营业科，办理关于无线电机件之一切营业事宜"。⑤ 为了改变过去办厂依赖外人、利权外溢的弊端，该厂"创办时，力祛此弊，多方罗致留学欧美无线电专家，分任设计制造各事，从无外人侧入，完全以中国新人材，兴办中国之

① 王崇植：《两年来我国无线电事业之新进步》，《无线电新报》1929 年第 1 卷第 2 期，第 27 页。
② 王崇植：《两年来我国无线电事业之新进步》，《无线电新报》1929 年第 1 卷第 2 期，第 27 页。
③ 王崇植：《两年来我国无线电事业之新进步》，《无线电新报》1929 年第 1 卷第 2 期，第 22 页。
④ 王崇植：《两年来我国无线电事业之新进步》，《无线电新报》1929 年第 1 卷第 2 期，第 23 页。
⑤ 《建设委员会无线电机制造厂组织大纲》，《无线电新报》1929 年第 1 卷第 2 期，第 50 页。

新事业"。① 厂的规模不大，"工程师不过二三人，工人不过二三十人"。② 不过定位是一切设备均力求精良，以满足国内电机建设的需要。无线电管理处在全国各地陆续设立的民用电台，"概系此厂供给机件"，③ "价值每架不过四五千元"。④ 且质量过硬，与"舶来品一较，其效用相等而价值则极廉"。因此大受欢迎，以至于"各军事机关派员来接洽定制者，络绎不绝，均得如愿而去"。⑤ 据统计，经过无线电管理处的努力，"在两年之内生产了五百瓦特机四架，二百五十瓦特机十四架，百瓦特机六十余架，十五瓦特军用机百余架，不但本处各地的机器皆由自造，其他专用电台，亦多为这厂出品，遍布全国"。⑥

无线电管理处认为，上海无线电机制造厂努力"扩充制造能力，将来抵制外货，供给急需，其成绩必更超过以前之纪录，我国政府自办之制造电机机关，实以此厂开先河矣"。⑦ 无线电机制造厂建设也改变了"无线电各项机件，类多多购自外洋"的情况，⑧ 在一定程度上提高了国人的自信心。

三　开禁无线电有关材料

无线电管理处为了能够迅速赶上国际先进无线电技术，制定并经国民政府颁布《中华民国无线电管理条例》，其中第 12 条规定："凡电台之装设使用，须以世界科学技术之进步为标准，力求完善，并勿使骚扰其他电台之业务，中华民国建设委员会无线电管理处，得派遣工程师随时指导监督各电台之设计建筑使用各事项。"⑨

---

① 王崇植：《两年来我国无线电事业之新进步》，《无线电新报》1929 年第 1 卷第 2 期，第 22 页。
② 一星：《筚路蓝缕之中国无线电事业》，《无线电新报》1929 年第 1 卷第 3 期，第 15 页。
③ 《革命文献》第 26 辑，第 60 页。
④ 王崇植讲演，尹国墉、戴先和笔记《中国今日之无线电》，《安徽建设》1929 年第 7 期，第 3 页。
⑤ 王崇植：《两年来我国无线电事业之新进步》，《无线电新报》1929 年第 1 卷第 2 期，第 23 页。
⑥ 一星：《筚路蓝缕之中国无线电事业》，《无线电新报》1929 年第 1 卷第 3 期，第 15 页。
⑦ 王崇植：《两年来我国无线电事业之新进步》，《无线电新报》1929 年第 1 卷第 2 期，第 25 页。
⑧ 建设委员会无线电管理处：《建设委员会无线电管理处成立以来之经过》，《无线电新报》1929 年第 1 卷第 1 期，第 34 页。
⑨ 《中华民国无线电管理条例》，《建设公报》1928 年第 1 期，第 126 页。

　　随着无线电事业的快速发展，无线电有关材料的走私贸易也日趋严重，并对国内的无线电事业产生了不良影响。一些具有远见的无线电专家则提出，与其关上国门，令无线电材料走私泛滥，倒不如趁南京国民政府新成立之势打开国门，使其自由贸易，促进无线电事业的快速发展。考虑国内到无线电事业落后于先进国家的实际情况，张静江认为必须扩大国际无线电材料的商贸往来，据此提出"在军阀时代，将关于无线电一切用品，悬为厉禁"，当下中国"以科学幼稚之国家，而又加一层束缚，其为害何可胜言"。① 而当时上海有关无线电的"私货充斥，偷漏关税，国信堕地"。② 张静江主张对进口无线电材料与机件实行开禁，提出只需照章纳税即准予入境。1928 年 12 月 4 日，张静江与同样主张开放无线电材料的财政部长宋子文联名呈文南京国民政府行政院，要求对进口无线电材料与机件实行开禁，准予进口，按章纳税，以资提倡与扩大国内需求：

　　　　查无线电当发明之初，限于军用，各国对于所用材料机件均视同禁品。十数年来，以科学进步之结果，无线电已为传播交通之利器，日常娱乐所必需，远如欧美，近如日本，早经陆续开放，以资提倡，而我国犹沿旧例，禁止入口。但潮流所趋，不容独异，广播电台之设立者，已有南京、上海、北平、杭州、天津、沈阳、哈尔滨等地，民众方面对于收音机件之需要日增，徒以禁令未开，奸商偷运，驯至私货充斥，外报讥评。体察情形，非即行开放无以应民众之需求，而正中外之观听。③

　　无线电管理处认为上述无线电材料的开禁政策，"如能早见实行，实于社会需要及学术研究各方面，有莫大之利益焉"。④ 上述呈文经南京国民政府行政院第六次会议"议决照准"。⑤ 此后国民政府"废弃从前无理

---

①　建设委员会无线电管理处：《建设委员会无线电管理处成立以来之经过》，《无线电新报》1929 年第 1 卷第 1 期，第 35 页。

②　李范一：《建设委员会无线电管理处八月份工作报告》，《建设公报》1928 年第 1 期，第 161 页。

③　《财政公报（财政部训令第 5835 号）》第 18 期，1929 年 2 月 1 日，第 39 页。

④　建设委员会无线电管理处：《建设委员会无线电管理处成立以来之经过》，《无线电新报》1929 年第 1 卷第 1 期，第 35 页。

⑤　《国民政府训令第 173 号》，《无线电新报》1929 年第 1 卷第 2 期，第 47 页。

的无线电材料进口禁例。凡无线电材料入口，按其性质，征以相当之关税"。① 进口无线电材料与机件政策开禁后，国外无线电产品与无线电先进技术开始大量输入，加快了中国无线电事业的迅速发展。

为与国际无线电先进技术接轨，建委会又呈文南京国民政府，请求政府加入国际无线电公约。② 在南京国民政府批准后，1929 年 1 月 1 日，中国正式成为国际无线电公约组织中的一员。此后中国无线电建设事业与其他国家的交流逐步扩大，推动了无线电事业的迅速发展。

第四节　建委会接收及管理无线电事业的影响

建委会在短短的一年时间内，通过对无线电内外事业的整理，使其逐渐走上健康有序的发展轨道，在各项事业亟须发展的南京国民政府初期，产生了诸多深刻影响。不仅在一定程度上挽回了国家民族利权，还促进了各地贸易的发展，对当时对立较为严重的有线电事业的发展也起到了推动作用。

一　挽回了国家民族利权

南京国民政府成立之后，随着废约运动的开展，外国政府与华签订的无线电合同也引起了注意，对于"前北京政府和外国商家所订的不利于中国主权的无线电契约，都采取不承认的态度"。③ 因为"（无线电）专利特权合同……不仅破坏电政，抑且侵占主权，其影响于政治经济、外交，至为重大。在国民政府今日之地位，万难再与容忍"。④ 因此国民政府非常坚定地收回无线电主权。

1928 年 10 月 14 日，"建设委员会当局与美国无线电公会驻沪代表，十一月十日照美国迭拉哇拉州（特拉华州——引者注）法律订立无线电报合同……据此，上海无线电报局特于短期内，由建设委员会设立，落成之

---

① 恽震：《国民政府的无线电政策》，《无线电新报》1929 年第 1 卷第 1 期，第 9 页。
② 《咨外交部请呈明国民政府批准根据无线电公约及附属规则由》，《建设》第 3 期，1929 年 4 月，第 16 页。
③ 恽震：《国民政府的无线电政策》，《无线电新报》1929 年第 1 卷第 1 期，第 9 页。
④ 《交通部拟具解决大东北全案办法请鉴核呈稿》（1929 年 4 月 30 日），中国第二历史档案馆编《中华民国史档案资料汇编》第 5 辑第 1 编《财政经济》第 9 册，江苏古籍出版社，1994，第 657 页。

后，与美国太平洋沿岸该公会无线电报局，可以直接收发商用电报，合同期十年，每届期满更继续五年"。① 16 日，交通部召开收回电报主权的会议，讨论内容如下："一、改订中国与外国之电报合同案，二、对于外国公司关于电报改订，或废止其专卖之特殊权利，以维中国电政之独立案。"② 在此次会议上也提出"由外交、交通两部代表组织"电致合同委员会，讨论"取消一九三〇年期满之大北大东合同，并研究废除三井无线电合同之方法"，③ 以维国家主权。正如负责筹建上海真茹国际电台具体事宜的王崇植所言："国府建委会此次所筹设之国际电台，其首要之目的，即为挽回已失之利权，并杜外商水线之营业争竞。"④ 不仅如此，还可"张我们千古未开的喉舌，更不至如上次济案宁案的被人捏造黑白，而一无办法了"。⑤ 总之，"国家之收入，外交之宣传，均皆不无裨益"。⑥ 正如负责国际大电台的王崇植所言："现在所订各项合同，双方平等，一洗从前丧权失利之所为。"⑦

二 加快了各地商贸往来

在建委会的主持下，中菲国际电台开通国际电报业务，"自内地各处同时开放收发国际报后，已不敷应用，近又增设一座，昼夜收发，据调查所得，四月份每日营业收入，较之二月份初创之际，已超过二十倍以上"。⑧ 不仅国际贸易加快，国内贸易也因此而快速发展。

由于张静江的私有化经营思想，其所领导的建委会将私有化经营思想贯穿至所有的经营业务中，无线电业务也不例外。无线电管理处成立之后

---

① 《全国交通会议议决收回电政权案》，《顺天时报》1928 年 10 月 21 日，转引自季啸风、沈友益主编《中华民国史史料外编：前日本末次研究所情报资料（中文部分）》第 93 册，广西师范大学出版社，1997，第 25 页。

② 《收回电政权案》，《顺天时报》1928 年 10 月 21 日，转引自季啸风、沈友益主编《中华民国史史料外编：前日本末次研究所情报资料（中文部分）》第 93 册，第 25 页。

③ 《收回电政权案》，《顺天时报》1928 年 10 月 21 日，转引自季啸风、沈友益主编《中华民国史史料外编：前日本末次研究所情报资料（中文部分）》第 93 册，第 25 页。

④ 王崇植：《国际无线电台地点之先决问题》，《无线电新报》1929 年第 1 卷第 1 期，第 10 页。

⑤ 李范一：《无线电与中国》，《无线电新报》1929 年第 1 卷第 1 期，第 7 页。

⑥ 《建设委员会为订定中德中美无线电报务合同呈国府文》，《无线电新报》1929 年第 1 卷第 1 期，第 38 页。

⑦ 王崇植：《两年来我国无线电事业之新进步》，《无线电新报》1929 年第 1 卷第 2 期，第 25 页。

⑧ 《建设委员会无线电业国内外电台之发展》，《大公报》1929 年 4 月 8 日。

提出的三大经营方针之一就是"关于国内电台之设立、工商业之通讯，凡所以利吾民者，出全力以赴之"。① 在无线电管理处成立后，"对于国内商报及新闻电，认为当务之急"，② 将商报作为发展的重点。无线电专家也认为："无线电商用的呼声渐高……我们对于全国各商业中心电信敏捷的联络，当然不能不注意。"③ 无线电管理处的规划项目之一即是"设立各地民用电台，收发商报，以利民众"。④ 电报事业从军用逐步推向民用，在初办时期"兼收商报，酌取报费，即可辟无线电经费来源，且可使人民通信便利，一举两得"，⑤ 因此商业往来方面逐渐使用了无线电，因其"转递迅速，早为商民所赞许"。一些较大的商业都市之间的电报发送业务十分方便，如"沪汉之间，设立互通专台，不分昼夜，随收随发，随到随送"，并且发报时间短暂快捷，"由发报人送稿，至收报人接电，平均不出半小时"。由于效率甚高，服务态度又好，"惯用水线拍电之天津用户，纷纷改向该处挂号"。⑥ 仅 1929 年 12 月，南京发报字数即达 19 万多字，收报字数亦近 12 万字。北京与南京的收发报字数相差不大。⑦ 无线电管理处的国内电报收入"五月份已在七万元左右"。⑧

无线电管理处经过一段时间的经营，发现民用电台的发展空间很大，决定"继续筹设，以期民用电台，全国普遍"。⑨ 船舶电台自 1929 年 4 月开设以后，"报务上蒸蒸日上，蓬勃可观，且为便利海上通讯起见，将海岸报费，自二角五分减至二角二分，船舶电费，由二角减至一角八分，故

① 建设委员会编印《建设委员会办理国营无线电事业之经过》，第 1 页。
② 李范一：《建设委员会无线电管理处八月份工作报告》，《建设公报》1928 年第 1 期，第 159 页。
③ 宗之发：《一个实用的无线电通信网的建议》，《建设公报》1928 年第 1 期，第 80 页。
④ 建设委员会无线电管理处：《建设委员会无线电管理处成立以来之经过》，《无线电新报》1929 年第 1 卷第 1 期，第 32 页。
⑤ 王崇植：《两年来我国无线电事业之新进步》，《无线电新报》1929 年第 1 卷第 2 期，第 23 页。
⑥ 《建设委员会无线电业国内外电台之发展》，《大公报》1929 年 4 月 8 日。
⑦ 建设委员会无线电管理处管理科统计股：《建设委员会无线电管理处十七年十二月份电台收发总字数比较图》，《无线电新报》1929 年第 1 卷第 2 期，第 51 页。
⑧ 王崇植讲演，尹国墉、戴先和笔记《中国今日之无线电》，《安徽建设》1929 年第 7 期，第 4 页。
⑨ 王崇植：《两年来我国无线电事业之新进步》，《无线电新报》1929 年第 1 卷第 2 期，第 25 页。

拍报者尤见踊跃"。① 足见电报推动各地商贸往来的重要作用。

三　刺激了有线电事业发展

无线电事业由建委会接管之后，对有线电事业冲击甚大，由于各地电报局"不但机式陈旧，不易改成双工制或四工制，有许多已筑的线路，已经失修多年，劣败不堪，又因为历来电报局官僚积习太深，少年入之，亦成腐化，业务不振，民众却步"。② 并且有论者指出"交通部各地电信设备陈旧、各级工作人员保守，必须另起炉灶，始足以谋我国电信事业的革新"。③ 在这种情况下，建委会无线电管理处为快速发展无线电的业务往来，不仅提高服务质量，还一再降价以扩大运营规模（参见表2-1）。

表2-1　建委会与交通部国内无线电（寻常电）价目比较

	华文明语			华文密码或洋文			新闻电报		备注
	同城	本省	隔省	同城	本省	隔省	华文	洋文	
交通部原订价目	4分	8分	1角6分	8分	1角6分	3角2分	4分	8分	挂号费全年12元，每月1元5角
建委会所订价目	3分	5分	1角	5分	1角	2角	2分	4分	
交通部改订价目		1角	2角		2角	2角			
管理权统一后交通部价目		1角			2角		2分5厘	5分	
建委会贺年电价目华、洋文每份统收2角									
交通部贺年电价目华、洋文每字分别为2分、4分，10字起算，余照加									

资料来源：建委会订价目、交通部原订价目及其他据《建设委员会之调查》（《大公报》1929年1月26日）整理，管理权统一后交通部价目据《电政统一后有线电报费价目划一》（《大公报》1929年8月10日）整理，转引自张云燕《论1928～1929年国民政府建委会的无线电管理》，《河北大学学报》（哲学社会科学版）2006年第6期。

从表2-1可知，无线电收发电机的价格在建委会经营之下，比在交通部经营之下低了许多。无线电管理处处长李范一认为："有线电报的价目太高，无线电报不必因此而受牵制尽可以定得低廉些，以惠民众，或者

---

① 《蒸蒸日上之船舶电报》，《无线电新报》1929年第1卷第3期，第35页。
② 李范一：《无线电与中国》，《无线电新报》1929年第1卷第1期，第5页。
③ 彤新春：《民国经济》，第161页。

把有线电报的价目也一同改低。"① 结果自然是广大的无线电用户受益，无形之中也扩大了无线电事业的业务。

在建委会领导之下无线电事业快速发展，使其竞争对手有线电报行业压力越来越大。因其"腐败迟缓，官僚习重"，② 发展日益受挫，有线电"全国各局，营业亏损者，估计十居八九"。③ 在这种情况下，他们认为"建设委员会在各地设立无线电台，滥收商报，减价竞争，致引起全国电报局一致抗争"。④ 全国电政团体纷纷发表宣言，反对建委会管理无线电事业，不仅如此，还派出代表至京，向行政院与中央政治会议等领导机构反映要求将电政权收归至中央。例如，湖北即成立了统一电报期成会，主张电报管理权收归至交通部。⑤ 但无可讳言的是，无线电事业经过建委会一年来的精心管理，发展迅速，效益良好，使有线电行业逐渐振作与整顿起来。王崇植认为无线电与有线电"应当打破过去的成见，要互相观摩，以求业务之精良，而不至有线电与无线电俱陷腐化之域"。⑥ 然而为统一事权，1929 年 6 月 17 日，国民党三届二中全会决议复将无线电事业由建委会移交交通部管理。

经过无线电管理处一年来的艰苦努力，虽然"政府批准了六十万元的国际电台预算，一个钱也没有发下来，购机付款，全仗当局私人的腾挪筹措"，⑦ 但在这种经费奇缺的情况下，中国无线电建设事业从小到大，取得了前所未有的成就，据粗略统计，"一年内完成 27 座（电台），可以通达 33 处，各方称便"。⑧ 为坚持服务民生的建设宗旨，无线电管理处对国内公益电报，均一律免费，如"报告灾情，筹办赈务，防止瘟疫，以及其他各种公共慈善事业所发之电报"。⑨ 对于建委会服务民生的理念，社会反响十分强烈，在建委会将无线电管理权移交交通部之后，《大公报》

① 李范一：《无线电与中国》，《无线电新报》1929 年第 1 卷第 1 期，第 6 页。
② 《无线电转移管辖以后》，《大公报》1929 年 8 月 14 日。
③ 《建设委员会电台之调查》，《大公报》1929 年 1 月 26 日。
④ 《建设委员会电台之调查》，《大公报》1929 年 1 月 26 日。
⑤ 《汉口电界争无线电权》，《大公报》1929 年 1 月 22 日。
⑥ 王崇植讲演，尹国墉、戴先和笔记《中国今日之无线电》，《安徽建设》1929 年第 7 期，第 7 页。
⑦ 一星：《筚路蓝缕之中国无线电事业》，《无线电新报》1929 年第 1 卷第 3 期，第 14 页。
⑧ 蒋永敬：《张人杰》，秦孝仪主编《中华民国名人传》第 2 册，第 388 页。
⑨ 《公益电报免费章程》，《无线电新报》1929 年第 1 卷第 3 期，第 53 页。

的社评也许最能说明问题。报载由建委会管理下的无线电事业，"发报敏捷，手续简利，实有新兴事业之气象，成绩卓著，中外共称，此系事实，无可否认"。[1] 说明了在此短暂的一年时间内建委会对无线电事业的卓越贡献。

---

① 《无线电转移管辖以后》，《大公报》1929 年 8 月 14 日。

第三章　推广农田现代灌溉

面对抗战前中国农村经济的凋敝，南京国民政府采取了多项措施试图予以恢复与发展。作为负责全国经济建设的主要政府机构之一的建委会认为："我国年来因水利不兴，而荒地废置，农业守旧，而生产落后，于是农村衰颓，而国本动摇。复兴之道，厥在增辟田地，改良农事，而科学方法之灌溉排水，遂为首要。盖垦殖之先，灌泄工事，固属必须，迨农事既兴，用水方法之合理与否，又最足以影响于产量，及成本之多寡。"[1] 因此建委会也积极响应复兴农村经济的号召，迅速成立了模范灌溉管理局，积极开展农田机灌事业以提高农业产量与生产效率，相继成立了武锡区灌溉管理处、庞山湖实验场与凤怀区实验场等，也从此开始对全国各地机灌事业加以管理。建委会通过对模范灌溉事业的经营和管理，不仅开创了中央政府直接筹办机电灌溉事业，是中国农田机灌体制化的开端，而且开启了地方民智，培训了农业灌溉建设人才，为当地的农业经济建设树立了良好榜样。建委会模范灌溉管理局对农业灌溉事业的经营与管理是抗战前中国农田机灌事业发展的成功范例。

第一节　推广全国"电力灌溉计划"与模范灌溉管理局的成立

1928年2月1日建委会成立后，迅速按照孙中山先生的"建国方略"实施国家建设计划，领导人张静江认为中国落后的原因"固有政治之窳败，而根本原因，实出于建设事业之过于幼稚，即民生问题之未能解决"。[2] 因此成立建委会之后，张静江极力发展各项建设事业，虽然建委

---

[1]　《咨安徽省政府（第5号）》，《建设委员会公报》第40期，1934年4月，第100页。

[2]　张人杰：《发刊词》，《建设》第1期，1928年10月，第2页。

会随着全国经济委员会和资源委员会的成立，权限大为缩小，但是其对农田电力灌溉事业一直关注和投入，在20世纪30年代前半期筹办了三处较大的农村机灌区域，这是其推动农村灌溉事业发展的一个成功尝试。由于建委会意识到农民浇田的"用水方法之合理与否，又最足以影响于产量及成本之多寡"，①必须重视农村灌溉事业以推动农业的进步，因此"拟于各省选择相当地点，分别设立模范灌溉区，凡提工闸坝沟渠戽水发电等。一本科学方法，从事设备，用广观摩，而资提倡，苟办理有效，收获增加，则大利所在，人争趋之。于我国农业前途，实有无穷之希望"。②正是这样的历史背景下，建委会在全国开启了农田机灌事业建设。

一　推广全国"电力灌溉计划"

1929年10月22日，张静江在《呈行政院为提倡水利拟在各省设置模范灌溉区呈请准予备案由》中指出，虽然中国以农立国，但是近代以来农业水利灌溉毫无长进：

> 呈为提倡水利，拟在各省设置模范灌溉区，呈请准予备案，以策进行，而利农田事。窃查我中华以农立国，达数千年，土地肥沃，气候温和，业农之民，占80%以上，农业生产，似应绰绰有余裕；乃据历年海关贸易统计，输入之农产，竟超过输出远甚。总理民生主义讲演中，谓中国人口，因不谷吃饭而饿死之数，年在千万以上，推原其故，实不能不归咎于水利之不修，盖我国农民，向持靠天主义，视雨水之调否，定岁收之丰歉，西北一带，赤地千里，绝少河道，辟渠引水，工程浩大，工费亦巨，非私人所能负担，东南各省，稍知沟渠之利，然人民均安故蹈常，绝无引用科学方法以为灌溉之设备者，故其效亦不甚著。是虽由于民众智能薄弱而亦由于灌溉方法提倡乏人，致民众只知水害，不知水利，弃利于地，诚可浩叹！③

① 建设委员会编《电气事业及其他》，中央党部国民经济计划委员会编《十年来之中国经济建设（1927~1937）》，南京扶轮日报社，1937，第14页。
② 《呈行政院为提倡水利拟在各省设置模范灌溉区呈请准予备案由》（1929年10月22日），《建设委员会公报》第6期，1930年1月，第17页。
③ 张静江：《呈行政院为提倡水利拟在各省设置模范灌溉区呈请准予备案由》，《建设》第6期，1930年1月，第17页。

　　从上述呈文我们可以看出张静江对于当时中国农田的水利状况甚为担忧，并指出水利灌溉的重要性，建委会就是在这样的历史背景下开展农田机灌事业的。

　　近代以降，战乱频仍，水利失修，政府对农村灌溉事业关注较少，电力灌溉更不常见，不过在长三角苏锡常一带的经济发达地区，在20世纪20年代已出现了电力灌溉。这为建委会在该地区顺利推行电力灌溉提供了基础。

　　中国电力农田戽水创设于1924年，时任常州戚墅堰震华电厂外线工程师沈嗣芳，看到武进久旱无雨，农民取水也十分艰难，而戚墅堰电厂电力供过于求，遂和武进县定西乡乡董达成了电力排灌协议，在该乡的蒋家桥和吉三垛两处用两台27马力的电动机，带动两台口径15厘米的抽水机，进行电力灌溉。是年大旱，实施电力灌溉的两千亩田地却喜获丰收。虽然电力灌溉的设备还不是十分齐备，但这也使地方农民叹服，称之为"电龙"、"龙王水"。第二年即扩至12处，达9834亩。第三年则增至24600亩。至1929年，无锡、武进两县的电力灌溉面积已迅速增至42870.87亩。[1] 但是全国其他各地，咸以为"农田戽水利用新法者，尚属罕见，其他如机械、如电力更无论焉"。[2] 彼时建委会附属的戚墅堰电厂经营良好，电力有余，该厂附近农田也已使用电力灌溉，具有一定的基础。正是在此背景下，为推动地方农业灌溉事业的现代化建设和引起国人的重视，建委会召开了"计划发展电力灌溉"会议。

　　1929年10月26日下午2时，由电气事业处、水利处召集，会同首都电厂厂长陆法曾、戚墅堰电厂厂长吴玉麟、太湖流域水利委员主要负责人张自立等有关单位的领导参加的建委会"计划发展电力灌溉"会议在建委会礼堂召开。会议召开之前，太湖流域水利委员会秘书长孙辅世提交了《灌溉田亩意见书》，针对不同类型的土地提出了不同的灌溉方法。"一为新辟垦地之灌溉，二为已成田亩之灌溉"，这两种截然不同的土地情况，需要不同的灌溉方法，"前者地未成熟，可依照整个的计划规定沟渠之深浅、宽狭而将抽水集中并引用蒸汽或内燃引擎较为管理节省而使用经济，

① 农业部农业机械化管理局、北京农业工程大学编《中国农业机械化重要文献资料汇编》，中国农业大学出版社，1988，第1342～1344页。

② 《建设委员会拟办理电力灌溉经过情形》，中国第二历史档案馆藏国民政府建设委员会档案，全宗号：46，案卷号：79。

但若已成田亩则沟渠多属纷乱，整理尤感困难，故抽水机必须就地分布各区，如此则宜以电传力使抽水机虽散置各地，而机力仍得集中，调济应用，两得其利"。此次会议主要由两个附属电厂汇报各自区域内实施电力灌溉的计划和情况。首先由首都电厂厂长陆法曾报告该电厂发展电力灌溉的计划。陆指出，上一年12月25日，为响应建委会发展"电力灌溉"的号召，首都电厂派事务员张菊侬赴龙潭栖霞山一带实施调研电力灌溉的可能性。据张菊侬调研后汇报，栖霞山便农乡共有农田8万亩，"俱沿沪宁路而在小运河之北，去下关40华里，系江宁县属第一区，地滨长江……自民国16年来皆荒旱歉收"。说明当地亟须电力灌溉来解决荒旱问题。当张菊侬与地方乡民访谈，说首都电厂欲为当地实行电力灌溉以增加农业收入时，当地农民"无不额手称庆，希望早日实现，俾地尽其利"。说明当地农民对此十分欢迎。只是考虑到电力灌溉工程费用较巨，而首都电厂"以历年荒歉，已无余力，只俟将来成效后另筹办法耳"。[①] 陆发曾担心农民经济负担过重，无法与首都电厂相配合实施电力灌溉，故提请建委会向中国农民银行洽商垫款以帮助实施。次由戚墅堰电厂厂长吴玉麟汇报当地推行电力灌溉事业。因其本身有基础，较之首都电厂要好。在此基础上，提出拟在戚墅堰电厂所在地武进境内规划电力灌溉的普及区域，设计共有8区，每区约有5万亩农田需要电力灌溉，即由戚墅堰电厂专放特别高压线至该区中心，再向各区域分布电力供用，满足地方农民的电力灌溉需求。至武进境内的电力厣水完成后，逐步向无锡境内推行电力灌溉。

上述建委会召开的"计划发展电力灌溉"会议，说明戚墅堰电厂有此能力推行农田电力灌溉事业，而首都电厂由于多种因素制约，还暂时无法对地方农田实施电力灌溉，但是在条件具备时会积极推进。

二　《提议推广电力灌溉以裕农田收入案》

建委会了解到民间"灌溉方法提倡乏人，致民众只知水害，不知水利，弃利于地"的情况，[②] 1930年2月25日，为顺利推进全国的电力灌

① 《建设委员会有关电力灌溉事业的计划、组织章程宣传广播稿等》，中国第二历史档案馆藏国民政府建设委员会档案，全宗号：46，案卷号：78。

② 《呈行政院为提倡水利拟在各省设置模范灌溉区呈请准予备案由》（1929年10月22日），《建设委员会公报》第6期，1930年1月，第17页。

溉事业，建委会在南京召开第一次全体会议，再次讨论电力灌溉问题。建委会副委员长曾养甫就电力灌溉事宜，提出《提议推广电力灌溉以裕农田收入案》：

> 我国以农立国，而年来农产低减，水旱之灾遍于全国，盖农田多赖人力及牛马力灌溉，费力微，效率极低，一遇水旱之年，难免饥馑之患。近代各国，莫不利用机械灌溉，而尤以电力灌溉最为经济稳妥，欧美各国，成绩显著。本会戚墅堰电厂供给电力，以灌溉常锡二邑农田，约五万余亩。农田一用电力灌溉，收获辄至倍蓰，故电线所达之地，田价即为增高，足征灌溉之效，亟宜积极推广，以增加农田收获，而利民生。①

上述曾养甫的提案用中外情况对比说明电力灌溉的优越性。由于意识到电力灌溉在发展农业生产中的巨大作用，曾养甫在该提案中又相应地提出了在全国各地推广电力灌溉的具体办法：

> 一、官营电厂须设法引杆线至各乡，以供给农田灌溉之电力。
> 二、由本会及各建设厅督促各民营电气事业，推广杆线至各乡。
> 三、由本会及各建设厅宣传电力灌溉之利益，并指导电力灌溉之方法。
> 四、各省设立灌溉区，以为电力灌溉模范。
> 五、劝导各银行，投资电力灌溉事业。②

从上述曾养甫所提的办法可知，建委会要求官营和民营电厂均"须设法引杆线至各乡，以供给农田灌溉之电力"，并要积极宣传电力灌溉的益处和方法，同时劝导各银行投资电力灌溉事业。要求各省设立电力灌溉区，作为模范进行推广。为倡导电力灌溉，曾养甫还提出由建委会设立江浙皖三省国营垦务局，负责进行该项垦殖事业，预算经常费约为每年4万元，开垦费约42万元，设备及建筑费约9万元，共计第一年开办费达51万元，虽然第一年开办经费稍多，不过三年后，则平均每年收入最少可得

---

① 曾养甫：《提议推广电力灌溉以裕农田收入案》，《建设》第7期，1930年4月，第63页。
② 曾养甫：《提议推广电力灌溉以裕农田收入案》，《建设》第7期，1930年4月，第63页。

100 万元。① 该计划后来也因为建委会的权限日益缩小而无从实施。

三 接管太湖流域水利工程处与创办模范灌溉管理局

由于建委会对于水利事业建设毫无基础，为了能够顺利开展水利灌溉工作，1928 年 12 月 17 日，建委会提交《呈行政院为根据组织法请将太湖流域水利工程处改归本会管理由》，意欲将太湖流域水利工程处收归管理。为了了明了建委会收管太湖流域水利工程处的情况，今将呈文全文录下，试做分析：

> 窃查太湖流域水利工程处为专门水利机关，不属于各部主管范围，按照职会组织法第二条第二项水利电气及其他国营事业不属于各部主管者，均由职会办理之规定，全国水利均应由职会统筹进行，以免有畸轻畸重之弊，际此训政开始，职会方在积极振兴水利，太湖流域，地兼苏浙两省，一切工程，设计，尤关切重，应请明令改归职会管辖，俾便统筹全局，规划进行。至该处经费及清理湖田缴价内应拨成数，亦应请照成案令知财政部拨交职会转拨。②

从呈文中可以看出，建委会将太湖流域水利工程处收归管理，是按照其组织法第二条第二项："水利电气及其他国营事业，不属于各部主管者均由建委会办理之。"③ 值得注意的是，此次建委会所引用的组织法是 1928 年 12 月 8 日修改的组织法，而非 1931 年 2 月 17 日最终修改过的组织法。此中原因值得玩味。不过有一点是毫无疑问的，那就是建委会早就有将太湖流域水利工程处收归管理之意。1929 年 1 月 8 日，财政部第 242 号指令回复："事属可行。"

1929 年 1 月，受聘建委会顾问的美国电力工程师亚诺尔在《建设》第 2 期上著文《利用电力灌泄以发展戚厂附近农田之计划》，阐述中国发展电力灌溉的重要性与建委会在电力灌溉事业中所应负的责任。该文指出，举办电力灌溉事业"关系国计民生甚大，然非私人能力所可举办，依

---

① 曾养甫：《提议推广电力灌溉以裕农田收入案》，《建设》第 7 期，1930 年 4 月，第 75 页。

② 《呈行政院为根据组织法请将太湖流域水利工程处改归本会管理由》，《建设》第 3 期，1929 年 4 月，第 1 页。

③ 《国民政府建设委员会组织法》，《建设》第 2 期，1929 年 1 月，第 1~2 页。

先总理建国方略之原则，应由国家创办而经营之，以目下政府组织而论，建委会当负完全责任，切实施行，促其实现"。亚诺尔接着指出，现在戚墅堰电厂附近已经实施电力灌溉，效果良好，农民获益甚多，那么，在戚墅堰电厂的附近区域之外，"中国农田情形与之相类者，十倍于斯。如能应用电力以图发展，则交选〔通〕便利，收获较富，原料价廉，中国人民之生活与幸福，可因之增高也"。① 亚诺尔的文章基本表达了建委会发展电力灌溉的愿望，专门的电力灌溉管理部门也就应运而生。

由于建委会及其领导人对电力灌溉事业的日益重视，要求"各省选择相当地点设立模范灌溉区，举凡堤闸沟渠引水泄水各种设备，均采用最经济最科学方法，以广观摩而资提倡"，② 1929 年在建委会内组织了第一灌溉区委员会，将无锡、常州一带的电力灌溉事业收归国营管理。"查第一灌溉区农田约共 200 万亩，现已用电力灌溉者不过三万余亩，为数甚微，本会为推广电力灌溉起见，已饬令戚墅堰电厂延长杆线推广供电区域，务期于最短期间，使全区农田，均能享受电力灌溉之利。"③ 1931 年 4 月，建委会将灌溉区委员会改组，成立"模范灌溉武锡区办事处"，④ 以扩大经营。

与此同时，建委会为了能够加强全国灌溉事业的进行，也酝酿成立模范灌溉管理局。正如张静江在交国民政府的呈文中所言："灌溉设计固须求详，实地试验尤居重要，必须广设场所，树以楷模，使人民知所取法，逐渐推广，其利自溥，但事业渐多，管理遂繁，自非设立专局不足以专责成而利推行。"⑤ 1931 年 4 月宣布成立模范灌溉管理局，实际上由于办公经费没有按时到位，迟至 7 月，该局才正式成立，以建委会灌溉室主任张自立为首任局长，专司其事。下设三个课，分别为总务课（由建委会设计委员杨传渭兼任课长）、工务课（张自立自兼）与农务课，同时也规定在

① 〔美〕亚诺尔：《利用电力灌泄以发展戚厂附近农田之计划》，建设委员会电力事业处译，《建设》第 2 期，1929 年 1 月，第 11 页。
② 《建设委员会有关电力灌溉事业的计划、组织章程宣传广播稿等》，中国第二历史档案馆藏国民政府建设委员会档案，全宗号：46，案卷：78。
③ 《建设委员会有关电力灌溉事业的计划、组织章程宣传广播稿等》，中国第二历史档案馆藏国民政府建设委员会档案，全宗号：46，案卷：78。
④ 建设委员会编《电气事业及其他》，中央党部国民经济计划委员会编《十年来之中国经济建设（1927~1937）》，第 14 页。
⑤ 《张人杰呈国民政府》（1931 年 4 月），台北"国史馆"藏国民政府档案，档案号：012071/15075。

模范灌溉管理局认为有必要时，经建委会核准可以设立办事处与实验场等。① 1932年初，任职未及半年的张自立辞职，由武锡区办事处主任兼庞山湖实验场主任孙辅世②兼任模范灌溉管理局局长。此时模范灌溉管理局迁址苏州。孙辅世一身兼三职，由此也可见水利建设人才之缺乏。

　　模范灌溉管理局成立后，其主要任务就是提高灌溉技术与推广灌溉事业。尤其是后者，为其重点工作，模范灌溉管理局"以救济农村为宗旨，救济之道，一在提倡普及机力灌溉排水，既可使农民减少生产费用，复使农作物不受旱涝之影响，一在办理新式农场，举办各种试验，推行民间，使人尽其力，地尽其利，数年于兹，成效显著，推进事业，事在必然"。③为推动地方"模范"灌溉事业，先设江苏省锡武区灌溉管理处和庞山湖实验场两处，后又开发安徽省方邱湖与燕鸣湖地区，成立凤怀区实验场。在上述三处灌溉区均"实行水力灌溉，造福于当地"。④ 在建委会模范灌溉管理局的经营管理之下，三个灌溉区的农业灌溉事业十分发达。考虑到"我国农民知识幼稚，农村经济之枯竭，不加外力之援助，则农民自身，实无法可以自拔。故举凡各场处附近农民之交通、教育、自卫、卫生、公用诸端，如筑路、浚河、识字、军训、防疫、发电等无论其与灌溉事业，直接和间接有关系者，无不随时注意，附带举办"，⑤ 有力地推动了农业灌溉事业的发展和地方的现代化建设。

第二节　全国电力灌溉模范——武锡区

　　武锡区作为全国办理电力灌溉模范的出现有一定的历史背景，它的发

① 《建设委员会模范灌溉管理局组织章程》（1931年4月），《建设委员会公报》第16期，1931年5月，第237~238页。
② 孙辅世（1901~2004），字装枕，江苏无锡人，近代著名水利专家。1923年毕业于天津北洋大学土系，1926年获美国康奈尔大学研究生院水利工程硕士学位。同年回国，曾任太湖水利委员会总工程师、代理委员长，1931年7月，任建委会模范灌溉管理局局长、长江水利工程总局局长。新中国成立后，历任华东财经委员会专员，水利部、水利电力部技术委员会委员。为长江流域治理规划、太湖治理、洞庭湖防洪及长江航道整治做出重要贡献。
③ 《公函安徽省政府（第413号）》（1934年8月24日），《建设委员会公报》第44期，1934年9月，第111页。
④ 朱沛莲：《建设委员会十年》，世界社编印《张静江先生百岁诞辰纪念集》，第33页。
⑤ 建设委员会编《电气事业及其他》，中央党部国民经济计划委员会编《十年来之中国经济建设（1927~1937）》，第14页。

展壮大反映了常州、无锡一带经济发达地区急切需要电力灌溉，为全国电力灌溉树立了模范，推动了全国电力灌溉事业的发展。

一　创办武锡区电力灌溉的背景

建委会在无锡、常州一带很快实施电力灌溉，不仅是因为这一带民众对电力灌溉这一新事物的接受，而且因为该地区的戚墅堰电厂有着充足的电力供应，有余力支持地方电力灌溉事业。

众所周知，长三角地区人文荟萃，文化教育基础较好，当地人能够很快地接受新事物。据有关资料记载，长三角的农业发展较为迅速的地区曾由上海县颛桥农民教育馆、镇江县第四区农业推广模范区、金陵大学与无锡震旦机器厂合作，多次在各地表演机器蓄水与进行机灌比赛，前来参观学习者甚多，表演比赛取得较好的社会效果。①

建委会接管戚墅堰电厂之前，无锡、常州一带民间即已创办电力灌溉事业。戚墅堰电厂前身——震华制造电机厂从1924年即开始为常州、无锡两地农田提供电力灌溉，"由电厂备设杆线，通达各乡，农民即自备马达邦浦（英语pump的音译，即水泵、抽水机——引者注），以为灌溉之用"。② 该厂"自创立电力戽水以还，受戽田亩，俱庆丰收，田价随渐增高，农民信仰日深，要求加入戽水者日众"，③ 受益田亩达2000余亩，至1925年，苏州电厂开始使用流动电灌机船在吴县灌田多达2000余亩。说明该地的电力灌溉事业较为发达。在建委会介入民营地方电力灌溉之前，在武进的定西、定东、升西、丰东、丰西、延西、政外与孝仁八乡即成立有七家修整灌溉设施的农社，1927年使用电力灌溉的水田达38234亩。④ 武进民众认为电力戽水有以下三个好处：

1. 自购柴油机者用300元之设备费，约可灌田千亩。但动力较大，水轴易坏，管理稍疏，引擎易坏，一切费用每亩约需费1.9元，而用电力灌田者，每亩仅需一元三角至一元七角。

---

① 《县民教馆机器灌溉比赛》，《农业周报》第3卷第21期，1934年，第448～449页。
② 《上海之机器工业（1931～1933）》，上海市社会科学院经济研究所藏中国经济统计研究所档案，全宗号：04，案卷号：052，（上）。
③ 《革命文献》第81辑，第497页。
④ 龚骏：《各地农民状况调查·江苏武进》，《东方杂志》第26卷第16期，1927年8月25日，第108～109页。

2. 河水浅时，人力、兽力及引擎均不能吸，惟电力能胜任。

3. 人力既省，可专用于其他工作，故稻之收成，如甲子（1934年）乙丑（1935年）两年遇旱，高田缺水，有每亩减收至一石者，而用电力则不特能保持常度，且能多收一石。如用人工，则当农忙时，每工大洋五角（自食）；而畜牛每日饲料大洋一角，天雨仍不可省，即与柴油机较，柴油机须用工人三名，此只需一名。故电力灌田，计可省百分之七十。[①]

正是基于民众的此种认识，常州、无锡一带的电力戽水工作才极易推进。戚墅堰电厂经过建委会接收整理之后，发展迅速，不过"现因戽水用电颇多，借用申新六厂发电机五百千瓦，并与武进电气厂订立合同，夜间遇必要时，借用该厂电力"。[②] 1931 年 10 月，戚墅堰电厂发电量由过去的每月"100 余万度增至 280 万余度……电力较前增加 1000 余匹马力"。[③] 说明戚墅堰电厂有充足的电力供应，能够满足电力灌溉的需求。

二　创办武锡区电力灌溉的概况

由上述内容可知，常州、无锡一带实施电力灌溉的条件十分成熟，因此模范灌溉管理局成立后，确定首先发展电力灌溉事业的重点为常州、无锡一带。

1929 年 10 月 31 日，建委会为了能够很快地开展电力灌溉事业，在戚墅堰电厂常州办事处迅速成立了第一灌溉区委员会，由孙辅世为主任委员，江湛[④]为常务委员，吴玉麟、张行恒、俞享为委员。并于是年 12 月 9 日颁布组织章程，令戚墅堰电厂大力扩展该地的电力灌溉事业。费用较廉

---

① 冯和法：《中国农村经济资料》，黎明书局，1933，第 498～499 页。

② 电气事业处：《戚墅堰电厂扩充机器初步计划大纲》（1929 年 5 月），《建设》第 4 期，1929 年 7 月，第 55～56 页。

③ 《建设委员会工作概况》，《建设委员会公报》第 19 期，1931 年 11 月，第 249 页。

④ 江湛（1893～1966），字上达，武进湖塘桥人。早年毕业于冠英小学，进和慎银号当练习生，以办事干练得到器重。1919 年武进县商会会长钱以振创办常州纱厂时，派江到日本学习纱厂管理，到英国催购纱锭，见识大增。先后任常州纱厂副经理、震华电厂副厂长兼常州办事处经理、民丰纱厂常务董事和经理。曾与钱以振开设富华储蓄银行、武进商业银行，任副经理。抗日战争时期，在上海先后担任日伪全国商业统制委员会理事、棉花统制委员会委员、苏浙皖区华商纱厂联合会副理事长等职。在日军"敲锭献铁"中，出面交涉，以代织军布为条件，保全了一些华商纱厂的纱锭和布机设备。1946 年去香港经营上海纱厂。1953 年回沪，后定居北京。

的电力灌溉，在 1929 年与 1932 年两年大旱之时发挥了重要作用，各电力戽水站"开机戽灌，无间昼夜。受戽农田，俱庆丰收"。[1] 戚墅堰电厂的电力灌溉主要集中在武锡区，"包括江苏武进暨无锡县境一带农田"，[2] 具体包括"武进之遥观巷、鸣凰、万塔、马杭桥、戚墅堰、横林，无锡之洛社、洛阳、藕塘桥、石塘湾等乡镇"。上述地区按照模范灌溉管理局的要求，"均设置电力戽水站，每处灌溉面积自数百亩至千余亩不等"，至收获季节，"凡用电力灌溉之稻田，其收获量远出用柴油机船或人力戽水之上，是以凡以布设供电线路之处，农户莫不乐于使用"。[3] 广大农户的"乐于使用"说明了电力灌溉事业发展的广阔前景。

1931 年 4 月，建委会改组第一灌溉区委员会为模范灌溉武锡区办事处，设总务与工务两课，调戚墅堰电厂常州办事处工程师谭友岑任工务课长，因业务不多，故暂兼总务课课长。之后因有专门的电力戽水管理机构，发展更为迅速。是年所建戽水站"武进境内者 49 站，在无锡境内者 13 站，共计 62 站，设备专用杆线 150 余里，利用电力约 1400 千瓦，农民无力购买马达帮浦者，由本处购备租用"，[4] 考虑到各个戽水站"散出乡间，路途遥远，交通迟滞，管理通讯，均感不便，爰于 20 年敷设灌溉管理专用电话线，分布于 20 余站"，[5] 使各个戽水站之间联系方便，更有助于管理。是年灌溉田亩已增至 4 万余亩，至 1933 年时更增至 5 万余亩。

三 去除电力灌溉弊端

武锡区模范灌溉事业的发展稳定后，建委会要求模范灌溉管理局对灌溉事业管理的弊端加以全面去除，以求更惠于地方人民，将电力灌溉事业向前推进。由包田制改为包度制与推行合作社制度即为两个较为明显的典型。

---

① 模范灌溉管理局编印《模范灌溉》，1934，第 9 页。
② 建设委员会编《电气事业及其他》，中央党部国民经济计划委员会编《十年来之中国经济建设（1927~1937）》，第 14 页。
③ 朱沛莲：《建设委员会十年》，世界社编印《张静江先生百岁诞辰纪念集》，第 33 页。
④ 建设委员会编《电气事业及其他》，中央党部国民经济计划委员会编《十年来之中国经济建设（1927~1937）》，第 14 页。
⑤ 建设委员会编《电气事业及其他》，中央党部国民经济计划委员会编《十年来之中国经济建设（1927~1937）》，第 14 页。

1. 以包度制取代包田制

包田制的出现与当时农民对电力灌溉的认识有关。"电力灌溉创办之初，以当时农民应用机力戽水者尚属少见，而一旦使用电力戽水，则更非所习，故彼时农民对于此种事业，信用未著，乃采取包田制度。"① 包田制有两种情况，一为包田水，一为包塘水，两者价格不同。田水指的是"包价直接戽水入田者"，每亩包价 1.7 元；塘水指"戽水入塘再由农民自戽入田者"，每亩包价 1.2 元。初办时多采用包田制，经试用一段时间后，戚墅堰电厂发现用电户有浪费电力现象，故复采用包度制。此种制度"虽于用电方面有所限制，但实际由一人出面承办，农户仍足包价若干，借手于人，从中上下价格之弊，在所不免"。② 鉴于此，建委会组织第一灌溉委员会"废除一切包办制，使用户减轻担负。对于承办收费者，指定另给办公费。对于用户则均公开摊派以示划一"。模范灌溉管理局第一灌溉委员会结合当地实情，考虑到当地民众的实际承受能力，电价"订定每亩包用电度十五度，每度价洋七分五厘，每站机件租费三百五十元，每站给予办公费二百元，用电节省者给奖励金五十元"。③ 这体现了建委会办理电力灌溉服务民生的理念。

2. 推行合作社制度

1935 年，为"免除私人垄断，减轻农民担负"，模范灌溉管理局提出戚墅堰电厂在制度上再做一些有利于电力灌溉用户利益的调整，即"向之包办者，改为合作社，向之组织，均划分为独立站"。④ 过去实行戽水站管理，模范灌溉管理局"聘地方人士，担任各戽水站主任，于必要时并得合若干站为一组，并设组主任，支持一切"。但经过一段时间的运行，发现该项组织流弊甚多，有时会出现挪用戽水费用的情形。因此，模范灌溉管理局在管理上"既觉困难，而影响农民之担负者又巨"。为彻底改变这种局面，1935 年 4 月，模范灌溉管理局设立合作指导员，负责指导、组织

---

① 《建设委员会拟办理电力灌溉经过情形》，中国第二历史档案馆藏国民政府建设委员会档案，全宗号：46，案卷号：79。

② 《建设委员会拟办理电力灌溉经过情形》，中国第二历史档案馆藏国民政府建设委员会档案，全宗号：46，案卷号：79。

③ 《建设委员会拟办理电力灌溉经过情形》，中国第二历史档案馆藏国民政府建设委员会档案，全宗号：46，案卷号：79。

④ 中国建设协会：《建设委员会指导下之建设事业近况》，《中国建设》第 13 卷第 1 期，1936 年 1 月，第 18 页。

合作社，并规定如实行合作社形式，则免除事务费，以此鼓励众多农户组织合作社。最后模范灌溉管理局"自以合作社之组织最为合理"。[①] 1935年即办成 7 个戽水合作社。

模范灌溉管理局经过改进，组织合作社，免除了中间"组"的形式，减少了电力灌溉用户的开支。如过去每亩费用需 2 元左右，采取独立站的组织后，农户负担大大减轻，每亩降为 1.4 元。[②] 翌年，建委会要求戚墅堰电厂将电价再次下调，由 0.075 元/度降为 0.06 元/度，电力灌溉用户的负担再次减轻，民众大为受益。至 1936 年时，无锡、常州一带的电力戽水合作社已达 30 个。模范灌溉管理局还利用此项合作社进行农村贷款，1935 年总数万余元，1936 年时迅速增至 4 万余元，均由中国银行投资，通过银行贷款推动了地方农村经济的迅速发展。

由于模范灌溉管理局的经营策略正确，能够按照地方实际情况进行适当调整与管理，武锡区的电力灌溉发展颇快。至 1933 年，武锡区的电力灌溉面积已增至 5 万余亩。据统计，全国电力灌溉面积实际上也仅有 4 万～5 万亩。[③] 表明该区电力灌溉面积已和全国电力灌溉面积接近，说明电力灌溉的区域也主要在此。在"三个灌溉区中，以锡武区成就最大"。[④] 可见该地电力灌溉事业的发展在全国已遥遥领先，同时亦足证武锡区是全国推行电力灌溉事业的"模范"。

第三节　太湖流域灌溉模范——庞山湖实验场

模范灌溉管理局不但在武锡区创办电力灌溉作为全国推行灌溉事业的模范，而且在其他一些地方创办了几处实验场以树立地方模范灌溉事业的榜样，其中以太湖流域的庞山湖实验场与两淮流域的凤怀区实验场较有代表性。上述两个实验场的创办，带动了太湖流域与两淮流域的附件区域农业灌溉事业的发展。

---

① 建设委员会编《电气事业及其他》，中央党部国民经济计划委员会编《十年来之中国经济建设（1927～1937）》，第 15 页。
② 中国建设协会：《建设委员会指导下之建设事业近况》，《中国建设》第 13 卷第 1 期，1936 年 1 月，第 18 页。
③ 曹博如：《中国灌溉与农村复兴》，《中国实业》1936 年第 2 期，第 16 页。
④ 朱沛莲：《建设委员会十年》，世界社编印《张静江先生百岁诞辰纪念集》，第 33 页。

一 开发庞山湖实验场之议

庞山湖实验场位于江苏吴江县城之东 9 华里, 未开发前为一湖泊, 原属太湖之一部, 是吴淞江上游第一个汇潴太湖来水的湖荡, 故有"吴淞之始"的旧称。庞山湖因年久失修, 失去吐纳洪水的功能。基于此, 太湖流域水利工程处拟具一项费用达 80 万元、开发面积 3 万余亩的庞大计划。但因时局不宁及经费紧张等, 至 1928 年, 太湖流域水利委员会根据实情, 缩小开发范围, 计划先开发 14000 余亩, 工程费用亦随之减为 30 余万元。即使如此, 也出于种种原因未曾真正实施。至建委会成立后, 提出要在全国推行电力灌溉计划, 此时太湖水利工程处已划归属建委会管理, 况庞山湖离首都南京很近, 便于建委会随时管理。1929 年 5 月 17 日, 建委会呈文财政部要求将庞山湖划归属下的太湖流域水利委员会, 对其加以开发, 以推动太湖流域的农田灌溉事业:

> 太湖流域之财源, 以农产为大宗, 而农产之歉收, 当视水量之适合与否为标准。故农田水利之讲求, 实属非常重要, 无如民间习蹈故常, 惮于创作, 若非树以规范, 鲜肯有所则效。属会有鉴于此, 拟就庞山湖中部低区规划, 筑堤浚渠, 首先辟建农田水利模范场一所, 以资提倡。查该庞山湖位居太湖下游吴江县境, 历年以来, 水利无人过问, 以致湖身日就淤浅。其四周高昂之处, 早已占种成田, 中部芦苇丛生, 冬季水落, 湖底亦已高出水面盈尺, 苟不即加整理, 则非特弃利于地, 亦徒为豪劣之利薮而已。现在国库支绌, 太湖水利, 一筹莫展, 属会因此拟将该湖湖田荡产, 分别浚垦, 设计整理, 即以整理所获之收益, 补充水利经费之不足。①

从上述呈文可看出, 建委会开发庞山湖有三个目的: 第一, 通过开发庞山湖为当地灌溉事业"树以规范"; 第二, 担心庞山湖"为豪劣之利薮", 故要加以整理; 第三, "以整理所获之收益, 补充水利经费之不足"。建委会请财政部转饬江苏沙田官产局丈量该湖, 筹建农田水利模范场。财政部随即复函表示同意。1930 年 9 月, 建委会指派设计委员刘晋柽

---

① 《建设》第 4 期, 1929 年 7 月, 第 16 页。

专任庞山湖实验场的工程设计事项，先就庞山湖一带的雨量、流量、水位、蒸发量、气温等变迁情况做一调研。[①] 对庞山湖历年的水位及荡田情况加以调研后，建委会最终确定1931年开工建设庞山湖实验场。[②]

二　庞山湖实验场的艰难推进

虽然庞山湖的开发获得了财政部的支持，对地方农业生产也有示范作用，但实际上庞山湖实验场工程的推进并非一帆风顺，恰恰相反，它是在地方政府对开发的异议与地方民众的阻挠下艰难地一步步向前推进的。

在1930年2月25～27日召开的建委会第一次大会上，时任江苏省建设厅厅长、中国国民党中央执行委员，同时也是建委会委员的王柏龄提出"缓办庞山湖围垦案"。王指出："湖泊之作用，在调节水量，若将原有水柜围占垦殖，是值与水争地，最为大忌。"当前"庞山湖虽已淤淀，不能储水，但仍可留为大水时漫溢缓冲之用。在太湖水利未经大治以前，只可言浚，不可言垦，借免水利问题有根本抵触之嫌"。[③] 但是由于建委会的一意推进，江苏省建设厅也无法阻挡。虽然地方政府的反对在上级部门的干预下化解了，但地方民众的反对在开垦之初的围堤工作中就遭遇到了。由于开垦庞山湖切断了当地不少农民和渔民的生活来源，加上滨湖地方民众并不了解农业机灌所带来的收益，所以准备开垦的围堤一经筑起，就被地方农民和渔民们迅速扒掉。无奈之下，模范灌溉管理局只好聘用拥有荡产的同里镇的地主作该场的负责人，并雇用了一定的场警武力护卫，才得以完成围堤工作。至围堤建成，准备建设庞山湖实验场时，也同样遭到地方民众的极力反对，他们围攻实验场，驱走施工工人，毁弃工具，致使开垦工作无法进行。经过模范灌溉管理局人员的细心说服和政府参与调解，始告平息，但亦延误了垦殖时间。

1929年11月28日，模范灌溉管理局派测绘课课长林保元会同清理湖田分局局长言荔夫前往庞山湖十字港勘察。[④] 1930年冬，建委会同江苏省官产局圈定庞山湖界址，辟出一定区域作为农事实验场，将十字港按地形

---

① 《本会工作报告》，《建设委员会公报》第13期，1931年1月，第85页。
② 《（乙）灌溉》、《（甲）关于水利灌溉事业之进行事项》，《建设委员会公报》第19期，1931年11月，第202、280页。
③ 王柏龄：《提议缓办庞山湖围垦案》，《建设》第7期，1930年4月，第42页。
④ 《建设委员会工作报告》（1929年11月），《建设》第6期，1930年1月，第32页。

高低划为四个垦区，每个区都设有独立的排灌沟渠系统，实行灌排分开，分区灌排各区之间仍有水道相互隔开，规划开垦14000余亩。1931年5月，正式设立庞山湖实验场，设主任、副主任各一名。实验场主任为孙辅世，副主任为本地人金式如，这是为了减少地方的阻挠。农业技正是常州人祁家祯，来自北京的田定益担任水稻实验的技术员。下设三个组，即总务组、农艺组与工程组，分别负责农作物之增产、优良品种的选择与推广、农作物病虫害的研究与防治以及农作技术的改良与推进。分工明确，各司其责。农场每月组织一次场务会议，由农场主任召集。主任由政府任免，在农场的实际工作中扮演经理的角色。庞山湖实验场成立后，先"就吴江县属业已淤废之庞山湖，加以浚垦，实施机力灌溉及排水工作（旋亦改用电力），并举行各种农事上之实验，以期增加耕地，并希获得优良之品种"，① 先行进行各种水稻实验。1931年3月，庞山湖实验场开始围垦第一区。由于春季解冻，湖水上涨，加之地方政府并不积极配合，是年仅开垦150余亩。这150余亩水稻采用机力灌溉，长势良好，获得丰收。是年冬季水落之后，继续开垦第一区工程，于1933年4月底彻底完成。此时开垦面积已达2000余亩，因政局缓和，庞山湖实验场重新开始设处办公，复工建设，同时清理民产。

1934年10月中旬，模范灌溉管理局派工程事务所主任陈寅来农场主持安装与测验戽水机事宜。② 陈寅，苏北靖江人，中央大学土木工程系毕业，实验场内的桥梁等很多建筑由其亲自设计完成。10月下旬，派设计委员朱瑞节会同上海新中工程公司工程师支少炎到实验场进行测试，月底测试结束，③ 戽水机质量甚好。1934年11月15日，庞山湖实验场组织工程事务所，继续办理第二区工程事宜，疏浚大窑港，续垦4000余亩，第二区工程至翌年4月彻底完工。是年采用苏州电厂的电力灌溉，与苏州电气厂订立用电合同，全年用65000度为最低限度，每度以5分计，津贴厂

---

① 建设委员会编《电气事业及其他》，中央党部国民经济计划委员会编《十年来之中国经济建设（1927~1937）》，第15页。

② 《庞山场二十四年十月份中旬工作报告第29号》（1935年10月11~20日），中国第二历史档案馆藏国民政府建设委员会档案，全宗号：46，档案号：674。

③ 《庞山场二十四年十月份下旬工作报告第30号》（1935年10月21~31日），中国第二历史档案馆藏国民政府建设委员会档案，全宗号：46，档案号：674。

方设备费 600 元。① 苏州电气公司吴江分办事处开始办理庞山湖实验场用电，自吴江城区架设 2.3 千伏输电线至庞山湖实验场，农场共设置机房三座，合计动力 95 千瓦，灌溉农田 9700 亩，用电度表计算费用。这是吴江县农业用电的开始。当年江南大旱，但因庞山湖实验场属"新垦之地，以设备较全，灌溉得宜"，② "临近农产品，收成折损甚巨，独该场十足丰收"。③ "收成以第一、二两区混合计算，平均每亩产米一石三斗。"④ 良好的灌溉设施条件使庞山湖实验场喜获丰收，这无疑给地方人民以巨大震撼，均认为应实施农田灌溉以提高粮食产量。是年为救济庞山湖附近灾民，又编平粜及短期贷款规章以资推行，深受地方民众欢迎。1936 年春，第三期工程的土方工程即将完工，庞山湖实验场决定援照第一、第二区的经验，由上海新中工程公司承包，装置 14 吋螺旋式抽水机两座。⑤ 是年冬，继续完成第三期工程，浚疏十字港，"以期能收纳一部分失业游民，同时更广植优良种子，以图推行民间"。⑥ 随后庞山湖实验场又组织了多种合作社，办理各种合作事宜，并在农闲时期办理农闲教育以提高地方人民的文化知识，提倡科学种田。

三　庞山湖实验场的成就

经过近五年的开发建设，虽然当时规划有四个开垦区域，垦殖面积 14000 余亩，但实际上至抗战前，只有一、二、三区已经开垦（第四区至抗战结束后才开垦出来）。其中一区是场本部，办公室、机电站、厨房和场警队碉楼等皆设于此区，均为瓦房建筑，结实耐用。而职工宿舍是草顶土墙房，从苏北雇来的农民则住在船内，并不上陆。在实验场里住的，多是农业技术人员、管理

① 《庞山场二十四年二月份中旬工作报告第 5 号》（1935 年），中国第二历史档案馆藏国民政府建设委员会档案，全宗号：46，档案号：674。
② 建设委员会编《电气事业及其他》，中央党部国民经济计划委员会编《十年来之中国经济建设（1927～1937）》，第 15 页。
③ 中国建设协会：《建设委员会指导下之建设事业近况》，《中国建设》第 13 卷第 1 期，1936 年 1 月，第 19 页。
④ 建设委员会编《电气事业及其他》，中央党部国民经济计划委员会编《十年来之中国经济建设（1927～1937）》，第 15 页。
⑤ 《庞山场二十五年六月份下旬工作报告》（1936 年），中国第二历史档案馆藏国民政府建设委员会档案，全宗号：46，档案号：677。
⑥ 中国建设协会：《建设委员会指导下之建设事业近况》，《中国建设》第 13 卷第 1 期，1936 年 1 月，第 19 页。

人员、机电站人员、场警队人员、炊事人员以及当时招收的农业训练班的学生，抗战爆发前约有 10 人。至于实验场部的主任、副主任、会计、文书等人员，均住在吴江城里的办事处。办事处建有办公楼一座，坐北朝南，五开间，硬山顶，两层带阁楼，面阔 15 米，进深 11.2 米，青砖白墙，临街以水泥贴面，置有拱形门窗、罗马式立柱，墙面上塑有优美柔和的水稻与水果等农作物图案，非常漂亮。

庞山湖实验场垦田采用双轨制的经营方式，一小部分属于自耕田，作为农场试验田，约 300 亩，仅占总围垦数的 3.4%，却是全场工作的重点，试验的项目有穗行试验、秆行试验、品种比较试验、水稻需水量试验等。试验田由农场雇长工耕种。另一种为经济栽培田，实行雇工包种制，雇用地方农民，"按亩计工给费，期以统一耕作之原则，以达大规模耕种之目的"。[①] 农场创建之初，当地农民均不愿包租，包租者多为苏北逃荒江南者。因人少地多，工资较高，每包种一亩可得工资 8.5 元。1935 年，苏北逃荒至江南者日渐增多，再加上此时开垦的荒地已经垦熟，当地农民看到比较有利可图，亦要求包种，雇工的工资降至 6.4 元，抗战爆发的 1937 年，雇工的工资锐减至 3.8 元。三年之内，雇工工资下降幅度达 55.3%，农民包种农场的土地，须订立契约。规定农民须在监工指导下从事农业生产。每项作业完成后，即发清该项作业应付给的工资。据统计，至抗战前约有 200 户农民与农场签约包种。

庞山湖实验场以种植与实验水稻为主。根据 1931 年 5 月庞山湖实验场编订的《庞山湖农事实验计划草案》，试验内容分为育成稻种与栽培试验两大类。[②] 同年 9 月 9 日，庞山湖实验场派模范灌溉管理局农务股股长陶然赴吴县、昆山、太仓与吴江四个县区域内选拔优良稻穗四五千穗，用作来年穗行试验之用。[③] 与此同时，派员赴昆山中央大学农学院稻作实验场实习。[④] 随着庞山湖试验各项工程的逐渐完工，1934 年，水稻试验正式开始。水稻生长既喜水又怕水，合理的灌溉是促进水稻增产的主要手段，这就需要探索水稻生长期间的需水量。这种试验，在中国也是由该场首次

---

① 中国建设协会：《建设委员会指导下之建设事业近况》，《中国建设》第 13 卷第 1 期，1936 年 1 月，第 19 页。

② 《庞山湖农事实验计划草案》，《建设委员会公报》第 17 期，1931 年 7 月，第 179 页。

③ 《建设委员会公报》第 18 期，1931 年 9 月，第 276~277 页。

④ 《建设委员会公报》第 19 期，1931 年 11 月，第 288 页。

进行。庞山湖实验场的试验资料和研究成果，在各地运用，影响颇广，奠定了中国农业灌溉"节能、节水、高产、降本"研究的基础。[①] 经过努力，庞山湖实验场年产约两万余担稻谷，平均每亩约产一百余斤。至1936年底，第三期完成时，有"耕地约9千余亩，鱼荡400余亩"，其中水稻试验田300余亩。另有"12寸螺旋式戽水机两座，14寸者5座，10寸者3座，另有小型火油发动机及离心力戽水机各一座"。[②] 说明其设备颇为简陋。虽如此，庞山湖实验场仍"以农场的盈余试验水稻灌溉、需水量及浅灌、勤灌技术"。[③] 庞山湖实验场是中国最先进行水稻灌溉需水量试验的科研单位。

　　办理训练班是庞山湖实验场开展与地方农业互动最好的表现形式。为开启地方民智，实验场于"农闲之时组织训练班，教以识字计数，予以卫生常识，并施以军训，使农民识字、卫生、自卫诸端，均有相当之基础"。[④] 庞山湖实验场举办的农业人员训练班，当时有400多名学生应考，只录取12人。农业人员训练班的授课老师均由场内主任、副主任、技正等各类专家兼任。实验场主任陈寅教数学，副主任金式如教国文，技正祁家祯教农业育，半年后结业时只有10人顺利毕业。其中有两名学员——薛巧生与俞启亭留在实验场的水稻试验田工作。庞山湖实验场通过开展上述活动，既协调了与地方民众之间的关系，帮助地方人民学习各种科学种田的农业文化知识，推动了地方上各项建设事业的进步，也使庞山湖实验场得到了一定程度的发展。

　　20世纪二三十年代，中国的农业灌溉尚处于"三车"（风车、牛车、人力车）占主导地位的时代，庞山湖实验农场已开始引进国外的先进排灌技术和新型的排灌机械，设置戽水泵站，确定灌溉方式，制定灌溉制度，进行科学灌溉，这是中国农业灌溉史上一项重大的突破。庞山湖实验场作为中国最早利用电力灌溉（固定泵站）的官办农场，在近代电力灌溉历史

① 周治华主编《苏州全国之最》，江苏科学技术出版社，1994。
② 建设委员会编《电气事业及其他》，中央党部国民经济计划委员会编《十年来之中国经济建设（1927～1937）》，第15页。
③ 孙辅世：《治水回忆录（摘录）》，《学会》2004年第2期。
④ 建设委员会编《电气事业及其他》，中央党部国民经济计划委员会编《十年来之中国经济建设（1927～1937）》，第15页。

上具有重要的地位。

第四节　两淮流域灌溉模范——凤怀区实验场

在武锡区电力灌溉发展良好与庞山湖实验场开发初见成效之后，建委会为在两淮地区推广农田机灌溉事业，在安徽凤阳与怀远一带筹建了新的模范灌溉实验场——凤怀区实验场。凤怀区实验场与前两者相比，虽开发较晚，且与地方民众冲突不断，但成效与武锡区电力灌溉管理处和庞山湖实验场相比并不逊色。再者，凤怀场实验场从调查、测绘、规划到施工均由建委会完成。武锡区的电力灌溉在某种程度上是震华电厂与戚墅堰电厂电力灌溉的继续，庞山湖实验场是由太湖流域水利委员会的倡议而建设的，从这个意义上言，凤怀区实验场的开发体现了建委会开展模范灌溉事业的艰难，故有论述的必要。

一　凤怀区实验场的调研与创设

经过武锡区电力灌溉建设与庞山湖实验场的建设，建委会深切认识到，应该将这种新型农田灌溉方式向其他区域推广，使广大农民使用这种先进水利设施以提高农业产量。由于在临近首都的江苏省已经建设了两处模范灌溉区，建委会经过慎重考虑，选择了皖北凤阳境内约有 1 万亩的方邱湖、燕鸣湖作为开发实验区域。

两淮土地虽然肥沃，"然因灌溉之无力，田亩荒废，而农事工作，既墨守成法，不加改良，复务广而荒，未肯勤苦，对于收获之丰歉，全赖天时为转移，每值旱涝虫灾，则束手无策，坐视荒歉，利弃于地"。[①] 有鉴于此，1929 年建委会即与安徽省政府商洽在安徽境内设立模范灌溉区事宜。11 月 29 日，建委会派设计委员俞亨赴安庆与安徽省政府、建设厅、水利局等机构接洽设立"皖南模范灌溉区"，原则上由建委会与安徽省政府联合办理。[②] 但由于建委会此时欲全力以赴建设庞山湖实验场，人力不足而暂停。1932 年 7 月，模范灌溉管理局派副工程师夏寅赴蚌埠调查有无

[①] 中国建设协会：《建设委员会指导下之建设事业近况》，《中国建设》第 13 卷第 1 期，1936 年 1 月，第 19 页。

[②] 《本会设计委员俞亨呈本会文》，《建设委员会公报》第 1 期，1930 年 1 月，第 109～111 页。

可以兴办模范灌溉的区域，夏寅调研汇报说在临淮关北有三冲湖一处，面积达万余亩，可作模范灌溉场使用。[①] 同年11月2～6日，建委会派模范灌溉管理局工务股股长丛永文再度赴皖北勘察，此次除了勘察三冲湖外，又勘察了方邱湖、龙子河两处。丛永文的调研报告书说明了上述三处的基本情况，为模范灌溉管理局设立模范灌溉场提供了有价值的资料：

> 1. 方邱湖为明太祖祭天之地，面积约200余顷，光绪25年冯梦华为凤阳知府，筑堤60余里，民国三年楼之车梳湖、置闸，年可收一季，每亩近一担值10余元，十五年丈量，尚有70余顷归公办理。
>
> 2. 三冲湖原200顷，经开放屯垦仅60余顷官荒。
>
> 3. 龙子河40、50顷，惟两岸多山，雨急流湍，水位易增高。[②]

模范灌溉管理局对丛永文的调研报告加以分析，认为方邱湖比较适合办理模范灌溉。原因如下：（1）圩堤较可靠；（2）凿沟较减工；（3）交通较便利；（4）管辖较单纯；（5）整理较简洁（官荒70余顷）；（6）近津浦铁路；（7）利用光华电气公司电力。[③] 方邱湖的具体地理位置"是从津浦路门台子站以北，淮河以南，东至琉璃岗，西界曹山"，燕鸣湖"在临淮关以东，（与方邱场）相距不足两里，北阻津浦路线，东西南三面均围高岗"。[④] 1932年12月7日，建委会派设计委员陈中熙偕同模范灌溉管理局局长孙辅世、工务股股长丛永文、农务股股长陶然前去调研方邱湖与光华电气公司。经过一番调研，大家均认为"皖北临淮关附近芦苇满目之燕鸣场，及十年九涝之方邱场，加以整理及改良，与中央稻麦改进所订立合作契约，划为改良稻麦种繁殖区域"。[⑤] 对于其未来的定位，模范灌溉管理局认为，"于实验灌溉增加产量及增辟耕地三种目的以外，更谋划一

① 《建设委员会二十一年七月工作报告》，《建设委员会公报》第25期，1932年12月，第269页。

② 《模范灌溉管理局呈建设委员会》（1932年11月18日），台北中研院近代史研究所藏国民政府建设委员会档案，23-21，4（2）。

③ 《模范灌溉管理局呈建设委员会》（1932年11月18日），台北中研院近代史研究所藏国民政府建设委员会档案，23-21，4（2）。

④ 《革命文献》第81辑，第500页。

⑤ 《革命文献》第81辑，第500页。

品种，以期奠定生产运销等各种合作事业之基础"。① 经过此次调研，最终确定将方邱湖作为皖北模范灌溉实验场。

1934年10月12日，模范灌溉管理局为加快凤怀区实验场建设，派武锡区工务员彭荣孙、庞山场代理工务员程鹏组织测量队，前往方邱湖测量实验场面积。方邱湖荒地7000余亩，燕鸣湖荒地2000余亩。② 与此同时，派实验员钻土以化验土质，为加快开发实验场做准备。12月17日，建委会宣布"成立模范灌溉凤怀区实验场于临淮关"。③ 任命模范灌溉管理局局长孙辅世为凤怀区实验场主任，副主任由农务股股长、农学专家周承澍兼代。④ 21日，于临淮关西租赁民房成立凤怀区办公处。是月颁布了《建委会模范灌溉管理局凤怀区实验场组织章程》，规定设主任、副主任各一人，并设有三个股室，分别为总务股、工务股与农务股。⑤ 1935年1月7日，召开成立大会，孙辅世发表《灌溉事业之内容及其在现代中国复兴农业计划之地位》的演讲。报纸称凤怀区实验场为"皖北唯一的国营农田水利机关"。⑥ 至此，凤怀区实验场正式成立。

二　凤怀区实验场的艰难发展

凤怀区实验场成立后，模范灌溉管理局针对附近有民地、官地与学产用地三类较为复杂的土地性质情况，采取了相应的开发经营策略，但是地方政府的消极应付与基层保甲长的带头反对给凤怀区实验场建设带来了困难。

凤怀区实验场对不同性质的田产在政府的帮助下采取了灵活的开发方

---

① 建设委员会编《电气事业及其他》，中央党部国民经济计划委员会编《十年来之中国经济建设（1927~1937）》，第14页。
② 《模范灌溉管理局呈建设委员会》（1934年10月27日），台北中研院近代史研究所藏国民政府建委会档案，23-21，11-（1）。
③ 建设委员会编《电气事业及其他》，中央党部国民经济计划委员会编《十年来之中国经济建设（1927~1937）》，第16页。
④ 《模范灌溉管理局呈建设委员会》（1935年6月7日），台北中研院近代史研究所藏国民政府建设委员会档案，23-21，11-（1）。周承澍，农学专家，江苏宜兴人，1901年生，江苏省立第二甲种农业学校农蚕科毕业，曾在无锡农业推广所、江苏省省立蚕丝实验场任职。
⑤ 《建设委员会模范灌溉管理局凤怀区实验场组织章程》，《建设委员会公报》第47期，1934年12月，第153~154页。
⑥ 《中国日报》1936年5月10日。

式。1934 年 12 月 22 日，先派人将凤阳教育局的学产用地签约租用。对于官地，则与凤怀官产垦荒局联系，确定官荒领价，办理承领手续。同时进行民地清理。为此，建委会于 1935 年 2 月 20 日颁布了三种不同性质的土地处理办法：《建委会模范灌溉凤怀区实验场方邱湖内学产种户继续承种办法》、《建委会模范灌溉凤怀区实验场方邱湖内民产处理办法》、《建委会模范灌溉凤怀区实验场方邱湖内官产垦户原垦费办法》，分别对学产、民产与官产提出了"租用"、"圈用"与"领用"的经营方式。① 对于民产，更不易清理。1935 年 1 月 3 日，由凤怀官产垦荒局局长许慕涑、凤阳县县长易季和与凤怀区实验场主任孙辅世会衔签名，发布《建委会模范灌溉凤怀区实验场布告第二号》，要求"凡经本场圈用界内民产，在登记等候处理期间，暂应一律停止买卖转移行为，以免纠纷，而利进行"。2 月，由于与地方民众因土地产权发生冲突，暂告停顿。为此，模范灌溉管理局将冲突事呈文张静江。张为疏通关系，致信安徽第四行政督察专员公署督察员席芝霖，说明因建委会开发凤阳县境内方邱湖，需"征用民产……小有纠纷，至原定计划，未能按步进行，查凤阳隶属于贵署，并闻最近期内大驾将出巡凤怀，爰派该局工程师丛永文持函趋前面陈详情，务须赐予接见，并随时协助"。② 实际上安徽省政府主席刘镇华对此事也表示不满，认为"产权确定者，又将无形剥夺，揆之设立模范灌溉救济农村本旨，适得其反"。③ 不过慑于张静江在国民党内的势力与影响，刘镇华也只好忍气吞声，表示同意。

地方保甲长的带头反对也是凤怀区实验场必须解决的问题。1935 年 2 月 19 日上午 11 时，凤阳县原十里程保长徐耘甫率领数人闯到工地，进行阻挠，此事影响甚大。凤怀区实验场在给模范灌溉管理局的汇报中称："综观本月地亩管理情形，前途殊未可乐观，均以地方政府对于徐耘甫等

① 《建设委员会模范灌溉凤怀区实验场方邱湖内学产种户继续承租办法》（1935 年 2 月 20日建设委员会核准备案）、《建设委员会模范灌溉凤怀区实验场方邱湖内民产处理办法》（1935 年 2 月 20 日建设委员会核准备案）、《建设委员会模范灌溉凤怀区实验场补偿方邱湖内官产垦户原垦费办法》（1935 年 2 月 20 日建设委员会核准备案），《建设委员会公报》第 50 期，1935 年 3 月，第147～149、151～152 页。
② 《建设委员会有关购料规则汇编灌溉计划等总务事项的文书》，中国第二历史档案馆藏国民政府建设委员会档案，全宗号：46，案卷号：296。
③ 《安徽省政府主席刘镇华呈建设委员会》（1935 年 2 月 22 日），台北中研院近代史研究所藏国民政府建设委员会档案，23－21，11－(3)。

捣乱行为未能切实制止，以致一效百尤，均思乘机取巧，或图不缴年租，而民领荒户更觉不愿就范，非采取特殊方法打开僵局，地亩清理恐难于年收前完成。"① 实际上至同年 8 月初，官荒、学产与农地租户到凤怀区实验场订立租佃契约者，仅三分之一。② 凤怀区实验场推进工作的难度由此可见。

僵持了半年之后，模范灌溉管理局只好妥协，加快进行民产清理工作，实行加价。1935 年 8 月 16 日，模范灌溉管理局局长兼凤怀区实验场主任孙辅世偕同该局工程师丛永文到凤怀区实验场，翌日，邀同安徽省第四区行政督察专员席楚芝霖、凤阳县县长易季和以及凤怀区实验场各委员进行商议解决民地办法，议决大纲五条。18 日下午 3 时，楚芝霖、易季和在凤阳县政府召集方邱湖附近的各保长和乡民代表，宣布五条办法，要点有二，一是先行浚河，暂免筑圩；二是掘用地亩补偿价格，由模范灌溉管理局所定各级地价各再加 4 元，并由保长及各代表签字同意。③ 凤怀区实验场最后还是以妥协加价的方式解决了迁延多日的民产纠纷问题，以后的发展就较为顺利。

凤怀区实验场的开发也得到了建委会与模范灌溉管理局的多种支援。1935 年春，凤怀区实验场各项建设工程相继开展，由于人手不够，模范灌溉管理局派出代理技术员宫重庆、武锡区办事处助理工程师彭镕孙和模范灌溉管理局代理工作员沈焕英先后至凤怀区实验场支援工作。④ 12 月，开筑燕鸣湖土方工程，两月即建成。当年该场垦出 1600 余亩，由农场购备 3 具马达戽水机，试种水稻，喜获丰收。

为改良水稻品种，建委会 1936 年夏与全国稻麦改进所订立合作契约，将燕鸣场的一部分作为改良稻麦种植区域，协助该所改良品种，扩大种植范围。凤怀区实验场向全国稻麦改进所购买"金大 2905 号"麦种 6000 市

---

① 《模范灌溉凤怀区实验场二十四年四月份工作报告》，中国第二历史档案馆藏国民政府建设委员会档案，全宗号：46，案卷号：686。

② 《模范灌溉管理局呈建设委员会》（1935 年 8 月 12 日），台北中研院近代史研究所藏国民政府建设委员会档案，23 - 21，10 - (1)。

③ 《模范灌溉凤怀区实验场二十四年四月份工作报告》，中国第二历史档案馆藏国民政府建设委员会档案，全宗号：46，案卷号：686。

④ 《模范灌溉管理局呈建设委员会》（1935 年 10 月 11 日、12 月 9 日），台北中研院近代史研究所藏国民政府建设委员会档案，23 - 21，9 - (2)。

斤，向中央大学农学院购买南宿州麦种 1800 市斤、美玉麦种 300 市斤。① 凤怀区实验场进行的中央大学改良水稻品种"帽子头"产量试验，由庞山湖实验场提供稻种，经过实验后发现，改良的稻种则较之当地稻种产量增加 30%。② 为解决戽水原动力问题，建委会利用自身优势，在凤怀区实验场附近的临淮关车站购地建设小型电厂，购买柴油机及发电机各一台。临淮关电厂建成后，除凤怀区实验场的照明用电以外，主要用于方邱、燕鸣两实验场的电力灌溉排水工程。

凤怀区实验场为了便利管理，建议模范灌溉管理局将保甲制度运用至实验场管理中，设置地亩管事这一职位，让其负责办理清理地亩与分收租粮事宜。1936 年 2 月，模范灌溉管理局公布了《建委会模范灌溉凤怀区实验场地亩管事雇佣暂行规则》，指出，"本场为督促租户耕种，及严密估租分收起见，特设管事若干人"，服务时间为"每年五月至十一月"。管事的任用标准为"以诚实干练而熟悉农事者为合格"，分为两个等级，即"管事与试用管事"。之间有两个月的试用期，试用管事期满合格者升为管事。"管事工资每月支给六元至十元，在农业生产费工资项下开支。"但是管事"应于十一月底以前，负责收清租粮，向总务股缴纳，逾期不清者，仍应负责追收，不另给工资"。③ 凤怀区实验场共有 5 个保，根据《凤怀场所属各保地亩管事办事暂行通则》的规定，地亩管事的酬金来自经收的租粮提成，视收成丰歉酌提 1%～5%，或者按照视事繁简、地之多寡，月支津贴 5～8元。由此可以看出，凤怀区实验场已经将保甲制度运用至实验场管理之中，这样做一来可收到维护治安的效果，二来也可督促农事的正常运作，三也可确保租粮征收无误。

经过模范灌溉管理局的艰苦努力，至抗战前，凤怀区实验场的垦殖面积已达一万余亩。实验场"除办理各种农事试验以外，更举办各种合作事业，如消费合作，生产合作，运销合作，以资复兴农村"。④ 尤其是农村合作事业，用力最多，因而也是办理最有特色的。1936 年，为扩大垦殖

---

① 《建设委员会二十五年九月份工作报告》，《建设委员会公报》第 69 期，1936 年 10 月，第 212 页。

② 《中国日报》1936 年 5 月 10 日。

③ 《建设委员会模范灌溉凤怀区实验场地亩管事雇佣暂行规则》（1936 年 2 月 27 日核准），《建设委员会公报》第 62 期，1936 年 3 月，第 141～142 页。

④ 《革命文献》第 81 辑，第 500 页。

面积，推广电力灌溉事业，造福地方人民，模范灌溉管理局"又拟于临淮关地方，成立一规模较大之电厂，除电灯用电以外，办理方邱、燕鸣两实验场之电力灌溉排水工程，以企打破该地人民'靠天吃饭'之迷信，建立'人力胜天'之新精神"。[①] 该计划后因抗战爆发而未果，至为遗憾。该计划虽无实施却也体现了建委会服务民生的建设宗旨。

第五节　发展农田现代灌溉事业的意义

民国以降，为谋求农业改良而筹设的实验场很多，至南京国民政府成立时已达 251 个，[②] 但是这些实验场大多因经费支绌或人才缺乏，在发展过程中对地方农民影响甚微。[③] 但是建委会模范灌溉管理局的成立，不仅在推动农业灌溉现代化方面做出了一定贡献，是中国农田机灌体制化的开端，而且有效地开启了地方民智，培训了农业建设的各类技术性人才。但是资金与人才奇缺等方面的严重困难，以及建委会影响力日渐衰弱的趋势，均严重影响了抗战前灌溉事业的发展。

一　推动地方农田机灌事业发展

建委会认为，"增加农田产量，实为吾党在训政时期最重要之建设工作"。[④] 因此抗战前模范灌溉管理局通过创办武锡区电力灌溉、庞山湖实验场与凤怀区实验场等一系列的努力，使模范灌溉事业向全国范围内逐步推进。农田灌溉虽非建委会主要经营与管理的事业，[⑤] 但通过对各地模范灌溉事业的推动，使农村各项建设事业有所进步。

据统计，在抗战之前由建委会筹办的三个主要灌溉区均获得了长足发展，现在将其主要情况列表如下（见表 3 - 1）。

---

① 《革命文献》第 81 辑，第 500 页。

② 《各省市设立农事试验场数统计（1921～1927）》，章有义主编《中国近代农业史资料》第 2 辑，三联书店，1957，第 182 页。

③ 吴觉农：《中国的农民问题》，《东方杂志》第 19 卷第 16 号，1922 年 8 月 25 日，第 16 页。

④ 《建设委员会有关电力灌溉事业的计划、组织章程宣传广播稿等》，中国第二历史档案馆藏国民政府建设委员会档案，全宗号：46，案卷号：78。

⑤ 建委会前期管理的范围极广，但在后期，管理范围仅限于电力工业及其附属企业，不过根据建委会组织法规定，也可"办理经国民政府核准试办之各种模范事业"。模范灌溉事业应属于该类模范事业。见《建设委员会组织法（组织类 2 号）》，建设委员会法规委员会编印《建设委员会法规汇编》，第 1～4 页。

表 3 – 1　抗战前建委会模范灌溉管理局办理的三个灌溉区情况

名　称	所在地区	创办时间	灌溉田亩数	灌溉动力来源
武锡区灌溉管理处	常州武进	1931 年 4 月	50000 余亩	戚墅堰电厂
庞山湖实验场	太湖流域（江苏吴江）	1931 年 5 月	10000 余亩	临淮关小型电厂（自设发电厂）
凤怀区实验场	两淮流域（安徽凤阳、临淮关）	1934 年 12 月	9000 余亩	苏州电厂

　　资料来源：武进县水利局编史修志领导小组编印《武进水利志》，1985；建设委员会编《电气事业及其他》，中央党部国民经济计划委员会编《十年来之中国经济建设（1927～1937）》，第 14～16 页；《革命文献》第 81 辑，第 500 页。

　　由表 3 – 1 可知，模范灌溉管理局所办理的灌溉实验场大多在首都附近区域，武锡区灌溉管理处和庞山湖实验场在常州和苏州经济较为发达的地区，唯有凤怀区实验场在安徽凤阳一带，距离稍远。不仅如此，建委会办理的模范灌溉区域和田亩数量亦十分有限，面积最大者为武锡区灌溉管理处，达 50000 余亩，其他两处则在 10000 亩左右。因为经费不足，电力戽水不能完全满足灌溉用户的需求。例如武锡区"惜乎年来因经费之支绌，未克遍应农户之请求，敷设长距离之杆线，使其它多数地区，均沾电戽之实惠"。[1] 灌溉的动力来源方面，凤怀区实验场原先购买光华电厂电力，后将光华电厂购买，自行发电，而武锡区灌溉管理处和庞山湖实验场均非自己所办电厂提供动力，因此在某种程度上亦有受限。但是"一般而论，机器戽水在无锡已占绝大优势，畜工戽水则在淘汰之中"。[2] 可以从庄前、孙巷两个村 1929 年与 1932 年两年的统计看出畜工戽水向机器戽水方式的转变（见表 3 – 2）。

表 3 – 2　庄前村、孙巷村 1929 年与 1932 年机器戽水、畜工戽水、人工戽水的比例

年　份	机器戽水（%）	畜工戽水（%）	人工戽水（%）
1929	73	5	22
1932	76	4	20

　　资料来源：韦健雄《无锡三个农村底农业经营调查》，《中国农村》第 1 卷第 9 期，1935 年 6 月，第 59 页。

---

① 中国建设协会：《建设委员会指导下之建设事业近况》，《中国建设》第 13 卷第 1 期，1936 年 1 月，第 18 页。

② 韦建雄：《无锡三个农村底农业经营调查》，《中国农村》第 1 卷第 9 期，1935 年 6 月，第 58 页。

按照建委会的规划，对办理的农田灌溉事业要"锐意经营，努力推进，务实远近农民，家喻户晓，争相效仿"。① 正是在这一方针的指导下，模范灌溉管理局除创办了上述三个较有成效的模范灌溉事业外，为使农业机电灌溉事业得以在全国大面积推广，使地方农民采用现代化灌溉方式，还与各地政府合办模范灌溉区。1931年4月，建委会致函陕西、山东、绥远、河南、河北、宁夏等省政府，指出："大江以北土沃人稠，河流纵横，择地举办，收效尤速且巨，应即提前规划，早观厥成，以期溥利。"并希望各省政府令行"建设厅暨治河机关切实调查沿河附近官荒，足资开发者详列地名及面积约数，附具图说呈复转会，以便派员会勘设计实施"。② 经过努力建设，电力灌溉比较有成效的地方有江宁县电力戽水灌溉、福建省长乐县莲丙港和全国稻麦改进所。建委会模范灌溉管理局至抗战前已调查并认为可实施灌溉的区域有："南京之八卦洲，江西之赛湖及衡丰圩，安徽之青草湖，湖南之绥福垸，陕西之渭河，河南之陈桥渡铁谢镇，巩县祺门以及东方城附近，山东之历城王家梨行与齐河牛角河东等处，据初步调查所得，可资兴办模范灌溉之面积不下16余万亩。"③ 由此可知，建委会在办理模范灌溉事业成功之后又积极地将农业灌溉事业向全国推广，以求取得农村经济的复兴，不过因抗战爆发，上述调查地区的模范灌溉事业实际上未曾举办。

二 开始机灌方面的建章立制

模范灌溉管理局成立后，不仅将民间私营电力灌溉收归国营，而且在某些方面开始建章立制，使抗战前的模范灌溉事业变得有章可循，持续发展。1929年12月9日，建委会公布《建设委员会第一灌溉区委员会组织章程》，开始对武锡区灌溉事业实施科学化管理：

建设委员会第一灌溉区委员会组织章程

第一条 本委员会依据建设委员会组织法第二条及第七条之规定组织之。

---

① 《咨安徽省政府（第5号）》，《建设委员会公报》第40期，1934年4月，第100页。
② 《公函陕西、山东、绥远、河南、河北、宁夏等省政府（第155号）》（1931年4月24日），《建设委员会公报》第16期，1931年5月，第116~117页。
③ 《革命文献》第81辑，第501页。

第二条　本委员会专司办理武进无锡及其附近一带之农田灌溉事宜。

第三条　本委员会由建设委员会令派之并就中指定主任委员一人综理会内一切事务，常务委员一人协助主任委员处理一切事务。

第四条　本委员会设总务、水工、电工三股，承主任委员之命分掌事宜。

第五条　本委员会为指导农民灌溉合作起见，得酌设农田灌溉指导所若干。

第六条　本委员会所有关于工程上之事务由太湖流域水利委员会戚墅堰电厂分别办理之。①

不仅如此，对于电力戽水的管理也十分到位，1930年2月颁布《第一灌溉区委员会戚墅堰电厂合办电力农田戽水办法》，3月公布《建设委员会第一灌溉区委员会电力农田戽水章程》与《建设委员会第一灌溉区委员会电力农田戽水站规程》。地方民众在模范灌溉管理局的支持与帮助下，也组织了一些水利合作社，如武进县即在武进县农村改进委员会的组织下，成立了多达9处民间灌溉水利合作社。这样一来对附近农民的水利灌溉意识提升颇多。

模范灌溉管理局初具规模后，在某些方面开始建制立章，主要体现在三个方面。一是实验场选择的调研，模范灌溉管理局如欲在某处开设灌溉实验场，总是先派人调查该地的面积大小、风土人情以及交通是否便利等。稍后再派实验员检验该地土质是否适合做灌溉实验场。二是项目的建设方面，由于模范灌溉管理局选择的多是荒废的湖泊荒地，早先亦有民众开始垦荒种田，如欲开发，须与地方民众及地方政府协调好关系，方可进行，此时建委会动用了官方力量，凸显了官办事业的优势。三是模范灌溉管理局对三个主要附属灌溉机构管理体制的变化，例如对武锡区灌溉管理处，虽制定《戽水营业章程》，"原以包田制为原则，后以用电一无限制，浪费甚巨。遂由包田制逐渐改为包度制"，后来"复以组之组织，范围广大，难免有操纵挪用戽水费情事"，又"取消组之组织，一律改为独立

————
① 《建设委员会有关电力灌溉事业的计划、组织章程宣传广播稿等》，中国第二历史档案馆藏国民政府建设委员会档案，全宗号：46，案卷号：78。

站"，① 实行合作社管理。正如时任模范灌溉管理局局长的孙辅世后来回忆："认为这些做法是水利企业化，自力更生的方向。"②

三　推广农业知识与培训新式灌溉人才

由于电力灌溉的推行，武进一带的田价骤增，由过去 30 余元/亩，增至 200 元/亩，"农民信仰日深，纷纷要求加入受庇"，③ 受益农民也见证了电力灌溉的重大作用。模范灌溉管理局意识到中国"农民知识幼稚，农村经济之枯竭，不加外力之援助，则农民自身，实无法可以自拔"，因此在各实验场附近举办了一些培训机构，如关于"各场处附近农民之交通、教育、自卫、卫生、公用诸端，如筑路、浚河、识字、军训、防疫、发电等事，无论其与灌溉事业，直接或间接有关系者，无不随时注意，附带举办"，④ 以有意识地培养附近农民的各项农业建设意识。

人才培养也一直是建委会关注的重点之一。1930 年，建委会为向民众推广农田水利知识，在天津举办了暑期灌溉讲习所，"河北、山东、河南三省各县均资送学员来津受学……所授课程，有土壤学、简易测量法、水象学、水力学、灌溉学、灌溉计划、凿井术、抽水机、排水学、工程常识等十项"。该期毕业学员共 160 余人，"毕业后多有在本县兴办水利事业者"。⑤ 为培养电力灌溉方面的人才，模范灌溉管理局于 1931 年设立灌溉职工训练所，招收 20 人，讲授灌溉常识以及电力知识，培训一年。翌年 1 月毕业分发至各个灌溉管理站使用，据反映这些学员毕业之后到地方工作的成绩甚佳。⑥ 此后建委会陆续举办了多届农田电力灌溉的培训班，以满足地方灌溉事业对该方面人才的急切需求。

凤怀区实验场为推动地方灌溉事业的发展，取得地方政府的支持，组织了协进委员会。1934 年 11 月 30 日，建委会颁布《建设委员会模范灌溉管理

---

① 《革命文献》第 81 辑，第 498 页。
② 孙辅世：《治水回忆录（摘录）》，《学会》2004 年第 2 期。
③ 《建设委员会有关购料规则汇编灌溉计划等总务事项的文书》，中国第二历史档案馆藏国民政府建设委员会档案，全宗号：46，案号：296。
④ 建设委员会编《电气事业及其他》，中央党部国民经济计划委员会编《十年来之中国经济建设（1927～1937）》，第 14 页。
⑤ 《建设委员会有关电力灌溉事业的计划、组织章程宣传广播稿等》，中国第二历史档案馆藏国民政府建设委员会档案，全宗号：46，案卷号：78。
⑥ 中国建设协会：《建设委员会指导下之建设事业近况》，《中国建设》第 13 卷第 1 期，1936 年 1 月，第 18 页。

凤怀区实验场协进委员会组织章程》，协进委员会设 7～9 人，由模范灌溉管理局聘请地方热心灌溉事业人士担任，主任委员由实验场主任兼任，另指定副主任委员两人。协进委员会掌办事项如下：

1. 协助凤怀场业务之进行事项。
2. 研究及协议凤怀场应办事项。
3. 其他关于凤怀场交办事项。

按照规定，主任委员不再另支办公费，副主任委员会得酌支特别办公费，其余各委员则于开会时酌支公旅费。^① 同年 12 月 29 日，凤怀场协进委员会成立，孙辅世为主任委员，副主任委员为凤阳县第八区区长高傲寒（月支薪 80 元），委员有易季和（凤阳县县长）、姜绍田（凤阳县商会主席）、胡雪岩、郭继刚、陈荫祥、张云波（凤阳县财政委员会委员长）、张俊民、倪辅庵、许慕涑（凤怀县官产局局长）。从上述名单可以看出，大多为地方政府的首脑或者头面人物，这样可以更好地推进凤怀区实验场的各项工作。

四 协助地方防灾救灾

模范灌溉管理局不仅积极举办模范灌溉事业，还针对各地灾情，尽其所能，协助地方进行防灾救灾工作，以保护和推动地方农村经济的正常发展。

1932 年 3 月 4 日，武锡区办事处代京沪铁路常州车站工程处装置临时戽水机，防止车站有洪涝现象，以防不测。10 日装竣完工。^② 这些措施对于常州火车站的正常运行非常及时有利。然而做得更多的则是为地方民众的防灾救灾工作。

1934 年，模范灌溉管理局协助江苏省建设厅办理救灾工作。是年夏季，大江南北旱情颇重，无法及时插秧，江苏省政府及时筹拨经费 45 万元，由建设厅主持救灾事宜。因江南各县河汉纵横，运河为其主干，运河水足，则其他支河水亦足，在建设厅要求下，武锡区灌溉管理处同意在

---

① 《建设委员会模范灌溉管理凤怀区实验场协进委员会组织章程》（1934 年 11 月 30 日），《建设委员会公报》第 47 期，1934 年 12 月，第 155 页。
② 《建设委员会公报》第 22 期，1932 年 6 月，第 148 页。

"丫河满湖口装机利用电力戽水入运……每日出水量达一千万美加仑，运河各支河始获保持适当水位，而两岸 5 万余亩禾苗，赖于苏醒"。[①] 1934 年 10 月，武锡区办事处"收买苏建厅丫河汲水站设备材料，计作价 125881 元"。[②] 购回的杆线于 1935 年敷设于武进新设的上塘口戽水站。[③]

1935 年，武进地方人士组织临时防灾委员会，在地方报纸上刊登电力戽水机的使用方法。[④] 并积极筹措款项，购买柴油机及抽水机各 40 部，分发各区择要戽水，获救农田数十万亩。[⑤] 后因缺乏经验，这些机器时常损坏，地方人民"修理既感困难，农民损失尤多"，临时防灾委员会遂将全部机件委托模范灌溉管理局武锡灌溉管理处代为修理。该处"以事关地方公益，自应加以全力协助，乃自 1935 年 1 月接收办理。每年夏季分发各乡应用，冬春收回修理"，[⑥] 以扶持与帮助地方救灾防灾工作。

五　制约农田现代灌溉发展的因素

模范灌溉管理局发展农田机灌的努力十分可贵，但受到了国际国内环境等因素的制约，经费缺乏更是其发展的瓶颈。

时任模范灌溉管理局局长孙辅世在晚年回忆，1931 年他在太湖水利委员会工作之时，"每月经费仅 2800 元，只能设几个水位站，雨量站有一个精密水准测量队"。[⑦] 1934 年，孙辅世向建委会呈文说明经费支绌的窘境："本局依财部所发经费以为开支之用，以前每月原可领三千五百元。自沪事（指一·二八事变——引者注）发生以后，领款艰难，力求紧缩。

---

① 建设委员会编《电气事业及其他》，中央党部国民经济计划委员会编《十年来之中国经济建设（1927～1937）》，第 15 页。
② 《建设委员会指令（1098 号）》，《建设委员会公报》第 46 期，1934 年 11 月，第 118～119 页。
③ 《建设委员会训令（第 384 号）》，《建设委员会公报》第 57 期，1935 年 10 月，第 124 页。
④ 《电力戽水机使用法》，《苏州明报》1934 年 7 月 20 日。
⑤ 《江苏省武进县农村改进委员会一年来之工作报告》（1935 年 10 月），乡村工作讨论会编《乡村建设实验》第 3 集，《民国丛书》第 4 编，上海书店出版社据 1936 年版影印，1992，第 208～209 页。
⑥ 建设委员会编《电气事业及其他》，中央党部国民经济计划委员会编《十年来之中国经济建设（1927～1937）》，第 15 页。
⑦ 孙辅世：《治水回忆录（摘录）》，《学会》2004 年第 2 期。

现在灌溉局状况，每月开支尚不到一千元，拟赴财部接洽，如能发至三成，亦足以支拄［持］。"① 模范灌溉管理局由开办时的每月经费三千五百元到后来的每月一千元，即使降至每月一千元也难以按时发放，足见发展之艰难。由于电力灌溉费用在整个农民支出中的比例甚高，不太宽裕的农民家庭有些承担不起。这从1934年吴县主要农产品的生产成本即可看出（见表3-3）。

表3-3　吴县主要农产品生产成本（1934年）

单位：元

	稻	麦
肥料	3	1.5
人工	15工7.5	6工2.5
畜工	0.6	0.3
机器灌溉费	1.6	1.6
种子	0.33	0.75
农具修理	0.15	0.1
磨碾工价	0.65	
合　计	12.23	5.15

资料来源：何梦雷《苏州无锡常熟三县租佃制度调查》，萧铮辑《民国二十年代土地问题资料》第63卷，台北，成文出版社，1977，第32997～32998页。

由表3-3可知，农民机器灌溉费用占的比例很高，稻谷占到总支出的13.08%，麦子的比例更高，占到总支出的31.06%。因此农民对此负担甚重，要求降低机器灌溉费用。但是武锡区的电力灌溉事业，"惟以财力不足，对于农民要求，未能一一接受，至以为憾"，② 说明发展过程中遇到的最大制约问题即是经费不支，无法扩大农村电力灌溉事业的发展。我们从孙辅世向建委会的呈文中可看出经费支绌的窘境："庞山湖开办费，上年（指1932年）已先后领到一万五千元，因近时局经费开支已移用五

---

① 《孙辅世报告灌溉局收支不敷情形》，中国第二历史档案馆藏国民政府建设委员会档案，全宗号：46，案卷号：123。
② 《建设委员会有关购料规则汇编灌溉计划等总务事项的文书》，中国第二历史档案馆藏国民政府建设委员会档案，全宗号：46，案卷号：296。

千元之谱，预计全部开办费约需六万元，现只存储一万元。"①

另外，由于很多地区没有电厂，加上某些地方农民用电不按时缴费，灌溉事业的推行甚为艰难。虽然"苏锡常一带电力灌溉，既著成效，但电厂尚未普遍"，②这在一定程度上影响电力灌溉的进一步扩大。同时农民在用电缴费方面亦表现欠佳，"农民于收获之后，又每每延宕不缴，必至次年再须用水时始缴清积欠"，如果来年"霖雨时行，暂时尚不急需戽水，仍相率观望"。③这从侧面反映了农民素质有待提高与在农村推行农田灌溉事业的艰难。

实际上，建委会后期无论在资金或人才等各方面均呈日趋下降态势。1936年初，模范灌溉管理局向新中工程股份有限公司为凤怀区燕鸣湖开发而订购的七具抽水机与马达，直至抗战爆发后也未清偿购机费用，虽经该公司"屡函南京该局（指模范灌溉管理局——引者注）及上海建委会购料委员会催请付款，截至战前，尚欠国币1250元仍未蒙发给"。④由此可见模范灌溉管理局经费之缺乏。

综上所述，模范灌溉管理局在艰辛努力下，相继在武进与无锡一带开办了较为先进的电力灌溉事业，又在太湖流域与两淮地区开办农业灌溉实验场，积极推广农业机灌技术，使农田机灌的观念逐渐在地方民众间形成。建委会曾有宏伟计划："待中央财力稍裕，将于各省设立模范灌溉机关，以资提倡。"⑤建委会通过模范灌溉事业，达到了对农业进行"实验、灌溉增加产量及增辟耕地三种目的"。该举措和当时国民政府发展经济的措施基本符合，反映了建委会为实施农村经济复兴而发展灌溉事业的不懈努力。地方农民也因此获得了更多的发展机会，如"无锡一县，农民生计，比较宽裕，即因购用引水机器，得以省却许多人工，同时剩下人工，

①　建设委员会编《电气事业及其他》，中央党部国民经济计划委员会编《十年来之中国经济建设（1927～1937）》，第15页。
②　《无锡机器灌田概况》，《申报》1932年11月7日，第7版。
③　《孙辅世报告灌溉局收支不敷情形》，中国第二历史档案馆藏国民政府建设委员会档案，全宗号：46，案卷号：123。
④　《新中工程股份有限公司呈文经济部》（1939年11月11日），《建设委员会移交事项》，中国第二历史档案馆藏经济部档案，全宗号：4，案卷号：8738。
⑤　《建设委员会拟办理电力灌溉经过情形》，中国第二历史档案馆藏国民政府建设委员会档案，全宗号：46，案卷号：79。

便可以从事于其他副业"。①

1937 年 3 月，在抗战爆发前夕，模范灌溉管理局曾经提出"拟将本会主办之模范灌溉事业极力推行至各省市内，建树楷模而资仿效，以企国内农业于积极方面能兴修水利，增加生产，于消极方面能阻遏水灾防患未然"。② 不过因其推广的时间短且范围有限，加之机灌田亩数量少，其影响相对薄弱。1927～1933 年的统计表明，全国电力灌溉面积只有 5 万余亩。而 1933 年时武锡灌溉区的电力灌溉面积已达 5 万亩。③ 但是无论如何，模范灌溉管理局对现代农业机灌事业的影响，还是具有一定的积极意义。

---

① 中华职业教育社：《农民生计调查报告》，李文海主编《民国时期社会调查丛编（二编）：乡村经济卷》（中），第 22 页。
② 《丛永文签注》（1937 年 4 月 5 日），台北中研院近代史研究所藏国民政府建设委员会档案，23－03，28－（2）。
③ 曹博如：《中国灌溉与农村复兴》，《中国实业》1936 年第 2 期，第 16 页。

第四章　发展煤矿事业

建委会成立后，为振兴民族煤矿业，挽回国家利权，首先接管了浙江长兴煤矿，使停止开采多年的煤矿经过短暂的整顿和科技创新，恢复正常生产，满足了江浙一带的煤炭需求。稍后又自主开发安徽淮南煤矿，并且经营良好，使其成为当时全国国营煤矿业的典型，在近代煤矿发展史上占有一定地位。除经营与管理上述两个煤矿之外，建委会后期又经营了安徽馒头山煤矿、河南宜洛煤矿等。本章以建委会接管私营的浙江长兴煤矿与自主开发经营安徽淮南煤矿为例，论述建委会发展煤矿业的情况，从中可看出其对中国近代煤矿事业发展的影响。

第一节　20 世纪 20 年代中后期国煤情况
与建委会发展煤矿业方针

20 世纪 20 年代中后期，随着南京国民政府的建立，针对国家煤矿事业的发展现状，建委会制定了切实可行的煤矿业发展方针，在短短的几年内，使倒闭多年的浙江长兴煤矿得到了恢复和发展。稍后设计和开发了安徽淮南煤矿，通过努力经营，迅速使其发展成为当时著名的国家大型煤矿。煤矿所在地淮南也逐渐发展成为以煤矿业为主的地方中心城市。

一　1912～1927 年国产煤矿业发展情况

1912 年中华民国成立后，中央政府制定了一系列有利于民族资本主义发展的经济措施，国产煤矿业迅速发展。这主要体现在两个方面：一方面，新开发的煤矿逐渐增多，如河北门头沟煤矿、河南中原煤矿等均开工建设；另一方面，更新原有煤矿设备，扩大规模，如贾汪煤矿增加了三口新井，六河沟煤矿也增加了两口新井。全国新式煤矿的年产量从 1911 年的 700 万吨至 1924 年时已迅速增至 1900 万吨，增长 1.7 倍之多，增长可谓迅速。但与此同时，军阀混战对煤矿业也产生了致命性冲击，一些民营煤矿倒闭停产，如下文即将论及的浙江长兴煤矿即因浙江内战而不得不停产。

民国初年的煤矿业，就经营者而论，约有以下四种情况：其一，与外资有关的煤矿；其二，官办煤矿；其三，商办新式煤矿；其四，土法小煤矿。受民国初年国家经济政策的影响，煤矿年产量递增 140 万吨。这在一定程度上表明煤矿业在该时期逐渐发展壮大。1924 年后，由于国内局势多变，内战频仍，煤矿产量有所减少。但外资煤矿生产受国内战乱局势影响不大。至 1928 年，外资及中外合资的煤矿产量开始大幅度回升。是年，全国煤炭产量为 25091760 吨，其中外资及中外合资煤矿的产量竟达 14117177 吨，占全国总产量的 56.3%；完全华资各类煤矿产量仅为 10974583 吨，占 43.7%。日本势力侵入东北后，受日本大量投资的影响，东北煤矿产量大增，相比较而言，南方煤矿产量非常小。推其原因，"则内战之迭起，资本之不足，人谋之未善，皆有关系，非自然资源不丰之所致也"。①

1927 年 4 月 18 日，南京国民政府建立，长江中下游地区的各种工业随着政权的渐趋稳定日渐发达，所需能源日益增加，而煤矿工业多分布东北与华北地区，此时"百业凋敝金融枯竭市面不景气之秋，更值外煤任意倾销，关税壁垒严重，时有崩裂破坏之虞，各煤矿业公司在此形势之下，实觉支持不易"。② 为解决南方能源供应问题，南京国民政府于上海成立"国煤救济委员会"，华东的中兴煤矿首先复工，接着创办了一些新的煤矿。淮南煤矿即是这种"国煤救济"形势下的产物。

以蒋介石为首的南京国民政府成立后决心以武力统一全国，对于开发能源等关注甚少。再者，用近代设备开采煤炭，需要大量资金和与之相应的科技管理。此时建委会积极应对，迎难而上，不但接管了停办多年的私营浙江长兴煤矿，使之很快恢复生产，使江浙一带的能源供应有了保证，还自主设计开发了安徽淮南煤矿，在很短时间内将其发展成为在全国颇有影响的大型国有煤矿之一。

---

① 黄秉维：《五十年来之中国工矿业》，中国通商银行：《五十年来之中国经济》，台北，文海出版社，1971，第 168～170 页。
② 实业部编《实业》，中央党部国民经济计划委员会编《十年来之中国经济建设（1927～1937）》，第64 页。

　　1926年国民革命军北伐之初，为打击北洋政府，建立国有工业体系，广州国民政府制定《处理逆产条例》，规定将北洋政府官营工业全部收归国民政府所有，对北洋军阀在企业中的个人投资予以没收充公。依此条例，广州国民政府接收了北洋政府的大部分企业，如官办上海兵工厂、湖南省第一纺织厂，以及萍乡、斋堂、龙烟、中原等煤矿中的官股，张勋、黎元洪、张作霖、倪嗣冲等人在中兴、烈山、益华等厂矿中的股权。南京国民政府成立后，针对中国煤矿权益外溢和经营困境，有针对性地采取了如下措施：第一，对民营煤矿进行全面整顿或投资，以加强国家资本的影响或者将其纳入国家资本控制；第二，以国家资本形式建立大型企业；第三，在可能范围内，介入中外合资矿业企业内部，以加强中方资本的控制力量；第四，允许并帮助民营煤矿业继续存在，以此刺激国营煤矿事业的发展。[①]

二　建委会发展煤矿业的方针

　　由于煤炭可以解决工业发展的动力问题，建委会成立后，领导人张静江即对全国煤矿事业的发展十分关注。首都电厂在建委会接办之后，须有一定的燃料供应才能解决其发展的根本问题。正是在这样的历史背景下，1928年7月7日，张静江在呈复国民政府建设国家矿业的方案中，提出开发国家煤矿的三项重要方针：

　　　　一、外资经营各矿则占全国十分之六，环顾国内，国人自办之矿，几全停顿，故欲求发展煤业，必自扶植业经停顿诸矿，始不论商办官办，胥当研究其停顿失败之原因，代筹解决办法，使其恢复工作。

　　　　二、吾国燃料缺乏，寻常可开采煤矿者，多因获利较易，每每目光短浅，集有少数资本即行试办，不耐联合巨资作长久之计划，引用专才，解决困难，工程幼稚，不求精进，几成通病，将来国家经营方针采用最大新机器，大规模开采，并举办副产炼焦及就地发电，以尽矿利。

　　　　三、国内煤田可供开发之处甚多，现仅北部煤矿比较发达，南部

---

①　纪辛：《1927～1937年国家资本主义在矿业中的恢复——以煤矿业为例》，刘兰兮主编《中国现代化过程中的企业发展》，福建人民出版社，2006，第402页。

煤田多未加启开发，以致外煤充斥市场，任意操纵，故发展煤业，应以开采南部煤矿为先务。①

三个方针中，关于第一项方针，以浙江长兴煤矿的经营最有代表性。建委会从浙江省政府手中接管长兴煤矿之后，使其获得了新生，发展颇快，在短短四年之内，即成为当时在全国有影响的大煤矿。第二项方针指的则是张静江主张采用世界最先进的技术开发煤矿，实施大规模机械化经营，办成世界一流的煤矿。第三项方针以安徽淮南煤矿的开采最具代表性。建委会开发经营了安徽淮南煤矿，产量日增，且由于在抗战之前一直由建委会经营和管理，发展一直非常顺利，成为长江以南的较大煤矿。淮南煤矿在一定程度上抵制了外煤的侵入，利于国家整体煤矿事业的发展，成为国营煤矿事业的典型。②

建委会成立初期，并无设立专门管理煤矿业的机构。1928年7月设立长兴煤矿局经营该矿，但迟至1930年3月18日，建委会才设立管理煤矿业的专职机构——矿业室，并公布《矿业室管理章程》。③翌年2月17日，修改建委会组织法，将矿业室改称矿业处，以适应煤矿业的迅速发展。稍后，建委会"为鉴定及化验矿质并研究矿产品之经济用途起见，特设矿业试验所"，规定其职责如下：

　　一、建设委员会矿业试验所暂行章程关于购置及保管各种仪器药品事项。
　　二、关于鉴定化验建设委员会直属机关矿质事项。
　　三、关于接收外界请托鉴定化验矿质事项。
　　四、关于一切矿产品经济用途之研究事项。④

从上述矿业试验所的职责可以看出，它不仅对建委会所辖机关的矿产品进行鉴定及化验，也对其他矿的产品做鉴定和化验，以推动全国矿业的

---

① 中国国民党中央委员会党史史料编纂委员会编《张静江先生文集》，第120页。
② 关于建委会开发与经营安徽淮南煤矿的详情，参见谭备战《国民政府时期国营煤矿事业经营的典型——以安徽淮南煤矿的发展为例》，《安徽史学》2010年第2期。
③ 《建设委员会矿业室管理章程》，《建设委员会公报》第4期，1930年4月，第120～121页。
④ 《建设委员会关于矿业实验所总务业务文件》（1932年10月27日公布），中国第二历史档案馆藏国民政府建设委员会档案，全宗号：46，案卷号：305。

共同发展。

我国天然矿产储藏虽然丰富，"惟采矿事业尚属幼稚，以目前而论，除为外人所主持之各矿外，什九均归失败，投资者视为畏途，非由政府出为提倡，树之楷模，不足以转移国人之观听，而立建设事业之础基"。[①]正是在这种情况下，建委会接管或自主开发经营了多处煤矿，如浙江长兴煤矿、安徽淮南煤矿、安徽馒头山煤矿及河南宜洛煤矿等。其中最具有代表意义的是浙江长兴煤矿和安徽淮南煤矿，一个是收回国营管理，一个是建委会自主开发经营。下面即选这两个煤矿作为案例，分析建委会对煤矿业的经营发展情况。

第二节　接管与经营浙江长兴煤矿

建委会接收和管理浙江长兴煤矿，为当时国家机关接管民营煤矿的一个典型。近代著名矿业专家陆子冬曾言："吾国矿业，除为他国客卿所主持之各矿外，可谓十已九败。投资者，每有谈矿色变之慨。"[②] 然而浙江长兴煤矿作为一个多年破产倒闭的民营煤矿，在建委会接收后，经过悉心经营和规范管理，迅速发展壮大为一个盈利颇丰的重要煤矿，后来又被民营收回矿权，复接近倒闭。1937 年 1 月，长兴煤矿股东要求建委会帮助整理，再次收归国有。但半年之后，七七事变爆发，建委会亦很快被裁并至经济部。长兴煤矿的反反复复，其中原因值得深入探讨。

一　接管浙江长兴煤矿

长兴煤矿，位于浙江长兴县城以西 45 里。清初以前已有人开采，乾隆时被封禁。1902 年，长兴地方士绅钟仰贻[③]等人筹集 6000 余元开采长兴煤矿，具文向杭州藩司衙门转户部核准，领到执照，于 1913 年 5 月正式动工，组织工人在四亩墩地方用土法开采建矿。后虽增资，但由于技术

---

① 《革命文献》第 27 辑，台北，中央文物供应社，1963，第 360 页。
② 陆子冬：《长兴煤矿之恢复开采计划》，《建设公报》1928 年第 1 期，第 49 页。
③ 钟仰贻（1878～1930），浙江长兴地方著名士绅，为长兴开创了多处近代工业。1912 年长兴煤矿由其发起组建，不久因经费缺乏而以矿权及购买的田地契作为入股转给上海商人刘长荫等人。复又创办长明电汽公司、长明碾米厂、长兴鹤岭稠厂与长杭轮船局等一系列企业。

落后等原因亏本不支。1913 年底，钟仰贻将长兴煤矿矿权及田产地契以入股形式让与上海商人刘长荫（原籍湖北黄陂）、刘万春等人经营，刘长荫等人组建长兴煤矿股份有限公司，1916 年刘增加资本定额达 100 万两纹银，除去两人股份外，剩下的大多是汉、沪、甬官僚绅商的投资。① 1918 年刘长荫聘用德国矿业工程师库舍尔主持矿务，使用机械操作，产量大增。1922 年长兴煤山铁路的建成，加快了煤矿建设进程，但同年 12 月 23 日，长兴煤矿二道巷北石坑 15 窿道爆炸，死 4 人，伤 20 余人，影响了煤矿的发展。翌年受江浙战争影响，煤矿停产，矿工无以为食，到临近周家村乞食，被当地村民误以为乱兵，开枪自卫，打死 30 余人，煤矿经营更加艰难。最终因煤矿经费告竭，再也无法维持，遂行停工。至 1926 年春，浙江省长夏超欲重图开采，令煤矿专家陆子冬负责筹办复工开采事宜。但因政局不稳，时修时停，始终未曾整理出煤。据多次受命负责开采长兴煤矿的陆子冬言："长兴煤田之工程，既已粗具，而产额销场，又属可靠便利，若任令此矿根基优厚之矿业，长此不振，则浙江矿业前途，投资者固乏其人，而政府建设事业之基础，亦将因是二迁延迟缓。盖煤矿之发达，煤价之低廉，实为诸业动力之发源也。"② 基于此，时任浙江省政府主席的张静江加快了对长兴煤矿的接收开发进程。

建委会成立后，为发展全国煤矿业计，"于矿务事项积极进行，历次派矿务专员分赴苏、浙、皖、赣、湘、鄂、晋一带实地调查矿苗，以备开采"。③ 1928 年 4～5 月，建委会分别接收首都电厂与戚墅堰电厂，两电厂的燃料供应出现危机。不仅如此，长江流域日渐发达，缺少燃煤的问题亦日渐突出。矿业专家孙昌克对长江流域用煤状况进行调查后，认为近年上海一带煤炭"销量逐年增加至速，民国初年长江用煤，每年合计不过百余万吨，近年上海消费已达三百万吨以上……十余年来，销量增加三倍有奇，今后仍有继续增加之势"。孙昌克进而分析了上海一带用煤大幅度增加的两个原因："上海为全国工商业之中心地，工商业盛则用煤多，一也；

---

① 长兴煤矿虽为浙江省的一个地方煤矿，但是投资者的身份十分复杂，并非全为浙人，外省人投资也较多，尤其是湖北黄陂人刘长荫，将黎元洪（亦是湖北黄陂人）也介绍来进行投资。这也给建委会的接管带来了诸多麻烦。
② 陆子冬：《长兴煤矿之恢复开采计划》，《建设公报》1928 年第 1 期，第 49 页。
③ 《革命文献》第 26 辑，第 72 页。

同时人口之增加亦至速，人口多则公用事业易发达，而用煤亦多，二也。"① 在建委会需要大量用煤和长江一带煤的销量前景非常好的情况下，张静江决定将长兴煤矿收归国营，并交与建委会管理，期待长兴煤矿获得新生。

1927 年 3 月，张静江出任国民党浙江政治分会主席和浙江省政府主席。为加快浙江经济发展，开发浙江矿业，张静江计划将长兴煤矿接管为国营企业，努力经营。这样既可解决浙江的地方用煤需要，也可以向上海经销获利。经过酝酿，11 月 25 日，浙江省政府第 50 次会议议决，将长兴煤矿收归官办。为筹集整改资金，组织长兴煤矿筹备委员会，函聘李石曾、张静江、陈立夫、陆子冬、周抢元、蒋尊第与何崇杰等人为委员。12 月，浙江省政府"以该矿停工过久，恢复无期，积欠矿税，时逾三载，按照矿业条例之规定"，② 对其正式取消采矿权。并以"建字第 18012 号省政府令"通知长兴煤矿公司于 26 日正式取消其采矿权，同时通告农矿部照知。1928 年秋，张静江复任浙江省主席之职，加快了对长兴煤矿的接管步伐。同时鉴于长江一带人民需要燃煤甚急，浙江省政府以长兴煤矿"经理无方，用人失当，无法维持，利弃于地"而"违反矿法"，③ 将其移交建委会办理。经省政府委员会第 140 次会议议决，撤销长兴煤矿筹备委员会，将该矿移交建委会，组织长兴煤矿局，仍派一直负责该矿开采事宜、此时担任建委会技正的陆子冬筹备复工开采。1928 年 8 月 17 日，陆子冬④兼任长兴煤矿局局长。9 月 3 日，陆子冬"由沪动身，四日驰抵长兴五里桥，五日晨就职视事"。⑤ 而长兴煤矿并无来人，只有"该公司派驻在矿之运输科长刘苏生警所长高谭继，将该公司所存材料机件器具逐项点验"。⑥ 长兴煤矿损害严重，煤矿铁道的中段庄坞被冲垮，三个车头中

---

① 孙昌克：《长江流域之国煤现状》，《建设》第 14 期，1933 年 4 月，第 133 页。
② 《建设委员会办理浙江长兴煤矿节略及有关文件》（1928 年），中国第二历史档案馆藏国民政府建设委员会档案，全宗号：46，案卷号：789。
③ 《革命文献》第 26 辑，第 72 页。
④ 陆子冬（1893 年 1 月 7 日～1977 年 12 月 21 日），祖籍浙江湖州。1908 年入陆军小学。1921 年夏，得到时任浙江省警察厅厅长夏超的资助，赴美国科罗拉多矿业大学学习矿业工程，此后一生从事矿业或者与矿业有关的商业活动。从美国回国后受夏超委托，收回长兴煤矿省办，但遭到上海总商会傅筱庵的反对而未果。至张静江主政浙江时，终于将其收回官办，开始经营。陆子冬是推动长兴煤矿重新开办的重要人物之一。
⑤ 陆子冬：《长兴煤矿局工作概况》，《建设公报》1928 年第 1 期，第 167 页。
⑥ 陆子冬：《长兴煤矿局工作概况》，《建设公报》1928 年第 1 期，第 167 页。

两个不能使用，另一个还需要经过修理后才能使用，四亩墩地面及部分房屋有倾陷状态，这些恢复均需时日，所需资本也不少。陆子冬调查后认为"以60万元资本，从事恢复全矿工程，若能慎选人才，专一事权，而精密经营之，则于七年以内，即可达到每日四千吨之产额，而净获千余万以上之纯利"。① 建委会认为陆子冬的复工开采建议可行，便迅速制订了长兴煤矿开采计划。

由于长兴煤矿一直由刘长荫等人经营，此时收归国营，必然牵涉到私人产权问题，出现产权纠纷。况长兴煤矿是由多人投资，与上海金融集团也有着千丝万缕的联系，在浙江省政府将长兴煤矿收归至建委会经营之时，浙江总商会即致函该会，咨询为何将长兴煤矿收归国营。建委会为此特在1928年10月22日于上海《申报》上公开答复将长兴煤矿收归国有的四个原因，并转告浙江总商会周知：

> 查该公司如非办理不善，何以致负债累累，如非无力经营，又何以竟将国家特许矿权私向银团质款，此不解者一也。
>
> 矿业权如欠纳矿税应失效力，矿章具在，不容妄饰。浙省政府在中央农矿机关未成立前，根据矿律而取消其矿权，于法于理均无不当。至谓因障碍而得免纳矿税，矿章更无此种规定，且偶有战事发生，只能妨碍施工，何致妨碍纳税？该公司不自责其疲玩法章，违纳矿税，而竟谓政府优容于前，不宽限于后，岂宽限至三年之久，犹为不足，尚欲再为优容，期于无底耶？是将置国家法制于何地？此不解者二也。
>
> 查矿场开采权限，系国家所特许，如承采人无违章之处，自可继续办理，否则，按律取消采矿权后，且可另准他商承办，今该公司于承准开采后，已不缴纳矿税，复将矿权私质银团，按诸矿章，本处在处罚没收之列，现在收归国有，尤非竟买私人物权可比，又何存续权之可言？此不解者三也。
>
> 该公司之矿权业经失效，所有该矿场财产，除机器材料外，其余均收归国有，自与该商等债务上无丝毫关系，所有该商与债权之纠葛，依据该公司条例无法办理，手续本极正当，何得指为滑稽？此不

---

① 陆子冬：《长兴煤矿之恢复开采计划书》，南京市图书馆藏，第21页。

解者四也。①

从上述答复看，长兴煤矿收归国营"于法于理均无不当"。在建委会接管长兴煤矿之后，"政府对于该商抗纳矿税，私质矿权，不预深究"。又为了弥补长兴煤矿矿主们的损失，"仍将所存材料公平估值，给券换价"。按照建委会的说法，这样处理"原已宽大优容之至"，现在"该商等尚不知省悟，仍复哓哓，实属不合，所请恢复矿权之处，尤难照办"。②

二　建委会的良好经营

1. 长兴煤矿的生产与管理

长兴煤矿由建委会接管后，进入一个迅速发展时期。该会力图对其进行扩大经营，因此在补充材料、召集工匠、修复矿井坑及铁路桥梁等方面均努力进行，"对于通风、采煤、支柱、原动力等项工程，均经切实改良，采用最新方法，以资经济而策安全"。③ 1930 年 2 月，建委会要求长兴煤矿制订 1930 年的生产计划，定出 1 月份应出煤达到 8000 吨，至年终时应达到 90000 吨，可见该会对长兴煤矿期望之大。④

为加强对长兴煤矿的治理，1930 年 3 月 22 日，建委会公布了《建设委员会长兴煤矿局组织章程》，设立局长、副局长及总工程师各一人。⑤由于该矿恢复开采的关键问题乃为运输，故特设运输主任一职，负责"营业及运输事务"，⑥ 由著名煤矿专家郭楠⑦担任。

---

① 《建设委员会不准恢复长兴煤矿》，《申报》1928 年 10 月 22 日，第 16 版。
② 《建设委员会不准恢复长兴煤矿》，《申报》1928 年 10 月 22 日，第 16 版。
③ 中国建设协会：《建设委员会指导下之建设事业近况》，《中国建设》第 13 卷第 1 期，1936 年 1 月，第 17 页。
④ 《建设委员会办理浙江长兴煤矿节略及有关文件》（1928 年），中国第二历史档案馆藏国民政府建设委员会档案，全宗号：46，案卷号：789。
⑤ 为使长兴煤矿的发展更符合实际需要，在半年之内，即 1931 年 5 月 4 日、12 月 11 日，建委会曾两次修正公布《建设委员会长兴煤矿局组织章程》。长兴煤矿局经过组织章程的修改，发展更加迅速。
⑥ 《建设委员会长兴煤矿局组织章程》，《建设委员会公报》第 4 期，1930 年 4 月，第 122 页。1931 年 5 月 4 日修正公布《建设委员会长兴煤矿局组织章程》时，因已解决运输问题，将运输主任一职撤销。
⑦ 郭楠，河南洛阳人，著名煤矿专家，曾留美学习煤矿开采技术。1928 年 11 月 8 日被聘为建委会技正，并被派至长兴煤矿负责运输事宜，任运输主任。抗战前后又参与河南省宜洛煤矿的前期开发工作。

由于治理长兴煤矿者皆为专家，如陆子冬、张景芬及朱世昀①等人，加上建委会的大力支持，煤矿稍经整理即已出煤，且发展颇快。由于需要电力开采，建委会建议朱世昀局长购置浙江电气局闲置的 750 千瓦发电机一座，在长兴煤矿附近的小郎山建设电厂。1931 年 3 月 2 日装竣发电，此后矿上所有动力均采用电力，大大减轻了生产成本，产煤量亦大大增加。据朱世昀提交建委会的报告中所言，长兴煤矿虽达到"月出 400 吨"的产量，可是运输条件不足，煤矿发展仍受到约束。郭楠称："每日二百吨之数尚不能运出，致五里桥存煤仍多。"随着煤矿工程日益扩大，运输将愈加困难，因此建委会要求长兴煤矿局采取以下多项措施：

（1）速筹运输方法。建委会要求长兴煤矿局"一面由郭主任（郭楠——引者注）从速筹划运输独立，以利营运；一面速向杭州多雇杭驳尽量运载，以济目前急需"。

（2）宽筹支柱材料。建委会建议长兴煤矿提前预备支柱材料，免得用时不足，并建议参考国外矿井支柱间有选用钢材者，甚为经济适用。

（3）降低产煤成本。建委会建议长兴煤矿局从工作时间效率、支柱材料和发电成本三个方面进行改进，以求在扩充工程后能够加快发展。② 为此建委会拨付 20 万元用作周转。

虽然建委会利用政权力量强制将长兴煤矿收回官办，可是长兴煤矿的股东们并不同意，他们通过媒体向建委会施加压力，同时不停向政府申诉，要求收回矿权。在众多压力之下，建委会意识到长兴煤矿未必能够长期拥有，便将长兴煤矿局局长张景芬调去筹办淮南煤矿，以防长兴煤矿被私人收回后首都电厂与戚墅堰电厂燃煤短缺，影响用电。1930 年 2 月 17 日，长兴煤矿局局长由总工程师朱世昀兼任。③ 此

① 朱世昀（1895～1931），湖南湘乡人，1916 年清华庚款公费留美，先入匹兹堡大学学习矿业，获得学士学位，1920 年秋入哥伦比亚大学，两年后获得矿冶工程师学位。1922 年夏受任河南六河沟煤矿局总协理的王正廷电邀归国，在六河沟煤矿任职六年之久，南京国民政府建立后受聘于农矿部设计委员会，嗣任浙江省建设厅技正，建委会成立后复聘其为技正。1929 年春任长兴煤矿局总工程师，旋代理局长。1930 年夏，实授局长兼总工程师。朱世昀为长兴煤矿的发展做出了积极贡献。见张人杰等《朱星叔先生行述》，《矿冶》第 5 卷第 17 期，第 128～130 页。
② 《建设委员会训令长兴煤矿（1929 年 12 月 14 日）》，《建设委员会公报》第 1 期，1930 年 1 月，第 24～25 页。
③ 长兴煤矿局的局长多次更换。四年之内，四易局长。先后由陆子冬、张景芬、朱世昀与张鉴暄担任局长。

时长兴煤矿局的运转资金也不到位。为使其发展不因资金不支而受影响，建委会同意长兴煤矿"如遇有销路滞需存煤过多，需要现金周转时，当由会依照该局存煤数量酌量拨发现金，用作周转，惟不得超过20万元之数，一俟存煤销售，该款须归垫"，[①] 从而支持了长兴煤矿的正常运转与发展。

2. 扩大长兴煤矿的销售

长兴煤矿已有一定的基础，因此发展较快，但是随着煤产量的增加，运输与销售又遇到难题。这是制约长兴煤矿发展的一个主要方面，也是长兴煤矿局努力工作的重点。

1929年6月8日，长兴煤矿局局长张景芬与总工程师朱世昀联合向建委会提出设置7个销煤地点的建议。[②] 12月20日，建委会公布了《长兴煤矿局销煤章程》，详细规定了长兴煤矿销煤规章制度。翌年10月，张静江命令设计委员兼矿业室副主任郑达宸（主任为张景芬）调查长兴煤矿的销售情况。1930年1月24日，郑达宸向建委会提交《长兴煤矿推销锡沪意见书》。据郑达宸汇报，长兴煤矿在1931年时日产500～600吨，全年产额约计18万吨，"浙省杭嘉湖三属可销六万吨，苏省无锡一带可销五万吨，其余七万吨，苦无适当销场，只可运销上海，获利非所计也"。[③] 但是由于长兴煤矿的灰分高达30%以上，在上海市场上被列为三等煤，故销售不佳，获利亦少。为进一步扩大销售，郑达宸提出采取"招商承销"的方式。由于长兴煤矿"在市场无独立地位，直接销售难期畅销，宜于招商承销，尤以包烧［缫］丝厂之煤号承销为最相宜，大商埠取分销制，不限于一家，小商埠一家包销，或数家分销，均可订立分销合同"。在订立合同时，考虑到煤价的不断变化，学习开滦煤矿半年订立一次合同的方式。在交货地点的选择上，因为上海的煤价较低，应于上海交货。至于付款办法，凡订常年合同者，煤矿大多为月底结账，长兴煤矿亦应如此。郑达宸还提出，由于无锡、上海的煤销量甚大，提议在这两地分设长兴煤矿事务所。事务所办公地点，上海可附设在购料委员会内，无锡则设在戚墅堰电

---

① 《建设委员会训令长兴煤矿》（1930年2月7日），《建设委员会公报》第3期，1930年3月，第28页。
② 《建设》第4期，1929年7月，第29页。
③ 《长兴煤矿推销事宜》，中国第二历史档案馆藏国民政府建设委员会档案，全宗号：46，案卷号：790。

厂内，以便接洽两地的销售事宜。郑达宸的意见颇受张静江、曾养甫的重视。1月26日，批示如下："所陈事端可行，着即由该员前往接洽办理，并将办理情形随时呈报。"[①]

经过郑达宸十余日的奔走，2月10日，无锡原包销商"余丰"煤号表示：原先均为每月销售长兴煤两千吨，如果增加销量至三千吨，不知是否能够完成，决定先试销两月以后再说。如果无法完成在无锡一带销售三千吨的计划，郑达宸表示，打算另外再找一两家殷实煤号辅助分销，各不相侵，总能达到月销三千吨之数。上海接洽情况较之无锡稍为理想，与有"上海第一殷实可靠煤号"之称的上海新闸路酱园弄"义泰兴"煤号老板沈锦洲商妥，先雇船到长兴煤矿装运各种煤样来沪试烧，结果良好，十分满意。[②] 双方于2月7号订立合同，在上海销售36000吨之数，并缴纳保证金6000元。翌年2月7日，再次订立合同。说明双方合作甚为愉快，不过此时的煤价稍涨而已。

此时由于洋煤的输入，国产煤的销量大为减少。为了鼓励长兴煤矿的销煤热情，1932年9月建委会制定了奖励销煤的办法："凡超过包额20%至40%销数全部，每吨给奖金两角，超过41%以上销数全部每吨给奖金两角五分。"[③] 如此奖励方法的确为长兴煤矿的销煤产生了很大的刺激作用。据建委会在国民党第四次代表大会报告中所言："现在销煤地点，在浙则为杭、嘉、湖各属；在苏为上海、苏州、江阴、南通、宜兴、常州、无锡等处。"[④] 说明长兴煤矿销量甚好，从侧面反映了长兴煤矿发展良好。

三 退回长兴煤矿矿权

由于长兴煤矿股份有限公司的各位股东对被建委会收回矿权事一直心怀不满，加之在1928年10月26日国民政府发表训政时期施政宣言，称"惟进行经济建设之原则，必依个人与国家企业之性质而定其趋向，凡夫

---

① 《长兴煤矿推销事宜》，中国第二历史档案馆藏国民政府建设委员会档案，全宗号：46，案卷号：790。

② 《长兴煤矿推销事宜》，中国第二历史档案馆藏国民政府建设委员会档案，全宗号：46，案卷号：790。

③ 《建设委员会训令长兴煤矿》（1932年9月2日），《建设委员会公报》第25期，1932年12月，第225页。

④ 《革命文献》第27辑，第360页。

产业之可以委诸个人经营，或其较国家经营为适宜者，应由个人为之，政府当予以充分之鼓励及保护，使其获得健全发展之利益"，① 长兴煤矿的股东们认为该矿由私人经营较为适宜，多次呈文国民政府要求建委会归还长兴煤矿的矿权。1931 年 11 月，在国民党三届四中全会召开，长兴煤矿众股东分别致电蒋介石和国民党四中全会秘书处，要求收回长兴煤矿的开采权：

> 南京分送蒋主席、四中全会秘书处钧鉴：
>
> 　　敬呈者：窃长兴煤矿公司为完全商办，民国 13 年以来，因受齐鲁战争的影响，中间略遭停顿，万青等正在力谋恢复，忽于民国 16 年冬被建委会借词将公司矿权取消，同时既派员至矿场，强迫经营，三载于兹，力争无效，万青等曾将无端失业情形，迭向政府各机关呈诉在案，乃日前建委会又用长兴煤矿局名义，遍登报章，迫令公司派遣代表领取偿还债券云云。
>
> 　　伏查万青等经营斯矿煞费苦心，且历年尚欠有上海各银行债券三百十余万两，自报纸宣传偿还债务之后，银行团及股东等均力持反对，决不承认，万青等为公司董事负有代表股东之全责，如果承认收受债券，将来对于各股东，对于银行团之纠纷，恐终无宁息之一日。万青等自失业以来，呼号奔走，将及三年，今幸四中全会开幕之际，万青等仰体我主席及委员诸公维护民业之盛意，用敢冒昧电呈，伏乞垂念万青苦情，将此案提出会议以求公判，倘蒙矜恤发还，不啻恩同再造。临电迫切，无任依依。
>
> 　　浙江长兴煤矿公司股东全体代表刘万青、易楠桢同叩铣。②

从上述呈文可以看出双方的争执有几个方面值得注意：第一，建委会有强迫收回国营之嫌。第二，银行团与股东均不同意收回。第三，长兴煤矿众股东对该矿收归官办均不同意，故股东们一直未停止收回矿权的活动，直至 1932 年底收回矿权方罢休。收回矿权后，因无现款周转，由四明等上海各银行组织的宁益银团投资开办，改牌号为"宁益银团长兴煤矿

---

① 《国民政府宣言》，《国民政府公报》第 4 号，1928 年 10 月 26 日，第 3 页。
② 《长兴煤矿公司股东代表致四中全会电》（1930 年 11 月 19 日），《新闻报》，转引自陈真主编《中国近代工业史资料》第 3 辑，三联书店，1961，第 777 页。

公司"，经理为孙卫甫，工程师为汪冠宇。但是后来管理不善，出现了工人罢工，发展受阻，长兴煤矿股东复要求建委会帮助整理，维持发展。1937 年 1 月，建委会又在长兴煤矿股份有限公司的多次要求下再次收归国有。六个月后，七七事变爆发，半年后建委会又被并入经济部。因此建委会经营长兴煤矿也仅短短的五年时间而已，但是在此五年之内，由于建委会的良好经营，长兴煤矿的发展升至一个新的台阶。

四　建委会经营时期迅速发展的原因

建委会接管长兴煤矿之后，力争将其办成全国有影响的大煤矿，因此对长兴煤矿采取了提高科技管理水平、注意安全防范与取得政府支持等一系列有效措施，使之发展迅猛。

1. 提高科技管理水平

建委会针对长兴煤矿的实际情况，不但加强内部管理，还开办了一些不同层次的学校以提高整体员工的文化科技水平。1931 年 8 月，在建委会的鼎力帮助下，创办长兴煤矿职工子弟学校以解决矿上子弟上学难问题，从而使矿工无后顾之忧，安心生产。职工子弟学校建成的当月，就有 60 余名矿工子弟报名入学。为使其发挥最大效益，亦为提高矿上职工人员的文化积极性，晚上又利用学校校舍办理工人夜校，报名入学者达 70 余人。此外另设星期日学校，利用星期天的休息时间进行矿业知识补课，以此增进练习生及其他职员的学识水平。[1] 通过办理不同层次的学校教育，从整体上提高了矿上各类人员的科技文化水平。

1931 年 7 月 2 日，为加强工人管理，公布《长兴煤矿局工人管理规则》，[2] 要求工人在厂矿内严格遵守规章制度，从而保证了矿上的工作安全，创造了一个良好的生产环境。

根据曾在长兴煤矿工作过的会计陈里仁统计，长兴煤矿在建委会管理时期和宁益银团管理时期的发展情况有着很大的差别，尤其是管理方面，凸显了建委会优良的管理（详见表 4 - 1）。

---

① 《建设委员会工作概况》，《建设委员会公报》第 19 期，1931 年 11 月，第 258 页。
② 《建设委员会长兴煤矿局工人管理规则》（1931 年 7 月 2 日会令公布），《建设委员会公报》第 18 期，1931 年 8 月，第 239～242 页。

表 4 - 1　长兴煤矿在建委会管理时期和宁益银团管理时期比较

	职员人数	勤工人数	里工人数	煤工人数	矿警人数	特务机关	每吨成本	每天平均产量
建委会代办时期（1927～1932）	50	20	1000	3000	150		5.00 元	400 吨
宁益银团代办时期（1932～1937）	75	30	1200	3000	200	10	5.70 元	400 吨

资料来源：陈里仁《我所知道的长兴煤矿》，《浙江文史资料选辑》第 24 期，浙江人民出版社，1983，第 179 页。

从表 4 - 1 可知，建委会的管理较之宁益银团管理要好得多，在每天产量 400 吨的情况下，成本较之每吨少 0.7 元，这自然会影响长兴煤矿的发展与效益，以至于后来宁益银团要求建委会再次接管长兴煤矿，以求恢复发展。

2. 注意安全，加强防范

建委会十分注重煤矿安全生产管理，即使如此，也会发生意外。1931年 10 月，长兴煤矿出现瓦斯爆炸事件，死副领工杨志瑞一人。据林士模、史维新及许敦楷的调查，主要原因是井下通风不畅，因此建委会吸取教训，对长兴煤矿的各项设备进行更新，同时购置防火设备。并对煤矿有关人员安排加强了管理。防火设备方面，除了购买并安装全套抽风机一具外，又置买了救火及灭火器数具；在管理方面，增加安全工务员一人、副手二人随时进行巡视，并设办公室专为监工和副监工办公处所，每日集会一次，报告矿山情况，并进行宣传工作。[1] 1932 年 9 月，长兴煤矿五里桥煤厂已存煤达 8000 余吨。建委会提出应注意煤厂安全，因为煤如积存过多，内部热量不易挥发，容易自燃，要求长兴煤矿局不可大意，时刻注意煤矿安全。[2]

长兴煤矿在加强安全教育的同时，设立矿警队，以维持矿上治安安全。

1931 年 10 月 18 日，长兴煤矿局五里桥煤厂遭遇匪徒袭击，局长朱世昀遭袭身亡，矿上人心惶惶，无心生产，以致减产严重。张静江立即派副委员长曾养甫带领事业处处长霍宝树、矿业室主任张景芬前往处理善后事

---

[1]　《建设委员会训令长兴煤矿》（1931 年 11 月 5 日），《建设委员会公报》第 20 期，1932年 2 月，第 154～155 页。

[2]　《建设委员会训令长兴煤矿》（1932 年 7 月 30 日），《建设委员会公报》第 24 期，1932年 10 月，第 169 页。

宜。10 月 29 日，为维持长兴煤矿的正常发展，建委会派秘书张鉴暄暂代局长一职。① 长兴煤矿一系列的安全问题引起了张静江的关注，他要求浙江省政府加强长兴一带的防务，以策安全，也要求长兴煤矿局注意加强防范，"对内则举行扩大宣传，严格登记，改善工人生活，实施工人教育；对外则清查户口，检验行旅，派密探以侦匪情，联乡团以通消息，并设炮垒置矿队"。② 长兴煤矿局扩大矿警队规模，派护矿队大队长萧招贤、队长许涤凡在南京招募警兵 50 名。1932 年 5 月，编制成矿警队人员 62 名、官佐 5 名的规模，加紧训练。

经过加强安全教育和成立矿警队，长兴煤矿的安全得到了进一步的加强。

3. 减免矿税与地方事业补助费

建委会接管长兴煤矿之后，不但在矿税方面要求中央政府减免，而且获取了地方政府的支持，免除一些苛捐杂税。1932 年 1 月 9 日，长兴煤矿局局长张鉴暄致函建委会，要求财政部减免长兴煤矿两年的矿税以渡难关：长兴煤矿局"为国家经营之产业机关，其目的在求发扬国家富力，救济民生，与普通商营产业机关性质迥异。加之本矿工程困难，开支浩大，勉强维持，犹虞不给"。③ 又因上次发生矿上劫匪之事后，发展愈加艰难，长兴煤矿局只好缩减人员，遣送矿工，以维持经营。

1932 年一·二八事变之后，对国煤发展打击甚大，长兴煤矿亦未能幸免。长兴煤矿局报告："今春沪案（指一·二八事变——引者注）发生，该矿突受工业凋敝、外煤倾销之影响，营业收入一落千丈"。可是浙江省长兴县教育、建设、民政三局欲就"长兴煤矿售出之煤，每吨向买客征收地方事业补助费"。此举对长兴煤矿销售影响甚大，因此建委会致函浙江省政府，说明因为现在"矿山存煤堆积如山，为数达万余吨，以致周转维艰"，如再增加征收地方事业补助费，虽说"直接取之于卖主，间接

---

① 《建设委员会 1931 年 10 月份大事记》，《建设委员会公报》第 19 期，1931 年 11 月，第 292～293 页。

② 《公函中央执行委员会秘书处》（1932 年 1 月 8 日），《建设委员会公报》第 21 期，1932 年 4 月，第 135 页。

③ 《咨财政部》（1932 年 1 月 19 日），《建设委员会公报》第 21 期，1932 年 4 月，第 140 页。

系增加煤价，使该矿煤斤愈难推销"。① 在建委会的干预下，长兴县政府减免了长兴煤矿的地方事业补助费，也减少了地方政府对长兴煤矿局的干扰，维护了长兴煤矿继续向前发展。

建委会接管之后，长兴煤矿的资金不论调拨省库、国库或向银行借贷均极方便，所以发展迅速。至建委会将长兴煤矿转给民营时，该矿已拥有"新建电力厂一个，广兴、大煤山煤井两个，改装电绞车吊卸笼子，其它机器动力多改用电气化，矿灯亦灌注电流。复工以后，每天产煤平均在400吨左右"。② 与以前相比，产煤量明显增长颇多，发展最盛时，工人达5000余人。

五　经营长兴煤矿的影响

长兴煤矿由建委会经营管理时间不长，仅五年之久。可是在建委会经营和管理时期，长兴煤矿得到了迅速发展，为其以后的发展奠定了坚实基础，影响甚远。具体而言，主要体现在以下几个方面：

1. 使停业多年的煤矿获得了新生

长兴煤矿虽民国之初即已开采，可是由于北洋时期政局不稳，战乱频仍，煤矿时开时停，发展受挫。至1924年即已完全停办，煤矿中所有机器均严重受损，无法使用。1928年张静江担任浙江省主席之后，为把浙江省建设成为全国的"模范省"，积极推进浙江省的各项建设事业，长兴煤矿即是建委会努力经营的一项建设事业。建委会接管该矿之后，将所有矿上机器更新，并且利用建委会主管电力工业的优势，办起了矿上电厂，解决了煤矿发展最为关键的因素——电力。据陈里仁回忆，"浙江长兴煤矿在（20世纪）30年代时，据统计，是我国十大煤矿之一，占第十位"，③ 足见其发展之快。

2. 使长江流域的煤炭供应紧张得到了一定程度的缓解

南京国民政府成立之后，由于政权对北方产煤诸省约束力甚小，南方用煤形势骤显紧张。张静江任职浙江省主席之后，为迅速解决南方用煤难题，以雷厉风行之势接管了商办长兴煤矿。长兴煤矿的重新开办，解决了

---

① 《公函浙江省政府》（1932年8月30日），《建设委员会公报》第24期，1932年10月，第176～177页。

② 陈里仁：《我所知道的长兴煤矿》，《浙江文史资料选辑》第24期，第175页。

③ 陈里仁：《我所知道的长兴煤矿》，《浙江文史资料选辑》第24期，第173页。

苏杭宁沪一带的用煤难题。此外，建委会此时已接管了首都电厂与戚墅堰电厂，电厂需要大量的煤炭供应，这也是建委会迅速接管长兴煤矿的一个原因。它的重新开采很快解决了首都电厂与戚墅堰电厂的燃料供应问题，两电厂初期能够正常的发电与长兴煤矿有很大的关系。

　　3. **实现了孙中山先生的"民生主义"理想**

　　1929 年 3 月，建委会在国民党第三次全国代表大会上表示："希望本党全体忠实同志，一致努力协赞，集合于建设正轨，共负建设重任，庶几物质文明之进步，不数载踔武欧美，而本党计设大业与总理物质建设之伟大计划，亦于焉完成。"[①] 因此建委会对各地的建设事业所抱希望甚大，当然也获得了国民政府的首肯。国民党中央执行委员会秘书处在致建委会的公函中称："钧会（指建委会——引者注）办理长兴煤矿之目的，以民生主义为依归……本矿此后目的即欲使地广人稀之区变为地广人稠之县，此为今后所努力，亦抑可告慰于长兴人士者也。"[②] 由此可见国民政府对于长兴煤矿的期望之高。

　　长兴煤矿是南京国民政府建立初期建委会经营和管理较为良好的一个国营企业。在南京国民政府初期，为了能够建立全国规模的国有企业，在各个领域内实行收归国有的方法，无论煤炭、电力等均有这种现象。建委会收归国有的企业，经过该会的努力经营，大多数发展良好。长兴煤矿在发展进入良性轨道之后，由于原来长兴煤矿公司股东们的多方奔走，转归民营，但转至民营后，却又经营不善，两次要求建委会接管。这恰恰说明了建委会的管理之优良，也表明建委会在成立初期对国家煤矿事业发展的贡献。

第三节　开发和经营安徽淮南煤矿

　　建委会在经营浙江长兴煤矿的同时，从长远发展出发，考虑到要开发经营一个属于自己的煤矿，安徽淮南煤矿即是这种理念的产物。经过建委会的努力，淮南煤矿发展成为当时国营煤矿事业经营的典范，在中国煤炭工业发展历史上亦具有重要的地位。

---

① 《革命文献》第 26 辑，第 84 页。

② 《公函中央执行委员会秘书处》（1932 年 1 月 8 日），《建设委员会公报》第 21 期，1932 年 4 月，第 136 页。

一　淮南煤矿的开发缘起

淮南煤矿与浙江长兴煤矿不同，是建委会自己创办经营的煤矿。该会组织法规定："建设委员会于调查设计或试办事业有必要时，得设附属机关。"[1] 淮南煤矿由于是建委会自主开发设计的煤矿企业，无论在资金筹措还是在企业管理等方面，均为当时国营煤矿企业经营的模范。淮南煤矿的开发既与当时的国内外煤炭供应形势有关，也与建委会所经营的电厂需要大量的煤炭燃料有关。

1. 国煤市场的旺盛需求

20世纪20年代末30年代初，国民政府意识到为挽回国家民族利权，必须开发国煤。在煤业市场争夺日益冲突的情况下，中日之间的矛盾更加凸显。据建委会调查，"吾国煤焦之产集中于北省，用煤则集中于南省沿长江各埠，岁耗煤350万吨，中仰给于日本者150万吨，开滦80万吨，抚顺60万吨，安南20~30万吨，余则取给于国矿，其数至渺也"。[2] 由此看来，中国煤炭市场几乎全为外煤所占，国煤市场极为狭小。全国商联会呈文国民政府请各个省市附属机构一律采用国煤以挽利权。此时日本政府采取各种措施阻止中国统一，其中包括对煤炭业加以限制。为此，南京国民政府成立了国煤发展委员会，认为"为煤权外丧，煤利外溢，急宜挽倒塞漏，以厚国本"。[3]

1928年7月7日，张静江提出发展国煤的基本方针：

一、吾国燃料缺乏，寻常采煤者，每每目光短浅，集有少数资本，而行试办，不耐联合巨资作长久之计划，引用专才，解决困难，工程幼稚，不求精进，几成通病。将来国家经营方针采用最大最新机器，大规模开采，以尽矿利。

二、国内煤田可供开采者甚多，现仅北部煤矿开采比较发达，南部煤田多未开发，以致外煤充斥市场，任意操纵，故发展煤业，应以

---

[1] 《建设》第2期，1929年1月，第1页。

[2] 《建设委员会创办淮南煤矿述略及有关文件》，中国第二历史档案馆藏国民政府建设委员会档案，全宗号：46，案卷号：762。

[3] 《国煤发展委员会关于国煤兴利除弊事致国民政府呈》（1928年6月8日），中国第二历史档案馆编《中华民国史档案资料汇编》第5辑第1编《财政经济》第6册，第465页。

开采南方煤矿为先务。①

正是在这种背景下，建委会"为救济煤荒，抵制输入起见，除办理长兴煤矿外，复向农矿部领照，开采皖北怀远县煤田，定名为淮南煤矿"。②

2. 长江下游的煤炭供应紧张

南京国民政府成立后，南方亟须建成一座大型煤矿以满足宁沪杭一带的能源需求。因为"近年来，东南长江流域，因工商业逐渐繁盛，人口又多集中城市，煤之销量，愈益增多，而北方华资各矿，适因内战频仍，不能南运，以应需求"。③虽然1928年12月东北易帜后南京国民政府名义上统一了全国，但实际上对一些地方军阀仍无法节制，尤其是重要的能源省份，如山西、山东、东北地区。1931年九一八事变后，此种情形愈加明显，东北煤炭为日人所控制，并有进一步掠取华北之意。举国上下咸以抵制日货为号召，抵制日煤亦是其一。"扬子江一带，年销200万吨之日煤亟须另谋补充，方免工商业发生影响，且转瞬严冬将届，销煤尤旺，苟来源缺乏，必致酿成恐慌。"为此，实业部提出补充日煤的策略有三："一在增加国内现有煤矿产额，二在开办新煤矿，三在多购安南煤。"而淮南煤矿的开发正好满足了这一需求，因为淮南煤矿不但储量十分丰富，而且煤质优良。距离宁沪杭亦较近，供应十分方便。因此国民政府对建委会经营的淮南煤矿寄予厚望，认为淮南煤矿如在开发数月之后，每天能出煤四五百吨，则可缓解宁沪杭一带的煤荒。④

3. 首都电厂与戚墅堰电厂用煤的急切需要

1928年4月，中国国民党中央政治会议第135次会议议决，南京市电灯厂划归建委会办理。4月14日正式接收，易名为"建设委员会首都电厂"。⑤是年10月1日，建委会复接管常州震华电厂，并将其更名为"中华民国建委会戚墅堰电厂"。随着首都电厂和戚墅堰电厂由建委会接收后

① 中国国民党中央委员会党史史料编纂委员会编《张静江先生文集》，第120页。
② 《建设委员会自十九年三月至九月政治报告书》，《建设委员会公报》1930年11月第11期，第51页。
③ 《建设委员会淮南煤矿局事业报告》（1933年12月），中国第二历史档案馆藏国民政府建设委员会档案，全宗号：46，案卷号：343。
④ 《实业部为救济长江流域煤荒致行政院呈》（1931年10月27日），中国第二历史档案馆编《中华民国史档案资料汇编》第5辑第1编《财政经济》第6册，第467～469页。
⑤ （南京）《中央日报》1928年4月27日。

迅速发展，用煤日多，燃料供应问题日渐紧张，建委会不得不考虑开发一个属于自己的煤矿，以备用煤之需。

4. 长兴煤矿的不稳定性

此时长兴煤矿原来的业主对于建委会将长兴煤矿收归官办强烈表示不满，多次向政府申诉，表示坚决要求收回长兴煤矿的开采权。而国民政府对民营企业也持支持态度，对长兴煤矿未来的发展归属，张静江不敢抱太多的希望。因此，建委会经过深思熟虑后认为，必须建一个产权属于自己的煤矿，如此才不会中途无煤而影响首都电厂和戚墅堰电厂的发展。

正是在上述各种因素的影响下，建委会开始对安徽的淮南煤矿进行勘探开发，以期建立一个属于自己的煤矿。

二　淮南煤矿的经营与发展

建委会于1928年1月成立不久即开始在全国寻找大型煤矿以便开发建设。是年春，张静江派人至江苏、浙江、安徽、江西和山西等地进行实地勘测煤矿，发现安徽怀远县西南舜耕山一带煤矿蕴藏量十分丰富。[①] 其实此处已有私营企业大通煤矿[②]在开采。翌年春，为确定淮南煤矿的采矿范围和开采量，建委会聘请德国煤矿顾问凯伯尔参加详细勘测。[③] 勘定矿区的具体范围在安徽寿县、怀远、凤台三县交界处。经过各种勘测，最后划定四个矿区：

　　一、九龙岗——54800公顷

　　二、新城口、上窑——63963公顷

　　三、长山——50064公顷

　　四、洞山——58175公顷

　　合计——227002公顷。[④]

---

① 黎叔翎：《淮南煤矿经济状况》，《矿业周报》第345期，1935年8月7日，第521页。

② 安徽大通煤矿，1911年由私人开办经营，历年亏损，1919年，曾邀请中兴煤矿联合经营，1922年改组为大同保记公司，系租办性质，1929年新旧合并，改名为大通公司，之后经营逐渐盈利。参见《怀远舜耕山煤矿》，《中国矿业纪要》1932年第4期，第341页。

③ 孙昌克：《淮南煤矿创办经过》，《矿冶》第6卷第19期，1933年2月，第2页。

④ 黎叔翎：《淮南煤矿经济状况》，《矿业周报》第345期，1935年8月7日，第519页。

　　在详细勘测、选定矿区后，1929 年 5 月，建委会取得九龙岗、洞山、上窑三矿区采矿权。翌年 2 月，为加快开矿进度，派孙昌克、唐景周成立淮南煤矿筹备处。2 月下旬，办理购地开工事宜。建委会在皖北怀远、凤台、寿县三县交界，距淮河南岸洛河镇 17 里的九龙岗矿区，购地约 800 亩，先行开采。3 月 24 日，建委会公布了《淮南煤矿局章程》，三天后，淮南煤矿筹备处改为淮南煤矿局，于九龙岗矿区成立。首任局长为从长兴煤矿局长调来的张景芬，副局长为唐景周、程宗阳。局长之下设总务、工务两课。为加强管理，局长、副局长与会计人员均由建委会任命。课长由局长呈请委任，其余人员由局长任命，并报建委会备案。此后淮南煤矿局的组织机构随着淮南煤矿的发展与时局稍有变动，但大致如此。4 月 14 日，九龙岗东矿 1、2 号井开始破土动工，5 月中旬，西矿 3、4 号井动工。经过全局上下近一年的努力，1930 年 3 月开始出煤，日产 80 吨，至 10 月日产量增至 200 吨左右。淮南煤矿经过三年的投资，至 1931 年冬，已成为华东地区唯一的大煤矿。①

　　淮南煤矿在建成出煤后，影响发展的最大因素是运输问题。为此建委会不惜借款，筹建淮南铁路。1935 年底该路筑成，淮南煤矿发展更为迅速，至 1936 年，产量已达 584000 吨。淮南铁路建成后，制约淮南煤矿迅速发展的主要因素，一是安全，二是销路。为了更快更好地发展，淮南煤矿针对上述两方面，采取了如下扩大经营的措施。

1. 利用军、警保护煤矿安全

　　淮南煤矿位于安徽中北部，当地民风彪悍，民众与官府的矛盾长年不断。淮南煤矿开始勘探开发时，即与当地民众发生过冲突。1930 年春末，因当地周家圩居民认为打井挖煤是破坏地方风水，屡次在夜间掩埋开凿的新井。为此淮南煤矿局局长唐景周多次向地方政府请兵弹压，由当地驻军帮助解决，枪杀为首闹事者周维寅。自此之后，淮南煤矿遭遇的地方阻挠大大减少。

　　张静江为保护淮南煤矿的安全生产，致函军委会要求加强保护。关于保护煤矿的安全生产事宜，1931 年 10 月 5 日，实业部即已提出预防煤荒的四项办法，其中第三项即是"应令各矿所在地地方政府及驻该地维持治

---

　　①　中国国民党中央委员会党史史料编纂委员会编《张静江先生文集》，第 135 页。

安之均对，竭力保护矿山之安全，使其无所顾虑，尽量开采"。① 1933 年 1
月，新任淮南煤矿局局长程志颐呈文张静江，说明该矿"地处僻野，为皖
北股匪出没之所，当此寒冬宵小、滋生地方不靖之际，深恐警力淡薄，防
卫难周"，要求张静江向军委会请求在淮南煤矿遇到紧急事件时调集军队
保护。为此张静江致函军委会。

除要求地方军队进行保护外，淮南煤矿局也办有矿警队以便随时保护
煤矿安全。但在煤矿创办初期矿警队规模较小，不敷应用，因此有必要扩
大规模，以适应淮南煤矿的快速发展需要。1934 年 3 月 5 日，建委会令淮
南煤矿局警务处督察员章鉴三，"携带本会护照，前赴杭州、绍兴一带，
招募警士 40 名，带矿训练，补充警力，保卫矿区"。② 又致函军委会要求
发给枪支弹药，保护淮南煤矿及淮南铁路的安全。随着矿警保安人数的逐
渐增多，为加强管理，同月 16 日，建委会制定公布了《建设委员会淮南
煤矿局警务处组织章程》，章程规定设警务处主任一名，"承局长副局长及
淮南铁路工程处总工程师之命，处理全处事务并监督指挥矿警队及路警
队"。③ 4 月 5 日，淮南煤矿局任命何冰忱、沈荣堂分任矿警队第一、二分队
长，章鉴三为警务处督察，彭馥为特务长，于兴仁为警务处书记。④ 值得注
意的是，淮南煤矿矿警人数较之他矿较多，占总工人人数的 16%。⑤ 这是
因为淮南煤矿在皖北中部，处于不靖地带，时常有土匪出没，影响矿上
安全。

2. 广设煤厂，扩大淮煤销量

1932 年 6 月，建委会为扩大淮煤销路，在总务课内设置煤务股，经建
委会同意后，在全国各地均设立了煤厂以便运销，扩大销量。

除淮南煤矿设立矿厂销售门市外，还积极在全国各地设立销售煤厂，
如洛河、蚌埠、浦口、上海，武汉等地均办有淮南煤厂。为扩大销量，在
一些县城，如怀远、蒙城、涡阳、临淮、江阴、无锡等处，亦设立煤厂分

① 《实业部关于预防煤荒四项办法的提案》（1931 年 10 月 1 日），中国第二历史档案馆编
《中华民国史档案资料汇编》第 5 辑第 1 编《财政经济》第 6 册，第 466 页。
② 《公函浙江省政府》（1934 年 3 月 5 日），《建设委员会公报》第 39 期，1934 年 4 月，第
105 页。
③ 《建设委员会淮南煤矿局警务处组织章程》，《建设委员会公报》第 39 期，1934 年 4 月，第
136 页。
④ 《令淮南煤矿局》（1934 年 4 月 5 日），《建设委员会公报》第 40 期，1934 年 5 月，第 16 页。
⑤ 巫宝三主编《中国国民所得（1933 年）》下册，中华书局，1947，第 29 页。

销处。各地煤厂的广泛设立，推动了淮南煤矿的发展。为加强对各地煤厂的销售和管理，1934 年 2 月 27 日，建委会颁布了《建设委员会淮南煤矿局煤厂组织章程》。该章程对煤厂主任以及会计人员管理十分严格，要求各地煤厂"均须遵照建委会直辖机关会计人员金钱物料出纳人员保证规则之规定，觅具殷实铺保由局长核准呈报建委会备案"，[1] 方可设立。

首先设立的是洛河煤厂。1931 年 4 月，建委会利用淮河水道交通便利的优势，在淮河南岸的洛河镇设立煤厂，任命罗肇兴为主任，负责销售。由于洛河临近淮南煤矿，盈利不多，"惟附近砖窑、石灰窑尚有相当销路。每年秋季因怀远、凤阳、定远诸地烟草收获，植烟农需煤烤烟，以是销煤畅旺"。[2] 说明洛河煤厂的销售情况受季节影响较大。

同年 10 月，蚌埠设立煤厂，以梅禹为主任。但是蚌埠煤厂面积较小，存储困难，至 1933 年时堆煤已多达 2 万余吨，"为预防危险起见，实有扩充厂址之必要"。为此，张静江要求津浦铁路管理委员会将蚌埠煤厂两边的空地租给煤厂，"以利国营矿业之运输"。[3] 并派罗肇兴、梅禹及建委会科员叶斐同去蚌埠解决此事。[4] 此时由于淮河和涡河流域的煤业销售不景气，淮南煤矿"鉴于内部竞销之无益，在此百业凋敝之秋，商矿尤赖维护"，便与邻近大通煤矿联合销售。1933 年 6 月 11 日，两矿正式于蚌埠组设联合营业处，商议"凡淮、涡流域两矿所销煤斤，根据两矿产量每月平均分摊"，[5] 实行联合销售。此举减少了两个煤矿之间许多不必要的竞争，达到了双方共同发展的目的。

1931 年 11 月 23 日，淮南煤矿局为扩大在长江流域的销量，在南京长江北岸的浦口镇设立煤厂，派建委会秘书兼设计委员林士模与津浦铁路车务处协商，租用浦口码头第三号码头约 34 亩的货栈旧址作煤厂。1932 年 1 月，浦口煤厂建成，任命邱海琴为煤厂主任。[6] 自此淮煤开始由津浦路

---

① 《建设委员会淮南煤矿局煤厂组织章程》，《建设委员会公报》第 38 期，1934 年 3 月，第 121~122 页。

② 淮南煤矿局编印《淮南煤矿六周年纪念特刊》，1936，第 80 页。

③ 《公函津浦铁路管理委员会》（1933 年 6 月 6 日），《建设委员会公报》第 30 期，1933 年7 月，第 94 页。

④ 《公函安徽省政府》（1934 年 3 月 6 日），《建设委员会公报》第 39 期，1934 年 4 月，第110 页。

⑤ 淮南煤矿局编印《淮南煤矿六周年纪念特刊》，第 84 页。

⑥ 《建设委员会 1931 年 12 月份大事记》，《建设委员会公报》第 20 期，1932 年 2 月，第259 页。

运往长江下游。煤厂销量甚大，淮煤"向系运由浦口转销沿江各地，浦口
煤厂实握该局营运枢纽，常川存煤在数千顿至 1 万吨"。[①] 据淮南煤矿局
对各地销煤情况的统计，"至各处销额最大者，当推浦、沪两处。计占销
售总额之半数以上，而利益之微，亦以浦厂为最"。[②] 关于各地的销售情
况，可参见表 4 - 2。

表 4 - 2　1932 年度和 1933 年度淮南煤矿各煤厂销售情况

年度	销售处所	销煤吨数（吨）	共收煤价（元）
1932	矿山	2315.10	16596.05
	洛河煤厂	12362.56	106145.79
	蚌埠煤厂	8014.35	75065.41
	浦口煤厂	70866.25	709448.25
	合　计	93558.26	907255.50
1933	矿山	1857.97	11219.10
	洛河煤厂	25717.18	200149.35
	蚌埠煤厂	6167.61	52048.54
	浦口煤厂	165238.77	1490618.12
	合　计	198981.53	1754035.11

资料来源：《淮南煤矿概况，1935 年》，中国第二历史档案馆编《中华民国史档案资料汇编》
第 5 辑第 1 编《财政经济》第 5 册，第 902 页。

　　从表 4 - 2 可知，1932 年度浦口煤厂的年销售量达到 70866.25 吨，占
当年淮南煤矿总销量的 75.75%；煤价收入占总收入的 78.20%。至 1933
年度，浦口煤厂的年销售量又增至 165238.77 吨，占当年淮南煤矿总销量
的 83.04%；煤价收入较之上年增长甚多，占当年总收入的 84.98%。说
明淮南煤矿在浦口地区的煤炭销售是递增的，也表明了浦口煤厂在整个淮
南煤矿中的地位。为了在上海、无锡等城市占领煤炭市场，立稳脚跟，
1934 年 9 月，淮南煤矿局正式设立上海煤厂。但是"沪处甚至亏耗（每
吨约一角弱），此皆运费浩繁所致"。为了占领上海市场，即使亏本也不能
撤出。淮南煤矿局认为，如"淮南路成，运达长江流域煤斤，每吨成本仅

---

① 《公函津浦铁路管理委员会》（1932 年 10 月 7 日），《建设委员会公报》第 25 期，1932
　　年 12 月，第 254 页。
② 淮南煤矿局编印《淮南煤矿六周年纪念特刊》，第 95 页。

五元上下，加以本矿煤质优良，销路之畅，利益之优，当毋待言"。① 后来的发展也的确如此。

为明了淮南煤矿在各地的煤价，兹将淮南煤矿在主要销售地的煤价列表如下（见表4－3）。

表4－3　淮南煤矿在几个主要地点销售的煤价

单位：吨/元

地　点	矿厂门市	蚌　埠	浦　口	上　海
煤　价	6.00	8.00	7.60	10.00

资料来源：《淮南煤矿概况，1935年》，中国第二历史档案馆编《中华民国史档案资料汇编》第5辑第1编《财政经济》第5册，第902页。

在筹备上海煤厂以扩大在上海销路的同时，淮南煤矿局意识到无锡工业日渐发达，也在积极筹备设立无锡煤厂，以占领无锡的煤炭市场。1933年7月11日，建委会致函京沪、沪杭甬铁路管理局，要求租用无锡车站大通煤厂西北的一块空地作为煤厂，租价为每亩每月25元，租期三年，并派梅禹前往协商事宜。② 经过一年多的协商筹备，1934年11月，无锡煤厂正式设立。为加大淮煤销售力度，在武汉亦设立分销处。因为淮南铁路建成，淮煤能够及时外运，不会因交通问题而影响销售，当时长江下游一带各口岸与南方广州各地，均已有淮煤销售处，"唯武汉方面，尚付阙如，为扩充业务起见，特设立淮南煤矿驻汉分销处"。③ 1936年7月，淮南煤矿局开始在汉阳铁厂码头设立煤厂，此后淮煤也在长江中游地区开始销售。

值得注意的是，在淮煤销售的过程中出现了假冒现象。对此，淮南煤矿十分注意保护自己产品的声誉。包销淮煤的无锡煤厂"同丰余"煤号经理沈荣辅向建委会矿业科科长写信举报，南京"华兴号"煤号虽也与淮南煤矿局签有包销淮煤合同，却以次充好，并超出销售范围向无锡境内的申新纱厂等众多厂商推销劣煤达4500吨。这种行为严重侵犯了"同丰余"号在无锡独家销售淮煤的合法权益。沈荣辅要求建委会就此事进行调查、严厉制

① 淮南煤矿局编印《淮南煤矿六周年纪念特刊》，第95页。
② 《公函京沪沪杭甬铁路管理局》（1933年7月11日），《建设委员会公报》第43期，1934年8月，第98页。
③ 《公函财政部》（1936年7月16日），《建设委员会公报》第67期，1936年8月，第157页。

止。建委会令设计委员兼事业处矿业科营运股股长郑达宸立即调查并制止这种不正当的竞争行为,以维护淮南煤矿的整体利益。[①]

通过淮南煤矿局不断的艰辛努力,所属销售煤厂几乎覆盖华南各地,扩大了淮煤的销量与产量,淮南煤矿亦日益壮大,成为全国著名的大煤矿之一,也是建委会经营较好的国营企业之一。

三　淮南煤矿快速发展之原因

淮南煤矿从 1929 年春开始勘探矿苗至 1936 年 7 月于武汉设立煤厂,仅用了 7 年时间,即发展成为全国闻名的大煤矿之一。关于淮南煤矿迅速发展的原因,1936 年 6 月,淮南煤矿局在编辑《淮南煤矿六周年纪念特刊》时,总结了三点:

一、本矿所产烟煤,煤质甚佳,所含硫质甚少,燃烧时绝无臭味,是以备受外界欢迎,兼以推销有方,销路颇占优胜。

二、本矿井下水量不多,沼气亦少,绝鲜淹没及爆炸之患。

三、本矿风纪颇好,工人均服从管理,绝无聚众要挟及罢工之事。本矿办事人员,自局长至员司,大都能刻苦耐劳,服膺委员长"忠勇勤廉"之训,实事求是,毫不苟且因循,兼以会中长官,指导有方,上下一致,合衷共济,凡事自易奏效。[②]

据上述可知,淮南煤矿自述其发展良好的原因是:煤质好且善于推销、安全无事故、管理良好。实际上,淮南煤矿的发展的原因并非如此简单,今试做分析,从中可以反映建委会经营的国营企业的发展情况。

1. 储量丰富,发展持久

储量丰富是淮南煤矿发展的重要基础。孙昌克认为:"淮南煤田虽近长江,而地层整齐处与北方煤田同,殆北方系煤田之南极,北系煤田至此而尽,实长江附近所仅见也。"[③] 可见淮南煤矿是南北煤矿的结合点,储量也极为丰富。

关于淮南煤田的储量,按照孙昌克研究后的统计,约有以下五种说法:

---

① 《建设委员会训令》(1932 年 6 月 17 日),《建设委员会公报》第 23 期,1932 年 8 月,第 142 页。

② 淮南煤矿局编印《淮南煤矿六周年纪念特刊》,第 99 页。

③ 孙昌克:《淮南煤矿之矿量问题》,《建设》第 15 期,1934 年 4 月,第 59 页。

1. 1917 年，地质调查所刘季辰、赵汝钧两人的报告，储量估计为 25600000 吨。

2. 1923 年，地质调查所王竹泉的报告，储量估计为 54200000 吨。

3. 开办淮矿前，建委会派人前往查勘，估计可能储量或有 723000000 吨。

4. 1931 年，淮南煤矿局经德国矿师凯伯尔调查，储量估计为 300000000 吨。

5. 1932 年，经中央研究院地质研究所叶良辅、喻德渊两人的调查，储量估计为 54000000 吨。①

由上述可知，淮南煤矿开采前的调查，差别甚大，且一次比一次多，开矿后也是如此。总之，不论哪种估计，淮南煤矿储量均极为丰富，这是淮南煤矿能够持续发展、日益壮大的基础。

2. 管理科学，制度化运营

丰富的储量只是淮煤发展的基础，还需要科学的管理。淮南煤矿是建委会开发经营的国营企业，无论人事还是业务管理方面均竭尽所能，予以支持，以便办成国营企业的模范。张静江本身亦为一个经商高手，在经营淮南煤矿时，仍将其经营企业的理念付诸实施。淮南煤矿不但管理领导层均为专家，② 而且在具体的管理方面，采用建委会在所属企业中所采用的统一会计制度与购料集中制度。上述两项制度的实施，使淮南煤矿局在财务管理上做到财政分开，减少浪费，杜绝贪污，从而避免了当时国营企业的一系列通病。张静江为建委会所定的会训即为"忠勇勤廉"，要求建委会的上下职员忠于国家与民族，勇于任事，勤恳能干，清正廉洁。"忠勇勤廉"的会训使建委会各个附属企业贪污现象十分少见。

为使管理规范，建委会制定了一系列的规章制度，尤其是对组织人事的管理方面较为完备和先进，制定并曾多达 6 次修正淮南煤矿局的组织章程，使其运营发展能够完全符合实情。办事规章亦要求严格，制定并公布了《淮南煤矿局办事细则》。1934 年 4 月 26 日，建委会"为维护本矿区

---

① 孙昌克：《淮南煤矿之矿量问题》，《建设》第 15 期，1934 年 4 月，第 59 页。
② 淮南煤矿局的六位局长分别是张景芬、孙昌克、陈国钧、陈大受、程志颐、程士范。六人中唯有陈国钧非工程专业人士，其余均为工程专家，且只有程士范非留美专家。

内之公共安宁及矿用铁路沿线之保护起见",① 公布了《建设委员会淮南煤矿局路矿两警队编制规则》，规定每一队共分三个分队，每分队共四个班，每班 10 名警员。同时颁布《警务处细则》，以规范对警员的管理。对于监工管理也较为严格，公布《监工细则》与《监工任用暂行规则》，将监工分为三个等级，即监工、副监工、试用监工，每个等级之间有一定差别。为加强对工人的管理，制定了《淮南煤矿局工人管理规则》。

上述淮南煤矿局一系列规章制度的制定，使其运营发展做到有章可循、制度化运营，这和当时其他的国营企业相比，的确是一个相当大的进步。

3. 科技兴矿，提高文化素质

淮南煤矿十分注意全局上下员工文化程度的提高，以达到科技兴矿的目的，为此采取了创办职工子弟学校与提高监工的学识文化水平等一系列措施。

使用中学生担任监工取代工头的做法即很有代表性。1934 年 2 月，淮南煤矿局为"改进工人管理，提高工作效率",② 招用初中毕业生担任监工，代替工头职务，并裁汰工头工资，抵补监工工资，为管理监工又于 7 月 7 日颁布《建委会淮南煤矿局监工任用暂行规则》，任用条件"以强健耐劳品性端正，有从初中毕业或相当程度者为合格",③ 说明监工至少是初中毕业生，这样可以使一批有文化且品德端正的知识青年走到矿上生产的第一线，增加了淮南煤矿的科技生产力量。

为整体提高全局职工的文化素质与解决矿上职工子弟上学难的问题，1934 年 2 月，淮南煤矿局创办职工子弟小学，办学经费从"改良职工生活基金项目下拨开办费 200 元，并自本年 2 月起，月拨该校经常费 60 元"。④ 自此之后，淮南煤矿局子弟学校为该局的发展提供了稳定因素与科技文化基础。翌年又利用该校设施创办了"工匠艺徒补习班"，"利用

---

① 《建设委员会淮南煤矿局路矿两警队编制规则》，《建设委员会公报》第 40 期，1934 年 5 月，第 123 ~ 125 页。
② 《令淮南煤矿局》（1934 年 2 月 2 日），《建设委员会公报》第 38 期，1934 年 8 月，第 80 页。
③ 《建设委员会淮南煤矿局监工任用暂行规则》，《建设委员会公报》第 43 期，1934 年 8 月，第 121 页。
④ 《令淮南煤矿局》（1934 年 2 月 21 日），《建设委员会公报》第 38 期，1934 年 3 月，第 88 页。

晚间余暇，援以应用技能，办理成绩良佳"。① 此举逐渐提高了全局整体的文化素质，也无形中提升了淮南煤矿的科技含量。正如有论者言，"淮（淮南煤矿——引者注）、通（大通煤矿——引者注）两矿有这样的成绩，主要是依靠政治的力量和技术方面、经营方面的进步"。② 尤其是科技和经营方面更为突出。

4. 国营企业，减免各项杂税

淮南煤矿的发展，还得益于国营企业获有减免税收的特权。1932 年11 月，安徽大通征税专员王鸿宾在征收大通煤矿矿税时，发现淮南煤矿的产额很大，营业日佳，盈利亦多，却不纳税，便提出财政部应向淮南煤矿局征收矿税。张静江闻情后，立即致函财政部说明情况，因为淮南煤矿自"开发以来，阅时三载，投资已逾百万，因本会应领建设经费，贵部迄未照案拨发，所有投资均系向银团息借而来"。况且淮南煤矿"近数月来，因煤市衰落，津浦路车辆缺乏，运路阻滞，该矿营运方面大受打击，经济周转益感困难，本会鉴于该矿目前危机情形，已饬令裁汰职工，减低产额，厉行紧缩，以资救济"。而淮南煤矿产销情况更令人担忧，"每日产额暂定 100 余吨，以供给矿山自用及本会各电厂之用为度，所有局厂存煤，因无法运销以划作担保品向银团继续举债，借供矿局工程上必要开支，该矿运销困难，营业停顿，已属难于支持，万难再增担负"。请求财政部"顾念国营事业创办之艰难与夫该矿目前所处之危境"而免税。③ 财政部在建委会成立初期还按时拨付其经费，后来便不再拨付，此时也不好再去向其收税，结果征税之事不了了之。

1933 年，实业部也要求淮南煤矿缴纳矿税。张静江亦致函实业部解释办理淮南煤矿是"为树立国营矿业模范，求以廉价国煤，促进工商业之发展，与商办各矿性质、旨趣均不相同"。况且近"三年以来，仅开发九龙岗一区投资已逾 160 万元，财部无款可拨，该矿经费纯系贷款维持"，④ 发展已十分艰难，请求实业部将矿税以记账方式缴纳，实际上也是不了了之。

---

① 淮南煤矿局编印《淮南煤矿六周年纪念特刊》，第 276 页。
② 潘企之：《淮南煤矿的纵断面》，《皖北日报》1949 年 7 月 24 日。
③ 《公函财政部》（1932 年 10 月 26 日），《建设委员会公报》第 25 期，1932 年 12 月，第 255～256 页。
④ 《公函实业部》（1932 年 6 月 29 日），《建设委员会公报》第 30 期，1933 年 7 月，第 99～100 页。

淮南煤矿局并未缴纳印花税，使得实际收入大增，这引起附近一些煤矿的不满，它们也开始仿效淮南煤矿抵制缴纳印花税。在这种情况下，安徽省印花烟酒税局向淮南煤矿局提出征收印花税。1933 年 8 月 3 日，张静江致函安徽省政府解释不交印花税的原因："本会办理淮南煤矿历年投入巨资，纯以实行实业计划，树立国营矿业基础，以廉价燃料促进工商业发展及供给本会各厂自用煤为主旨，与普通商矿性质截然不同。"① 张静江又以江浙两省对于首都电厂、戚墅堰电厂和杭州电厂的运煤车辆从不贴印花为例，说明安徽也不应向淮南煤矿局收缴印花税，以支持国营企业的发展。淮南煤矿不但不交印花税，其他各种特税亦是全免。1932 年 5 月 23 日，张静江致函安徽省政府要求减免该局的特税，因为"淮南煤矿局系属国营事业，由本会主办，该局在京沪及皖北各县采购面粉及各种材料，系供矿局自用，并非营业性质，自可免征特税"。②

对于淮南煤矿而言，由于是国营企业，加之张静江在国民政府内的深刻影响，遇有向淮南煤矿局收税的情形，便向各个主管部门写信说明要求蠲免税收的情况，使其发展减少了许多不必要的麻烦，发展自然更快。

5. 减少运输费用

淮南煤矿采用各种方式减少运输费用，这不仅体现在建矿初期使用津浦铁路运煤方面，也体现在后期淮南铁路建设方面。

在淮南铁路未完全通车时，建委会即与津浦铁路管理委员会协商，要求尽量降低淮煤运费标准。1934 年 4 月 23 日，张静江致函铁道部要求降低蚌埠至浦口段的淮煤运输价格，因为在津浦路上的所有运煤价格，"由蚌埠至浦口一段为特高"，淮煤运价达到每公里九厘八毫以上，而枣庄至浦口的运价仅五厘二毫，与之相差甚远。基于此，张静江认为"淮南煤矿与津浦铁路同属国有事业"，且明年"尚拟提油炼焦，以期于国防及重工业有所辅助"，③ 要求津浦铁路降低淮煤运价至每公里六厘。此运价与枣庄煤矿运煤价格五厘二毫相比，虽仍有差距，但是淮南煤矿已感满意。另

① 《公函安徽印花烟酒税局》（1933 年 8 月 3 日），《建设委员会公报》第 32 期，1933 年 9 月，第 73 页。
② 《公函安徽省政府》（1932 年 5 月 23 日），《建设委员会公报》第 23 期，1932 年 8 月，第 133 页。
③ 《公函铁道部》（1934 年 4 月 23 日），《建设委员会公报》第 40 期，1934 年 5 月，第 96~97 页。

外，为能够得到津浦铁路的车皮，加快淮煤南运，淮南煤矿还为津浦铁路的职工每月提供 1000 吨的低价淮煤，价格低至 6.5 元/吨。

1935 年底，建委会自主开发的淮南铁路建成，使淮煤不再假借津浦铁路运输，而是直接由淮南铁路运至芜湖，然后顺长江而下至南京、无锡、苏州和上海，抑或逆江而上至武汉，再由京广线北上或南下。运输条件的改善使淮煤运费迅速下降，以至于淮煤运费在所有的国营煤矿中较低，而当时"运费高昂是中国煤矿业不能发展的一个原因。历年交通事业的开发，主要出于军事上的便利之外，简直很少能给煤业运输上以低费运输的便利"。[1] 淮南煤矿却是个例外，因为淮南铁路在很大程度上是名义上的运煤专线，故在运煤方面提供了极大的便利。

四　淮南煤矿的深远影响

淮南煤矿的开发及经营，对 20 世纪 30 年代的国煤生产和安徽的地方经济发展，尤其是淮南城市的形成，均有十分深远的影响。

首先，淮南煤矿是抗战前十年内开发较好的国营煤矿之一，也是中国工程技术人员自主开发设计的，彰显了国人自立自强的民族精神。淮南煤矿"尽管所用设备如锅炉、绞车、水泵、水管、钢丝绳、铁轨等，无一不是搜集来的外国制造的旧货（这些东西当时国内不能生产）"，但它毕竟"是由中国自己的工程技术人员从凿井到出煤独立完成的"。[2] 我们以 1931～1936 年淮南煤矿的产量为例，说明淮南煤矿的进步（见表 4 - 4）。

表 4 - 4　淮南煤矿的产量与全国的产量比较

年份	淮煤产量（吨）	全国产量（一）（千吨）	淮煤占全国产量（一）（%）	全国产量（二）（千吨）	淮煤占全国产量（二）（%）
1931	28211	21093	0.13	19948	0.14
1932	67042	20213	0.33	19049	0.35
1933	165611	22075	0.75	20904	0.79
1934	217671	25801	0.85	24287	0.90

---

[1]　朱楚辛：《中国煤矿和矿业会议》，《申报周刊》第 23 卷第 3 期，1936 年 6 月 14 日，转引自陈真编《中国近代工业史资料》第 4 辑，第 916 页。

[2]　潘企之：《淮南煤矿和官僚资本》，《淮南文史资料选辑》第 1 辑，淮南市政协文史资料研究委员会，1983，第 22 页。

年份	淮煤产量（吨）	全国产量（一）（千吨）	淮煤占全国产量（一）（%）	全国产量（二）（千吨）	淮煤占全国产量（二）（%）
1935	290471	30093	0.96	25699	1.13
1936	502209	33794	1.49	29368	1.71

资料来源：王树槐《张人杰与淮南煤矿，1928~1937》，《中研院近代史研究所集刊》第17期，1988，第254页。全国产量（一）取自严中平主编《中国近代经济史统计资料选辑》，第102~103页；全国产量（二）取自 Tim Wright, *Coal Mining in China Economy and Society, 1895-1937*（Cambridge University Press, 1984），p. 10。

从表4-4可知，淮煤产量所占全国产量的比例是很低的。在抗战爆发的前一年，1936年淮南煤矿仅占1.49%或1.71%，比例可谓极低，但如从1931年至1936年全国煤炭产量与淮南煤矿的增长情况分析，则淮南煤矿的增长可谓迅速。因为全国在这一时期煤炭产量增长是十分缓慢的，1936年仅是1931年的150%或160%，而淮南煤矿的产量增长则达16倍，所占比例亦由0.13%或0.14%增至1.49%或1.71%，与当时全国其他煤矿相比，其增长比例之高是绝无仅有的。

其次，淮南煤矿的开发对中国电力工业的发展起着非常重要的推动作用。众所周知，中国电力工业起步较晚，所需燃料又十分紧张。而建委会管理全国的电力工业，自然对于全国各地电厂的燃料十分关注，以符"民生主义"的宗旨。张静江经营国营企业的思想与一般官僚明显不同，无论是首都电厂与戚墅堰电厂用煤还是他处的电厂用煤，均注意及时供应，不分彼此。1936年12月28日，由于煤荒形势严峻，为使各地电厂不缺乏燃料起见，全国民营电业联合会江苏分会请求张静江通知淮南煤矿局尽量供给江浙一带的电厂用煤。张静江即"令饬淮南煤矿局于可能范围内尽量设法供给"，并说明"各电厂如有需要，可迳向各地包销煤号或该局南京下关办事处接洽"，[①]以免无煤而使电厂停电，影响地方民众的日常生活与工农业生产的正常进行。

最后，淮南煤矿开发与经营的最大影响是推动了安徽中北部的经济发

---

① 《令淮南煤矿局》（1936年12月28日），《建设委员会公报》第72期，1937年1月，第182页。

展并直接促成了淮南城市的出现。在淮南煤矿和大通煤矿没有开采前，矿区"这里是一片人烟稀少的、土质瘠薄、农业生产极不发达的地区"。[①]虽然在淮南煤矿开采前已有大通煤矿开采，但由于大通煤矿属私人经营的企业，影响不大。而淮南煤矿在开采后，经过短短6年的迅速发展，至抗战前，已发展"成为黄河以南的最大的煤矿"。[②] 淮南煤矿的迅速发展对推动当地经济发展的作用是极为明显的。由于淮南煤矿的开采，附近村镇之间的经济联系得到了加强，带动了地方经济的迅速发展。如"昔为荒辟之区"的田家庵，由于"煤斤循此地出口，遂渐繁盛"，成为淮南铁路"北端之起点，淮北各地货物之出入，或将集中于此……现有人口约6000余人"。田家庵从一个荒芜之地，发展为一个具有6000余人的市镇，发展可谓快矣，并且"来日之发展，殊未可限量"。[③] 淮南煤矿局所在地九龙岗矿区发展则更为迅速。"九龙岗，隶怀远县，前为三五家村，自本局创立后，人口渐众。"至1936年时，"则熙熙攘攘，已具市镇之雏形焉，人口约1万1千余人"，[④] 已具城市雏形。至淮南铁路筑成后，淮南煤矿局附近各村庄连在一起，逐渐形成一个以煤矿为主导产业的中等城市。因此淮南煤矿的成功开发，"对东南沿海和长江中下游民族工商业的发展，有举足轻重的影响"。[⑤] 从此，在安徽中北部的版图上，又多了一个以煤矿业为主要产业的现代化工业城市——淮南。

淮南煤矿经过短短5年的开发经营，迅速发展壮大，至抗战前发展成为华东地区最大的煤矿之一。淮南煤矿的发展，在一定程度上缓解了20世纪30年代宁沪杭一带能源供应的紧张局面。淮南煤矿的开发经营与淮南铁路的建成，也直接推动了皖中、皖北一带的经济发展，促进了安徽内陆腹地的经济开发，加强了各地区之间的经济联系和人员往来。淮南城市也逐渐形成，直至今日，淮南仍是皖北一带的经济中心之一。

---

① 程华亭口述，张景周整理《我所知道淮南煤矿的缘起》，《淮南文史资料》第7辑，淮南市政协文史资料研究委员会，1987，第4页。
② 方传政：《宋子文财团与淮南煤矿》，《淮南文史资料》第7辑，第2页。
③ 淮南煤矿局编印《淮南煤矿六周年纪念特刊》，第102页。
④ 淮南煤矿局编印《淮南煤矿六周年纪念特刊》，第102页。
⑤ 方传政：《宋子文财团与淮南煤矿》，《淮南文史资料》第7辑，第2页。

第四节　建委会发展煤矿事业的影响

建委会对煤矿事业的经营属于其"附属机关"的内容，根据该会组织法规定，"建设委员会于调查设计或试办事业有必要时，得设附属机关"。① 对于这些附属机关，建委会却将其经营得风生水起，尤其是淮南煤矿，在抗战前的中国煤矿业中属于佼佼者。本节对建委会经营煤矿事业的情况，从五个方面进行分析，说明建委会对近代煤矿事业的影响。

一　借助政府力量发展

经营的煤矿事业属于建委会的"附属机关"，建委会或借助政府力量对原有煤矿进行接收，或自主开发经营煤矿。前者以浙江长兴煤矿为代表，后者以安徽淮南煤矿为代表。

如前文所述，对浙江长兴煤矿的接收，在很大程度上是利用了政府的力量。张静江两次担任浙江省政府主席之职，在 1927 年 3 月第一次担任浙江省政府主席时，即有将长兴煤矿从民间接收之意。经过半年多的酝酿，11 月 25 日，浙江省政府第 50 次会议议决将长兴煤矿收归国有，实施官办。为此还组织了长兴煤矿筹备委员会，进行整治以备开采。② 12 月 26 日，正式取消长兴煤矿股份有限公司的采矿权。但是由于张静江很快去职，至其 1928 年秋第二次任浙江省政府主席时，建委会也已成立，首都电厂与戚墅堰电厂亦分别接收，需煤甚多，上述因素使得对长兴煤矿的收回步伐加快。浙江省政府遂以长兴煤矿"违反矿法"为由，③ 将其迅速移交建委会办理。在建委会经营的三年多时间内，长兴煤矿的股东们多方申诉，终于在 1932 年底收回矿权。

淮南煤矿虽非接收民营煤矿，但在其开始勘探开发时期，也历尽艰辛，千方百计寻求地方士绅与政府帮助。建委会"先由张仁农到大通煤矿调查情况，之后，在九龙岗挂牌建矿，召开'恳亲会'，借与地方人士联络，当天到会的有 17 人左右，吃过饭后，张仁农邀请王龙亭、程华亭为

---

① 《建设》第 2 期，1929 年 1 月，第 1 页。
② 《建设委员会办理浙江长兴煤矿节略及有关文件》（1928 年），中国第二历史档案馆藏国民政府建设委员会档案，全宗号：46，案卷号：789。
③ 《革命文献》第 26 辑，第 72 页。

淮南煤矿局高等顾问，后来二人坚辞不受"。① 1930 年春，淮南煤矿局正式成立，开始了打井挖煤工作，"时值阎冯军事初兴，金融紧迫，谣言流播，土匪蠢动，交通不便，所幸内外同人一致努力，购地勘路，造屋修路，装械打井，守卫辟厂，期间人事工料款项营运，罔不经过种种应有之创办的艰难挫折与困苦，幸承地方官绅军警商民之赞助与指导"，② 方向前继续推进。淮南煤矿以后的发展更是时常寻求政府的保护，逐渐壮大。

二　专家与科技兴矿

为推动煤矿的长期发展，建委会十分注重科技兴矿，不仅通过创办各级各类学校，提高矿上人员的文化水平，而且煤矿的管理层均是科技专家，从而使整个煤矿具有了较强的科技力量。

长兴煤矿由建委会接收以后，即开始创办各类学校，以提高矿上工人的文化科技水平。1931 年 8 月，创办长兴煤矿职工子弟学校，同时利用晚上的工休时间创办工人夜校，报名入学者达 70 多人③。淮南煤矿也是如此，及至发展壮大后，1934 年 2 月，创办了淮南煤矿职工子弟小学。第二年，"利用晚间余暇"假借职工子弟学校创办工匠艺徒补习班，"授以应用技能"，效果甚好。④ 稍后为增加煤矿局职员的学识，又创办星期日学校。各类学校的创办，不但解决了矿上职工子女的上学难问题，使其安心工作，也丰富了职工的文化生活，提升了企业的文化氛围。

两个煤矿的管理者均是学有专长的专家，这也是科技兴矿的重要表现。长兴煤矿的四任局长，陆子冬、张景芬、朱世昀、张鉴暄均是煤矿业专家。淮南煤矿局也是如此，首任局长为曾经担任长兴煤矿局第二任局长的张景芬。张景芬掌淮南煤矿局后，大力应用现代科技技术进行开采，摒弃土法开采，使淮南煤矿在开采不到两年时间内即成为华东地区唯一的大煤矿。⑤ 程士范接任淮南煤矿局局长后，发展更为迅速。

建委会接管长兴煤矿后，"新建电力厂一个，广兴、大煤山煤井两个，

① 程华亭口述，张景周整理《我所知道淮南煤矿的缘起》，《淮南文史资料》第 7 辑，第 4 页。
② 《建设委员会办理浙江长兴煤矿节略及有关文件》（1928 年），中国第二历史档案馆藏国民政府建设委员会档案，全宗号：46，案卷号：789。
③ 《建设委员会工作概况》，《建设委员会公报》第 19 期，1931 年 11 月，第 258 页。
④ 淮南煤矿局编印《淮南煤矿六周年纪念特刊》，第 276 页。
⑤ 中国国民党中央委员会党史史料编纂委员会编《张静江先生文集》，第 135 页。

改装电绞车吊卸笼子，其它机器动力多改用电气化，矿灯亦灌注电流。复工以后，每天产煤平均在 400 吨左右"，[①] 发展甚快。

三　注重运输和销售

建委会对两个所属煤矿的经营十分注意运输和销售环节。因为这两个煤矿均位于地理位置较为偏僻之处，运输条件对于它们的发展至关重要。

煤矿的发展离不开运输，运输费用的高低又直接影响煤矿的经济效益。为解决煤炭运输问题，淮南煤矿局在 1930 年建矿之初便开始修建从九龙岗矿区至洛河码头的汽车路。4 月，矿井开工建设的同时又开始修筑东、西矿井间及矿区到洛河间的轻便铁路。矿上的第一辆机车从法国购进，拉力 4 千磅，每次可拖拉 10 吨煤车 7 ~ 8 节。8 月又从英国购进拉力8.5 千磅的机车两辆，钢质煤车 40 节。当时铁路的轨距为 1 米，故称之为"米轨"。整条轻便铁路长约 12 公里，于 1931 年元月正式通车。除此之外，由于洛河镇靠近淮河，还购置了汽轮 2 艘、50 吨铁驳船 6 艘，以利水运。1935 年底，淮南铁路建成后，淮煤可直接运至芜湖裕溪口，顺江而下至南京、无锡、苏州和上海，抑或逆江而上至武汉，再由京广线北上或南下。运输条件的改善使生产成本大为下降，淮南煤矿因此获得迅猛发展。长兴煤矿亦是如此。建委会接收后即派技正郭楠前往该矿筹备运输事宜，首先是运输独立，以利营运。同时向杭州雇来多艘驳船以利运输。及长兴煤矿生产稳定后，1930 年 3 月又在广兴开采新矿，12 月开始出煤，"由矿场铁路接筑支路，直达该处，以利运输"。[②] 总之，运输问题的解决为煤矿的发展提供了诸多便利条件。

两个煤矿的销售问题也是其发展的重要因素。1929 年 6 月 8 日，长兴煤矿局局长张景芬与总工程师朱世昀联合向建委会提出设置 7 个销煤地点的建议。[③] 12 月 20 日，建委会公布《长兴煤矿局销煤章程》，加大煤矿销售网点建设。淮南煤矿在扩大生产的同时，亦在各地广设煤厂。1931 年 6月 22 日，建委会颁布《淮南煤矿销煤章程》以规范销售。该章程第一条规定，销售分包销、分销、工厂用煤及零售四种方式，前三种需向建委会事业处矿业室订立合同，期限一年，期满后续订。翌年 6 月，为扩大销

---

①　陈里仁：《我所知道的长兴煤矿》，《浙江文史资料选辑》第 24 期，第 175 页。

②　《革命文献》第 27 辑，第 361 页。

③　《建设》第 4 期，1929 年 7 月，第 29 页。

路，淮南煤矿局总务课设立煤务股，煤矿附近设立矿厂门市，并积极在全国各地筹设煤厂，如蚌埠、浦口、上海及武汉等地；一些较小县城，如怀远、蒙城、涡阳、江阴等亦设有分销处。为加强各地煤厂的销售和管理，1934年2月27日，建委会颁布《淮南煤矿局煤厂组织章程》，要求"均须遵照建委会直辖机关会计人员、金钱物料出纳人员保证规则之规定，觅具殷实铺保由局长核准呈报建委会备案"后，① 方可设立煤厂。对各地煤厂或分销处的销量做出规定："包销合同至少每月500吨，分销及工厂用煤至少每月300吨，按月认定销额，不得短少。"② 经过几年努力，淮南煤矿的煤厂几乎覆盖长江流域，并延至广州等地。煤厂的广泛建立，加快了淮南煤矿的发展，使其迅速发展成为全国著名的大矿。

四　推动地方经济发展

无论是建委会接管的浙江长兴煤矿还是自主开发经营的安徽淮南煤矿，都经过短暂整顿或勘探后即开始生产，并且发展很快，迅速推动了地方的经济发展。

建委会于1928年秋接收浙江长兴煤矿，经矿业专家陆子冬的细心整理，很快即开始出煤，对地方的民众生活影响甚大。中国国民党中央执行委员会秘书处曾经致函建委会，称该会"办理长兴煤矿之目的，以民生主义为依归……本矿此后目的即欲使地稀之区变为地广人稠之县，此为今后所努力，亦抑可告慰于长兴人士者也"。③ 淮南煤矿的开发经营，推动了安徽中北部的经济发展。该矿开发前，当地虽已有私人开采的大通煤矿，但规模小，影响也甚微。正是淮南煤矿的开采，才使安徽中北部地区逐渐兴起了一个以煤矿业为主导产业的城市——淮南。

---

① 《建设委员会淮南煤矿局煤厂组织章程》，《建设委员会公报》第38期，1934年3月，第121～122页。
② 《建设委员会创办淮南煤矿述略及有关文件》，中国第二历史档案馆藏国民政府建设委员会档案，全宗号：46，案卷号：762。
③ 《公函中央执行委员会秘书处》（1932年1月8日），《建设委员会公报》第21期，1932年4月，第136页。

第五章　发展铁路交通

　　建委会经营的铁路颇具特色，属于民国时期"强人筑路"的典型。由于张静江在国民党内的威望与影响，他所主导修建的三条铁路不仅能够顺利建成而且各具特色，既有省办铁路，也有国营铁路，更有民营铁路。[①] 三个不同类型的铁路均能运营良好。杭江铁路为张静江任职浙江省政府主席时修筑，为省办铁路的典型。淮南铁路为解决国营淮南煤矿的运输需要而修筑，为国营铁路。江南铁路为张静江联合大多数故交好友修筑，属于民营铁路，实际上也是其经营铁路现代交通思想的产物，故本章也将其列入论述。

第一节　杭江铁路：构成东南铁路网的基本格局

　　杭江铁路是指从杭州钱塘江对岸江边的西兴镇起，经萧山、诸暨、义乌、金华、汤溪、龙游、衢县、江山至江西玉山的一条铁路，全长 341 公里，另有金华至兰溪的支线长约 23 公里。此路贯穿浙江全省，对浙江的各项事业影响颇大。杭江铁路"虽非伟大工程，然民国以还，尚为省办唯一之铁路"。[②] 张静江在任职建委会领导人之前，即担任中国国民党中央执行委员会政治会议浙江分会主席，主管浙江省政。身为浙人的张静江，为发展浙江、将其建成全国的现代化建设"模范省"，便以铁路建设为突破口，杭江铁路便是第一个产物。

一　修筑杭江铁路的历史背景

　　杭江铁路的出现具有深刻的历史背景，它是孙中山构筑宏伟铁路计划

---

① 当时国民政府将铁路分为四类，即国有铁路、省营铁路、民营铁路、专用铁路。浙江省所修的杭江铁路即属于省营铁路。见杨承训《三十年来中国之铁路事业》，中国工程师学会编《三十年来之中国工程》，中国工程师学会，1946，第 5 页。
② 江家瑁：《本省建设事业与经济问题》，《浙江省建设月刊》第 7 卷第 8 期，1934 年 2 月，第 5 页。

的一部分，是浙江近代经济发展的迫切需求，浙江人曾多次筹议修筑浙赣铁路，它也是张静江主政浙江的直接产物。

1. 浙江近代经济发展的迫切要求

近代以来，由于浙江地处沿海，西化风气早为人们所接受。但进入20世纪，美、英、日等发达的工业国均已采用大机器生产，浙江的主要商品——丝绸却还以家庭加工为主。产业的落后与交通的不便导致技术、人才和信息的流通不畅。近代城市化进程也迫切需要加强沪、杭间与浙江内部各地区之间的互相联系。而当时仅有沪杭铁路与外省进行沟通交流，这严重阻碍了浙江与外界的交流与发展。负责杭江铁路勘测的杜镇远等人认为该路所经之处大都为浙省富庶区域，并且可与当地水运连接起来，从而加快浙江经济的发展，如"由闸口起点，可与沪杭甬铁路接轨，直通南京、上海、东方大港及宁绍等通商口岸"，沿途经过各县，均有道路可通其腹地，"其经过之河流，如分水江，则可通分水、昌化、于潜等县，新安江则可通寿昌、淳安、遂安、徽州、绩溪、休宁等县，金华江则可通东阳、义乌、金华、汤溪、武义、永康、等县，衢江则可通常山、开化等县，江山港则可通江山县，广通以上可通闽赣"。杭江铁路筑成以后，则"运输之发达，与沿路各地工商业之振兴，正未可限量也"。① 因此杭江铁路的筑成，能够极大地推动浙江经济的发展。

2. 近代以来浙江人即有修筑浙赣铁路的多次筹议

近代以来，浙江人对浙赣铁路寄予厚望，并多次筹议修筑该路。清末列强意欲修筑浙赣铁路，即遭到浙江绅商的强烈反对，遂自发组织起来修筑浙赣铁路。1905年衢州县令要求各绅董筹股，"大旨为衢属为浙赣要道，一经路工告成，商务指日可兴，大利所在，毋稍观望"。② 1908～1910年，浙江铁路公司开始不间断地派工程师对衢严等上江各路段进行逐一勘测。③ 当沪杭线开通、杭甬线开工之际，江浙立宪派领袖汤寿潜提出了建设东南大铁道计划，改线从上海至广州，其中衢州至杭州段即为"浙

---

① 杜镇远、刘贻燕：《杭江铁路之原起及工作之经过》，《建设》第 4 期，1929 年 7 月，第 16 页。
② 《照会绅董招集路股（衢州）》，《申报》1905 年 12 月 1 日，第 9 版。
③ 《浙赣铁路交通先声》，《申报》1910 年 6 月 15 日，第 1 版。

赣之本线，浙路公司业经决定，事在必行"。① 是年春，常玉段开始勘测，浙江铁路公司派"林大同、徐安镇、罗云、赵震有四人，至常玉复勘，赣路公司亦派购地科黄邦懋来玉会勘……此路号称'八省通衢'，出口以盐为大宗"。② 进入民国后铁道部又将其"收归国有"。③ 后因时局动荡不安，始终未果。直至张静江任职浙江政治分会主席后始将修筑杭江铁路列入实施计划并变成事实。

3. 浙赣铁路为孙中山开发东南铁路的实业计划之一

孙中山十分重视铁路在国家建设中的作用。1912 年 6 月 25 日，孙中山对《民立报》记者发表谈话："苟无铁道，转运无术，而工商皆废，复何实业之图？故交通为实业之母，铁道又为交通之母。国家之贫富，可以铁道之多寡定之，地方之苦乐，可以铁道之远近计之。"④ 说明他已经把国家拥有铁路里程的多少作为衡量国家贫富与地方苦乐的标准之一。辞去中华民国临时大总统之职后，孙中山任全国铁路督办，于上海成立中国铁路总公司，负责筹办全国铁路，遂有"10 年内建筑 10 万英里铁路"的宏伟计划。在孙中山的实业计划中，即有修筑东南铁路的计划。1916 年 8 月 19 日，孙中山在浙江省欢迎他的宴会上发表演讲，指出："惟建国大业，千头万绪，何从作起，应熟筹之，而交通便利当为第一要着，欲交通便利，必先修筑道路，觇一国之文明与否，可于其道路卜之。"⑤ 他在《建国大纲》中还提出把浙赣线作为东方大港通达广州的东南铁路系统中的干线之一。张静江一生仰佩孙中山先生，因此 1928 年成立并由张静江所领导的建委会，其指导思想即以"奉建国大纲、建国方略为圭臬，以解决民生问题为主旨"。⑥ 张静江主持浙江省政后，自然将孙中山对浙赣铁路建设方针作为自己建设浙江的主要内容之一。杭江铁路即是张静江发展浙江交通事业的首选。

4. 张静江主政浙江首要发展交通事业

1927 年 7 月，张静江第一次任浙江省主席后，首先制定了浙江建设的

① 汤寿潜：《东南铁道大计划》，《汤寿潜史料专辑》，政协萧山文史工作委员会，1993，第 495～501 页。
② 《浙赣铁路交通先声》，《申报》1910 年 6 月 15 日，第 1 版。
③ 《接受浙路之附属问题》，《申报》1914 年 5 月 20 日，第 7 版。
④ 中国社会科学院近代史研究所中华民国史研究室等编《孙中山全集》第 2 卷，中华书局，1982，第 383 页。
⑤ （杭州）《民国日报》，1916 年 8 月 19 日。
⑥ 张人杰：《发刊词》，《建设》第 1 期，1928 年 10 月，第 2 页。

四项方针："一则先求其大且急者，而他则从缓；一则有者因之而设法改良，无者创之以开物成务；一则增加国货之产销，节制外货之输入；一则定百年之大计，不求一旦之近功。"① 交通建设，则是其所言"大且急者"。张静江"鉴于国计民生之凋敝，欲以发展交通，建筑铁路，以资救济……欲使两浙平衡发达，遂有建筑浙赣、浙皖两铁路之拟议"。② 1928年10月，张静江复任浙江省主席，由于此时他还担任建委会委员长一职，为使全国建设形成规模，便有意将浙江办成一个影响全国的"模范省"。张在复任浙江省主席的典礼上曾表示"将以浙江为实验省全力搞建设"，③并宣布施政方针以"发展交通、开发地方为急务"。④ 他认为杭江铁路如能筑成，"可将江西、福建、安徽、各省物品，直接运沪，以利行商"，⑤浙江交通不畅的落后局面将大为改观，故将杭江铁路再次提到议事日程。1928年12月，由省政府商请建委会派土木专门委员、"平生不嗜烟酒，不求享乐，不置产业"的杜镇远来浙复勘杭江铁路，以便及时赶筑。⑥

二　杭江铁路的勘测、经费及修筑

杭江铁路的建设，从1928年10月开始勘测，至1934年12月28日完工，历时五年之久。此处拟从路线的勘测、经费的筹措及其修筑三个方面进行分析论述。

1. 勘测路线

1927年春，当张静江首次主政浙江时期，为加快浙江的经济发展，即有修筑浙赣、浙皖铁路的宏伟计划，只因此次在职时间短暂而未果。1928年10月，张静江第二次任浙江省主席后，再次将浙赣铁路的建设计划提上日程，命杜镇远来浙再次勘测杭江铁路。此次勘测起自杭州闸口，沿钱塘江左岸，经富阳、桐庐、建德、兰溪、龙游、衢县而至江西玉山，

---

① 浙江建设厅：《浙江第一期建设计划》，《建设》第8期，1930年7月，第53页。
② 侯家源：《张静江先生与浙赣铁路》，（台北）《中央日报》1950年9月16日。
③ 何祖培：《张静江事迹片断》，《文史资料选辑》第24期，中华书局，1962，第284页。
④ 朱雨香：《张静江先生手创杭江淮南江南三铁路》，中国国民党中央委员会党史史料编纂委员会编《张静江先生文集》，第403页。
⑤ 王健强、胡开寸：《为铁路建设事业奋斗一生的杜镇远》，《秭归文史资料》第4期，第17页。
⑥ 王健强、胡开寸：《为铁路建设事业奋斗一生的杜镇远》，《秭归文史资料》第4期，第37页。

历两个月测竣。翌年2月8日，杜镇远将勘测报告提经浙江省府委员会第203次会议议决，决定依照铁道部所定标准建筑该路，并将该路定名为浙江省杭江铁路。3月25日，浙江省政府委员会第207次会议议决通过《杭江铁路筹备处大纲》，正式成立杭江铁路筹备处，以杜镇远、刘贻燕为正、副主任，筹建该路。杜镇远将全线分为四段，分别组织四个测量队，再次进行勘测，并循环复测，以减少测量费用。四个测量队的负责人和勘测与复测线路的范围如下：

（1）闸口至桐庐段，1929年3月4日开始测量，队长为建委会技正万树芳，并担任江山至玉山段的复测。

（2）桐庐至兰溪段，1929年3月16日开始测量，队长为前奉海铁路总段段长蓝田，并担任闸口至桐庐段的复测。

（3）兰溪至江山段，1929年4月18日开始测量，队长为鄂东公路局工程处主任侯象源，并担任桐庐至兰溪段的复测。

（4）江山至玉山段，1929年5月7日开始测量，队长为前奉海铁路总段段长吴祥祺，并担任兰溪至江山的复测。[1]

上述杭江铁路四段的负责人，均为建筑设计方面的专家，如蓝田与吴祥祺都担任过奉海铁路总段段长。说明张静江对于工程事务的严格要求，坚持利用专家管理。这也是建委会的一贯管理方式。

1929年6月1日，浙江省政府决定撤销杭江铁路筹备处，设立杭江铁路工程局，以杜镇远为局长兼总工程师，全面负责修筑该路，局下设总务、工务两处。7月29日，各个测量队初、复测均次第完成，一律回局绘制该路图表。此时因省款不济，杭江铁路工程筹备暂停。12月10日，又将杭江铁路的原班人马办理萧常公路工程，拨往杭江铁路的经费也转拨给萧常公路建设。不久后，张静江认为萧常公路不能仅以客运为主，亦应该注重客货运输，这样才能推动浙江全省的经济发展，主张建设铁路，即萧常轻便铁路，亦为杭江铁路的起点。至此杭江铁路才再次被提上浙江建设的日程。

2. 筑路经费筹措

杭江铁路对浙江经济发展的重要性，毋庸讳言。正如该路的负责人杜镇远所言："将来路工告成，运输之发达与沿路各地工商业之振兴，正未

---

① 《建设》第4期，1929年7月，第18页。

可限量也……并可将江西、福建、安徽各省物品，直接运沪，以利行商。"① 虽然如此，筑路还是遇到了诸多令人难以想象的困难，最令人头痛的即是经费。北伐前后，浙江财政已被以前占据浙江的军阀们搜刮殆尽，经济发展几近于停滞，因此筹措筑路经费异常艰难。1929 年 2 月 8 日，浙江省政府委员会第 203 次会议议决由省府自行筹款兴建该路，而浙江省政府经费有限，因此张静江意欲发行 1000 万元的浙江建设公债，打算将其中的 628 万元用作杭江铁路的建设。但南京国民政府以经费太多而未予以批准。因此张利用自己与江浙金融集团之间的特殊关系，决定向上海银行界筹款筑路。

当时国际经济形势十分紧张。1929 年 10 月世界经济危机爆发，使铁路建设获取国际金融投资的可能性几乎为零，而国内银行界对于投资筑路尚无先例。为获得银行界对杭江铁路的投资，张静江派杜镇远与中国银行的负责人张嘉璈商谈筹借筑路款项事宜，经过耐心细致的劝说，最终打消了张嘉璈对该路的两点疑虑："第一，轻轨是否经济；第二，杭兰一段对于国防及经济价值，甚为有限。"② 张嘉璈认为国内银行界此时如能投资兴筑杭江铁路，定会掀起银行界投资铁路建设事业的高潮，从而增强国家实力。基于这样的考虑，在杭兰段修筑之初，杭州中国银行联合浙江农工银行、浙江兴业银行、浙江地方银行四家银行组成银行团，商议借款筹建该路。经商谈，四家银行同意以月息一分的利息借与浙江省政府 360 万元，并以浙江建设公债 388 万元与杭兰段全路财产为担保，分两次贷款给杭江铁路。③ 加上浙江省府拨付的 353 万元，才勉强凑足杭兰段的预算经费。其实铁路筑成后，实际上共约花费 693.95 万元（其中有 12 万余元在银行团在续借建筑费时已经扣除）。张静江多次要求节约修路的一切开支，因此杭江铁路的所有薪俸及支用，均以最低限度进行预算。

金玉段长 165 公里，根据预算，修筑此段约需 611 万元。经费支出分为两类，一是购买材料费用，二是国内建筑费用。前者是张静江利用李石曾④

---

① 杜镇远、刘贻燕：《杭江铁路之原起及工作之经过》，《建设》第 4 期，1929 年 7 月，第 16 页。

② 张嘉璈：《中国铁道建设》，杨湘年译，商务印书馆，1945，第 36 页。

③ 杭江铁路工程处编印《杭江铁路工程纪略》，1933，第 23～24 页。

④ 李石曾（1881～1973），名煜瀛，河北高阳人。建委会常务委员之一。南京国民政府建立后，李石曾负责英国庚款的归还及使用事宜，张静江利用和他的密切关系，为建委会筹集到了许多经费。

负责中英庚款事务的有利条件，向中英庚款董事会借用国外购料款 20 万英镑，约合国币 350 万元，用金玉段营业收入的盈余分期归还。后者因为经费受限，亦分为两类，一是凡为维持通车必不可少的工程及设备，需 356 万元；二是有关增加行车安全及维持初期营业，一经通车即须修筑之工程，需 34 万元。浙江省政府为筹足筑路资金，将刚扩建的杭州电厂及其电气专营权售与杭州中国银行为首组织的"企信银团"，除将售款 100 万元转拨应用外，再借其 220 万元，年利高达 1 分，并以金玉段财产为担保。① 至此杭江铁路的建筑经费始获切实解决。

3. 杭江铁路的修筑

为使杭江铁路成为中国铁路建设的楷模，在吸取自清末以来随着铁路建成而路权丧失的沉痛教训后，张静江为该路修筑确定了四项原则：浙省自办；不借外债；不用外籍工程师；先求其通，后求其备。② 杭江铁路从头至尾即按照这四项原则进行建设。杜镇远曾感叹道："惟筹办之初，罗致人才，殊感困难，因未成之路，与已成之旧路比较，一则事属草创，办理维艰，一则路属已定，劳逸迥殊。且夙有经验者，类多任事日久，借资熟手，不能前来，而因事属创办，志存观望者不乏其人。"③ 因此该路在筹办之初，在经费、人才等方面均遇到令人难以想象的困难。

虽然该路是孙中山手定的铁路计划中东南铁路干线的一部分，"惟是本路建筑资本，系由浙省政府自行筹措，限于财力，未能骤作大规模之进行，而熟察浙东经济状况，目前亦尚无巨量运输"。④ 因此，张静江决定采取 35 磅/码（合 17.4 公斤/米）的轻轨铺筑。虽使用轻轨，不符合铁道部的重轨要求，"惟对于轨距一层，力矫从前各轻便铁路狭轨之弊，拟采用标准轨距，以便得与沪杭路连接，并留他日改为正式铁路"。⑤ 由于不符合铁道部的标准，而张静江又执意要修，铁道部当时并未予以批准。至 1932 年 3 月杭兰段筑成后，由于张静江的多方沟通，铁道部才不得不勉强给予批准，以至于时任铁道部长顾孟余抱怨："铁道部名为管理全国铁路

---

① 杭江铁路工程处编印《杭江铁路工程纪略》，第 24 ~ 25 页。
② 周颂贤：《纪念张静江先生》，世界社编印《张静江先生百岁纪念集》，第 19 页。
③ 杜镇远、刘贻燕：《杭江铁路之原起及工作之经过》，《建设》第 4 期，1929 年 7 月，第 16 页。
④ 浙江省建设厅：《杭江铁路建筑之经过与营业运输概况》，《浙江省建设月刊》第 7 卷第 7 期，1934 年 1 月，第 13 页。
⑤ 浙江省建设厅：《浙江第一期建设计划》，《建设》第 8 期，1930 年 7 月，第 56 页。

的机关，可是能完全管理的，全国中不知有几条铁路。"①

经过上述一系列的资金、人才、材料等方面的准备，1930 年 3 月 9 日，杭江铁路于萧山举行开工典礼，从此拉开了杭江铁路正式开工建设的序幕。杭江铁路局根据以前勘测的情况，将杭江铁路基本上分两段进行建设，即杭兰段（亦称江兰段）和金玉段。首先开工者是杭兰段，从 1930 年 3 月 9 日开工铺设路基，至 12 月份因省政府财政困难，工程进行稍缓。翌年 5 月，由于省政府与上海银行团签署借款合同，资金问题解决，浙江省政府通知工程处要求加快速度。6 月 1 日通车至尖山。为充分发挥铁路效益，根据张静江"铁路修到哪里，路就通到哪里"的指导方针，此段修通后即开始办理旅客与行李运营业务。7 月 1 日通车至诸暨，12 月通车至义乌，翌年 2 月通车至金华，3 月 6 日通车至兰溪。至此杭兰段全部完工通车，开始营业运输。此段约有 195.6 公里，地势较之金玉段平坦，却费时两年，主要原因乃经费不济。又因采取措施得力，平均每公里成本仅 3.7 万元，筑路成本远比国有铁路为低。

杭兰段筑成后，工程局考虑到工程技术的难度，因兰溪婺港水面较为宽阔，工程艰巨，不宜过江，况且过江之后，至江山路线亦较远，便改变原先计划，将金华至兰溪一段作为支线，以金华为起点向西展筑。此时因筑路资金没有到位，停工半年。在获得庚款和杭州银行团的再次贷款后，开始加快筑路进程。此时曾养甫从建委会副委员长调任浙江任省政府委员兼建设厅厅长，又提出"发展交通为第一要务"，② 要求发扬张静江所提出的"苦干穷干快干之精神"修筑金玉段。③ 1932 年 11 月 28 日重新开工。该段地势崎岖，山岭河流较多，桥梁等工程较前段为多，但因经费一次筹足，工程进行甚快。1933 年 10 月 10 日通车至龙游，11 月 1 日通车至衢县，12 月 28 日通车至玉山。仅用一年时间，即提前完成了长达 162.9 公里的金玉段工程。较之杭兰段，无论从经费还是从时间上均大为减少，"进行之速率已打破中国铁路工程之纪录"，④ 并且技术标准上较之

---

① 顾孟余：《中国现有铁路状况》，《铁道公报》第 298 期，1932 年 7 月 13 日，第 18 页。

② 董直：《浙省建设事业之总检讨与前途之展望》，《浙江省建设月刊》第 7 卷第 7 期，1934 年 1 月，第 52 页。

③ 侯家源：《张静江先生与浙赣铁路》，（台北）《中央日报》1950 年 9 月 16 日。

④ 董直：《浙省建设事业之总检讨与前途之展望》，《浙江省建设月刊》第 7 卷第 7 期，1934 年 1 月，第 57 页。

杭兰段为高。但造价亦稍高，每公里成本为 4.1 万元。

至此杭江铁路经过三年多的努力建设，终于在 1934 年 12 月 28 日完工，并于当日下午 2 时在金华举行杭江铁路全线通车典礼。浙江省建设厅与杭江铁路工程局邀请沪杭新闻界记者多人前往参观并加以报道宣传，参加典礼者有 2000 余人。在通车典礼上，浙江省主席鲁涤平、国民党浙江省党部胡健中、建设厅厅长曾养甫、蒋介石代表许绍棠等分别进行讲演。至此杭江铁路正式建成通车。该路的建成彻底改变了浙江省的交通面貌。

杭江铁路刚建成时，全线共设 36 站。其中闸口、三廊庙两站为便利渡江客、货而设。全线 36 站中，各站之间相距最远者达 27.5 公里，最近者仅 5 公里，站的等次划分"系斟酌各地人口物产及交通情形而定"。当时设计的一等车站有三个，即杭江铁路的起点江边站、终点站玉山以及金华站（金华位于杭江铁路的中间，又是金兰支线之始点）；二等站有临浦、诸暨、兰溪、龙游、衢县、江山、贺村等，或系县城，或属重镇，或为出产富饶之地；余为三、四等站。为减少施工经费，各站站舍颇为简陋，甚至租用庙宇或民房，如郑家坞、白鹿塘站即用庙宇作为站舍，新塘边、牌头两站是用当地民房作为站舍。全线每日由江山至玉山间开行旅客列车往返各两次，混合列车往返各一次，[①] 可见初期运输并不繁忙。

三　杭江铁路的深远影响

杭江铁路的建成，不但改变了浙江的交通面貌，推动了浙江和整个江南经济的发展，而且对于国民政府时期铁路建设的模式与格局产生了深远影响。

杭江铁路的修筑，不仅彻底改变了浙东与浙西交通不便的历史，改变了全省的铁路交通面貌，而且对浙江和江南地区的经济发展产生了深远影响。以前浙江交通以水运为主，但水运受季节影响具有不稳定性，有时无法按时通航，势必影响地方经济发展。自杭江铁路筑成后，则无水势大小之虞，浙江交通面貌由此也大为改变。以前仅有沪杭甬铁路，但杭州与宁

---

① 浙江省建设厅：《杭江铁路建筑之经过与营业运输概况》，《浙江省建设月刊》第 7 卷第 7 期，1934 年 1 月，第 21 页。

波未连接在一起，铁路仅在浙江东北一隅，无法起到推动全浙经济发展的作用。杭江铁路的修筑，大大改变了浙江省的交通面貌，使浙江的铁路通车里程大为增加，至今杭江铁路（浙赣铁路浙江省内的一段）仍是浙江最为重要的铁路交通动脉。至于对浙江的经济推动作用，我们可以以杭江铁路在杭兰段筑成后的收入为例，选取1931年度与1932年度加以比较，从中即可见一斑（见表5-1）。

表5-1　杭江铁路杭兰段1931年度与1932年度的收入

单位：元

年度		1931		1932
客运收入	旅客	473525.25	旅客	999492.80
	其他	2317.16	其他	14726.16
	总计	475842.31	总计	1014218.96
货运收入	货物	87518.96	货物	238100.63
	其他	577.18	其他	1040.32
	总计	88104.54	总计	140140.95

资料来源：根据浙江省建设厅《杭江铁路建筑之经过与营业运输概况》（《浙江省建设月刊》第7卷第7期，1934年1月，第21页）制作。

从表5-1可知，杭江铁路杭兰段1932年度的客运收入较之1931年度增长约1.1倍，货运收入则有0.6倍，可见杭江铁路杭兰段在刚筑成之后即发展较快，无论客、货运输均增长迅速，说明商旅往来频繁，也基本上反映了该路对浙江经济发展的影响。

杭江铁路对江南经济发展的影响亦甚为明显。由于杭江铁路的西部终点在江西玉山，处于浙赣两省交界处，两省丰富的物产，均可通过杭江铁路向沿海运输，直达沪、杭，这样既扩大了江南地区的物资流通，促进了浙赣内地对外贸易的迅速变化，也加快了人口的流动和沿线城市的发展，推动了地方经济的迅速繁荣，加快了区域经济的整体发展。以杭江铁路的中间站金华为例，杭江铁路全线通车后，金华成为铁路、公路、水路的交汇点，婺江与衢江流域的集散和贸易中心也逐渐由兰溪移至金华。类似金华这样由于杭江铁路的修筑而迅速繁荣的城镇很多，它们对于城乡之间的物资交流和商品经济的迅速发展发挥了重要作用。

杭江铁路改变了过去那种官办、商办或者官督商办的方式，采取由银行投资与政府共同开发经营的模式，在中国铁路史上开创了先例。张嘉璈认为，在该路修筑时，"外国银团借款之途尚未打开，而庚款已经尽数支配粤汉，若中国银行不出担任，则铁路建设将无开始之日"。[①] 实际上中国银行也从修筑这条铁路中获取了极大的利益，不但获取高额利息，而且以主要债权人的身份派出稽核员，驻在杭江铁路局，稽核杭江铁路的一切工程、购料和营业收支，拥有对该路财务的实际控制权。在杭江铁路通车后，中国银行在铁路沿线城市增设分行，一面经理该线的金融业务，一面开展浙盐、赣米等特产的信用业务。[②] 杭江铁路使中国银行的投资获得了暴利，无疑也刺激了上海一些银行投资铁路的热情。著名铁路工程专家凌鸿勋认为该路的筑成，"为关内地方政府独立担任筑路的积极行动，而中国银行之独立贷款亦打开国内银行界对发展铁路事业之新途径，自是政府与人民及社会对铁路前途新概念的结果"。[③]

杭江铁路不但推动了上海银行界对铁路建设的投资，对全国各地修筑铁路影响亦十分明显。由于该路"一切公款，皆由浙省自筹，各级工程师，皆选用本国人才，低级干部则设训练班，此可谓开中国'省办铁路'、'不用外款'、'不用外人'之先河"。[④] 建委会所属的淮南铁路在修筑方式、资金筹措以及服务态度等方面基本上均仿杭江铁路而建，其实稍后全国各地所修的铁路也深受其影响。时人有言："现在江西之玉萍路，福建之漳龙路，山西之同蒲路，四川之成渝路，以及贯通皖浙两省的芜乍路，皆拟仿照杭江路的办法着手进行，是则杭江铁路之成败，关系于中国铁路事业兴替之重大。"[⑤] 九一八事变之后至七七事变之前，中国铁路建设除张静江所主持的杭江铁路、淮南铁路和江南铁路之外，还有杭江铁路的延伸——浙赣铁路、阎锡山在山西所修的同蒲铁路，以及借助庚款对粤汉路的连接和陇海路的西展。后人有言，正是有了杭江、江南、淮南三条铁路，"乃有彭湃全国建设新铁路的运动与人才，与其刻苦耐劳、廉洁服务的风气"，[⑥] 由此可见张静江对抗战前铁路建设的影响。而当时杭江铁路的修建十分艰难，后人曾评价张静江"创建杭江铁路，按照当

---

① 张嘉璈：《中国铁道建设》，第36页。
② 金士宣、徐文述：《中国铁路发展史（1876～1949）》，中国铁道出版社，1986，第453页。
③ 《革命文献》第78辑，台北，中央文物供应社，1979，第303页。
④ 侯家源：《张静江先生与浙赣铁路》，（台北）《中央日报》1950年9月16日。
⑤ 董直：《浙省建设事业之总检讨与前途之展望》，《浙江省建设月刊》第7卷第7期，1934年1月，第58页。
⑥ 周颂贤：《中国新铁路之父——张静江先生》，（台北）《中央日报》1950年9月16日。

时的情形，用'筚路蓝缕，以启山林'来形容，是最恰当无比的"。[①]

杭江铁路对抗战前中国铁路格局的影响亦十分深远。在杭江铁路筑成一个月后，蒋介石认为该路可"使东南交通，脉络舒展，打成一片，则大江以南之文化产业，则由是发展，农村由是恢复，设同时湘黔路完成以后，则东南半壁之经济情势，必有极大之变迁，则谓中国复兴，由此发轫，并非过言也"。[②] 由于认识到杭江铁路在国防上的重大意义，蒋介石要求铁道部将其展筑至株洲，与粤汉路相连。该路虽系轻轨，"然路基建筑及一部分桥梁墩座，已预留改筑干线标准制之地步"。[③] 因此1934年初，铁道部将其换成重轨并延至株洲，构成横贯浙、赣、湘三省的铁路交通干线——浙赣铁路，主支线长达1013公里，为抗战前江南地区最重要的陆上交通线。浙赣铁路的筑成，无论在国防上还是在地方经济发展上均有十分深远的影响。

四　杭江铁路修筑及发展之原因

在三年半的时间内，中国第一条省营铁路——杭江铁路为何能够顺利筑成并发展壮大，而内地一些省份持续多年的筑路计划却迟迟不能筑成，其原因实有探讨之必要。综合当时各种情形，杭江铁路能够顺利筑成约有以下几个原因。

1. 浙江人民的一致支持

近代浙江的经济发展与城市化进程的加快，浙江省上下均意识到交通对浙江未来发展的重要作用，因此在杭江铁路建设时，政府部门、社会及商民均积极参与其中，提供力所能及的帮助。如在杭江铁路沿线征收用土地时，地价并未按时付与，只是规定征用土地后剩余土地仍归原来业主所有，征用土地仅支付补偿费，[④] 而民众多能慨然应允，表现出支持交通建设的极大热情。其实浙江人民素有对交通建设支持的传统，如在沪杭甬铁路建设中，浙江广大士绅民众组建的浙江铁路公司筹集了优先股金485万

---

① 朱雨香：《张静江先生手创杭江淮南江南三铁路》，中国国民党中央委员会党史史料编纂委员会编《张静江先生文集》，第406页。
② 《革命文献》第89辑，台北，中央文物供应社，1981，第289页。
③ 铁道部编《铁道》，中央党部国民经济计划委员会编《十年来之中国经济建设（1927～1937）》，第25页。
④ 金士宣、徐文述：《中国铁路发展史（1876～1949）》，第450页。

余元，其中的绝大部分资金来自工商业者投资。根据统计，1933年以前半数以上的公路即为商筑。① 这说明浙江人民对交通运输设施建设充满信心，认为在未来长期的发展中不但能为满足社会需要做出贡献，自身亦可获利。除了浙江人民的大力支持之外，浙江金融集团的支持也是杭江铁路顺利筑成的重要因素，从首期工程到末期工程，均有浙江金融集团的巨款投入，说明浙江银行界对家乡建设事业的支持。

2. 张静江的政治资源与经济实力

张静江早年追随并从经济上赞助孙中山进行辛亥革命，孙中山曾言："自同盟会成立以后，始有向外筹资之举。当时出资最勇而多者，张静江也；倾其巴黎之店所得六七万元尽以助饷。"② 在南京临时政府和二次革命时期，张继续资助孙中山。当孙中山先生在南方建立革命政府时，张静江又应孙之邀赴粤参加国民革命，为当中一风云人物。张的政治阅历，使其获得了他人无法相比的政治资源。据统计，他一生中担任中央级别的委员即达12个之多，虽然有些是不太重要的职务，但也说明他在国民政府中的影响。这自然为他主持的各项建设事业的发展提供了极大的便利。

张静江不但有极为丰富的政治资源，其家族的经济实力也是他人无法相比的。张出身南浔丝商巨贾，祖父和外祖父均为清末民初的丝商大户，与江浙金融财团有着非同寻常的关系，这使其从事经济建设时，得到一定的财力支持。张静江为杭江铁路筹措款项时，总有江浙金融财团从中帮助，如杭江铁路的顺利修筑即与江浙金融集团的支持密不可分。张静江本人亦有着出众的经济才能，其早年在法国开办的通运公司与后来经营的几个建委会附属企业，均能运行良好，即为例证。

3. 专家领导建设

张静江在主政浙江时期，要求建设厅每月举行一次建设会议并定期召开行政会议，这些会议为浙江建设事业的推进无疑有着不可低估的作用；而有一个团结奋进、由专家组成的领导班子也是其交通建设事业推进的重要因素之一，甚至有时是最为重要的原因。

1927年3月，张静江任浙江政治分会主席，任命亲信程振钧为省政府

① 徐望法：《浙江公路史》第1卷，人民交通出版社，1988，第32页。
② 周谷城：《中国通史》（下），上海人民出版社，1957，第436页。

秘书长兼建设厅厅长。5月，程任浙江省政府委员兼建设厅厅长，翌年12月复任浙江省政府秘书长。自张静江为省长后，程即为其在浙江建设事业的最为得力助手，① 为浙江建设事业出力甚多。具体主持杭江铁路建设者，则是著名铁路专家杜镇远，他于1928年任建委会土木专门委员。他也是为杭江铁路出力最多者。

对于建筑杭江铁路的人才，1933年12月28日，马寅初在该路通车典礼上曾赞扬道，杭江铁路"最难得的，就是张静江、程发甫、曾养甫、杜镇远四位先生对于建设这条铁路，都能非常的努力，甚至连睡觉的功夫都没有，这种毅力和苦心，实在是值得我们钦佩的，并且所有参加建筑本路的历任局，没有一个刮钱的"。② 马寅初的评价说明了建设这条铁路的艰难与相关人士的付出。

从上述可知，具体主持铁路建设者，均为专家，况正值年富力强。特别是具体主持铁路杜镇远，有在美国四年的学习与工作经历，杭江铁路在路线选勘、建筑设计等方面均堪称当时铁路修筑的典范。

浙江建设厅成立后，在张静江的要求下，"为讨论及报告一切建设计划或事务，沟通本厅与各附属机关之意旨，并解决各项困难问题，以期达到全省建设事业进行之最高效率"，③ 定于每月第一个星期四上午9时召开建设会议，参加者为建设厅厅长、秘书主任、技术主任、秘书科长、技正、各附属机关主任等，讨论当月建设事宜。每月一次的建设会议，有助于各项建设事业的顺利进行。

4. 服务社会的运营策略

杭江铁路建成后，无论客、货运均采取与其他铁路不同的运营策略，提出"以服务社会"为宗旨，从而深受铁路沿线民众的热烈欢迎，发展自然颇快。

（1）客运

客运是杭江铁路通车后的主要业务。杭江铁路局主要从三个方面开展客运业务：第一，注重三等客车。因为当时全国坐三、四等车厢人数最多，几乎达到90%以上，杭江铁路"以全副精神整理三等客车，空气光

---

① 徐友春：《民国人物大辞典》，河北人民出版社，1991，第1149页。

② 《马寅初在杭江铁路通车典礼上的贺辞》，《杭江铁路全线通车典礼速记录》，《杭江铁路月刊》第2卷第1期，1934年4月1日，第68页。

③ 《建设厅会议章程》，《浙江建设厅月刊》第31期，1929年12月，第19页。

线及清洁设备均在他路之上，此为一般所公认者"。① 第二，冬季开驶小工车。因为杭江铁路沿线人民多外出工作、冬季回乡，此举十分方便铁路沿线人民的出行。第三，实行三等中式饭车。该路一改国内其他铁路出售西式饭菜的习惯，仅售中式饭菜，并将其分为三等。同时为整顿秩序，取消了三等车的叫卖杂食。上述便利地方人民的措施使客运在杭江铁路开始运行时即发展颇快。

（2）货运

杭江铁路的货运亦从三方面进行了改革：第一，实行负责运输。如果货物损失，照章赔偿，这使货运商户安全感增加。第二，扩展货运范围。例如，在萧山、临浦、义乌、金华、兰溪等处，均建有接运码头或岔道，直达水埠，实行水陆联运。又在杭州三廊庙和闸口两处，分设车站，承运货物，并经办渡江手续，以减轻商旅负担。第三，货运办法商业化。杭江铁路一改当时国有铁路的官场习气，"纯从商业原理着手，一方面纠正员司对待商人之方法，一方面灌输铁路运输知识于客商"。货运办法商业化，具体而言，主要从三方面推行："一为将铁路运输简章印成广告，到处露布，且远及沿线各乡镇，以免转运公司上下其手；二为予商人以发表意见之机会，在沿线重要城市召集运输会议，由路局与商人共同讨论，沟通彼此意见；三为训练员工，注重商业习惯，以和平诚挚之态度对待运商。"② 由于杭江铁路的货运措施得力，非常适合商户的需要，发展颇快。

杭江铁路的运输组织，已经完全改变了过去铁路车务、机务、警务三处各不相属的局面，统一设置运输课，下分车务、机务、警务三股。这项改革"开中国各铁路管理法之新纪元"，③ 使铁路运输管理更加科学，运输效率大为提高。

除此之外，杭江铁路积极扩展运输业务，与宁沪杭甬铁路实行联运，这样既可免除中途报运手续，又可省去转运公司佣金。在杭江铁路全线通车后，又加入全国铁路联运，发展更为迅速，成为浙江东西交通大动脉，

---

① 浙江省建设厅：《杭江铁路建筑之经过与营业运输概况》，《浙江省建设月刊》第7卷第7期，1934年1月，第22页。
② 浙江省建设厅：《杭江铁路建筑之经过与营业运输概况》，《浙江省建设月刊》第7卷第7期，1934年1月，第22~23页。
③ 董直：《浙省建设事业之总检讨与前途之展望》，《浙江省建设月刊》第7卷第7期，1934年1月，第57页。

进而成为沟通东南各地经济发展的极好桥梁。

杭江铁路的发展是以推动浙江经济发展为目的，又结合浙江省的实际，制定了切实可行的发展策略，以商业的经营理念入手，因此运营效果颇好，发展亦快，可谓民国时期铁路建设的先导与运营的楷模。

杭江铁路的修筑，使浙江民众感到"四方交通便利，货物运输，商旅往来，都比往日便利快捷"。[①] 张静江两任浙江省政府主席不过两年零三个月的时间，[②] 却"为浙江省留下新建设规模"。因此有论者在评价张静江对浙江省的建设事业的成就时，即认为"在半世纪来的民国历史上，张是浙江省历任省政府首长致力于建设最有成绩的人"。[③] 杭江铁路不但彻底改变了浙江的交通面貌，对浙江与江南经济的发展起了非常重要的推动作用，而且在国民政府时期的铁路建设史上，开创了省营铁路建设的先例，从而引起了地方政府对于铁路建设事业的极大关注，全国省办铁路的高潮也随之出现，抗战前的铁路建设蓬勃发展起来。

第二节　淮南铁路：助推淮南煤矿与皖北发展

淮南铁路的修筑不仅是淮南煤矿建设史上的大事，也是近代安徽交通建设史上的重要事件，在某种程度上具有里程碑式的意义，因为自此之后，皖北交通闭塞的局面被打破了，人员和物资的交流开始加快，铁路沿线地方各种事业快速发展。

一　淮南铁路修筑的历史背景

淮南铁路的建设并非偶然，它不仅是张静江执行孙中山大力建设铁路的政策的表现，亦与当时的历史环境紧密联系。具体而言，淮南铁路修筑的原因约有以下几个。

1. 淮南煤矿急需运煤

1931 年 1 月，淮南煤矿经过一年的开发建设，开始向外售煤。为运煤

---

① 侯家源：《张静江先生与浙赣铁路》，（台北）《中央日报》1950 年 9 月 16 日。
② 张静江曾两次担任浙江省政府主席，第一次是 1927 年 7 月 27 日至 10 月 5 日，第二次是 1928 年 11 月 7 日至 1930 年 12 月 4 日。中间一段时间是张静江随蒋介石一同下野，由何应钦担任浙江省政府主席（1927 年 10 月 5 日至 1928 年 11 月 7 日）。
③ 《张人杰疏财仗义》，吴相湘：《民国百人传》第 1 册，第 433 页。

需要，3 月，修筑了由九龙岗矿区通往洛河的一条长 17 里、轨距约为 800 毫米的窄轨轻便铁路，9 月正式通车。当时采取"由人力拉煤车，沿轻便铁道而行"的方式，① 运输十分艰难。至翌年 1 月，方使用机车拉煤。据言"当时窄轨上跑的烧汽油的小火车头，马力很小，每列车只能挂七、八节 10 吨的小翻斗车"。② 淮南煤矿出煤后，"煤斤之运输，虽筑有轻便铁路以达淮岸之洛河镇，然自该镇循淮河水道运赴蚌埠，计程须一日，再由津浦铁路转运浦口行销各埠，舟车辗转，时日殊难确定，而运费既多，运耗亦巨，成本自大"。③ 附近大通煤矿也仅从矿场至码头田家庵修筑了约 10 里的轻便铁路。除了自身修筑的轻便铁路之外，还需借助淮河运煤，而淮河随季节变化的水涨水落即在一定程度上影响了淮煤的销售。淮南煤矿刚创办时，毫无水上运输工具可言，仅有一个破旧的"淮南一号"轮船运煤，该轮"系该局唯一运料船只，所有一应采矿工程材料暨各项用品均恃该轮输送，不能一日间断"，即使这唯一的一艘轮船，还常被地方驻军调用。为此建委会致函陆海空军总司令部，由于该船的使用"事关维护国营事业之发展"，请"转饬驻蚌一带军队对于该轮嗣后不得封用，并请给示张贴保护"。④ 然而该轮船仍被地方驻军不断征用。

除利用河道运煤至蚌埠，还利用津浦铁路。但因"津浦路系单线机车，桥梁之布置，比较旧式，承平之际，车辆不缺，其最大运输能力亦不过 15 列车，约 8 千吨上下"。不但如此，蚌埠段南段的粮食杂货南运者，已达到每日三四千吨，再加上中兴煤矿三千吨、烈山煤矿千余吨、贾汪煤矿千吨、大通数百吨，以及北段南行各项杂货以及客票车等，余下的为淮煤运输的能力，"为数之微，不言而喻，设遇地方不靖，交通阻滞，更无论矣，是故本局果欲求充分发展，实施大规模开采计划者，非先增大运输能力不可，此建委会兴筑江淮轻便铁路计划之所由来也"。⑤ 而对于淮南铁路筑成后淮南煤矿的发展前景，建委会十分乐观，因为即使淮南煤矿

---

① 黎叔翎：《淮南煤矿经济状况》，《矿业周报》第 345 期，1935 年 8 月 7 日，第 521 页。
② 朱曼丽、方延康：《淮南铁路今夕》，《淮南文史资料》第 5 期，淮南市政协文史资料研究委员会，1984，第 69 页。
③ 淮南煤矿局编印《淮南煤矿六周年纪念特刊》，第 101 页。
④ 《公函陆海空军总司令部》（1931 年 4 月 24 日），《建设委员会公报》第 16 期，1931 年 5 月，第 213~214 页。
⑤ 《淮南煤矿局概况》，中国第二历史档案馆藏南京国民政府建设委员会档案，全宗号：46，案卷号：766。

"产额日增至 5 千吨以上，亦无运输困难之虞，故全路告成，当不能让开滦独占优势矣"。① 正是在这样的历史背景下，淮南铁路建设迅速提上了日程。

运煤不便是建委会亟须修筑淮南铁路的直接原因，但建委会并无修筑铁路的资格。因此，为获取中央政府的支持，1932 年 11 月 29 日，张静江呈文南京国民政府，说明建设淮南铁路的缘由：

> 只以皖省腹地水陆交通异常不便，津浦路方面，车运繁重，拨车困难，该矿存煤无法运输，堆积甚巨，致不克按照预订计划逐步扩充，兹为筹划该矿运输独立，以谋积极发展计，拟由矿山起兴筑一公尺轨距轻便铁路，经合肥巢县达扬子江边之裕溪口，以利煤运。

呈文最后，张静江附上《淮南煤矿铁路建筑理由书》一份，再次申述修筑淮南铁路的原因：

> 建委会开发安徽淮南煤矿，原定第一期计划每日产煤二千吨，该矿预定产额甚大，运输问题极关重要，津浦南段粮食煤货车运繁重，且常受军事影响，按照现在情形，每月仅能代运淮南煤三、四千吨，尚不及预定产额十分之一，该矿非另辟路线不足以保障健全之发展，故拟自矿山起兴筑一公尺轨距轻便铁路，经合肥、巢县，达扬子江边之裕溪口，全线计长 215.2 公里，先修矿合一段，计长 87.5 公里，以应急切需要。②

从上述呈文可知，张静江主张修筑淮南铁路的首要目的即为便利淮煤运输。其实此仅是淮南铁路建设的直接原因，解决 20 世纪 30 年代的"煤荒"问题是淮南铁路修筑的又一原因。

2. 解决"煤荒"之需

1927 年 4 月 18 日，南京国民政府成立，1928 年底张学良宣布"东北易帜"，至此南京国民政府名义上统一了全国，但是一些重要的能源地区，

---

① 《淮南煤矿局概况》，中国第二历史档案馆藏南京国民政府建设委员会档案，全宗号：46，案卷号：766。

② 《呈国民政府》（1932 年 11 月 29 日），《建设委员会公报》第 26 期，1933 年 1 月，第185 页。

如山西、山东及东北地区，南京国民政府仍不能控制。1931年九一八事变后，此种情形益加明显，东北煤炭为日本所控制，其并有进一步掠取华北之意。"自一二八事后国难方殷，外煤又肆意倾销，煤价大跌，国煤大起恐慌，几有一蹶不起之势。"① 在这种情况下，南京国民政府必须确保南京、上海地区的煤炭能源供应，以防出现能源危机。政府惟有"开发国有煤田，供给廉价燃料，以促国内交通工商事业之发展"。②

经过勘测与调研，淮南煤矿从煤质而言，与抚顺煤不相上下；从蕴藏量而言，足以满足东南用煤需求；从运输而言，如果日后建成铁路通车，直达长江，水陆均为方便。假如日后铁路建成，运输成本减轻，可以想象淮南煤矿会以极廉价的燃料，促进国内农工商业的发展，更对国防及重工业有所推动。由此淮南煤矿的开发不仅满足了当时的"煤荒"需求，而且从煤质、储量、位置与国防等方面言，均有其他煤矿难以企及的意义。南京国民政府为解决严重的煤荒问题，提出"救济国煤"的主张，并对建委会开发经营的淮南煤矿寄予厚望，认为该矿如能每天出煤四五百吨，则可以大大缓解南京、上海一带的用煤紧张。③ 因此南京国民政府格外重视淮南铁路建设，甚至为该路的修筑提供了许多优惠条件，以至于在淮南铁路的修筑过程中，经常有地方政府支持，例如驻军保护及许多免税优惠情况的出现。

值得注意的是，建委会所属的戚墅堰电厂与首都电厂的用煤也是淮南铁路迅速建设的重要原因之一。"戚墅堰电厂燃煤向系由本会淮南煤矿供给，近因贵路（津浦铁路）拨车困难，煤运停滞，该厂存煤将罄，燃料恐虞不给。"④ 实际上此时下关车站"待运之煤，已积存一万余吨"。"且戚电厂存煤告罄，若不积极运煤接济，行将因燃料缺乏，被迫停电，影响治安，关系重大。"⑤ 足见戚墅堰电厂为了不致煤罄停电，必须拥有自己的运煤专线。

---

① 俞桢：《最近三年铁路减低运价述略》，《铁路杂志》第1卷第2期，第22～23页。
② 《公函铁道部（215号）》（1934年4月23日），《建设委员会公报》第40期，1934年4月，第96页。
③ 中国第二历史档案馆编《中华民国史档案资料汇编》第5辑第1编《财政经济》第6册，第469页。
④ 《代电津浦铁路管理委员会（第63号）》，《建设委员会公报》第47期，1934年11月，第103页。
⑤ 《公函京沪杭甬铁路局（第597号）》，《建设委员会公报》第47期，1934年11月，第104页。

首都电厂亦是如此。由此观之，淮南煤矿必须有一条属于自己的运煤专线。

3. 降低运输成本

淮煤主要利用津浦铁路来运输，然而淮南煤矿"仅恃矿洛轻便铁道（长12公里）运至洛河镇，然后船装蚌埠转津浦车南下，供浦口、无锡、上海各埠之需要，徒以辗转运输，装卸频繁，每日仅能运出八百吨"。[①]实际上津浦铁路运输亦十分困难。因为当时依靠津浦铁路运煤至长江的煤矿已有四五家。不但如此，津浦路运价亦高，自矿厂至蚌埠上车，每吨约需0.72元，由矿上运至浦口，则运费每吨需4元余。运费之高使淮南煤矿局无法承受，这迫使建委会建筑一条属于自己经营的铁路。

淮煤的运煤成本，可参见表5－2。

表5－2　1934年每吨淮煤运至上海的费用成本细目

单位：元

	采煤成本	蚌埠轮驳运费	蚌埠火车上力	铁路运费	浦口卸车及装船	江轮运费	浦口转口税	上海卸船及码头税	其他沿途杂税	合计
每吨费用	4.10	1.30	0.15	1.75	0.75	1.00	0.24	0.80	0.27	10.14

资料来源：《淮南煤矿概况，1935年》，中国第二历史档案馆藏南京国民政府建设委员会档案，全宗号：46，案卷号：766。又见中国第二历史档案馆编《中华民国史档案资料汇编》第5辑第1编《财政经济》第5册，第901页。

从表5－2可知，淮煤运至上海的成本极高，达每吨10.14元之多，与出矿时的每吨成本4.10元相比，高出几达1.5倍。试想如此之高的成本，怎能与外煤竞争？由此则不难理解为何建委会迫不及待地修筑淮南铁路。

对此运费高昂的现象，当时即有人提出交通阻滞不利于国煤的迅速发展，"我国历年来煤矿之不发达，交通事业之阻滞，亦为极大原因"，因为"试观各大煤矿巨量之产额能行销者，均有赖于铁路之运输……其成本之高，运效之微，殊难与沿铁路线者竞争"，而反观"我国现所开发之各大矿，均在铁路沿线……致近年来煤矿，外资各矿，蒸蒸日上，国营诸矿，难于竞争者，此或一因欤？"[②] 说明缺少铁路交通制约了国营煤矿的发展。

---

① 《淮南煤矿概况》，《经济建设半月刊》第9期，1937年2月，第17页。
② 吴祥龙：《我国煤业之现状》，《时事月报》第10卷第2期，1934年2月，转引自陈真主编《中国近代工业史资料》第4辑，第911页。

淮南煤矿更为明显，不但营业不佳，因为"淮河两岸鲜实业工厂，销路狭隘"，而且津浦路运输受到限制，"故淮矿沿淮出江及沿津浦之销路，当以日产300至500吨为最大经济之产量"。① 在此情况下，淮南煤矿"非另谋出路，实不足以言扩张职是之故"。② 因此淮南铁路的修筑已是时势所趋，否则会严重影响淮南煤矿的发展与壮大。

4. 开发皖北、复兴农村经济

在建委会筹建淮南铁路之前，安徽士绅便有筹建贯穿安徽全省的铁路的计划。光绪末年，各省纷纷筹建铁路，安徽亦不例外，曾有"由裕溪口筑路经和州、庐州、寿州而至凤台之议"，③ 但受时局及经费等因素影响未能实现。

经过建委会的考察，"皖北向称繁庶之区，淮河横贯，泚颍纵流，巢湖渚于江淮之间，故农产特富，自食之余尚足以运销他处"，可是，"近年天灾频仍……流亡载道，耕地荒芜，农民迫于环境，每值产物登场，即图急于销售，加之市场范围窄小，运输极感困难，物价乃益低落，元气已伤，农村之不陷于破产者几希。故本路之兴筑，虽以便于运输煤斤为原旨，而于皖北农村之复兴，亦负有莫大之使命焉"。④ 此时南京国民政府主要控制区域为江、浙、皖三省，尤其安徽，其南部为其控制区域，而皖北"不靖"。因此政府亦有通过修筑铁路控制皖北的政治与军事意图。建委会也呈文铁道部说明建筑淮南铁路的军事目的："该路不独为淮矿命脉，且于皖北军事交通两有裨益。"⑤ 因为一旦淮南铁路筑成，"不仅本局煤产可以畅行无阻，即沿路客货亦可赖以转运，开发地方生产，便利江淮交通"。⑥ 其"运费低廉，俾能以廉价燃料分配皖北各县，以促进工业之发展"，同时亦可"辅助开发皖北巢肥一带肥沃之区"。⑦ 这说明淮南铁路的修筑亦是国民政府控制皖北、发展地方经济的需要。

---

① 《建设委员会创办淮南煤矿述略及有关文件》，中国第二历史档案馆藏南京国民政府建设委员会档案，全宗号：46，案卷号：762。
② 《淮南煤矿概况》，《经济建设半月刊》第9期，1937年2月，第17页。
③ 凌鸿勋：《中国铁路志》，沈云龙主编《近代中国史料丛刊续编》第923辑，台北，文海出版社，第393页。
④ 淮南煤矿局编印《淮南煤矿六周年纪念特刊》，第101页。
⑤ 《函铁道部》（1934年1月9日），《建设委员会公报》第37期，1934年2月，第80页。
⑥ 《淮南煤矿局概况》，中国第二历史档案馆藏南京国民政府建设委员会档案，全宗号：46，案卷号：766。
⑦ 中国国民党中央委员会党史史料编纂委员会编《张静江先生文集》，第137页。

综上所述，建委会为了淮南煤矿运煤、开发皖北经济和控制皖北局势以及解决江南煤荒等多种需要，必须尽快地建筑淮南铁路。

二　淮南铁路的勘测与修筑

1. 勘测淮南铁路

1930 年 4 月，淮南煤矿局成立后，建委会对淮南煤矿的铁路建设曾拟订了两个计划：一是由矿山至蚌埠建筑铁路与津浦铁路接轨（通蚌铁路），二是由矿山经合肥、巢湖至长江岸边建筑铁路（淮南铁路）。经详细研究，最终以通蚌铁路虽短易筑但受到津浦铁路限制，煤运仍不能自由发展之故，决定兴筑通江铁路（即后来的淮南铁路，因从大通煤矿通至长江边而得名）。① 是年 10 月，由淮南煤矿局派副局长唐景周做初次勘探。翌月，建委会调设计委员吴融清以总工程师名义负责勘测，并带领工程师唐廉、王声灏等筹组轻便铁路勘测队从事进一步勘测。为加强管理，12 月 29 日，建委会公布了《建设委员会淮南煤矿局轻便铁路勘测队组织章程》，② 由总工程师率领并负责全面工作，另设立事务主任一人，负责具体事务。

为便于勘测，建委会决定将淮南铁路分作两段进行，一是合肥至淮南煤矿一段（时称合矿段），一是芜湖至合肥一段（时称芜合段），并由两端向中间实施勘测。1930 年 12 月，淮南铁路勘测队正式成立，并于 25 日由合肥出发，向淮南煤矿局（怀远县九龙岗附近）测量。翌年 2 月，总工程师吴融清辞去本兼各职，去云南办理个碧临屏铁路，建委会又派万树芳接替其职，继续勘测。3 月中旬，测至淮南煤矿，总长 87.8 公里。此后进入第二段勘测，为方便勘测计，勘测队绕道蚌埠、南京而至芜湖对江的二坝，于 27 日由二坝出发，向合肥实施测量。芜合段于 5 月 15 日测毕，总长为 127.7 公里。③ 两段总长为 215.5 公里。之后，由勘测队总队长万树芳、副工程师王声灏、工程员廖宗祚及张辅田绘图。④ 9 月 15 日绘图工作

---

① 铁道部编《铁道》，中央党部国民经济计划委员会编《十年来之中国经济建设（1927～1937）》，第 43 页。

② 《建设委员会淮南煤矿局轻便铁路勘测队组织章程》（1930 年 12 月 29 日公布），《建设委员会公报》第 13 期，1931 年 1 月，第 73～74 页。

③ 淮南煤矿局编印《淮南煤矿六周年纪念特刊》，第 107 页。

④ 《令淮南煤矿局》（1931 年 6 月 22 日），《建设委员会公报》第 17 期，1931 年 7 月，第 159 页。

完成，"共用勘测费 26164.17 元，按 215.5 公里平均计算，每公里约合 121.41 元"。^① 此即淮南铁路的首次勘测。

1933 年 12 月，建委会又开始淮南铁路的第二次勘测。建委会此时由于首都电厂与戚墅堰电厂迅速发展，盈利颇多，对建筑淮南铁路已筹有相当资本，决定立即兴工。1933 年 12 月 1 日，建委会筹组淮南煤矿铁路储备处。为使工程进行顺利，1934 年 1 月 9 日，张静江延聘对自己家乡的建设始终抱有热情的安徽人程士范担任淮南煤矿局局长，并以专门委员兼淮南铁路工程处总工程师的名义，负责淮南铁路建设。同日，成立淮南铁路筹备委员会，秦瑜任主任委员，孙昌克、程志颐、程士范、陈懋解、陈大受、郑礼明等任委员，^② 具体工作由程士范负责。程士范认为建筑全路的资本尚未筹足，决定陆续筹款，分段施工，"期以最简单之组织，用最省之经费，于最短之期间完成本路"。^③ 程士范当时仍供职交通部邮政储金汇业局，未能即时赴任，因此委托孔宪文以工程师名义，暂代总工程师，负责淮南铁路的勘测施工事宜。

程士范^④为淮南铁路的工程师，张静江与其早有交往，并且对其为人处事十分欣赏。1927 年张静江任浙江省政府主席时，曾聘程士范担任杭州自来水厂工程师，"竣工之后，检验质量优良，且工程预算费用，尚有节余上缴"，^⑤ 当时贪污盛行，程士范却能清廉自守，将结余款项上交，因此张静江认为程为人诚实。程士范与张静江的交往中也发现张静江是一个实干的建设者，且对自己家乡的建设十分用心，便也趁机将有关淮南煤矿的勘探资料呈送张静江，以作开发淮南煤矿之用。

由于淮南煤矿运煤急切，建委会要求第二次勘测与修筑铁路同时进行。为加快进度，程士范决定改变过去将淮南铁路分成两段的勘测做法，将其分成三段勘测施工，即矿合段（87 公里）、合巢段（67 公里）及巢

① 铁道部编《铁道》，中央党部中央党部国民经济计划委员会编《十年来之中国经济建设（1927～1937）》，第 43 页。
② 《建设委员会会令秦瑜、孙昌克、程志颐、程士范、陈懋解》（1934 年 1 月 9 日），《建设委员会公报》第 37 期，1934 年 2 月，第 8～9 页。
③ 淮南煤矿局编印《淮南煤矿六周年纪念特刊》，第 109 页。
④ 程士范（1892～1960），安徽绩溪人，著名铁路专家，淮南铁路的总工程师。北洋大学土木工程科毕业，曾任安徽工业学校校长、北洋大学铁道测绘学教授、江苏省建设厅技正、杭州自来水筹备委员会工程处主任兼总工程师、交通部购料委员会主任委员、邮政储金汇业总局副局长、建委会专门委员。
⑤ 钟敏政：《淮南煤矿之开发与淮南铁路之修建》，《淮南文史资料》第 7 期，第 68～69 页。

江段（50 公里）。这样距离短，易于管理。1933 年 12 月，矿合段测量队成立，共职员 4 人、测工 16 人，"因地方不靖，由矿局拨借矿警 11 人，以资保护"。是月 11 日由矿上出发，"每日早七时出测，晚六时回寓。晚间须将一日所测，绘之成图"，① 工作甚为辛苦。至翌年 2 月矿合段测竣。同年 6 月又组织合巢段测量队，对合肥至巢县一段的路况加以测量。11 月，复组织巢江段测量队测量巢县至江边一段的路况。在组织测量巢江段时，因"全系圩田，多半水深及膝，面结薄冰，测工等跋涉艰辛，尚属分所应尽，而当此冰冻之期，胫部浸水，迎风而冻"，② 由此可见淮南铁路勘测之艰难。自 1933 年 12 月 11 日开始，至 1935 年 1 月 22 日测竣，费时 13 个月，终于测竣全线工程。在测量淮南铁路的南方终点时，因二坝水浅，无法停泊大轮，如再建码头则费用更巨，程士范权衡再三，在报请建委会同意后，淮南铁路的南方终点易为裕溪口。③

淮南铁路的顺利勘测与当地政府的全力保护分不开。淮南铁路自开始勘测时即要求安徽省政府为配合工程进行，请沿路各县政府严加保护。1933 年 12 月 4 日，张静江致函安徽省政府，因为淮南铁路正在测量矿山至合肥一段路线，希望省府"迅为转饬怀远寿县定远合肥等县政府通饬各乡区区长以及自卫团团长等，于该员到境工作时妥为保护，并予以协助，以利进行"。④ 安徽省政府对此深表同意。毫无疑问，淮南铁路的顺利进行离不开地方政府的支持。

2. 修筑淮南铁路

1934 年 2 月，随着淮南铁路矿合段测量工作的完成，为加快进度，建委会决定将其分成四段招标修筑。2 月 28 日，经过招标，有四家公司中标，即周永记、李森记、李云程及缪贵记。3 月 10 日，四段工程同时开工建设。6 月 5 日在矿山举行矿局创办四周年及淮南铁路奠基典礼。当日，不但张静江与建委会常务委员全部参加，国民政府各院部会也派代表参加典礼以示祝贺，并由驻蚌埠第二十一旅派兵一连进行驻防巡逻，以策安全。自此拉开了淮南铁路全面建设的序幕。

---

① 淮南煤矿局编印《淮南煤矿六周年纪念特刊》，第 116 页。
② 淮南煤矿局编印《淮南煤矿六周年纪念特刊》，第 117 页。
③ 《淮局呈文》（1935 年 3 月 12 日），台北中研院近代史研究所馆藏建委会档案，23－24－10。
④ 《公函安徽省政府》（1933 年 12 月 4 日），《建设委员会公报》第 36 期，1934 年 1 月，第 99 页。

　　首先修筑约 87 公里的矿合段。7 月土方完竣，9 月开始由两端，即矿山和合肥同时铺轨。12 月，全段如期筑竣。是年除夕（1935 年 2 月 1 日）当天，被淮南煤矿局称为"本矿生死命脉"的矿合段开始通车营运，[①] 这是淮南煤矿局献给安徽和淮南人民春节的一份厚礼。淮南铁路采取修一段通一段的原则。根据张静江的指示，第一期工程矿合段建成后，除夕当天即开行单程混合列车，每日一次。4 月起开矿合段来回混合列车，每日两次，里程 174 公里。[②] 自此之后，人们真切地感受到铁路的益处，这为以后的筑路减少了许多麻烦。接着又开始第二期工程，同时修筑通淮段与合巢段。[③] 通淮段（淮河南岸田家庵至矿山一段）约 10.5 公里，经过招标，由周永记商号承建。合巢段（合肥至巢湖一段）由于工程较紧，未曾如矿合段那样实行招标方法，而是召集诸商，实行询价。7 月，经过淮南铁路工程处审慎选择后，预定王振记、周永记两家承包土方工程，周永记、李云程两家承揽龟山石堑工程。至 8 月底两段分别同时筑成，9 月 1 日自田家庵至巢县正式通车。巢江段为最后一段，在 1935 年 2 月测量完成后，迅速招标，由周永记和乔宝记两家分别担任修筑。由于淮煤急需南运，筑路也随之加快了进度，至 1935 年 12 月 31 日顺利完工，试行工程列车。

　　1935 年底，淮南铁路最后一节钢轨铺就，浸透了淮南煤矿局全部心血的淮南铁路经过一年零九个月的拼搏，终于完工。翌年 1 月 20 日，巢江段也开始顺利营运。

　　关于淮南铁路的工程进展详情，可参见表 5 – 3。

表 5 – 3　淮南铁路工程进展情形

时间	段别	起讫地点	工作纪要	备注
1930 年	全路	淮矿—二坝	初度勘测	
1933 年 12 月	矿合段	淮矿—合肥	测量开始	
1934 年 2 月	矿合段	淮矿—合肥	测量完毕	淮路工程处成立
	矿合段	淮矿—合肥	工程开始	

① 《淮南煤矿局概况》，中国第二历史档案馆藏南京国民政府建设委员会档案，全宗号：46，案卷号：766。

② 宁树藩：《解放前的淮南铁路》，《淮南文史资料选辑》第 2 期，淮南市政协文史资料研究委员会，1983，第 71～72 页。

③ 铁道部编《铁道》，中央党部国民经济计划委员会编《十年来之中国经济建设（1927～1937）》，第 44 页。

续表

时间	段别	起讫地点	工作纪要	备注
1934 年 6 月	合巢段	合肥—巢县	测量开始	
1934 年 8 月	合巢段	合肥—巢县	测量完毕	
1934 年 9 月	合巢段	合肥—巢县	工程开始	
1934 年 11 月	巢江段	巢县——二坝	测量开始	
	通淮段	田家庵—淮矿	开始测量	
1934 年 12 月	通淮段	田家庵—淮矿	测量完毕	
	矿合段	淮矿—合肥	接轨试车	
1935 年 1 月	巢江段	巢县——二坝	测量完毕	
	巢江段	巢县—裕溪口	开始测量	淮路工程处并入
1935 年 2 月	巢江段	巢县—裕溪口	测量完毕	
	通淮段	田家庵—淮矿	工程开始	
	矿合段	淮矿—合肥	开始营业	
1935 年 3 月	巢江段	巢县—裕溪口	工程开始	
1935 年 12 月	巢江段	巢县—裕溪口	工程完成	

资料来源：《铁道年鉴》第 3 卷，商务印书馆，1936，第 1517 页。

在淮南铁路刚建成时，设备严重缺乏，"仅有机车四辆，不敷支配，订购之机车，须于本年年底方可运到"，为解决行车困难，请津浦铁路管理委员会"通融租借小型机车两辆，交该路（指淮南铁路——引者注）应用，以应急需，租期暂定六个月"。[1] 淮南铁路经过半年试车后，1936年 5 月 25 日，呈文国民政府，同时公函铁道部，定于 6 月 5 日在淮南煤矿局九龙岗矿区举行通车典礼，邀请国民政府与铁道部分别派员参加。[2] 当日上午 8 时，在淮南煤矿局前的礼堂内举行盛大典礼，参加者甚众，不但中央政府派员莅临与会，安徽省政府与地方政府派员参加，地方乡绅也纷纷到场以示祝贺，一些外国使节亦受邀派员参加，共计二百余人。首由"大会主席团推建设委员会事业处处长秦瑜为临时主席，彼即报告举行盛大典礼意义。次由建设委员会设计处处长潘铭新，代表委员长张人杰致词（张因病未到），再次由淮南煤矿局局长程士范，报告六年来开发矿产、二

---

① 《公函津浦铁路管理委员会》（1935 年 8 月 20 日），《建设委员会公报》第 56 期，1935年 9 月，第 102 页。

② 《呈国民政府》（1936 年 5 月 25 日），《建设委员会公报》第 65 期，1936 年 6 月，第 134 页。

年来修筑铁路之经过，末由国府参军长吕超、铁道部司长关庚麟、皖省党部代表吴遵明、皖省府代表曹少英、南京中国银行代表吴启诚、救国日报社长龚德柏、蚌埠商会代表孙元甫等，相继演说。至十一时许，由秦瑜夫人吴耐丽女士行剪彩礼，并摄影留纪念。礼成，来宾分蚌、芜两路各乘专车遄回"。① 淮南一带的民众亦从十里八乡赶来看热闹，因此通车典礼场面相当热烈。当时国外报纸对淮南铁路的竣工典礼做了详细报道，"太平洋学会年刊上并有专著予以介绍评论"。② 该路大长中国人民的民族自豪感。

虽然淮南铁路已经通车，但是车站条件与其他铁路相比极差。该路总长 214.71 公里，沿线 20 个站，即田家庵、大通、淮矿、水家湖、朱巷、下塘集、罗集、双墩集、合肥、撮镇、桥头集、炯炀河、中垾、柘皋河、巢县、林头镇、东关、铜城闸、沈家巷、裕溪。③ 由于刚开始运营，这些站"多为竹笆草房，只有田家庵、大通、九龙岗、合肥四站较大，有正式票房"。④ 而其他站台设备条件更差，如矿合段的票房，在"水家湖、朱巷、下塘集、罗集、双墩集及合肥六站，每站建有草坯房五间，作临时票房"。⑤

在淮南铁路建成后经过近一年的发展，铁路设备已有较大更新。具体情况如下：

机车 17 辆，10 辆行驶全线，2 辆拖拉碴子，5 辆调车用。

起重机车 1 架，最大可起 25 公吨。

客车三等车 10 辆，头二等混合车 2 辆，四等车 12 辆，公事车 2 辆，已订尚未交货者，三、四等车 30 辆。

货车 15 吨者，高边车 50 辆，篷车及平车 20 辆。30 吨者，煤车及平车 216 辆。

机厂有工场 7 处：机械工场、冶铁工场、炼铁工场、锅炉工场、车身工场、建立工场、车架工场。⑥

① 《淮南铁路通车典礼》，《申报》1936 年 6 月 8 日，第 8 版。
② 石原皋：《忆程士范先生与淮南路》，《淮南文史资料选辑》第 2 期，第 83 页。
③ 铁道部编《铁道》，中央党部国民经济计划委员会编《十年来之中国经济建设（1927～1937）》，第 44 页。
④ 朱曼丽、方延康：《淮南铁路今夕》，《淮南文史资料》第 5 期，第 70 页。
⑤ 中国建设协会：《建设委员会指导下之建设事业近况》，《中国建设》第 13 卷第 1 期，1936 年 1 月，第 11 页。
⑥ 铁道部编《铁道》，中央党部国民经济计划委员会编《十年来之中国经济建设（1927～1937）》，第 47～48 页。

在淮南铁路设备有了明显改进后，铁路职工人员的配备亦得到了加强，建委会"从浙赣、北宁、平绥、及东北诸铁路充实了富有经验的职工，使车辆调度行车完全得到良好的保证"。① 自此铁路设备与人员配备均良好，淮南铁路的发展进入一个新的时代。

淮南铁路建成后，建委会曾两次派专员验收。1936 年 7 月 2 日，建委会派技正洪绅、专门委员郑礼明前往首次验收，主要是验收铁路土木、机务、车辆各项工程与设备事宜。② 经过十余日的检验，13 日，郑礼明、洪绅两人提交了验收报告，指出了一些需要改进的地方，如码头工程等，建委会批阅之后下令淮南煤矿局立即改进。翌月 18 日，建委会决定对淮南铁路进行第二次验收，主要是对需要改进地方的改进情况进行验收。此次派去参加验收的人员，除上次参加验收的郑礼明、洪绅之外，还有专门委员陈懋解、模范灌溉管理局局长孙辅世。③ 由于淮南铁路改进了一些不合理的设备，这次验收结果明显好于上次，使淮南铁路的运营更具有安全性与合理性。其实，淮南铁路也由于急着运煤，工程存在匆忙上马的情形，以至于存在许多不安全因素，最为明显者，是道路筑成即开始运煤而造成的养路困难。淮南铁路"为谋早日达到煤运自主，路基初成，不待沉实，即行敷轨；敷轨甫竣，道踏仅铺三小时，即开始运煤，以此养路困难丛生"。④

三 淮南铁路的经营与管理

淮南铁路建成后，建委会采取了多种措施，一改此前铁路运营的许多弊端。在铁路的客运与货运两个方面，实行了诸多改革，使淮南铁路成为当时全国铁路运营与管理的典范。

1. 加强煤炭货运，促进物资交流

淮南铁路的开通使淮煤的销售有了独立的运输渠道，此后淮南煤矿运煤至芜湖裕溪口码头，然后以此为中心，向长江中下游进行售卖，因运输

---

① 宁树藩：《解放前的淮南铁路》，《淮南文史资料选辑》第 2 期，第 73 页。

② 《建设委员会令技正洪绅、专门委员郑礼明》（1936 年 7 月 2 日），《建设委员会公报》第 67 期，1936 年 8 月，第 153 页。

③ 《建设委员会令专门委员陈懋解、模范灌溉管理局局长孙辅世》（1936 年 8 月 18 日），《建设委员会公报》第 68 期，1936 年 9 月，第 145 页。

④ 铁道部编《铁道》，中央党部国民经济计划委员会编《十年来之中国经济建设（1927～1937）》，第 47 页。

方便而销量大增，同时也因不再借助津浦铁路运煤而获利更厚。"淮南铁路是运煤专线，故在运煤方面提供了极大的便利。"① 淮煤销量日增，带动了煤矿产量的快速增长。至 1936 年，淮煤的销量为 66 万吨，较之 1935 年的 36 万吨增长近一倍，产量从 1935 年的 29 万吨增至 1936 年的 58 万吨，为安徽全省煤炭产量的 1/4。② 淮南铁路的收入以煤运为主，客运及一般货运为辅。淮南煤矿的发展使淮南铁路的运输量亦随之增加。每年铁路收入除偿还债务、息金及扩建基金外，以盈利的 10% 作为员工的奖金，年终所得奖金比 3 个月工资之和还要高。在全国铁路中，除正太路因承担大量煤运盈利为全国之冠外，次即为淮南铁路。③

在淮南铁路运煤获利的同时，其他货运业务亦随着恰在此时合肥附近有一场灾荒而迅速拓展。1935 年 2 月初，在淮南铁路开始修通矿山至合肥之时，"适雨雪载途，合肥附近，以去岁歉收，食粮不继，仰他邑之供应，又泥泞不易输送，竟至树皮草根，皆为饥民所争逐"。在这种情况下，当地"邑绅商会来局要求开办货运，以资至徐蚌一带，采办面麦黍粮，从速运合救济"。事关救荒大事，淮南煤矿"遂于未曾筹备齐全之下，勉力应付，惟限于机车车辆，粮食山积，争先恐后，在所不免，自三月份起，依报到之先后，分批装载，虽迁延甚久……然阖境灾民，不致绝食"。当地民众也正是感于此次铁路运粮救灾的便利，最终改变了过去对铁路的种种误解，从而产生了"铁路转运力之宏大实现于乡民之视线"的效果，各地民众"兴然来归，营业遂旺"。为更好地服务民众，淮南铁路于 4 月中旬改为"当日开行来回班"。复于 8 月 1 日延长至巢县，机车车辆亦渐次增多，"客货所需，应付裕如，现金收入，日达七八百金"。④ 足见收益甚厚。

由于淮南铁路管理先进，"运输价额，一如国有铁路之低廉，故营业发达，各站均货积如山，全路十五辆机车（捷克造）二百辆客货车（英商承造），几有不敷应用之势，连同代运大通之煤，暨本矿产煤运费，日

① 谭备战：《南京国民政府时期国营煤矿事业经营的典型——以建委会与淮南煤矿为例的考察》，《安徽史学》2010 年第 2 期。

② 王树槐：《张人杰与淮南煤矿，1928～1937》，《中央研究院近代史研究所集刊》第 17 期（下），第 234 页。

③ 钟敏政：《淮南煤矿之开发与淮南铁路之修建》，《淮南文史资料》第 7 期。

④ 淮南煤矿局编印《淮南煤矿六周年纪念特刊》，第 280 页。

可收入万四千元，再加上日出煤千八百吨，路矿两方日已可进款三万元，未来发展，方兴未艾……实不难成为国营唯一大煤矿"。① 由此看来，淮南铁路的通车大大带动了淮南煤矿的发展。

2. 运煤的同时注重客运

张静江建设铁路的一个重要指导思想是"发展交通，开发地方，为当地经济建设服务"。淮南铁路建成通车之后，张静江提出铁路的一个重要功能便是要方便民众出行，以利民生建设。

淮南铁路通车后即开始谋划客运。1935 年 2 月 1 日淮南铁路矿山至合肥段列车开始运营之后，考虑到民众出行的实际需要，突破了铁道部所规定的淮南铁路"运煤专线只允许运煤"的规定，开始在货车之后附挂客车，"客车仅四等车一种，逢单日由合（肥）开矿，逢双日由矿开合（肥）"，但"沿线城镇居民，咸以未悉铁路状况，不敢仓卒乘坐，是以寥落特甚"，② 淮南铁路的客运最初经营惨淡。未久民众对火车的安全性渐渐熟悉，便尝试由矿上坐车至合肥旅行，感觉甚为方便。此时淮南铁路的车务段段长由富有经验的铁路专家宁树藩担任，宁曾任职于北宁铁路与平绥铁路，具有开创精神，任职之后大力改革铁路运营的种种弊端，采取诸多措施提高服务质量，便利旅客。譬如，为方便旅客返程，允许旅客购买返程票，可在规定的有限时间内使用；方便老弱病残者上下车，予以人性化的照顾；为防止车站装卸工人随意勒索、讹诈携带行李的旅客，使用铁路印制的收费单据规范收费。除此之外，宁树藩还经常亲自随车检查列车卫生及列车员的服务质量情况，要求站务人员对旅客态度和蔼。当时淮南铁路的车站条件比较差，沿线 20 个站"多为竹笆草房，只有田家庵、大通、九龙岗、合肥四站较大，有正式票房"。③ 但是民众多愿意乘车，因此淮南铁路的客运日渐繁忙，获利甚多。

建设委员对淮南铁路的有效管理，使铁路的运营取得了显著成绩，收入颇丰。淮南铁路在 1936 年与 1937 年上半年分别为 96 万元和 91.8 万元。货运收入亦同样可观，1936 年除去运煤所得收入之外，其他货运收入达 12 万元。由于沿路客商民众对于淮南铁路的逐渐认可与接受，1937 年上

---

① 《淮南煤矿概况》，《经济建设半月刊》第 9 期，1937 年 2 月，第 17 页。
② 淮南煤矿局编印《淮南煤矿六周年纪念特刊》，第 280 页。
③ 朱曼丽、方延康：《淮南铁路今夕》，《淮南文史资料》第 5 期，第 70 页。

半年，仅货运收入方面便飙升十倍左右，竟达 130 余万元。在抗战爆发前的这一年，淮南铁路的运煤收入与客货收入几乎各半。足见淮南铁路经营管理之良好效果。

四　淮南铁路的影响

淮南铁路开始修筑时，"适值世界金融极端衰落之秋，是以无日不在艰辛之境，亦无日不勇往直前也"，[1] 淮南铁路建成后的迅速发展也深受这种精神的影响，因而发展虽有挫折，但能够顽强生存，并逐渐发展壮大，获得了极好的声誉。由于采取专家治理，管理科学，加上建委会有意将其建成一个全国铁路的典型，淮南铁路发展颇快。

1. 解决了淮煤运输与江南煤荒问题

淮南铁路的建成通车不但解决了亟须解决的淮煤运输问题，促进了淮南煤矿的迅速发展，而且淮煤能够源源不断地运至沪宁杭地区，解决了上述地区的煤荒难题，此后国煤也在长江流域一带占领了部分市场，立住脚跟，抵制了洋煤的倾销。

淮南铁路建成通车后，淮煤运输不必再经津浦铁路，而是从矿上直接运至淮南铁路的终点裕溪口。如此每天可以装卸 11 列之多，并且在三五天内，即可上达安庆、九江、汉口，下至南京、镇江、南通、上海等地。由于运输时间与成本的极大降低，运费明显下降。据统计，1936 年与 1935 年相比，淮煤运至浦口、无锡、上海三地的费用分别下降了 20.4%、23%、31%。煤价也随之降低，上海淮煤售价由 1935 年的每吨 11 元降为 9 元，浦口淮煤售价售价也同样下降，由 8.9 元降为 8 元。售价的降低，无疑极大地提高了淮煤在煤炭市场上的竞争力，也给淮南煤矿带来了巨大效益。据统计，淮南煤矿在 1933 年的盈余为 115099 元，1934 年为 241884 元，1935 年则迅速增至 351836 元。[2] 淮南煤矿产量也在迅速增长，由通车前的日产 29 万吨增加到 1936 年的 58 万吨，增长了一倍。[3] 说明了淮南铁路对淮南煤矿发展的有利影响。

淮南铁路开通后，由于源源不断的淮煤南运，南京、上海一带原本十

① 淮南煤矿局编印《淮南煤矿六周年纪念特刊》，第 4 页。
② 王鹤鸣：《安徽近代经济探讨》，中国展望出版社，1987，第 118 页。
③ 王树槐：《张人杰与淮南煤矿，1928～1937》，《中央研究院近代史研究所集刊》第 17 册（下），第 234 页。

分紧张的能源供应情况得到了一定程度的缓解，国煤市场占有率也日益扩大，从而维护了国家权益。

2. 推动了安徽经济的发展

淮南铁路的建设不仅解决了淮煤运输问题，也使安徽省的客货运输、物资与人员交流等大大加强，直接促进了沿线经济的迅速发展，推动了沿线重要城市，如合肥、芜湖、淮南等城市的迅速繁荣，基本上实现了清末安徽士绅修筑皖省铁路的愿望。因此"本路之兴筑，虽以便于运输煤斤为原旨，而于皖北农村之复兴，亦负有莫大之使命焉"。①

在淮南铁路未开工时，张静江已经意识到铁路通车给安徽经济发展的推动作用。1931年11月29日，张静江在《呈国民政府》中即说明淮南铁路对安徽经济发展有极大的促进作用，称该路"能以廉价燃料分配皖北各县以促进工业之发展外，又可辅助开发巢县一带肥沃之区"。② 1935年2月1日，矿合段货运开始后便在货运车之后挂四等客车实行客运，但是由于上年合肥附近歉收，加之道路泥泞，不易输送，粮食补给困难，树皮草根全为饥民所食，于是合肥附近乡绅商会要求淮南铁路实行货运，以救济合肥饥民。虽然货运手续不全，但关系到饥民生计，遂实行货运救灾，因此"阖境灾黎，不至绝食，使盗贼不兴，扰攘不起，殊堪慰藉者也"。正是通过这次救灾活动，火车给人们的运输观念带来了很大的更新，"由运粮之便利，而使铁路转运力之宏大实现于乡民之视线，兴然来归，营业遂旺"。③ 随后4月中旬，淮南铁路将班次改为当日开行来回班。8月1日，路线延长至巢县，收入每日达七八百元。淮南铁路通车后即十分繁忙，"来往裕溪口及田家庵间班车，日有十四次，每两日增加一班，故实际上每日行车有十五次之多，运输效能，不可谓不大"。④ 稍后又增加了客货运输车辆，以满足运输需求。另外，淮南铁路并未按照张静江对铁道部的只是运煤专线的"承诺"，而是为了便利地方农民乘车，"除挂有三等客

---

① 淮南煤矿局编印《淮南煤矿六周年纪念特刊》，第101页。

② 《呈国民政府》（1932年11月29日），《建设委员会公报》第26期，1933年1月，第185页。

③ 铁道部编《铁道》，中央党部国民经济计划委员会编《十年来之中国经济建设（1927～1937）》，第49页。

④ 《淮南路营业发达》，《经济建设半月刊》第9期，1937年2月。

车二节外，四等贫民车，竟有七八节之多"。① 服务民众为其重要指导思想。不仅如此，"嗣后货物商旅，北至鲁豫平原，南赴长江各埠，均可取道于此，滞留梗阻之苦，从兹得免矣"。② 因此淮南铁路"对于活络皖北之货运与商旅，作用极大"。③ 在皖中于炯炀河站与三河站之间办理小火轮联运，让有"买不尽三河"之称的三河镇米粮集散地与淮南铁路直接衔接，使三河的米粮得以从炯炀河站外运至宁沪各地。与此同时，淮南铁路的客运收入也大为增长。通车后使长江与淮河贯通连接，"不特煤运便利，即其他货物亦可利用是路出江"，从而达到繁荣经济的目的。自此之后，"淮河流域之土产及由扬子江运往淮河流域之物品，津浦路所不能胜运者，皆可赖之疏运"。④

淮南铁路除了利用自身客货运输之外，还通过联运积极扩展业务，"（淮南铁路）经商准京沪、沪杭甬及江南铁路同意，于米、麦、黄豆等项货产联运之外，并办理普通货物联运"。⑤ 此后铁道部均不加限制。正是由于如此便捷便宜的铁路运输方式，在无形之中提升了铁路沿线的农民收入。在淮南铁路通车半年后，"客货运极为畅旺，每日营业近一万余元，较浙赣江南两路超出倍余"。⑥ 当时的报纸也反映了对淮南铁路推动沿线经济发展的期望，"该路之兴筑，虽以便于运输煤斤为原旨，而于皖北农村之复兴，亦负有莫大之使命"。⑦ 由此可见，淮南铁路对于活络皖北铁路沿线的货运与商旅，作用极其明显。

淮南铁路的通车促进了安徽内陆腹地的经济开发，加强了各地区之间的经济联系和人员来往，从而开发繁荣了铁路沿线的地方经济。这也可从1935 年淮南铁路客货统计中看出（见表 5 - 4）。

---

① 杰文：《从淮南路到巢县》，《申报》1936 年 5 月 7 日，第 9 版。
② 《淮南铁路六月五日行通车礼（续），同时举行煤矿六周纪念》，《申报》1936 年 6 月 4 日，第 10 版。
③ 谢国兴：《中国现代化的区域研究：安徽省，1860 ~ 1937》，《中央研究院近代史研究所专刊》第 64 期，1991，第 308 页。
④ 《淮南煤矿局概况》，中国第二历史档案馆藏南京国民政府建设委员会档案，全宗号：46，案卷号：766。
⑤ 《淮南铁路扩展联运》，《申报》1936 年 12 月 15 日，第 8 版。
⑥ 《经济建设半月刊》第 9 期，1937 年 2 月 16 日。
⑦ 《淮南铁路六月五日行通车礼（续），同时举行煤矿六周纪念》，《申报》1936 年 6 月 4 日，第 10 版。

表 5 - 4　1935 年淮南铁路客货统计

月份	客运		货运	
	人数	进款（元）	吨数	进款（元）
1				
2	2444	1067.43		
3	8912	4052.41	650.850	912.72
4	10053.5	4807.85	2145.480	3478.33
5	22741.5	6233.79	26909.200	6178.63
6	20946.5	5837.91	27807.950	17091.86
7	23800	7030.18	29536.350	9438.64
8	22870.5	6579.90	32037.590	7615.16
9	37140.5	12919.55	30715.980	8566.05
10	37529	14051.27	31444.280	13551.57
11	32494.5	12405.38	32818.010	10437.62
12	35474.5	14594.67	28990.230	9943.63
总计	254436.5	89580.34	243055.920	87214.03

注：客运人数一栏，0.5 表示半价票。

资料来源：铁道部编《铁道》，中央党部国民经济计划委员会编《十年来之中国经济建设（1927~1937）》，第 49 页。

由表 5 - 4 可知，1935 年淮南铁路开通运营后，发展很快，收入颇丰。全年运送旅客达 25 万余人，收入达 89580.34 元；运送货物达 24 万余吨，收入达 87214.03 元，当年总计收入达 176794.37 元。

3. 促进了沿线城市的发展

淮南铁路通车最为明显的后果是促成了淮南城市的形成，也促进了合肥、芜湖、巢县等沿线城镇的迅速繁荣。淮南铁路的修筑，"促进了沿海和内地的商品流通，沪宁苏杭等地的工业产品以及洋货，成批涌进淮南；淮南地区以及皖西的土特产，如六安的茶叶、竹器等山货由此外运，使当时的田家庵、大通、九龙岗三镇空前繁荣起来，一时商贾云集，淮南开始有了工矿城市的雏形"。① 因此可以说，淮南煤矿的开发与淮南铁路的建设，直接促成了淮南城市的出现。合肥与芜湖、巢县也因淮南铁路的通车较之前明显发展。由于淮南铁路通车后，由合肥至长江一天之内即可到

---

① 方传政：《宋子文财团与淮南煤矿》，《淮南文史资料》第 7 期，第 2 页。

达，合肥附近的一些重要农产品纷纷集中于合肥，由淮南铁路南运至长江，促进了铁路沿线经济的发展。合肥的商业、人口也由于淮南铁路的通车发生了巨大的变化。抗战前，合肥城内共有商家 900 户，[①] 人口增长也十分明显，20 世纪 20 年代仅有 2 万~3 万人，至抗战前夕增至 7.7 万人。[②] 芜湖则更为明显，因为淮南铁路与江南铁路几乎同时通车至芜湖，迅速使其成为真正意义上的水陆交通枢纽，经济地位更加凸显。原先名不见经传的裕溪口，因成为淮南铁路的终点站，"车站货栈运输码头，均在积极赶筑之中，小规模之电灯厂，业已工竣放光，技术工程人员、劳工群众，以及应运而生之小商业酒馆摊贩，丛集不小数千人。裕溪未来之繁荣重要，可预料也"。[③] 在 1936 年淮南铁路通车前，淮南煤矿在各地的销量以浦口为最多，至铁路通车后，芜湖的淮煤销量从 1935 年占淮煤销量的41.1% 上升到 1936 年的 62.1%。[④] 也许最有说服力的就是淮南铁路的通车给芜湖人口增长的重要影响，据 1936 年统计，芜湖裕中纱厂工人最多时有 700 余人，益新面粉厂有 200 余人，铁路工人却有 2000~3000 人之多。[⑤]

淮南铁路"纵贯皖北，沟通江淮"的交通优势，使其在抗战前的几年发展迅速，有力地推动了安徽经济的发展。毫无疑问，在安徽近代经济史上，淮南铁路的修筑是一个重要的发展契机。

4. 在中国铁路建设史上有重要地位

由上述可知，淮南铁路为国人自建，亦为国人所投资，造价便宜且建造速度甚快，为当地经济发展起到十分重要的推动作用。因此淮南铁路在中国铁路建设史上占有极为重要的地位。

淮南铁路从开始设计到最后完工均由总工程师程士范一人负责。虽然只有 215 公里，从 1928 年到 1937 年，中国自建铁路 3676 公里中，淮南铁

① 中国人民政治协商会议安徽省委员会文史资料研究委员会编《工商史迹》，安徽人民出版社，1987，第 154 页。
② 谢国兴：《中国现代化的区域研究：安徽省，1860~1937》，《中央研究院近代史研究所专刊》第 64 期，第 518 页。
③ 杰文：《从淮南路到巢县》，《申报》1936 年 5 月 7 日，第 9 版。
④ 《陈懋解视察淮路报告》（1936 年 9 月），台北中研院近代史研究所藏南京国民政府建设委员会档案，23 - 24 - 10（1）。
⑤ 《安徽各业工人调查统计表》（1930 年 10 月制），《安徽建设月刊》第 22 期，1930 年 10 月，第 31~33 页。

路占 5.85%，[1] 但淮南铁路的投资和收益比十分明显。在淮南铁路刚开始修筑时，程士范即提出建设该铁路的两个目的："一则力求永固，一则合乎经济。"[2] 据参加淮南铁路建设的石原皋回忆，这条铁路投资 850 万元，按 300 公里（实为 215 公里）计算，每公里只摊 2.8 万元，每公里较预算节约 1.2 万元，"是世界上造价最便宜的一条铁路，也是建造速度最快的铁路之一。真正做到又科学、又快又好又省"。[3] 从淮南铁路全线通车到 1936 年底，"除了一切开支外（包括折旧），平均每天可盈余 1 万元。只要花两年半的时间，就可把全部投资收回，这也是旧中国工矿企业所罕见的"，[4] 由此可见淮南铁路经济效益之高。

综上所述，淮南铁路作为张静江领导建委会时期所主持修建的国营铁路，在排除各种困难之后奋力修建，建成之后又努力经营，成为当时国营铁路的典范。淮南铁路的建成，不仅对淮南城市的形成有直接的推动作用，也推动了皖北经济的发展。

第三节　江南铁路：民营铁路的典范

江南铁路是张静江一生主持修建的唯一一条民营铁路，其性质与上述两条铁路截然不同。然而，正是由于其民营性质，加之其股东等人大多具有政商的深厚背景，其发展过程中少了政府的过多干预，显示出民营企业在该时期的蓬勃发展。

一　修筑江南铁路的背景

江南铁路的修筑是由多方原因促成的，既有国际国内的宏观背景，也有铁路沿线地方发展经济的小气候，更有张静江等人发展民营铁路思

---

① 杨家训：《三十年来中国之铁路事业》，中国工程师学会编《三十年来之中国工程》，第 10～34 页。此 3676 公里全部由国人自建，未曾举借外债。

② 淮南煤矿局编印《淮南煤矿六周年纪念特刊》，第 148 页。

③ 石原皋：《忆程士范先生与淮南铁路》，《淮南文史资料选辑》第 2 期，第 83 页。在矿合段，筑路经费更少，"本段总务费共为 70306.53 元，平均每公里 808.12 元，据 1922 年国有铁路建筑资本分类表所载，国有铁路十四道平均每公里总务费 8716 元，达本路之 11 倍弱"。参见中国建设协会《建设委员会指导下之建设事业近况》，《中国建设》第 13 卷第 1 期，1936 年 1 月，第 12 页。

④ 石原皋：《忆程士范先生与淮南铁路》，《淮南文史资料选辑》第 2 期，第 83 页。

想的影响。

20世纪二三十年代，正是国际国内经济迅速发展的时期。虽然国际上遭遇了蔓延甚广的经济危机，但是至20世纪30年代初，经过各国对经济危机的干预与调整，经济基本开始恢复，并逐渐繁荣。此时国内经过南京国民政府建立政权后的经济政策调整，逐渐开始走上经济发展的快车道。孙中山很早即提出"乍芜铁路"的宏大规划，即从安徽芜湖经苏州、嘉兴至东方大港乍浦的铁路，虽然北洋政府时期也筹议过建设宁湘铁路，但因政局不稳，未曾实施。不过对孙中山所倡导的"乍芜铁路"的建设始终是国民政府建立后继承其建设思想的一个"政治符号"。作为孙中山好友的张静江也正是利用了这一"政治符号"修筑了江南铁路。

江南铁路沿线经济发展也使江南铁路的出现成为必然。江南铁路的建设一经提出，即引起朝野的广泛关注。据当时《大公报》评论，此路于地方经济影响颇大，因为其"路境所经，多属村野，文化可以输入，物品可以输出，保障治安，利用资源，诚属百利"，建成后定会使"夙称富庶的徽州六县更加繁荣"。①

铁路沿线的地方士绅民众对于铁路的强烈渴望，是江南铁路迅速修筑的另一个重要原因。这可以从铁路沿线民众要求经过铁路经过自己家乡看出。1936年6月，按照铁道部要求，江南铁路公司欲将江南铁路南延至江西贵溪，以便接轨浙赣铁路，江南铁路及其南延之铁路统称为京赣铁路。在江南铁路南延过程中，为节省线路，决定绕过屯溪，改变以前所定线路，取直线至休宁县东的万安。屯溪士绅民众得知消息后，发动各种力量进行劝阻，尤其是徽宁旅沪同乡会最为积极，他们于1937年1月4日分别致电军事委员会、全国经济委员会、行政院与铁道部等中央部门，说明屯溪为"皖南商业中心，关系胥切"，"为国家交通计"，恳求政府"俯从民意，仍依已测经过屯溪路线"。②

张静江民营事业的建设思想对江南铁路的修筑也有重要作用。颇具商业经营头脑的张静江非常清楚从芜湖修筑一条直达乍浦的铁路沿线所带来的经济影响。众所周知，皖南为全国重要的大米产地，"以芜湖为集散中

---

① 洪书行：《江南铁路与江南地理》，《大公报》1935年3月15日。
② 《京赣路线放弃屯溪，徽宁同乡力争》，《申报》1937年1月15日，第14版。

心，供应两粤。所以从芜湖筑路到宣城，东行接通乍浦，运米出海至广东，一则畅通米运，再则实现了孙中山先生提出的东方大港计划，可谓一举两得"。① 张静江等人筹备成立江南铁路后，"对于沿线经济调查，向极注意，除于设站之前派员详细调查一次，汇编调查报告外，每年并复查一次，按实际情形增省改正，分别装订成册，以便阅览"。② 由此可见张静江对该路的重视程度。

正是国内外的发展经济的大背景，以及张静江等人对于民营铁路建设事业的关注，最终促成了江南铁路的修筑。

二　江南铁路的修筑

1. 组建江南铁路公司

江南铁路是张静江主持修建的一条重要铁路，但与淮南铁路和杭江铁路性质不同，属于民营铁路。它是在国民政府内外具有政商背景的众多人物的关注下修筑的。

1932 年 7 月 4 日，张静江依据孙中山提议修建"东方大港"的计划，与李石曾等人筹议修建一条安徽芜湖至浙江东北乍浦的民营铁路，即孙中山早年提出的"乍芜铁路"。1933 年 4 月，张静江与李石曾等人入股组建民营铁路公司，定名为"江南铁路股份有限公司"，"公司股本原定一百万元，后增为二百万元。除经济部股本三十五万元外，余全为商股。其中以世界社投资最多"。③ 这说明张静江等世界社骨干在江南铁路中的势力与影响。股东会推选张静江、李石曾、张嘉璈等 19 人为公司董事，其中张静江、李石曾、钱新之、叶琢堂、张嘉璈、杜月笙、张啸林 7 人为常务董事，"选宋子文为董事长，张人杰为总经理"。④ 据《申报》载蒋介石亦为股东之一。⑤ 可以看出，公司入股者皆为当时政商两界的精英人物。江南铁路公司任命庞龙浩为协理，周颂贤为襄理，洪绅为总工程师。此时，江南铁路"各项筹备工作均就绪，且已向北宁路局购得车头及货车多辆，

---

① 周颂贤：《江南铁路》，台北，台湾铁路管理局，1981，第 18 页。
② 江南铁路公司：《致中国银行的"来函"》，《中行月刊》第 13 卷第 4 期，1936 年 10 月，第 69 页。
③ 凌鸿勋：《中华铁路史》，台北，台湾商务印书馆，1981，第 301 页。
④ 凌鸿勋：《中华铁路史》，第 301 页。
⑤ 《芜乍铁路积极筹备》，《申报》1933 年 3 月 23 日（号外），第 2 版。

其他材料，亦均办妥，故亟须开工，以期早日通车"。4月25日下午，江南铁路在芜湖怡和码头举行奠基典礼，场面甚为隆重，当日"到张静江、刘石心、董修甲、刘贻燕等，及商学各界代表五百余人，张静江主席，首由刘石心代表主席致开幕词，次由刘贻燕等演说，末由该路总工程师洪绅致答词，谓该路拟分段建筑，第一段由芜湖至孙家埠八十公里，日内招标开工，约计十个月可通车。四时半举行奠基礼，由张静江、洪绅、马英浦……四人持锄动工安置基石"。① 一个月后，江南铁路股份有限公司于芜湖设立办事处，由总工程师洪绅为工程处处长，周颂贤为运输处处长，周延鼎为总务处处长。7月10日，江南铁路正式破土动工。

关于江南铁路的名称，迟至1934年10月1日才最终确定，因为铁路"路线既经改道，原有'乍芜'二字殊属不符，遂连同'京诏线'一并改名'江南铁路'，以副名实，嗣后路产标志及印刷品概用江南二字"。②

2. 江南铁路的修筑

江南铁路公司成立后即开始了测量工作。1932年8月21日，开始第一期测量工程，芜湖至孙家埠一段，至10月6日测量完毕。江南铁路在修建过程中，所经线路几经变动，③ 但建设进程却并不因此而延搁。1933年7月至1934年2月，芜湖至竹丝港间的22公里铁路建成。据《申报》载，江南铁路沿线"填土方之工人，不下四五千，日夜工作"。④ 按照张静江建成一段即通车一段的修筑原则，芜湖至竹丝港间铁路竣工后即开始运营，发售临时三等客票，开始服务地方民众。7月29日，铁路延至宣城，同时通车。

8月25日，为加快整个江南铁路建设进程，南京至芜湖段经过数月筹划，开工建设。全线计分四期施工，第一期由芜湖至当涂县的大桥镇，第

---

① 《芜乍铁路奠基》，《申报》1933年4月27日，第4版。
② 因乍芜线无法修通，江南铁路股东会在1933年决议将线路变更为由南京通至福建诏安，并得到铁道部批准。京诏线的具体线路是由南京经安徽的芜湖、宣城、宁国、旌德、绩溪、翕县、屯溪、婺源，江西的乐平、万年、余江、贵溪，福建的建阳、建瓯、南平、永安、宁祥、龙溪、永定、和平，最后抵达诏安，全长1200公里。《芜乍、京诏两路改名"江南铁路"》，《大公报》1934年10月15日。
③ 实际上至1934年3月23日，铁道部才最终批准江南铁路公司的筑路计划，即自南京开始，从安徽芜湖、宣城、徽州，江西贵溪至福建南平、永安、龙岩，直达广东的京粤铁路。详见周颂贤《江南铁路》，第18页。
④ 《芜屯芜乍路讯》，《申报》1933年9月7日，第12版。

二期由大桥镇至当涂，第三期由当涂至江宁县的铜井镇，第四期由铜井镇至南京。全线长约 100 公里，雇工约 1500 人，拟于两个月内完成土方路基工程。全线工程中，第一段芜湖至宣城较为容易，因多属平坦之地，无山岗高阜。不过这一段当涂大河的路桥较为艰巨。考虑到工程进展情况，拟造钢桥一座，以便使用。此桥后来又加宽改修为铁路公路两用桥。受到蒋介石加快建设进度的专门指示，建设工期加快了许多。至 1935 年初，"当涂河桥工程，刻已完成十分之八，连日昼夜赶造"。① 至是年春夏之交，江南铁路基本建成。

南京至芜湖段于 1935 年 5 月初全线通车。是年 10 月，为便利江南铁路与京沪铁路、津浦铁路联运，江南铁路公司与京沪路局共同修筑京沪线尧化门与江南铁路中华门之间全长 22 公里的路线，翌年 2 月竣工。4 月，江南铁路与京沪铁路在南京光华门接轨，开始办理芜湖与上海之间的客运。② 至此，张静江等人创办的民营铁路——江南铁路全程通车运营。

三　江南铁路的经营与管理

江南铁路建成之后，为使其成为民营铁路事业经营的典范，张静江采取了多种改革措施，使其在客运与货运等很多方面适应了地方民众的需求，发展很快。

1. 首重客运，方便民众

江南铁路的运营管理采取服务民生的宗旨。因其为民营铁路，在经营管理方面较其他铁路更加灵活。江南铁路建成后，即开始在《中央日报》、《申报》等一些大报上连续刊登火车时刻的广告。广告词也十分通俗易懂："商办江南铁路广告：彻底商业化、和气、周到、方便、低廉。"③ 江南铁路"纯粹采取商业经营政策，注重三等客车，举办负责运输，训练员工，使之态度谦和，以招揽商旅，车机警三部人员合作，以增加工作效率之不足"。④ 江南铁路采取多种措施开发客运资源。1935 年 2 月，为发展沿线农业生产，江南铁路积极响应宣城农业改良所举办推广良种活动，开设专线运送铁路沿线农民参观在宣城举办的农业展览。是年 11 月，又开设芜

---

① 《京芜路芜宣段货运渐有起色》，《申报》1935 年 2 月 7 日，第 13 版。
② 《民营各铁路概况》，铁道部秘书处编《铁道年鉴》第 3 卷，第 1452 页。
③ 《商办江南铁路广告》，《申报》1935 年 7 月 8 日、7 月 11 日。
④ 金士宣：《中国铁路问题论文集》，交通杂志社，1935，第 48～49 页。

湖至南京中山陵的当日往返旅游专线，免费接送南京至中山陵的来回全程。[①] 江南铁路竣工两年来载客人数的情况，由表 5 - 5 可知一二。

表 5 - 5　江南铁路历年载客人数情况统计（1934 年 2 月至 1936 年 6 月）

单位：人

年 ＼ 月	1	2	3	4	5	6	7	8	9	10	11	12
1934		12752	27221	11250	7370	8003	8540	12323	14300	16176	19840	26949
1935	29993	18569	23666	31969	58451	67331	72411	83795	92946	95886	94357	96883
1936	96930	98630	110637	111350	101789	111940						

资料来源：铁道部编《铁道》，中央党部国民经济计划委员会编《十年来之中国经济建设（1927～1937）》（上），第 43 页。

从表 5 - 5 可知，该路自 1934 年 2 月修通芜湖至竹丝港间 22 公里的铁路后开始运营，当月运送旅客人数即达 12752 人。江南铁路全线贯通之后，江南铁路载客人数急剧上升，从 1935 年 4 月的 31969 人迅速增至 5 月的 58451 人，一月之间增加了 26482 人。以后各月均呈明显上升态势，至全线贯通一年后的 1936 年 5 月时，已增至 101789 人。以 1935 年计，平均每日运送旅客达 2200 人左右。江南铁路为发展民生、服务民众计，打破当时铁路部门规定的各种条条框框的束缚，允许购买三、四等车票的旅客免费携带货物一挑，三等车的票价为 1.35 元，四等票价则更低，降为 0.7 元，故旅客买四等票者最多。[②] 正是由于江南铁路服务民生的经营思想，其在全线贯通后载客人数急剧增长。据统计，在 1935 年 6 月至 1936 年 12 月的 19 个月中，旅客人数高达 255 万人次，其中三等车旅客人数达 73 万人次，四等车的旅客更达 168 万人次，其中三、四等的旅客人数占其总数的 95%。

为扩大营运规模，更好地服务地方民生，江南铁路与邻近江浙沪等地的铁路、公路实行联运。如与京沪、沪杭甬、江苏省建设厅公路管理处京芜线、安徽省京芜西段长途汽车公司等多家经营单位订立四路旅客联运合同。江南铁路以芜湖东门、宣城与湾沚三站作为联运站点，四路共同确定联运的车次与时间。由芜湖直达上海的列车，从 1937 年元旦开始"每日增

①　安徽省地方志编纂委员会编《安徽省志·交通志》，方志出版社，1998，第 336 页。
②　《江南铁路建设概况》，《津浦月刊》第 5 卷第 7 期，1935，第 26 页。

开三班，计为上午八时、十一时四十分、下午六时三十分，各次均可衔接，交通益感便利"。① 至于票价则采取了折扣策略，二等车七五折，三等车为八五折。对汽车则全部实行八五折，让利于顾客。② 由于江南铁路离南京较近，为方便安徽与首都两地人民的生活交流，与京市铁路③也积极实行联运。与安徽内地的旅客联运也同时进行。江南铁路与安徽省公路局签订《试办旅客联运合同》，与芜屯路联运旅客，使铁路客运与公路客运连成一体，既方便了人民的日常生活，也使江南铁路获得了一定的利润，同时拓展了江南铁路的发展空间。

2. 加强货运，促进皖省内外物资交流

江南铁路的货运因其民营性质，灵活性更强。时人认为，江南铁路的"造路目的，纯以便利人民交通，开发农工商业为主旨，非关军事、外交或政治作用"。④ 因此地方民众对其期望甚大，江南铁路亦的确起到了开发地方农工商业的目的。

张静江认为："京孙段（南京至孙家埠一段——引者注）向南展修三百八十公里，自翕县、祁门、景德镇以达贵溪，则旅客货物由粤而京，如经行本路，则因本路钢轨加重，各路车辆可以过线之通行，便利无比，另外以贵溪为比较点，由杭江而达南京，共需七百六十公里，由本路而达南

---

① 《江南铁路缩短行车时刻》，《申报》1936 年 12 月 30 日，第 4 版。
② 《京沪路与江南铁路公司等签订四路旅客联运合同》，《京沪沪杭甬铁路日刊》1934 年 12 月 14 日。
③ 京市铁路，原名宁省铁路。1907 年，时任两江总督端方上奏清政府修建南京市内铁路。经批准后，委任江南商务局总办王燮为工程总办，聘请英国人格林森（Galiensen）为总工程师，开始测量购地。当年 10 月破土动工，次年 12 月建成。1919 年 1 月，全线正式通车。全长 11.3 公里（一说 12.5 公里），起自下关江边，跨惠民河，由金川门入城，经三牌楼、丁家桥、无量庵，沿北极阁南麓，两江师范学堂（今东南大学）后墙，越珍珠河后，在今太平南路东侧南折，经过两江总督署（总统府）东墙外，到中正街（今白下路）止。沿线设有江口（今长江航运客运码头）、下关、三牌楼、无量庵（后改名鼓楼）、督署（后改名长江路）、万寿宫（后改名中正街、白下路）6 个车站。1910 年，清政府在南京丁家桥举办"南洋劝业会"期间，又增设了劝业会站（后改名丁家桥站）。宁省铁路通车初期，有英制机车 2 辆，头等二等联合客车 2 辆，三等客车 6 辆，货车 4 辆，还有花车 1 辆、铁质水车 1 辆。花车专供两江总督出行使用，水车专供总督衙门到江边汲水使用。宁省铁路的开通，极大地改变了南京城南北的交通状况。1912 年，宁省铁路更名为江宁铁路。1927 年，江宁铁路复易名为京市铁路。1936 年，京市铁路向南延伸 3.8 公里，与江南铁路接轨，并与之开展联运业务。关于京市铁路的详情，见张雨才《中国铁道建设史略（1876～1949）》，中国铁道出版社，1997，第 240～241 页。
④ 金士宣：《中国铁路问题论文集》，第 48～49 页。

京，不过九百九十公里，可省一百七十公里，迅速良多。"① 1935 年 2 月，为发展江南铁路沿线经济计，也顺应沿线米商的要求，江南铁路与轮船招商局签订《水路联运合同》，规定安徽省内的货物可由江南铁路运至长江口岸，再由招商局用轮船运至长江各口岸以及沿海各口岸，如汉口、九江、安庆、镇江、上海，沿海的北方烟台、天津，南方宁波，以及粤地的汕头、广州等。如此一来，江南铁路与轮船招商局的水陆联合运输，可达到"便利客商，经济省费，激增营业，提高利率，节省时间，有利于国家交通事业之发展"的目的。② 从是年 9 月起，江南铁路又增辟萧捍、大桥、当涂、采石、慈湖五站为水路联运站，轮船招商局则增加了九江、汉口两处联运口岸。③ 在芜湖至孙家埠一段通车后，铁路沿线的宣城、水东、湾沚等地出产的宣纸、贡枣、米粮等均由火车运芜转载出口，屯埠及徽宁一带土产，也多经由芜屯路运至宣城，再由火车装运至芜湖。据统计，仅大米一项在 1936 年江南铁路沿线各站运送至京沪杭等地即达 24 万余吨，加上其他物资，是年该路运送物资达 55 万余吨。④ 由于铁路运价较低、快速便捷，原先由水路或公路运输的货物大多改由铁路运输，加快了安徽省与外部的物资交流，促进了地方经济的发展。

由于江南铁路属民营铁路，经营的自主权更大，在货运方面较其他铁路更加灵活，货运方面与客运一样实施联运，如与京市铁路实施货物联运之时，可以货物直接过轨，免除其他一切调换车皮事宜。⑤ 江南铁路与津浦铁路的联运事宜，在江南铁路未与京沪铁路实施联轨之前，除收江南铁路与津浦铁路运费、京沪铁路 10 公里运费和首都轮渡费外，还加收江南铁路由中华门至下关车站的汽车费，⑥ 这样既方便了商旅的出行，也间接增加了铁路的收入。江南铁路不仅与其他铁路开展联运以扩展业务，还采取价格灵活的运价方式扩展业务。1930 年，铁道部为方便各地铁路的联

---

① 张静江：《商办江南铁路公司南京河沥溪段计划书》，台北中研院近代史研究所馆藏建设委员会档案，23 - 04 - 25。
② 周凤图：《水陆联运》，《航业月刊》第 3 卷第 1 期，1935 年 5 月 15 日，第 18 页。
③ 铁道部秘书处编《铁道年鉴》第 3 卷，第 1463 页。
④ 《江南铁路公司计划书》附表二（乙），《江南铁路京河段沿线各地运出货物吨数表》，台北中研院近代史研究所馆藏建设委员会档案，23 - 04 - 25（1）。
⑤ 《订定京市铁路与江南铁路客货联运办法案》，《南京市政府公报》1937 年第 12 期。
⑥ 《江南铁路与津浦路货物联运之实行》，《安徽省二十四年度政治成绩统计》，1935。

运统一了运价，即各地一律实行整车和不满整车的两级运价制度。[①] 江南铁路的运价基本采用递远递减的灵活办法，另订特定运价和优惠减价等一系列有利于商户的措施。货物按照名称依次分为四个等级，即特、一、二、三等，规定以三等货物的运价为基数，设三等运价为100%，二等运价为121%，一等运价为210%，特等运价为340%。里程标准则以24公里为基数，按照货物的等级与里程来计算货物的运费。如此灵活方便的运价措施使江南铁路的货运业务日益扩大，营业额日渐增多。以1936年京芜段为例，"九月份为113084元，十月份为140163元，十一月份为150143元，十二月份为158372元，其全体客运为1495618人，货运为182944吨，较二十四年全年约增一倍有余。而自七月以来，月得赢利约六万元"。[②] 足见江南铁路获利之丰。

第四节　建委会经营铁路的影响

关于铁路对于近代化之间的关系，孙中山曾有论述："以今日之国势，交通最要者则为铁路。无交通，则国家无灵活运动之机械，则建设之事，千端万绪，皆不可举。故国家之有交通，如人之有手足四肢。人有手足始可以行动，始可以做事；国家有交通，始可以收政治运用敏活之效。否则国家有广大之土地，丰富之物产，高尚思想之人民，而无交通以贯之，联络之，则亦有等于无……国而无交通，是为废国。"[③] 杭江铁路、淮南铁路与江南铁路是张静江领导建委会或者任职浙江省主席期间所修筑的三条铁路。此三条铁路各具特色，且均对地方产生了重要影响。

一　降低运输成本，推动地方经济发展

近代以来，国人已渐渐认识到："农工商业，不能发达之主因，虽非一端，而运输之不灵便，实为主因之一。"[④] 至20世纪30年代，随着一些铁路的修筑开通，这种局面开始改变。时任财政部长宋子文深有体会："农产之运销，首惟铁路是赖。故迩来新建之铁路，已资农产以运

---

① 安徽省地方志编纂委员会编《安徽省志·交通志》，第355页。
② 《江南铁路京芜段去年下半年收入激增》，《申报》1937年1月6日，第14版。
③ 中国社会科学院近代史研究所中华民国史研究室等编《孙中山全集》第2卷，第479页。
④ 孙云霄：《浙江省航政之概况·序》，浙江省航政局，1930，第1页。

销之便利，其运费已减低十分之一二矣。"① 张静江领导修建的三条铁路均在降低运输成本方面采取了积极措施，尤其是淮南铁路最为明显。淮南铁路对沿线粮食的运输价格降低甚多，详情参见表 5-6。

表 5-6　淮南铁路运输价格

起运站	至裕溪口的距离（公里）	每公吨运价（元）
田家庵	214	2.47
大　通	209	2.43
淮　矿	203	2.38
下塘集	155	1.91
合　肥	117	1.54
炯炀河	78	1.11
巢　县	49	0.78

资料来源：《铁道公报》第 1521 期，1936 年 7 月，第 5~6 页。

根据调研，大米经水路从合肥运抵芜湖，每担运价超过 1.9 元还多。除此之外，还有数不清的各种附加杂费。② 对照表 5-6 可以看出，通过火车从合肥运抵裕溪口，每吨大米运价仅 1.54 元，即使加上渡江费用亦远低于水运价格。安徽省的这两条铁路修通过后，"沿线各地货畅其流，商旅更感莫大便利"。③

在铁路与地方经济的互动关系中，"铁路建设与经济开发，系相辅而行，没有铁路交通，固然无法开发经济，没有经济开发，亦无以维持铁路"。④ 从上述淮南铁路对沿线地方的农产品运输低价可以看出，铁路对经济发展具有相当大的促进作用。

二　沿线设置实验场，改进地方农业发展

民国时期，受西方现代化的影响和政府的大力提倡，"农产品的改良与引种是进行得较多，且成效较大的一个方面"。在三条铁路沿线地区设置农业实验改良场，改进地方农业的发展，也是响应政府政策、积极推行

---

① 宋子文：《中国银行民国二十四年度营业报告》，《中行月刊》第 12 卷第 4 期，1936 年 4 月，第 30 页。

② 孙晓村：《江西安徽江苏三省米谷运销之研究》，《国际贸易导报》第 8 卷第 6 号，1936 年 6 月，第 140 页。

③ 《皖省兴筑两铁路》，《申报》1936 年 6 月 8 日，第 7 版。

④ 陈晖：《广西交通问题》，商务印书馆，1938，第 76 页。

以普惠地方民众的重要举措。

三条铁路建成之后，均能很好地服务民众。当时舆论即认为："自淮南铁路告成，江淮两大流域，得以贯通，其经济上之价值，不仅限于淮南一矿也。"[①] 1934 年，淮南铁路与中央农业指导社积极合作，尝试进行"改良沿线农产品，增加生产，并设立试验场，邀请沿线地方人士参观，藉资观摩，引起乡民试用改良稻种，及新法耕种增进生产而益路收"，[②] 达到了双方共赢。

1936 年 1 月，江南铁路公司"为谋皖南沿线农产之增加，著以增进其运输业务，特在宣城设立农业改良场，并与实业部中央农业实验所技术合作，第一步以改良稻种为主，小麦、菜籽副之。又与宣城县政府合组推广委员会，择定孙家埠为第一年推广区，计领种之农户共四百五十户，登记栽种之田亩面积六千亩。兹为推广此项工作，进一步与全国稻麦改进所合作，在该路沿线产粮丰富之慈湖、采石、当涂、大桥、卡子口、竹丝岗、湾沚、桥头等十站，特约示范农田区域，渐次实施，以收宏效"。宣城稻种推广委员会推广"帽子头"稻种最为积极，成立当年即推广 3000 亩。在江南铁路的帮助下，推广很快。不仅如此，江南铁路还积极推广宣城农业改良场培育成功的"不易倒伏，颇适于皖南圩田之栽种"的稻种，免费向沿线的租户发放，据不完全统计，仅 1936 年一次即发放 2500 公斤左右。由此可见江南铁路对于地方农产改良的积极作用。

在铁路沿线实施农产改良的同时，张静江也积极推进"铁展会"工作。"铁展会"顾名思义，就是铁路沿线出产货品展览会。在铁道部的要求，以及建委会推动地方经济的考虑下，杭江铁路、淮南铁路与江南铁路均十分注意举办铁路沿线的展览会，无论铁路、沿线居民还是商人都可从中受益。通过参加铁路展览会，地方"人民则得购买国货之机会，调剂供求之需要，奖励国产之繁荣"。[③] 另外展览亦可以使"观众对沿线货品的产销有相当的认识"，并"知道工商业与铁路运输关系的密切"。对铁路

---

① 余定义：《最近三年之交通建设》，《中行月刊》第 12 卷第 1、2 期合刊，1936 年 1 月，第 64 页。

② 张善玮：《淮南铁路沿线生产交通情形及其业务发展之计划》，《铁路杂志》第 2 卷第 8 期，1935，第 50 页。

③ 曾仲鸣：《最近三年来的路政情况》，《津浦铁路月刊》第 4 卷第 10 期，第 5 页。

而言，可"借货品的展览来探讨货品产销的实况和供求的真情，使铁路的方策适应工商业者的需要"，① 从而"增加运货之收入"。当然商人亦可借展览会的机会，"明了本国物产状况，运输销售的方法，便于投资经营"。② 作为完全民营的江南铁路十分注意展览会对地方经济的推动作用。三条铁路之中"铁展会"也因江南铁路属于民营性质而易于开展工作，故做得最好。

三　扩大并升级铁路沿线的邮电业务

铁路贯通后，沿线的邮政、电报业务也随之展开，以往人背肩挑的落后邮政方式逐渐被铁路邮运方式取代。例如，1935 年淮南铁路通车后，"巢县、中垾、炯炀河等地邮件由火车转运"。③ 正是因为"江南铁路和淮裕铁路（即淮南铁路——引者注）通车，芜湖便开始了利用铁路运邮的历史"。④ 此举迅速提高了邮政速度，加快了铁路沿线人民与外界的交流。

铁路沿线的邮政随着铁路通车而改变，电报业务亦因此发生了变化。淮南铁路通车后，建委会致函交通部："现该路为适应需要计，对于电信设备，除已有电报电话线路外，更拟于淮南煤矿、芜湖及裕溪口三处各设置无线电台一座，俾车辆轮驳之调度更臻便捷。"⑤ 江南铁路电报业务更加发达，在江南铁路通车后，"交通部为便利沿路民众通信起见，在该路未与电报局接线通报以前，准由芜湖电报局委托该路各车站代收代送电报，订立办法，自七月一日（1935 年 7 月 1 日——引者注）起试办。凡各站民众所发之电报，除中华门、采石、当涂、芜湖、宣城五站所收者，迳交当地电局转递外，应用电话传递至上开各站，再交电局投送或转递……江南铁路，装有电话设备，固已成为现代化之交通系统。今与电报局订定代收代送电报办法，不独该路乘客及车站附近民众，得通信上之便利，即该路本身，已与全国各种交通机关联成一气，将来该路业务之发

---

① 俞棪：《铁展会发刊词》，《申报》1933 年 4 月 10 日，第 11 版。
② 曾仲鸣：《最近三年来的路政情况》，《津浦铁路月刊》第 4 卷第 10 期，第 5 页。
③ 巢湖地区地方志编纂委员会编《巢湖地区简志·交通邮电》，黄山书社，1995，第 202 页。
④ 芜湖市地方志编纂委员会编《芜湖市志·邮电》下册，社会科学文献出版社，1995，第 595 页。
⑤ 《公函交通部（第 393 号）》（1936 年 5 月 30 日），《建设委员会公报》第 65 期，1936 年 6 月，第 138 页。

达，殊未可限量，而交通部主办之电信事业，亦随之而深入沿路各地矣"。①

本来南京国民政府早有"完成全国之电话通信网，以适应时代之需要"的规划，② 随着这三条铁路建设的完成，铁路沿线的电话网也陆续建成。1936 年 8 月 29 日，芜湖与南京之间国家干线长途电话"正式通话，声音清晰"。③ 芜湖与本省以及外省重要城市的通话效果亦良好，如芜湖至安庆、芜湖至长沙的长途通话也"开放营业，声音清晰"。④ 芜湖市内电话随着江南铁路与淮南铁路的建成通车而迅速发展，1927 年时市话容量已经扩充为 700 门，1936 年改建为 1000 门，不过后来因抗战陡然爆发而被迫停下，⑤ 甚为遗憾。

四　推动铁路沿线旅游业兴起

三条铁路的开通，不仅带动了地方城市的发展，促进了农业及其他行业的进步，也为地方旅游业的发展带来了良好的机遇，使得沿线的风景名胜古迹得以示人，推动了地方旅游业的兴起。

淮南铁路的通车给沿线地方旅游业的兴起带来了良好的机遇，虽然淮南铁路在开始筹建时为运煤专线，但是该路"纵贯皖北皖中，沿线所经城镇，均为历代兵家必争之地，南段一带，更叠见史乘"，如包公祠、逍遥津、张辽墓，李（鸿章）府，以及"合肥之明教寺、大兴集之李氏宗祠、巢县之极乐庵、长冈集之大湖寺、东关之文笔塔，莫不雄伟壮丽，各擅其胜"。⑥ 淮南铁路的通车，使上述风景名胜得到了开发建设。

在推动地方旅游业兴起方面，做得较好的是江南铁路，这可能与其是民营铁路有极大关系。江南铁路采取多种手段推进地方旅游业的发展，例如编制旅游手册、在各大报刊上刊登广告、组织团体旅游等。江南铁路的通车后，"沿线名山胜景，从前鸟道可通，人迹罕迈，筑有铁路，则游人揽胜，朝发夕至，终年络绎不绝矣"。⑦ 铁路通车使铁路沿线的风景名胜

---

① 《江南铁路各站代收代送电报》，《申报》1935 年 7 月 16 日，第 18 版。
② 《交通部长途电话干线联络通话》，《申报》1936 年 9 月 1 日，第 3 版。
③ 《京芜长途电话昨通话》，《申报》1935 年 8 月 30 日，第 10 版。
④ 《皖湘长途电话昨开始营业》，《申报》1936 年 11 月 2 日，第 4 版。
⑤ 安徽省地方志编纂委员会编《安徽省志·邮电志》，安徽人民出版社，1993，第 191 页。
⑥ 《淮南铁路六月五日行通车礼（续），同时举行煤矿六周纪念》，《申报》1936 年 6 月 4 日，第 10 版。
⑦ 洪书行：《江南铁路与江南地理》，《大公报》1935 年 3 月 15 日。

很快进入了人们的视野，从而推动了沿线旅游业的兴起。江南铁路当局为便利游客游览沿途风景名胜，派专人前往调研，并编制了导游手册。如采石导游手册，"举凡名胜古迹途程费用及游览设计等无不详实记载"。经过江南铁路的大力宣传，每年春秋两季采石游人如织，不绝于途。不仅如此，还在各大报刊上刊登广告，以扩大游客乘坐火车游览黄山的兴趣："黄山为皖南胜景，风景秀丽，现经当局积极开发，声名益著。江南铁路公司顷特专备游览专车，游客仅须费五天时间，用极经济旅费，即可登览山景，沐浴温泉，而观云海巨瀑……又江南铁路向美国添购之新式车头六辆……闻京芜间班次，以后每日将增加一次，行车时间亦将更订，以利行旅云。"① 由此看来，江南铁路公司的确是为扩大业务费尽了心思，也极大推动了铁路沿线旅游业的发展。

江南铁路不仅在各大报刊上发布广告推动采石、黄山旅游业发展，在实际运作上也颇具商业头脑。1935 年江南铁路从南京到宣城孙家埠通车后，江南铁路经常组成"采石矶旅行团，由旅行社招待，由南门小行镇上京芜路"。1935 年 5 月组织去采石矶的旅行，"共五百座位，完全售讫"。② 江南铁路于是年 8 月 23 日起，接连推出南京始发的"黄山游览专车四次"，并且整个旅程的行程时间安排紧凑，"第一次专车……于本月二十三日开出，头二三等客票均系先期售完"。由此可见该旅游专列受到了当地"有兴一览胜迹者"的热烈欢迎。③ 江南铁路也重视大中专学生客源，为扩大营业，对学生们寒暑假期间的乘车实行半价收费。在假期内，"凡佩戴校章持有学校证明函件之学生，乘坐该路三等客车者，准按半价收费，以示优待"。④ 除此之外，还积极做好"招徕学生团体旅行"的工作，为此"特定优待学生团体旅行办法两项，以示提倡，（一）凡往采石宣城游览者，满十人以上得购团体来回游览票，按普通三等票值对折收费，（二）团体来回游览票有效期间，以十五日为限"。⑤

虽然该时期旅游业并不很发达，因为不仅政府对此毫无投资兴趣，地方民众也缺乏保护意识，许多风景名胜区，"闻其名非不清丽典雅，而一

① 《江南铁路将特开游览黄山专车》，《大公报》1935 年 8 月 17 日。
② 《京人士组采石矶旅行团》，《申报》1935 年 5 月 6 日，第 3 版。
③ 《商办江南铁路公司主办黄山旅游专车》，《申报》1935 年 8 月 29 日，第 12 版。
④ 《（丁）优待学生寒假乘车》，《铁路杂志》第 1 卷第 8 期，1936 年 1 月，第 152 页。
⑤ 《（丙）招徕学生团体旅行》，《铁路杂志》第 1 卷第 11 期，1936 年 4 月，第 143 页。

至其地，只见蔓草荒烟，颓垣断井而已"，① 但总体而言，江南铁路等利用其有利的现代交通条件，还是极大地刺激了沿线地区旅游业的兴起。

五　增加国人的民族自信心

张静江领导建委会期间所修筑的三条铁路均有一个明显的特点，即提升了国人的自信心，这主要从两个方面体现出来：第一，不用外籍工程师；第二，建筑铁路材料尽量采用国货。

1. 不用外籍工程师

张静江主持建委会期间所修筑的三条铁路，均没有使用外籍工程师，所用工程师都是国内著名的铁路专家。杭江铁路、淮南铁路与江南铁路分别由杜镇远、程士范和洪绅负责修建。

此三条铁路之中，杭江铁路修筑最早，在国内影响亦最大。就如曾任建委会副委员长、时任浙江省建设厅厅长的曾养甫在《杭江铁路工程局纪略》序中所评论的那样："往日认为建筑铁路，非借异邦不可者，今乃知本国人材亦可应付裕如矣。"② 该路大长了国人自己修筑铁路的士气。侯家源在《浙赣路》上也指出："本路（杭江铁路——引者注）为国府奠定南京以后，首先由国人经营建造的一条铁路。亦即中国自有铁路以来，由国人独立经营的一条铁路。"③ 杭江铁路"竟以本国财力、本国人才，于惨淡经营之下，得观厥成"。④ 杭江铁路修通后，国人对自己修筑铁路的信心陡增，"各地多引以为异，且多有起而仿造之决心"。⑤

2. 建筑铁路材料采用国货

三条铁路不仅主持建设的工程师是国人，铁路建筑材料也多用国货。据江南铁路的工程人员谈，国产木材做枕木，除木纹不整齐外，效用则与舶来枕木相等，没有多大的差别。而使用国货为铁路节省了很多资金。

虽然杭江铁路与淮南铁路所用部分材料是国外铁路拆下来的旧轨，可

---

① 《滁州之游》，《申报》1930 年 6 月 23 日，第 11 版。
② 曾养甫：《〈杭江铁路工程局纪略〉序》，杭江铁路工程局编印《杭江铁路工程局纪略》，1933，第 2 页。
③ 侯家源：《勉"浙赣人"》，《浙赣路》创刊号，1947 年 9 月，第 4 页。
④ 浙赣铁路局编印《浙赣铁路会计统计年报（民国二十五年度）》，1936，第 2 页。
⑤ 曾养甫：《建设同人努力牺牲之意义与价值》，《浙江省建设月刊》第 6 卷第 10 期，1933年 4 月，第 3 页。

是质量并不差。1936 年 5 月，淮南铁路全线贯通，《申报》报道称："全路路基，既极坚固，复系重磅钢轨，故车行平稳。"① 不仅如此，虽然淮南铁路节约了诸多经费，铁路质量却不因此而减弱，无论钢轨，还是水道涵洞、电信设备与安全设备等，均符合国有铁路标准，质量与国内铁路相比并不逊色。

尤其是淮南铁路在抗战前一年顺利筑成，大大助长了国人的爱国热情，因为此路在修筑之前，"并未若何宣传，而能水到渠成，进行迅速，中国之勇往前进、埋头苦干之精神，于此可见"。② 此路影响较大，因为其筑成后，"太平洋学会年刊和其他一些国外报纸也有报道"。③ 说明淮南铁路的建设产生了国际影响。

六　筑路原则灵活有效

张静江领导修建的三条铁路虽然性质不同，但是筑路原则十分灵活有效，大致有三项原则：筑一段通一段；先求其通，后求其备；筹资方式灵活但不借外债。

1. 筑一段通一段原则

由上文可知，此三条铁路并非完全建成之后通车的，均是采取筑一段通一段的原则，修筑好的铁路即付诸地方民众使用。杭江铁路最早采用这一原则，张静江及其领导下的铁路建设人员非常清楚，地方民众受困于交通不便久矣，非常渴望有一条铁路，自然会急切渴望修筑好一段即通一段，以满足地方使用。此原则也充分体现了张静江修筑铁路宗旨是服务民生。

2. 先求其通，后求其备原则

"先求其通，后求其备"也是三条铁路修筑过程中共同遵循的原则，以淮南铁路最为明显。由于皖北交通工具缺乏，在淮南铁路修通之后，站台条件还未完备即通车。初期开通的站"多为竹笆草房，只有田家庵、大

---

① 杰文：《从淮南路到巢县》，《申报》1936 年 5 月 7 日，第 9 版。
② 赵世昌：《安徽合肥实习调查记》，《中国地政研究所丛刊（165）》，萧铮主编《民国二十年代中国大陆土地问题资料》，台北，成文出版有限公司、美国中文资料中心，1977，第 83437 页。
③ 淮南市地方志编纂委员会编《淮南市志·铁路》，第 817 页。

通、九龙岗、合肥四站较大，有正式票房"。① 而矿合段的车站条件实在太差，在"水家湖、朱巷、下塘集、罗集、双墩集及合肥六站，每站建有草坯房五间，作临时票房"。② 淮南铁路运营一段时间之后，这些站台的条件才有所改变。

3. 筹资方式灵活但不借外债

上述三条铁路的筹资方式十分灵活，但从不借外债，均由本国金融业支持。这也是难能可贵之处。杭江铁路由中国银行投资最多，其修成共用资金1300万元，其中460万元来自中国银行。而在此之前中国银行业对铁路的投资还没有先例。张嘉璈对中国铁路建设事业十分热心，曾经帮助铁道部发行"民国二十三年六厘英金庚款公债"，还极力劝说德国奥托·华尔夫公司与国内银行共同支持并投资浙赣铁路建设。张嘉璈认为，这是"以银行力量，实行辅助铁路建设政策具体化的开始"。③ 中国银行投资杭江铁路，"打开国内银行对投资发展铁路事业的新途径"。④

七　筑路成本低廉

张静江所领导修筑的三条铁路在保证质量的前提下筑路成本很低，与同时期的全国其他铁路相比，非常低廉。

淮南铁路是"当时世界上造价最低、建设速度最快的铁路之一"。⑤ 这可能与张静江节俭筑路的指示有关，也与淮南铁路总工程师程士范有关。程士范看到上海《字林西报》刊载有加拿大一家铁路公司出售"废轨"的广告，便购进使用。同时，购进美国的一些不符合标准的枕木，在铺设枕木时增加数量以符标准。这使淮南铁路节约了大量经费。⑥ 为了进一步节约筑路经费，建委会复公函至铁道部和财政部，请其对枕木运至淮南铁路建设工地给予关照，不但节约经费，而且加快了工程进度。⑦

① 朱曼丽、方延康：《淮南铁路今夕》，《淮南文史资料》第5期，第70页。
② 中国建设协会：《建设委员会指导下之建设事业近况》，《中国建设》第13卷第1期，1936年1月，第11页。
③ 姚崧龄：《张公权先生年谱初稿》上册，台北，传记文学出版社，1982，第132页。
④ 凌鸿勋：《中华铁路史》，第147页。
⑤ 淮南市地方志编纂委员会编《淮南市志·铁路》，第817页。
⑥ 刘统畏：《铁路建设史料》第1集，中国铁道出版社，1991，第407页。
⑦ 《建设委员会公报》第39期，1934年3月，第113～120页。

表5-7　杭玉铁路与同时期全国所建铁路成本估价比较

铁路名称	建筑经费（万元）	路线及设备品原价（万元）	实有路线（公里）	每公里建筑费（元）	每公里路线及设备品原件（元）
杭玉	1407.19	1407.19	334.50	42077.73	42077.73
全国（1934年7月至1935年6月）	75103.30	85960.03	8148.85	92164.29	107350.79

资料来源：中华民国铁道部编《中华国有铁路会计统计总报告》，《中华国有铁路统计总报告》1934年、1935年、1936年；《铁道年鉴》1934年、1935年、1936年各卷。转引自徐卫国《1927～1937年中外资本的活动与中国铁路建设的规划和实施》，《中国经济史研究》2002年第4期。

表5-8　江南铁路、淮南铁路与同时期全国所建铁路成本估价比较

铁路名称	建筑经费（万元）	路线及设备品原价（万元）	实有路线（公里）	每公里建筑费（元）	每公里路线及设备品原件（元）
江南	640.37	640.37	175.00	36592.57	36592.57
淮南	373.03	373.03	215.42	17316.41	17316.41
全国（1935年7月至1936年6月）	77604.29	89922.09	8305.66	93435.43	108266.04

资料来源：中华民国铁道部编《中华国有铁路会计统计总报告》，《中华国有铁路统计总报告》1934年、1935年、1936年；《铁道年鉴》1934年、1935年、1936年各卷。转引自徐卫国《1927～1937年中外资本的活动与中国铁路建设的规划和实施》，《中国经济史研究》2002年第4期。

　　从表5-7、表5-8可知，杭玉铁路每公里建筑费42077.73元，仅是全国每公里建筑费的45.7%。而江南铁路与淮南铁路更低。当然为保证铁路修筑质量，张静江等人经常下去视察工程进度。1935年2月12日，张静江"偕同中央建委会秦科长，暨襄理庞赞成等五六人，分乘汽车二辆，由京出发，沿线视察。七时许到达当涂，详勘桥工。旋换乘该公司派往迎候之专车来芜，召见总务、工务、运输各处职员，咨询工程状况。当以本路关于江南各省生产之开至甚巨，值兹国家多难之秋，中央当局之期望尤殷，京芜工程既完成大半，嘱仍赶速努力"。[①] 江南铁路通车之后，1936年5月24日，时任铁道部长张嘉璈为考察江南铁路南延工程，也为检验江南铁路质量，乘坐江南铁路专车由南京出发，沿线视察，直至终点孙家埠。[②]

---

① 《京芜铁路定期下月通车》，《申报》1935年2月19日，第12版。
② 《张嘉璈视察江南铁路沿线》，《申报》1936年5月25日，第7版。

　　凌鸿勋曾言："国府成立以后，为欲筑路速进，遂开放地方自办及商办的两途径。地方筑路方面，民国18年浙省府创办杭江铁路，21年山西省又独力修筑同蒲铁路，两者颇开省办铁路的风气。商办方面，民国19年淮南矿务局修筑淮南铁路，22年上海绅商又兴筑江南铁路，以上两路办理极有规模，可说是民国以来商办铁路的典型。"①从三条铁路的建设看来，此言不虚。在国民政府时期，虽然有多条铁路筑成，但"不属于铁道部管理，或由省办，或由商办，计有四线，一为浙赣铁路，二为江南铁路，三为淮南铁路，四为同蒲铁路"。而此四条铁路之中，张静江领导修建的铁路即有三条。足见张静江在民国铁路建设史上的地位与影响。

　　张静江修筑三条铁路遭遇了众多令人难以想象的困难。建委会勘测修筑淮南铁路时期，就遭到铁道部的坚决反对，提出新建铁路"大部分与津浦京沪平行……如淮南煤矿专线除运煤之外兼营客货运输，则淮河长江两流域之货，经由该两线者势必甚多，津浦京沪沪杭诸路营业上必将大受影响，且各路所负外债甚重，若将来营业因受影响而趋于冷淡，则外债之偿还更属困难"。②针对这一情况，张静江与相关部门疏通关系，多方奔走，求得筑路政策上的支持。同时极力解释修建淮南铁路的主要目的在于缓解南京、上海一带的"煤荒"及改善淮南煤矿运输条件。张静江向铁道部承诺，"该路纯为运输矿产而设"，专司运煤。而且该路的所有修筑经费"国库未能拨给，概系本会向各方抵借而来，所有本息，须由本会负责清偿"。"俟该路完成十五年之后，如贵部认为有收回之必要时，得派员会同本会按照造价切实估折。"③如此说辞，自然令铁道部不好再提出反对意见。不过淮南铁路筑成后，也不受铁道部的诸多约束，有很大的经营自由权，有利于它的发展。

---

①　凌鸿勋：《七十五年来铁路大事之回忆与述评》，沈云龙主编《近代中国史料丛刊续编》第924辑，第249页。

②　《建设委员会训令》（1934年1月24日），《建设委员会公报》第37期，1934年2月，第87页。

③　《公函铁道部（第71号）》（1934年2月23日），《建设委员会公报》第38期，1934年3月，第79页。

第六章　推动地方现代化建设

——以浙江为例

建委会成立以后，在张静江的领导下，努力推进地方经济建设。由于职权范围的一再受限以及南京国民政府统治区域的影响，该会在推动地方建设方面以江、浙、皖一带成效最为明显。本章以建委会推动浙江现代化建设为例，说明该会推动地方经济建设的成就。

第一节　建委会与建设厅的关系

建委会成立之后，为了推动各地的建设事业，要求各省均须成立建设厅，以便随时指导建设工作。建委会职权的日益萎缩之时，对地方建设事业的指导作用也渐渐衰弱。但在其成立初期，对各地的建设事业还是起到了一定的指导作用。

一　省建设厅与市、县建设局的成立

北京政府时期，各省多设置实业厅管理本省的经济建设事宜。实业厅直属于省长，凡省内交通、农林、矿业、工业、商业诸类有关建设事宜皆归其管辖。1925 年，中央政府开始在各省设置建设厅，管理农、林、蚕、桑、鱼、牧和矿业的建设事宜。至南京国民政府建立后，"各省皆改实业厅之名为建设厅"。同时为加强全省对建设事业的领导，规定"建设厅长同时为省府委员，得出席于省府会议"。由此可知"其地位亦较从前实业厅长为高"。按照规定，建设厅刚开始成立时的职责如下：第一，执行中央主管部会之法令；第二，举办并管理省有之建设事业（不论有无利益收入）；第四，奖励及指导人民生产事业；第三，监督并促进各县官办建设事业。①

---

① 恽震：《论各省建设机关之组织》，《建设》第 8 期，1930 年 7 月，第 1 页。

由于中央政府三令五申要求各省迅速成立建设厅，至 1930 年全国成立建设厅的省份已达 26 个。但四川仍按照民国成立之初的名称设立实业厅，反映了当时南京国民政府与四川地方军阀之间貌合神离的复杂关系。南京国民政府实行"训政"后，建设厅管理事务日渐繁多，国民政府要求各省根据实际需要增设农矿厅或工商厅，以加快各地工商矿业的发展，于是各省农矿厅或工商厅亦纷纷建立。在建委会成立大会上，曾论及建设厅与农工厅之间的权限问题："农工厅掌管农工行政，如组织、运动、训练、教育、解决劳资纠纷，及其它关于农工范围内之行政处分。建设厅则掌管关于物质上之一切建设"，要求两者职权"须规定明文，以资维护，而免争执"。① 恽震认为，就"建设厅执掌范围而论，今之要政，第一仍为最大多数生计所关之农产问题，其次方能谈及交通"，而"与农产最有密切关系者，厥为水利。故一省之建设厅及农矿厅，苟能尽力防免灾患，疏浚河流，指导农作，举办灌溉，使农民安居乐业，收获丰盈，在地方政府及关系数省之水利，地方政府最重要之建设为水利及本省之交通"。② 由此可知，当时建委会最为关注者，仍为水利与交通事宜。

为推动基层建设事业的发展，南京国民政府要求在市、县设立建设局。南京国民政府建立初期，建设厅作为一个新成立的政府机关，对基层政权建设也不重视，因此各市县建设局大多成立较晚，机构亦不健全。尽管在 1927 年时中央已要求各市县成立建设局，但迟至 1930 年，各县成立建设局者仍极为有限。例如，河南省太康县建设局成立后的职掌为："农林、水利、工商、道路、市政、交通诸大端，其范围较实业为广，其实质皆人民生计之事业……建设局为属县政府组织法内之一部，受河南建设厅及本县县政府之监督，办理全境建设行政事宜。设局长一人、技术员 3 人、事务员 2 人、书记 1 人；分 5 股：曰农棉蚕桑鱼牧股，曰林务股，曰工商矿股，曰市政交通水利股，曰道路股；附属机关有农事试验场、苗圃、模范农场、平民工厂。"③ 建设局局长由建设厅委任，受县长节制。由于建设局设在基层，与普通民众的关系较为密切，办理事务尤为民众所

① 《上海时报》1928 年 2 月 20 日，转引自《中华民国史事纪要初稿》编辑委员会编印《中华民国史事纪要初稿（1928 年 1 月～6 月）》，第 267 页。

② 恽震：《论各省建设机关之组织》，《建设》第 8 期，1930 年 7 月，第 7 页。

③ 杜鸿宝、刘盼遂：《太康县志》（1933 年刊本），台北，成文出版社，1976 年影印版，第 177～178 页。

关切，意义亦极大。建设局任务较繁重，局长必须"能富于工程常识，熟悉地方情形，不畏困难，知缓急轻重之所分，而又不贪厚俸，愿在一县治中严务者，此其人选，实至难物色"。因此一个称职的建设局局长委实难寻，这亦为各县建设局设立较少的原因之一。而地方建设事业"苟不能得一适当解决之办法，则建设局成绩必难表现，而建设厅之使命，亦无由贯达"。① 故南京国民政府成立初期各省建设事务卓有成效者不多。这也是当时大的历史环境所决定的。

二　建委会与建设厅之间的关系

建委会成立时，其组织法规定："本会欲收众擎易举事权统一之效，故罗致各部部长暨各省建设厅长为当然委员。"② 至于建委会与各省建设厅的关系，"各省区建设厅，本委员会有指导监督之责"。③ 但 1928 年 12 月修改后的建委会组织法却规定"建设委员会对于各省建设厅有指挥监督之责"。④ "指导"改为"指挥"，"指导"有"指示教导"之意，而"指挥"则是"发令调遣"或"安排"之意。虽然仅一词之变，但实际上已预示着建委会权力已经开始缩小。1931 年 2 月再次修改建委会组织法时，对于建委会与各省建设厅之间的关系没有再提及，各省建设厅厅长也不再是建委会的"当然委员"，仅规定国民政府各部会长官为"建委会当然委员"，这使建委会与各省建设厅之间的关系变得更加扑朔迷离，以至于建委会在指导地方建设事业方面与地方政府也产生了许多分歧。建委会委员叶楚伧认为，建委会与地方政府建设权限的划分，"其性质之宜于中央者，由本会设法开创之，而其性质之宜于地方政府者，由地方政府设计开创……中央与地方宜于分工者分工行之，宜于合作者合作行之，如辅车之相引，唇齿之相依。中央为建设总机体之发动机，地方政府其齿轮也。齿轮与发动机，息息相关，其生产事业之经营，中央与地方采均权主义，不偏于中央集权之建设，亦不偏于地方分权之建设，而后建设计划，始适合新中国之环境，方得推行而无阻"。⑤ 叶楚伧的建议实际上根本无

---

① 恽震：《论各省建设机关之组织》，《建设》第 8 期，1930 年 7 月，第 7 页。
② 叶楚伧：《建设委员会之使命》，《建设》第 2 期，1929 年 1 月，第 6 页。
③ 《中华民国建设委员会组织法》，《建设》第 1 期，1928 年 10 月，第 121～122 页。
④ 《国民政府行政院建设委员会组织法》，《建设》第 2 期，1929 年 1 月，第 1～2 页。
⑤ 叶楚伧：《建设委员会之使命》，《建设》第 2 期，1929 年 1 月，第 6 页。

法推行。尽管建委会对各省建设厅有名义上的"指挥监督"之责，然而在实际运作中，建委会对各省建设厅约束力较弱，不过建委会指导全国的电力工业，负责颁发电力工业的营业执照事宜，各省电力工业又归属建设厅管辖，因此建委会对各省建设事业，特别是电力建设仍有一定的影响。

分清建委会和地方政府的权限是处理两者关系的关键所在。曾养甫提出："为全国建设前途计，举凡一切，兴革损益，必须通盘筹划，使轻重得宜，缓急有序。"并提出"事业之属于中央者，由本会举办，而各厅随时辅助之。其属于地方者，由各厅次第兴办，而本会指导监督之"。至于如何协调建委会与地方建设厅之间的关系，曾养甫提议"本会以统筹之计划，授之各厅，则各厅立促其实现。各厅以所感困难，陈之本会，则本会立助其解决"。而各厅之间"复彼此协同进行"，只有这样，"使全国负建设之责者，皆声应气求，肝向相同，群策群力，潜入正规，以合作之精神，收互助之实效"。① 曾养甫具体提出如下六项建议：

一、完成经费，总计各省建设经费来源不一，用途各异……苟能举历年决算，条分缕析，报之中央，由本会汇集众流，统计成册，既堪供各省考镜之资，复易收通盘筹划之效。

二、共筹工程计划。大凡工程设计，无论其为水利河工，或为开矿筑路，其所关联影响于民生经济者，每不限于一省，故于巨大工程开始之前，必须以全部计划，汇送本会，加以复核，则审虑愈密，其设施更必完善矣。

三、宣传设施成绩。值此训政开始，各省建设事业，相继兴办，成绩斐然。若能切实宣传，不但党国增光，且可以昭激劝，而各省往往自甘缄默，闭户经营，以致伟大工作，有国人未能尽悉者，甚非所以发扬建设之道，应由各省随时报告，以资观摩。

四、报告事业兴废。各省事业，因时更异，或尚属新创，未逞外白，或已成陈迹，犹缺报告。致令中央之所知，与事实相去甚远。欲去此弊，惟有由各省按月分类报告，据实胪陈，俾中央详为登录，以符名实。

---

① 曾养甫：《提议促进本会与各省建设厅合作关系案》，《建设》第7期，1930年4月，第78页。

　　五、集中技术人才。我国办理建设事业，每感人才缺乏，盖由于人才不能集中之故。或甲省多材，而不免投闲置散。乙省需材，而竟致选择无从。遂令供求不应，人才坐困，良为可惜，若中央能详知各省所有技术专才，互为介绍，使各得其所，各尽其长，则国无弃材，举无废事矣。

　　六、实行调查原料。提倡国货，开发国富，首重原料之调查。各省各有特产原料，各有应办之相当事业。其力所及者，固得次第举办，欲兴办而力所未及者，亦往往有之。应由各省将所产原料及应办事业，于本年六月以前调查清楚，报告本会，以便酌量缓急，设法协助一切事业之发展。①

　　《提议促进本会与各省建设厅合作关系案》分别从经费筹措、工程计划、宣传、每月报告、技术人才与调查原料六个方面提出了建议。虽然曾养甫所提建议合理，但实际上运作起来十分困难。

　　至于建委会与地方各省、县建设机关的关系，叶楚伧认为，"本会对于各省负有指导监督之责，各省建设厅对于各县建设局亦如之"。② 事实并非如此，至建委会后期，根本无权对各省建设厅指导监督，更深入的管理根本谈不上。当然此时南京国民政府对基层政权的管理还有待完善，这在很大程度上也限制了各地建设事业的发展。

三　努力推动地方电力工业建设

　　建委会对地方现代化建设的推动，在江、浙、皖三省，在其及时指导下，建设成就较为明显。而三省之外的其他地区，由于鞭长莫及，建设事业的推行并没有完全按照建委会的规划进行，以致成绩较差。

　　1936 年，为使各省电气事业的发展得到更稳定的资金来源，张静江发挥了"浙人性机警，有胆识，具敏活之手腕，特别之眼光"的特点，③灵活地盘活电气建设事业资金，特致函行政院要求各省设立电气事业建设基金，并结合各省实际情况，拟定了《各省建设厅设立电气事业基金办法

---

①　曾养甫：《提议促进本会与各省建设厅合作关系案》，《建设》第 7 期，1930 年 4 月，第 77～78 页。

②　叶楚伧：《建设委员会之使命》，《建设》第 2 期，1929 年 1 月，第 8 页。

③　王孝通：《中国商业史》，商务印书馆，1936，第 22 页。

大纲》。张静江认为，"全国电气建设，迭有详缜之规划，惟各省类以绌于
财力，未能及时举办，兹特厘定各省建设厅设立电气事业基金办法大纲一
种，力求切实易行"。① 为明了发展电气事业的筹资情况，现将《各省建
设厅设立电气事业基金办法大纲》全文录如下。

各省建设厅设立电气事业基金办法大纲

一、各省建设厅为促进省内电气事业之发展起见，设立电气事业
建设基金。

二、上项基金由各省建设厅列入年度预算，分期提存至满足定额
为止。但提存时间，不得超过五年。

三、基金之额数，视各省之需要而定，但以国币十万元为最低
限度。

四、上项基金由建设厅会同财政厅组织基金委员会保管之。

五、上项基金之用途，分左列数种：

甲、创设省营电气事业。内地未设电气事业之城镇，经建设厅派
员考察认为有设立省营电厂之必要者，得由建设厅拨用上项基金筹设
之。但规模较大，需资较巨，超出基金能力范围者，应另筹妥善办
法。以不动用上项基金为宜。

乙、协助人民兴办电气事业。人民在省内筹办电气事业，因困于
资力未能实现者，得由建设厅察其需要，拨用上项基金协助之，协助
办法可采取合同借贷之方式，或官商合办之方式。

丙、整理已设立之电气事业。省内办理不善改革需资之电气事
业，得由建设厅拨用上项基金，与其订立合同代为整理。

丁、建设乡区供电线路电气事业。人扩充乡区供电线路，而资力
不足者，得呈请建设厅拨借上项基金。

六、动用上项基金时，应将担保还本及付息之各种办法详细订
定。利息以略低于通常银行借贷利率为准。

七、上项基金之动用，应由建设厅拟具计划预算呈准省政府由保
管委员会拨付，并呈报建委会备案。

八、建设厅遇必要时，得呈请省政府增加上项基金之额数。

① 张静江：《为各省设立电气事业建设基金办法大纲致行政院公函》（1936年10月17日），
中国国民党中央委员会党史史料编纂委员会编《张静江先生文集》，第198~199页。

九、各省建设厅应根据本大纲拟定详细规则，呈请省府核准施行，并呈报建委会备案。①

从上述内容可知，建委会为了使各地能够快速发展电气事业，建议每省设立不低于 10 万元的电气事业发展基金，并列入年度预算。电气事业发展基金的用途有四个方面：一是创设省营电气事业；二是协助人民兴办电气事业；三是整理电气事业；四是建设乡区供电线路。从《各省建设厅设立电气事业基金办法大纲》内容可看出建委会对各地电气事业发展的长远规划。但南京国民政府时期计划多如牛毛，真正实践者很少。该计划也是如此，最终成为泡影，并未实施。

建委会在推动地方现代化建设方面，以江、浙、皖三省最有成效，在中西部地区，则成效甚微。建委会成立前期，在推动地方现代化建设方面颇有成效最为明显者为浙江，这主要是由于张静江两次任该省主席，国家政策易于上传下达有关，推动建设事业的人才荟萃也是原因之一。另外江苏省亦卓有成效。下面即以浙江为例，说明建委会对地方现代化建设的推动作用。

第二节　推动浙江公路"模范"建设

建委会委员长张静江曾两次担任浙江省政府主席，任职期间，试图将浙江省建成全国的"模范省"。本节以张静江在浙江进行的陆上交通建设为例，论述建委会推动地方现代化建设的重要作用。

一　公路建设的背景

浙江交通向以水运为主，但因公路方便及投资回益较快，在张静江主政浙江时期，非常关注并大力开展公路建设，在全国率先修筑了以省会杭州为中心的全省公路交通网，使全省各地区之间的经济联系得到了明显加强，大大推动了全省的物资交流与人员来往，浙江的经济也得到了发展。

南京国民政府成立初期，对公路建设并不热心，投入亦少。至南京国

---

① 张静江：《为各省设立电气事业建设基金办法大纲致行政院公函》（1936 年 10 月 17 日），中国国民党中央委员会党史史料编纂委员会编《张静江先生文集》，第 198～199 页。

民政府成立五年时，公路建设"差有成绩可以告慰"。① 但在政局稍微稳定之后，中央政府即开始关注公路建设，并希望它能够给中国经济带来新的增长点。在 1929 年 3 月国民党第三次全国代表大会上，国民党中央委员会即指出："吾人今后，必须以全力提倡公路之开辟。"② 根据不同的道路级别也采取不同的筹资方式："分国道省道县道三种：国道由中央筹划经营之；省道由各省政府自行建筑；县道则由地方人民合力举办；而各县之市街，则由其所在地之县市政府负责修筑之。"③ 这为张静江在浙江修筑公路筹资提供了政策依据。铁路建设需要资金庞大，一时不易筹资，而"汽车路则比较经济，故为今最善之上策，莫过于建筑大规模之汽车路，以辅佐铁路之不足"。④ 正是在这样的历史背景下，张静江主政浙江之初，十分注意公路在发展浙江经济建设中的突出作用，并取得了显著成绩。

在张静江主政浙江之前，浙江的公路建设已具有一定的基础。民国成立之初，浙江省政府即已提出在全省实施公路建设的计划，只不过实际投入建设较晚而已。1916 年 8 月 9 日，孙中山在杭州浙江省督军公署欢迎会上，做了《道路为建设着手的第一端》的讲演，指出"以建设之万绪千端，无从说起……顾建设必先资文明，地方是否文明，莫如道路之显著。浙江改良道路，已异数年以前，可知既有建设之根基，并有建设之能力，欲地方进富强之域，首重道路交通"，⑤ 说明了道路建设对经济发展的紧迫性与重要性。是年 10 月，辛亥革命先驱、时任浙江省长吕公望提出修筑浙江省道的议案，获得省政府会议通过。但是半年后吕公望辞职南下，加之浙江政局一直不稳，经费无着，道路建设计划一直无法实施。1923年，中华全国道路建设协会浙江分会成立，推选浙江督军卢永祥为名誉会长、省道局局长周凤岐当选为会长，并编著出版《浙江道路》杂志，广泛宣传道路建设对于浙江经济发展与社会进步的重要性。自此以后，浙江人民亦逐渐认识到公路建设，"其事其功，不在禹疏九河，秦筑长城，隋凿运河之下"。⑥ 为加强对公路建设的管理，1928 年 4 月，浙江省政府将省

---

① 《革命文献》第 78 辑，第 8 页。
② 《革命文献》第 78 辑，第 2 页。
③ 《革命文献》第 78 辑，第 2 页。
④ 麦唐乐：《交通与国家之关系》，《道路月刊》第 31 卷第 3 号，1930 年 10 月 15 日，第 27 页。
⑤ 周一士：《中国公路史》，沈云龙主编《中国近代史料丛刊续编》第 926 辑，第 104 页。
⑥ 凌独见：《修建浙江省道的计划》，《浙江道路》第 1 册，1923，第 23 页。

道局改为公路局。公路局直属于省建设厅，掌管全省公路的建筑修养及行车事宜，下设立工务处、车务处、总务处与财务处四处，负责各项具体事宜。为考察各路工程及营业状况，复设立视察员与稽查员。

从上述可知，浙江省开展的公路建设的宣传和省政府主管机构的设立，为张静江推动全省公路建设提供了一定的思想基础与组织基础。

二　修筑以杭州为中心的公路网

1928年10月，张静江复任浙江省主席后，提出加快公路建设以带动全省经济发展的方针。12月，任命程文勋为省公路局局长。翌年2月，颁布《浙江省各县修筑道路暂行章程》，对公路干、支线的含义及道路宽度均做了规定："凡由县城通达之要道或直接与省公路衔接之线为干路，其宽度至少需有六公尺，各乡镇往来路线为支路，其宽度至少须有四公尺。"不仅如此，对各县修筑的公路里数亦有明确的规定："一等县每年至少须修筑干路支路各100里，二等县各75里，三等县各50里，由建设厅于每届年终考成一次。"[①] 为使全省公路建设做到有法可依，1929年6月省政府又颁布了《公路建筑法规》。各项规章制度的制定为浙江省的公路建设提供了法规依据。

1929年5月7日，张静江主持召开的省政府第224次会议通过了由省建设厅制定的全省公路网第一期计划，以杭州、乍浦、宁波、永嘉为全省的干路中心，计划建设干线10条、支线40条。干线为：①杭长线，由杭州至长兴，与江苏宜兴相连（该线路于1929年9月29日通车）；②杭平线，由杭州至平湖，与金山相连；③杭昌线，由杭州至昌化；④新温线，由新昌至温岭；⑤新宁线，由新昌至宁海；⑥桐衢线，由桐庐至衢县；⑦衢常线，由衢县至常山；⑧衢江线，由衢县至江山；⑨永温线，由永嘉至温岭；⑩永丽线，由永嘉至丽水。[②] 全省公路干、支线总长度为6748公里。根据该计划，干线通往邻省以及省内一些较大城市，支线则遍及全省每一个县，以期公路能够带动当地的经济发展。

为了按期完成全省公路网第一期计划，张静江要求省建设厅编订浙江省修筑公路计划大纲，确定公路建设的四项原则："一、划分全省公路为

---

①　浙江省建设厅：《浙江省各县修筑道路暂行章程》，《浙江建设厅月刊》第21期，1929年2月，第7~9页。

②　陈言：《浙江省交通计划图说明书》，《浙江建设厅月刊》第26期，1929年7月，第5页。

四大部分；二、分为四期修筑，预订六年为期；三、拟先筑土路，减省建筑费；四、发行公路公债250万元。"① 各县按照省政府的计划，组织了县道设计委员会，具体指导各个县的道路建设。为加快建设进程，省政府采取了因陋就简的原则："路面铺设，凡在运输尚未十分发达稠密之路，第一年可先用次等材料，待之次年营业发展，车辆增多，再逐渐改用上等石子路面。"② 这样的筑路原则无疑加快了公路建设的进度。

因张静江两次主政浙江时间均较短，加在一起不足三年的时间，公路建设范围仅为杭、嘉、湖、宁、绍一带。1931年6月，公路局被改组为公路管理局，专管公路的保养、营业、运输等业务。至于筑路，改由建设厅负责实施。翌年，省政府再次改组，建委会副委员长曾养甫调浙担任省建设厅厅长。曾养甫到任后，根据实际需要与当时情况把全省公路重新规划为沪杭、京杭、杭徽等九大干线与46条支线，总长达4820.24公里。③ 公路线路的长度虽然缩短了近2000公里，却更加符合实际，便于操作与完成。曾养甫认为，"省县之合作，厥为建设道路之要图"，④ 提出把省县之间的公路连接起来作为全省公路建设的关键。并很快成立公路工程处，由公路管理局局长、著名公路工程专家陈体诚担任处长，负责全省公路工程的施工事宜。至此，浙江的公路建设开始进入良性发展时期。据1935年浙江省建设厅第一科科长叶家俊对当时公路建设比较发达七省的比较，浙江省的公路建设已居于全国前列（参见表6-1）。

表6-1　1935年七省公路通车里程与现有车辆比较

	江苏	浙江	安徽	江西	湖南	湖北	河南
已通车里程数（公里）	2148	3160	3336	4449	1398	2460	2682
现有车辆数（辆）	163	637	64	420	185	150	60

资料来源：浙江省交通厅公路交通史编审委员会编《浙江公路史》第1册，人民交通出版社，1988，第117页。

① 黄霭如：《浙江省公路建设之研究》，《浙江省建设月刊》第4卷第6、7期合刊，1931年1月，第2页。
② 浙江建设厅：《浙江第一期建设计划》，《建设》第8期，1930年7月，第54页。
③ 洪伟冰：《浙江省公路概况》，《道路月刊》第50卷第2号，中国道路协会，1936年5月版，第38～59页。
④ 省公路局：《省县合作完成省公路干线之初步工作案》，《浙江省建设月刊》第4卷第11期，1931年5月，第2页。

从表 6-1 可知，1935 年，全国公路通车里程数从多至少，依次分别是江西、安徽、浙江、河南、湖北、江苏与湖南，而各省拥有的车辆却有很大差别。各省拥有车辆由多至少，分别是浙江、江西、湖南、江苏、湖北、安徽与河南。公路里程数最多者为江西，这主要是因为蒋介石"围剿"中央红军的军事需要，其拥有车辆数量远不如浙江多。虽然浙江的公路通车里程数居全国第三位（居于江西与安徽之后），拥有车辆数却高居全国第一，是河南拥有车辆数的近十倍。由此可知浙江省公路建设的成就和公路运输的繁忙，因为拥有车辆数目多恰恰说明公路的使用效率高。

20 世纪 30 年代，浙江民众对公路建设的支持态度也使其顺利推进，如苏嘉路（苏州至嘉兴）通车后，"所经各县、镇、市、村，居民无不喜形于色，大都扶老携幼，沿线参观"，[①] 并鸣放爆竹，以示庆贺。足见民众对于公路建设的热心。

三　张静江主政时期浙江公路建设的特点

张静江在主政浙江的近三年时间内，十分注意加强公路建设，因此该时期的公路建设成就远超他省。这一时期的公路建设有以下几个特点。

1. 多渠道筹措筑路经费

张静江主政时期正是全省财政紧张之时，因此他从上任伊始即采取多种方式筹措筑路款项，积极地推进全省公路建设。例如，为了不延误县级公路建设的进度，按照《浙江省各县修筑道路暂行章程》，采取以下六种方式筹款筑路：

1. 县款建筑，以县公款或区公款修筑。

2. 募捐建筑，组织筑路募捐委员会，向县内外绅富募集款项修筑。

3. 招商建筑，完全由商人出资，依照规定标准建筑，完工后予以相当营业专利权。

4. 借款建筑，向地方团体或私人借款兴筑，或募集县公债兴筑。

5. 流芳建筑，劝奖地方绅富或私人团体，以资财兴筑某路线之

---

① 《苏嘉路沿途观感记》，（南京）《中央日报》1933 年 7 月 1 日。

一段，或一桥，即以其私人或团体之名命名其路或桥，或用别种名誉
奖励之。

6. 农余建筑，于冬季闲时，以农余佃力筑路办法或其他征工办
法修筑之。①

从上述六种公路筹款方式可以看出，张静江为浙江省的公路建设可谓
费尽心思。然而有六种筹款筑路方式，仍不能筹足筑路经费，及时完成公
路建设的庞大计划。

20世纪二三十年代，浙江各种自然灾害连续不断，因此以工代赈成
为推动公路建设的一个重要方式。1929年浙江发生蝗灾，受灾面积几乎
达到全省的54%，尤以黄岩、乐清两县最重。因而两县县长先后呈请省建
设厅采取以工代赈的方式提前修筑境内规划的绍温公路。是年9月24日，
张静江在省政府第255次会议上，根据实际需要决定拨款50万元实施以
工代赈，兴筑绍温公路黄乐线以解决灾民饥荒。为此建设厅根据省政府的
指示制定了《浙江省公路局修筑黄乐线工赈办法》，并由公路局和两县政
府及地方赈务机构共同组成黄乐线工赈委员会，专门负责工赈事项。② 除
此之外，张静江还经行政院批准，发行浙江建设公债1000万元，其中即有
杭昌公路公债58万元，使杭昌公路的建设资金问题得到解决。

积极寻求外资是张静江筹措公路建设资金的另一特殊方式。1930年9
月，在公路局局长陈体诚出席国际道路会议之前，"曾奉省府主席面谕，
随时探问筑路借款之事"。陈体诚等人抵美后，虽数次与美方晤谈借款筑
路之事，但因"中国历年战乱，外人投资，十分危险，故无结果"。陈体
诚等人复闻美国上议院组织对华商务委员会，以议员比特门（Senator Pitt-
man）为委员长，准备对华投资。陈体诚与出席会议的凌鸿勋、孙谋、刘
景山等人于11月2日面见比特门，四人将浙江的建设计划向其展示，寻
求美国对华商务委员会对浙江建设的经济援助。双方会谈之后，比特门认
为"此事将来当由国会请美政府与各方接洽后，再同中国政府商议"。③

①　浙民：《两年来浙江全省公路建设之概况》，《道路月刊》第28卷第3号，1929年11月
　　15日，第23页。
②　浙江省建设厅：《浙江省公路局修筑黄乐线工赈办法》，《浙江建设厅月刊》第30期，
　　1929年11月，第14页。
③　陈体诚：《参观美国道路工程及筑路借款经过》，《浙江省建设月刊》第4卷第8、9期合
　　刊，1931年3月，第3～5页。

这样张静江欲利用外资帮助浙江建设的计划终无结果，此事深为其所遗憾。

2. 重视公路宣传、国际交流与人才培养

为使全省人民认识到公路建设所能带来的益处，1930 年 10 月，浙江省建设厅印发《造路运动宣传纲要及筑路浅说》等小册子，对公路建设的重要性加以广泛宣传。不仅如此，建设厅厅长程振钧还在全省建设广播讲话中说明 1930 年"浙江省各县建设最须努力之事项，第一是造路"。①

在国际交流方面，1930 年 9 月 7 日，浙江省建设厅派公路局局长陈体诚赴美参加 10 月 7～10 日举行的第六次国际道路会议。该会议是一次科技性会议，过去由于中国公路技术落后，均由外交官代表出席了事，而这次中国出席者均为当时著名的交通工程专家。② 这既说明了中国公路建设人才逐渐增多，也说明开始重视公路建设事业。在此次会议上，浙江公路建设成绩突出，"颇为各国代表所赞许"，③ 获得了较高的国际声誉。会后考察欧美各国公路建设情况，陈体诚等人行程 10 国，12 月返回杭州。

随着公路建设事业的加快，公路建设人才不足问题愈加凸显。1928 年浙江省公路局成立了以培养公路监工人才为宗旨的监工养成所，首期招收学员 40 名，只需符合下列条件者即可报考："中学毕业者；工业学校毕业者；有中学毕业同等程度而曾任监工职务二年以上得有证书者。"④ 经过一个月授课后，再由公路局派赴各线工程处实地练习两月，才能授予工程员师。浙江省公路建设的人才缺乏问题由此才算有所缓解。

3. 商营公路建设飞速发展

1927～1931 年是浙江省商办公司投资筑路最盛的时期。因浙江省游资甚多，省政府为了劝导鼓励商人投资公路建设，于 1929 年 6 月公布

---

① 浙江省交通厅公路交通史编审委员会编《浙江公路史》第 1 册，第 54 页。
② 参加第六次国际道路会议的中国代表共有六位，铁道部代表孙谋、凌鸿勋，安徽省代表赵祖康，贵州省代表花莱峰，浙江省代表陈体诚以及天津代表刘景山。
③ 陈体诚：《欧美道路概况及对于本省之公路政策》，《浙江省建设月刊》第 4 卷第 8、9 期合刊，1931 年 3 月，第 4 页。
④ 《浙江省公路局附设监工养成所简章》，《浙江建设厅月刊》第 18、19 期合刊，1928 年 12 月，第 11 页。

了《浙江省公路招商承筑规则》，具体规定了商人投资公路建设的规则，并在公路完工且开始行车营运后给予 30 年的营业专利权。30 年营业期满之后，"所有路工桥梁车站均归公有"。① 此后由于商业利益的刺激，商人投资筑路的积极性益加高涨。在 1928~1930 年短短两年时间内，仅商人修筑公路即达 14 条之多。陈体诚即赞誉商人在修筑公路中的重要作用："本省公路之得以略具规模者，不能不归功于商办公司之提倡。"② 因此该时期公路建设的飞速发展与商营有很大关系。

4. 注意与其他省之间的公路联运

在张静江首次担任省主席职务时即十分关心宁、沪、杭三市之间的公路联运。1931 年 10 月南京至杭州的国道完成后，苏浙两省的公路联运即提上了议事日程。具体由省公路管理局与张静江所创办的江南汽车公司实施联运，此举为其他各省、市之间的公路联运提供了极好的借鉴，体现了张静江在浙江省建设事业中外联经营的指导思想。不但如此，张静江还在浙江的一些著名旅游风景区开通公路，这样既方便了游客出行，亦扩大了浙江省在全国的知名度。在公路旅游路线的建设方面，浙江省走在全国前列。这在当时实属先见之举。

张静江主政浙江省时期，对公路建设成就的影响是巨大的，当时即有"吾国公路，浙省开风气之先"的评价，③ 亦为稍后的南京国民政府所提出的苏、浙、皖、宁、沪五省市的互通公路政策奠定了基础。与此同时，苏、皖等省的公路建设取得了明显的进步，截至 1931 年底，全国公路通车里程已达 70899 公里，而苏、浙、皖三省公路的通车里程即有 16120.15 公里，占全国公路通车总里程的 23%。④ 正是目睹公路建设为国家经济发展所起的推动作用，1931 年 10 月成立的全国经济委员会提出了"以发展全国公路为政府第一急务"的口号，其下设立公路处，统筹办理全国公路事宜。随后，在全国经济委员会和上海公用局的合作下，苏、浙、皖、宁、沪五省市建设厅分别派员组成了五省市交通委员会，以

---

① 《浙江省公路招商承筑规则》，《浙江建设厅月刊》第 30 期，1929 年 11 月，第 7 页。

② 陈体诚：《欧美道路概况及对于本省之公路政策》，《浙江省建设月刊》第 4 卷第 8、9 期合刊，1931 年 3 月，第 5 页。

③ 程文勋：《对浙江省公路建设的回忆》，世界社编印《张静江先生百岁纪念集》，第 89 页。

④ 全国经济委员会筹备处编《督造苏浙皖三省联络公路报告书》，1932，第 10 页。

此解决五省市间的互通公路问题。在其制定的五省市互通公路的六条计划主干道①内，有浙江公路干线四条，即沪杭线、京杭线、苏嘉线、杭徽线，因张静江在浙江任上已将其大致修筑完成，五省市交通委员会将其稍加整理即可。由此可见张静江的发展公路建设的远见卓识与巨大作用。

张静江两次担任浙江省政府主席期间，对浙江省的公路进行了雷厉风行的建设。在第二次主政浙江时，他已是建委会委员长，故在浙江推行的公路建设在一定程度上也是建委会推动地方公路建设现代化的典型。该时期的公路建设为浙江的近代发展提供了良好的交通条件，促进了浙江城乡间的进一步交流，推动了浙江各项事业的现代化。

第三节　推动电力"模范"建设

建委会在浙江推动的"模范"事业建设中，除了上文论及的铁路与公路建设之外，值得称道的还有电力工业建设，这不仅是因为建委会中后期以经营和管理全国电力工业为主，也是因为民营工业较为发达的浙江需要发展电力工业以满足动力需求，更是江浙金融界投资于电力工业的产物。

一　1927年前浙江电力工业的发展

浙江省处于中国东南沿海，对外开放较早，接受西方新事物亦较快。但民国成立前后，浙江电力工业并不十分发达。无论从电力工业的资本数额还是从发电量而言，均远远落后于江苏、湖北等电力工业大省（参见表6-2）。

表6-2　1911年中国各地的电厂分布

地区	厂数	资本（万元）	发电容量（千瓦）	名次
江苏	10	168.3	2622	1
湖北	2	335.0	2100	2
云南	1	120.0	1750	3
广东	2	160.0	1300	4
东北	4	86.2	1204	5

---

① 六条主干道即指沪杭线（上海至杭州）、京杭线（南京至杭州）、苏嘉线（苏州至嘉兴）、杭徽线（杭州至徽州）、京芜线（南京至芜湖）、宣长线（宣城至长兴）。

续表

地区	厂数	资本（万元）	发电容量（千瓦）	名次
福建	3	34.5	1100	6
河北	1	180.0	1035	7
浙江	5	48.14	723	8

资料来源：陈真主编《中国近代工业史资料》第 1 辑，第 42～53 页。根据王树槐《中国早期的电气事业，1882～1928 年》（中研院近代史研究所编印《中国现代化论文集》，1991，第 451 页）制成。

从表 6-2 可知，浙江省的电厂虽有五家，位居全国第二，但多为小型电厂，由小额的民营资本投资，即使浙江全省的电力工业资本加起来仅为也 48.14 万元，还不到湖北省的 1/6。至于全省的发电容量更是少得可怜，仅为 723 千瓦，在全国位居第 8 名。与发电容量最大的邻省江苏相差甚远，还不及其 1/4。另外，在地区分布上亦有着强烈的地区性，大城市多，小城市少，沿海多，内地少，这和全国电力工业的分布特征是基本一致的。[①]

至南京国民政府成立前后，浙江的电力工业进入快速发展阶段。其中最为明显的是电厂的数量大为增加。根据统计，此时全省的电厂达 27 家，与全国同期相比，发展还是比较快的（参见表 6-3）。

表 6-3　1924 年和 1927 年中国各地的电厂数量

地　区	1924 年	1927 年
江　苏（包括上海）	61	58
浙　江	34	27
河　北（包括北京）	25	21
广　东	16	15
东三省	13	31
山　东	13	13
湖　北	12	12
福　建	11	11
其　他	34	43
总　计	219	231

资料来源：李代耕编《中国电力工业发展史料：解放前的七十年（1879～1949）》，水利电力出版社，1983，第 14 页。

---

① 王树槐：《中国早期的电气事业，1882～1928 年》，中研院近代史研究所编印《中国现代化论文集》，第 471～472 页。

由表 6-3 可知，这一时期的浙江电厂发展颇快，开始具有一定的电力工业基础。在以张静江为首的建委会指导下，以建设电力工业"模范"省为目标，该时期的浙江电力工业建设取得了一定成就。

二 推动电力"模范"建设

在建委会的指导之下，张静江有意将浙江建设成为全国的"模范省"，电力工业也不例外。在这一时期，浙江电力工业发展迅速。主要表现在两个方面：一是经营杭州电厂，使之成为宁、沪、杭地区的著名电厂；二是对整个浙江的电力工业做出全盘规划，并逐步实施，使浙江西部偏远地区也建了电厂，推动了浙西地区的工农业生产与民众生活的进步。

1. 经营杭州电厂

建委会有意使杭州电厂成为全国"模范"电厂，并以此推动浙江电力工业的良性发展，因此对杭州电厂的经营不遗余力，锐意发展，使其成为当时江浙一带的著名电厂之一。

（1）接收杭州电厂

杭州电厂的前身是"浙省大有利电灯股份有限公司"，1907 年由杭州士绅杨长清、金敬秋等人筹办。后来一些具有投资意识者看到经营电厂大有可为，纷纷投资入股。浙江兴业银行协理吴毅庭即入股电厂，使金融界入股者大增，从而引起了浙江省政府的注意，也开始入股表示支持。1909 年易名为"浙省官商合股商办大有利电灯股份有限公司"，并由中国银行担保向上海英国某洋行定购发电设备。经过三年的艰辛筹备，1910 年 8 月大有利电灯股份有限公司正式供电。

大有利电灯股份有限公司成立后，为加强管理和发展电厂，聘请杭州总商会会长王湘泉为总理，陈文卿为经理，具体负责电厂业务。在电厂开始供电经营时，"最初报装用户，只有两家，一为大井巷的聚丰园京菜馆，一为高银巷口的亨达利钟表行。此后用户虽陆续有所增加，为数仍极有限，业务不振，收支不能相抵"。① 由此可见，电厂初期运营十分艰难。1917 年大有利电灯股份有限公司改组，由董事会负责管理，选举俞丹屏

---

① 金锦章、翁谊安：《杭州电厂的回顾》，《浙江文史资料选辑》第 1 期，浙江人民出版社，1962，第 126 页。

为董事长全权负责电厂事宜，进行资本扩充。此后民间资本开始大量涌入，政府资本的比例大为减少，从而减少了省政府对电厂的干预，电厂营业也开始好转，供电区域渐趋扩大。电厂为体现民生宗旨，也为扩大宣传、招揽生意，在杭州市主要街道均架设路灯，方便市民出行。至此电厂开始扭亏为盈，逐渐走上良性轨道。

1928 年 11 月 7 日，张静江复任浙江省政府主席，为使浙江电力工业发展处于全国前列，在全国树立电气事业"模范省"的典型，更为了便于管理全省电力工业，在浙江省建设厅之下设立电气局，将亲信潘铭新由建委会调任电气局局长。翌年 4 月，经省政府第 218 次会议议决，将"浙省官商合股商办大有利电灯股份有限公司"收归公营，并易名为杭州电厂。

（2）从杭州电厂到杭州电气股份有限公司

被浙江省政府收归国营时，杭州电厂发电容量约有 6600 千瓦，有板儿巷和艮山门两个分厂。省政府接收杭州电厂后积极兴办闸口新厂，以扩大经营规模，并着手设计建立全省电气网。随着扩建工程的进行，电厂经费难以为继，为扩大经费来源、招徕商股，1931 年春，建委会"以省库支绌，新厂计划既难完成，旧欠债务亦无法清偿"为由，经财政、建设两厅会商，"将杭州、余杭、海宁、泗安及闸口新电厂等全部资产设备并其电气专营权招商承办"。① 在张静江授意下，潘铭新与杭州中国银行、交通银行、浙江实业银行、浙江兴业银行、上海商业储蓄银行商议，由这五家银行一同垫款 300 万元，组织企信银团，筹办规模更大的杭州电厂。经双方协商，企信银团同意接办杭州电厂，并经省政府第 395 次会议议决同意。同年 5 月 1 日，企信银团与浙江省政府签订接办合同，并在上海江西路浙江实业银行内设立"企信银团经理杭州电厂总办事处"，以蔡竞平为办事处主任，具体负责杭州电厂的经营与管理。

杭州电厂与企信银团的合作，引起了社会的广泛关注。当时市面谣传杭州电厂有外资融入，而 1932 年 4 月修订的《电气事业条例》规定"公营电气事业非经国民政府特许，不得借用外资"，② 因此引起了一些电厂的强烈不满，也遭到全国民营电业联合会的激烈反对，致函建委会要求其

---

① 《呈国民政府》（1932 年 11 月 16 日），《建设委员会公报》第 26 期，1933 年 1 月，第 107 页。

② 《革命文献》第 24 辑，台北，中央文物供应社，1960，第 719 页。

核实杭州电厂是否有外资融入并将调查结果予以公布。对此，企信银团答复称，该银团系"中国、交通、浙江兴业、浙江实业、上海商业储蓄等五银行暨李馥荪君、周宗良君、李叔明君三个人……现在敝团之组织分子及将来公司之股东，均纯为华商，决无外资在内"。[①] 得到答复后，全国民营电业联合会及其他电厂不再表示反对。杭州电厂与中国银行等多家银行能够合作，据中国银行负责人张嘉璈言："中行领导杭江铁路建筑借款银团及杭州电厂扩充资金银团，以完成静江先生之志愿，我之列名在李石曾先生所办之各种文化金融事业，均破例列名为董事，皆亚民之间接关系为之也。"[②] 可知张嘉璈从建委会将霍宝树（字亚民）调至中国银行时，曾允诺从资金上帮助张静江推动全国建设事业。其实这仅仅是表面原因，实际上无论杭江铁路还是杭州电厂，中国银行的投资均有丰厚的回报，从中获得了极高的利润和广阔的金融市场，也为其进入企业经营提供了宝贵经验。此后，以张嘉璈为首的中国银行对国内各项建设事业进行了大量投资，推动了地方经济的发展。

在杭州电厂澄清银行投资中并无外资之后，1933 年，因省政府扩充，资金不能到位，浙江省政府只好再以 660 万元的价格，将杭州电厂的全部资产及为期 30 年的专营权让与企信银团，同时将杭州电厂改组为"杭州电气股份有限公司"，资本总额定为 300 万元，并成立董事会，设管理处于上海，推举李馥荪、周宗良、金润泉、李叔明及翁谊安为常务董事，李馥荪为董事长。设总厂于杭州，设分厂于海宁、余杭、泗安，分厂由总厂经理直接管理。公司总经理由李叔明兼任，聘陈仿陶为总工程师，总厂经理由蔡竞平担任。闸口电厂在杭州电厂改组后，由于办厂思路明确、管理有方、资金到位，很快于 1933 年 10 月建成发电，由上海慎昌洋行承建7500 千瓦蒸汽锅炉发电机两组，总容量 15000 千瓦。并配套有碾煤机、钢结构厂房及机器基础。"当时的发电能力为每小时 21000 瓦。敷设有向余杭供电的 14000 伏高压线 17 英里，闸口至艮山老厂 14000 伏高压线 6.3 英里，至拱宸桥 14000 伏高压线 5 英里，至鼓楼配电所 14000 伏高压线 3.3英里，还有输往杭城其余各地高压线 41 英里，配电线约 100 英里。1933

① 《建设委员会训令全国民营电业联合会》（1932 年 9 月 19 日），《建设委员会公报》第 25期，1932 年 12 月，第 147 页。

② 张公权等：《霍宝树先生逝世五周年纪念文集》，沈云龙主编《近代中国史料丛刊续编》第 62 辑，台北，文海出版社，第 15 页。

年每月平均输出电 140 万度，用电灯户 22800 户，用电器户 780 户，电厂马力约 6890 匹。"① 足见扩建后杭州电厂规模之大。

至此，杭州电厂"三年之间，主权两易"，彻底理顺了经营发展思路。此次商业化运营后，杭州电厂"在技术方面及业务方面，工作成绩均甚优良"。② 经过建委会的整理，杭州电厂发展甚快，其"供电能力为全省之冠，该厂与南京下关（首都电厂——引者注）、上海杨树浦电厂为江南地区的三大电厂之一"。③

1937 年 12 月 23 日，日军占领杭州。根据建委会命令，因"电气事业关系军务与地方公用，至为深巨，际此长期抗战，一市一乡之得失，本为事所恒有，在临近战区各电厂所，所有现不需用之机器与材料，应及早迁至安全地带，以保物力，其必须使用者，一遇该区做军事上之撤退时，应立即将该项机器，及电壁上之重要零件拆除携走或密藏，其他如燃料等，与必要时，并应加以销毁，以免资敌"，④ 国民党军队撤出杭州时，炸毁了闸口电厂的大部分设备。

2. 发展浙江全省的电力工业

在建委会的大力支持下，浙江电力工业发展很快。在张静江主持浙江省政初期，制止对民营电厂的一切摊派，给民营电厂创造了良好的发展环境。除此之外，还初步组建江浙电气网。

（1）支持民营电厂发展

建委会接管全国电力工业后，张静江开始在全国的电力工业范围内实行民营电厂公营化政策。1929 年 4 月，浙江全省的民营电厂担心省政府会收回所有民营电气事业的经营权，组织了"浙江省民营电气事业协会"，以实行抵制。该协会由湖州电灯公司经理李彦士、总工程师沈嗣芳主持。为扩大声势，又联合全国各省市民营电气事业共同组成全国民营电气事业协会（后改为全国民营电业联合会），李彦士为副理事长，沈嗣芳为总干

---

① 浙江省杭州市上城区政协办公室：《闸口电厂》，http：//www.shangcheng.gov.cn/html/content/20080909000007/20091113000002.html。

② 全国电气事业指导委员会：《十年来之中国电气事业建设》，《建设》第 20 期，1937 年 2月，第 58 页。

③ 陈晴岚：《1949 年前的杭州电厂》，《杭州文史资料选辑》第 9 期，浙江人民出版社，1987，第 168 页。

④ 《建设委员会全国电气事业指委会业务公函等印刷品存底》，中国第二历史档案馆藏国民政府建设委员会档案，全宗号：46，案卷号：300。

事。全国的民营电厂纷纷加入，规模逐渐扩大。1933年杭州电厂转变为民营后，亦于翌年加入该会。全国民营电气事业协会的成立，既壮大了民营电气事业的力量，也在一定程度上阻止了建委会对民营电厂的公营化活动。

实际上，建委会对全国民营电气事业的发展一直秉支持态度："惟以现在中国产业之落后，政府财力之缺乏，未可一蹴而就，不得不委托商办，俾在政府监督指导之下，予以充分之便利，合法之保护，以期促进电气事业之建设。"① 充分说明了建委会将电厂推向商办的原因。不仅如此，建委会副委员长曾养甫还在1930年2月25～27日召开的建委会大会上提出："我国电气事业，民营者居大多数，因乏政府之指导及协助，以致发展迟缓，甚至难以维持，亟宜确定方针，积极扶助，俾各民营电气事业得以充分发展，以早臻全国电气化之境。"为此提出以下办法："一、严厉取缔窃电行为；二、免除苛税；三、补助经费；四、切实指导。"② 实际上，在抗战之前，南京国民政府采取的电力工业政策，"是由硬性的国营，渐变为软性的国营（即以国营为原则），并由软性的国营，又变为软性的公营（即以民营为原则），更由软性的公营，而规定为软性的民营（即可售与民营）"。③ 在这种灵活的政策指导下，浙江的电力工业发展一日千里。

建委会不但对民营电厂在政策上支持，还反对对于民营电厂的一切摊派。1932年11月2日，全国民营电业联合会浙江分会主席李彦士电呈浙江省政府，称"浙江省象山县政府勒令石浦明星电气公司缴纳义务保卫团经费"，按照每3万元应征收保卫团经费2.1%的规定，每年需要缴纳630元，这违背了1930年6月10日的行政院第2229号通令。④ 浙江省政府迅速将李士彦的呈文转呈建设厅，建设厅接到呈文后，要求象山县政府减免保卫团经费。在省政府的干预下，象山县政府表示可以减至390元。但事情并非如此简单，据石浦明星电气公司称，象山城区耀华电灯公司，"其

---

① 《呈行政院拟具地方政府监督民营电气事业原则草案请鉴核转呈发交立法院借供参考由》（1929年9月3日），《建设》第5期，1929年10月，第30页。
② 曾养甫：《提议扶助民营电气事业发展案》，《建设》第7期，1930年4月，第61页。
③ 朱大经：《十年来之电力事业》，谭熙鸿主编《十年来之中国经济》（J），中华书局，1948，第4页。
④ 《公函浙江省政府》（1932年11月2日），《建设委员会公报》第26辑，1933年1月，第88页。

资本与营业均与明星相埒，年纳团捐 12 元，不及明星 2%，似此待遇，岂得为平？"石浦明星电气公司的抗议引起了象山县政府的愤怒，下令石浦公安分局尽快让明星电气公司缴纳保卫团经费，"如有延抗，着即拘送来象，以凭押缴"。该电厂负责人因害怕被拘，逃匿上海，电厂几乎停业，使当地公用事业深受影响。按照《电气事业条例》，地方政府"为电业之主管机关，有维护辅助之职责"，可象山县政府在此次与明星电气公司的冲突中，却扮演了一个极为不合时宜的角色。因此建委会要求浙江省政府建设厅对此事严加处理："饬象山县政府恪遵行政院通令，迅将该项非法团捐制止征收，如因该捐为地方公益所需，应由该公司量力捐输，或与耀华同一待遇，方昭公允。"① 在建委会的干预下，石浦明星电灯公司终于获得了与耀华电灯公司同样的捐输资金标准，每年仅缴纳 12 元的保卫团经费，与开始需要缴纳的 630 元相比，相差甚大。此事反映了建委会对民营电力工业的支持与帮助态度。

在张静江主持省政的两年零三个月时间里，浙江电力工业发展颇快。从 1927 年到 1931 年全省共建立了 33 家电厂，至 1936 年全省 56 个市县共建有中小发电厂近 110 家，装机总容量为 29829 千瓦，年发电量为 5056 万千瓦。②

（2）筹建江浙电气网

在大力发展浙江电力工业的同时，张静江有意使江浙一带的电厂实行联网，组合成一个区域性的电气网。1930 年 10 月，建委会在国民党三届四中全会上的报告中首次提出建立"扬子江下游电气网"计划，内称："江浙二省居扬子江下游，富饶甲于全国，工业电化，农田灌溉，最易推行，城市电光，电力之需要，尤为繁重。"并称已于是年 5 月"从事计划，设置扬子江下游电气网，西自芜湖、南京，东至上海、杭州"。③ 翌年 11 月，建委会在国民党第四次全国代表大会上所做的报告中再次提出组建以江、浙、皖三省为基础的电气网的计划："长江下游地区包括苏皖浙三省，其间长江、南洋、太湖一带。人烟稠密，实业发达，小电厂设立已逾二百

---

① 《建设委员会训令浙江建设厅》（1933 年 5 月 4 日），《建设委员会公报》第 29 期，1933 年 6 月，第 51 页。

② 浙江省电力工业志编纂委员会编《浙江省电力工业志》，水利电力出版社，1995，第 1 页。

③ 《革命文献》第 26 期，第 161 页。

之数，故有急设电气网之必要。"① 当时一些电力专家亦纷纷提出组建电气网的规划："电气事业较发达之处，如扬子江之下游，尤须及早筹划电气网，以求发电之经济，供电之普及。以我国工商业之组织而论，此种电气网之管理，决非私人团体所可胜任。"② 言外之意是主管全国电力工业的建委会应负此大任。

在全国电气网建设的一片呼声中，建委会积极行动，在戚墅堰电厂北边又辟一地，筹建更大规模的电厂，以作为建立全国电气网计划的一部分。该计划"以电化江南和浙西为目标，而以戚墅堰电厂为发展的中心，拟先在无锡、苏州交界之望亭火车站附近，建设一所十万千瓦火力发电所（总发电量为五十万）……由苏州经吴江、嘉兴接通杭州，此线再由吴江以支线接通湖州、长兴"。③ 以此为基础，"组成一模范电气网，使江南之工业、农村、商埠、都邑无一日断电之虞，有左右逢源之利"。④ 1937 年春，电气网计划停止筹建，而准备实施的浙江全省的电气网计划，亦完全放弃。究其原因，有人论及"人事之原因，居其大半"，⑤ 即浙江省政人事变换所致。

三　浙江电力发展的影响

张静江主政浙江两年零三个月时间，不算太长，却使浙江的各项事业发展很快步入正轨，电力工业的发展尤其明显。无论在电力工业布局、电厂数量，还是推动地方工业的发展等方面，均有非常大的成就。

首先，使浙江的电力工业布局有较大的改变。以前，浙江的电力工业仅分布在杭、嘉、湖及宁波一带，经过建委会的努力经营，逐渐向内地乡镇延伸，改变了过去电厂仅在沿海或主要城市中的电力工业布局。电厂数量亦渐次增加，至 1936 年时已达到 110 家，在全国居首位。其中多属小型电厂经营，"江浙二省，若连京沪二市合计，则其电气事业之发达，实执全国之牛耳。江苏有厂 180 所，浙江 117 所（工业自备电厂不在

---

① 《革命文献》第 27 辑，第 359 页。
② 鲍国宝、恽震：《电气事业概论》，《建设》第 9 期，1930 年 10 月，第 35 页。
③ 朱沛莲：《建设委员会戚墅堰电厂》，中国国民党中央委员会党史史料编纂委员会编《张静江先生文集》，第 397 页。
④ 《革命文献》第 26 辑，第 161 页。
⑤ 全国电气事业指导委员会：《十年来之中国电气事业建设》，《建设》第 20 期，1937 年 2 月，第 58 页。

内），已估占全国 460 厂之半数。论机器容量，江浙约占全国之六成，论发电度数，约占 7 成"。① 可见浙江电力工业快速发展的势头。在之后的几年时间内，在张静江的影响下，浙江省一直非常重视电力工业的发展，如在 1935 年全省的各类公司与资本额中，电气类的投资总额最高（参见表 6-4）。

表 6-4　1935 年浙江全省公司数与资本额

类别	总计	饮食类	服饰类	住用类	交通类	金融类	电气类	化学类	其他
公司数	88	12	9	11	22	10	13	6	5
资本额（元）	14006960	617100	1326300	533356	2246100	3500000	5021360	475000	487750

资料来源：《浙江经济统计》，1941，第 129 页。

如表 6-4 所示，1935 年时，电力工业是浙江投资总额最多的工业，远超过第二位的金融业投资额。电气工业虽不是全省设立公司最多的行业，但亦达 13 家之多，位居第二，仅次于交通类公司。需要说明的是，交通类公司较多的原因是此时浙江省政府鼓励私人投资修筑公路，以至于私人成立的交通公司较多。毫无疑问，这是张静江发展电力工业推动其他行业发展思路的结果，也是其建设电力工业"模范省"的结果。

其次，推动浙江全省各项事业的进步。电力工业属于现代工业，为工业发展提供了廉价而方便的动力供应，因此在工业已较发达的浙江，电力工业对现代工业的推动作用更为明显。例如，闸口电厂"以辅助杭州工业发达为己任，电价极低，而且免费为杭市各厂设计用电事宜"。正是在这一思路的指引下，"杭城以丝绸为中心的工业，以及碾米业、机面业、镀镍业、制革业、玻璃业、染坊业、印制业竞相利用电力增加生产，形成了 20 世纪 30 年代，杭州工厂机器工业与家庭手工业参半的状况"。② 其他一些地方电厂建成之后，"以享用电灯之便利，同时又可以其余力余时，打谷舂米"。③ 虽然浙江的地方电厂规模较小，但是白天可以开机碾米，发

①　全国电气事业指导委员会：《十年来之中国电气事业建设》，《建设》第 20 期，1937 年 2 月，第 58 页。
②　浙江省杭州市上城区政协办公室：《闸口电厂》，http://www.shangcheng.gov.cn/html/content/20080909000007/20091113000002.html。
③　全国电气事业指导委员会：《十年来之中国电气事业建设》，《建设》第 20 期，1937 年 2 月，第 58 页。

展经济，晚上则可以发电照明，方便人们生活，为浙江的工农业生产与人民生活带来了诸多便利。电力工业与现代工业之间有着密切的关系，电力工业的充分发展无疑为现代工业的发展提供了动力基础，现代工业的发展也在无形中为电力工业的发展提供了良好的前景，使电厂经营越来越好。从这个意义而言，浙江电厂的增多为浙江各项事业的发展提供了一定的动力基础，有力地促进了浙江的现代化进程。

最后，杭州电厂开启了金融业与电力工业的合作新模式。杭州电厂的经营管理在当时全国的电厂中，具有很强的代表性。杭州电厂经过建委会的努力经营，发展态势良好。当时的说法是："江浙各电业，除国营二厂及沪外，应以杭州电厂为首屈一指。"① 在杭州电厂发展的艰难阶段，浙江省政府将其转售于企信银团，迅速筹集到巨额资金，使其能够继续发展。这一举措影响至为深远，成为金融业投资电力工业的开端，因此可以说，杭州电厂开启了金融业与电力工业的合作新模式。

企信银团"系由浙江兴业银行等组成，虽形式与美国之控制公司不甚相同，但实为中国电业界有控制公司之嚆矢"。② 正是有了这次电力工业与金融业的合作，才使以后中国建设银公司与建委会合作办理扬子电气股份有限公司成为可能，从而为电力工业的发展提供了稳定的资金来源，亦为银行提供了广阔的投资空间。这一时期，银行业在工矿企业中的投资行为，颇受时人赞扬："年来我国银行业，凡有悠久历史之银行，均一洗其往昔因循萎靡之旧习，抖擞精神以从事于正轨之业务，竭诚服务，以尽力于社会之推进，并扶植生产，以谋国民经济之发展。"③ 从此之后，方有金融业投资电力工业的一系列活动。这也是张静江自认的得意之作之一。④

张静江主政浙江期间，利用自己既是省政府主席又是建委会委员长的便利，尽力发展浙江的电力建设事业，使浙江成为全国有影响的电力"模

---

① 全国电气事业指导委员会：《十年来之中国电气事业建设》，《建设》第 20 期，1937 年 2 月，第 58 页。

② 陈中熙：《三十年来之中国电力工业》，中国工程师学会编印《三十年来之中国工程》，1946，第 3 页。

③ 汪叔梅：《我国银行业当前之危机》，《中行月刊》第 10 卷第 4 期，1935 年 4 月，第 36 页。

④ 据张静江的账房先生李力经所记："有一次，我听张（静江）和友人的谈话中，他自认为平生得意之作是：一、筹建完了浙赣铁路及芜湖南京的通车；二、扩建南京首都发电厂及杭州电厂；三、重建淮南煤矿和淮南铁路；四、成立无线电管理处。"见李力经《漫谈张静江》，《上海文史资料存稿》第 2 辑，上海古籍出版社，2002，第 337 页。

范"省，促进了浙江近代工业的发展，并为民众生活带来了诸多便利。

第四节　浙江各项建设事业顺利推进之原因

近代以来，由于浙江地处东南沿海，西方事物也易为人们所接受。20世纪早期，一些发达国家如美、英、日等均已采用大机器和新技术从事生产，但浙江的一些传统行业，如丝绸等却仍以家庭手工加工的土法为主。交通的不便与动力的缺乏导致浙江工业发展较为缓慢，无论公路或者电力工业均需有明显的改进。浙江各项建设事业的现代化是浙江以及整个中国经济发展形势的产物，而这一时期浙江公路与电力工业建设内的巨大成就，与张静江的主政关系颇大。下文即分析浙江各项建设事业顺利推进之主要原因。

一　建设会议的督促与经费的筹措

张静江主政浙江时，要求建设厅每月举行一次建设会议并定期举行行政会议，这对浙江建设事业的推进有着重要作用。

浙江省建设厅成立后，张静江要求建设厅每月举行一次建设会议，及时有效地讨论全省的各项建设事业，"为讨论及报告一切建设计划或事务，沟通本厅与各附属机关之意旨，并解决各项困难问题，以期达到全省建设事业进行之最高效率"。[①] 因此定于每月第一个星期四上午 9 时召开全省建设会议，参加者为建设厅厅长、秘书主任、技术主任、秘书科科长、技正、各附属机关主任等，讨论当月建设事宜。建设会议每月召开能够适时地将近期的全省建设工作准备充分并安排妥当，无疑有助于各项建设事业的按期顺利推进。

在张静江主政浙江时期，对于浙江各项建设事业投资甚多。当时政府甫建，国家财政困难，各省财政也难以为继，纷纷想方设法筹措经费，浙江也不例外。这使浙江省的财政经费筹措方式多样化。如 1929 年度筹措的建设经费达 1480 万元，其中 1000 万元系发行建设公债，余下的 480 万元为省库拨付。[②]

---

① 《建设厅会议章程》，《浙江建设厅月刊》第 31 期，1929 年 12 月，第 19 页。
② 浙江省建设厅：《浙江第一期建设计划》，《建设》第 8 期，1930 年 7 月，第 53 页。

1930 年夏，为加快浙江各项建设事业的计划，张静江提出建设事业经费的筹措采取四种方式：第一，浙江省的"省库增加部分"，如每年的土地税收增加部分列入建设事业经费。第二，国营事业的商业化。张静江认为，"原有若干生产事业之建设机关，此等机关，以后更宜趋重于商业化，至少能自给为度"。第三，国内投资灵活，"如有生产之建设事业，可由人民投资办理者，则令人民自办，而政府加以指导与监督，或由人民借资与政府办理，而人民处于监督之地位，无论政府办或人民办，其成功则相等也"。第四，吸收外资，"凡商业国莫不觅中国市场为以为消纳各国余货之地，然若不先将中国之天然富源开发，则中国之金钱与货物，行将枯竭，无复可持于外国市场。故外国此时亟宜供给过剩之材料或金钱与中国，使中国开一新市场，庶几有消纳外国货物之能力"，如此，"实为两有裨益之事，此吸收外资，亦为经费来源之一途"。[①] 只不过张静江利用外资的想法，虽曾有与美国有沟通之举，却因中国政局混乱而未果。

需要说明的是，浙江省建设厅为筹措建设经费，也曾会同省民政、财政两厅，下令各县广设名目，进行筹措，以致捐目繁多，如丝厂捐、丝行捐、筵席捐、茶柜捐、石料捐、戏捐、置产捐、柴炭竹木油类等。[②] 由此可见，浙江省为进行建设事业，可谓罗掘一空，即使如此，建设经费仍然不足，最后不得不发行建设公债。

二　专家主持建设事业

1927 年秋，张静江首次任浙江省主席之时，即已任命亲信——建委会设计委员程振钧[③]为省政府秘书长兼建设厅厅长。程振钧为张静江推行浙江建设事业的最为依赖者。张能够在浙江省依次开展各项建设事业，与程振钧的大力支持是分不开的。程廉洁奉公，务实能干，事必躬亲，

---

① 浙江省建设厅：《浙江第一期建设计划》，《建设》第 8 期，1930 年 7 月，第 53～54 页。
② 《浙江省建设经费之概况》，《浙江建设厅月刊》第 31 期，1929 年 12 月，第 6 页。
③ 程振钧（1886～1932），字弢甫，安徽婺源人。1912 年从安徽高等学堂毕业，考取留英庚款赴英国格拉斯哥大学深造，专攻数学。1917 年回国，到北京大学任教，担任数学系主任。1926 年由吴稚晖介绍给张静江到杭州工作，1927 年担任浙江省建设厅厅长，并曾兼任省政府秘书长、民政厅厅长。1929 年由张静江任命担任西湖博览会筹备委员会主席、西湖博览会副会长，乃 1929 年西湖博览会最主要的策划者和执行者。见徐友春主编《民国人物大辞典》，第 1149 页。

不事张扬，为浙江建设事业出力最多，深受浙江人尊重。他担任建设厅厅长时期，建设事业的经费较为充裕。为加强对建设厅工作的领导，1929 年 10 月，张静江又将协调能力极强的建委会秘书处处长霍宝树①调至浙江省建设厅，担任秘书主任，专门负责协调各项建设事宜。建委会电力专家潘铭新也被调任新成立的浙江电气局局长，具体负责浙江电力工业的发展。这些建设专家来浙工作，为浙江建设事业的发展提供了很大的智力支持。

公路建设事业方面的人才，主要以公路工程专家陈体诚②为代表。1928 年 10 月，任浙江公路管理局总工程师兼工务处副处长，1930 年 1 月任公路管理局局长。③ 在其担任公路局局长期间，为浙江公路建设事业的发展做出了重大贡献，因其在浙江公路建设方面的杰出成就而在纽约第六届国际道路大会上获得"国际公路建设专家"称号。

三　张静江丰富的政治经济资源

浙江省各项建设事业的推动与张静江丰富的政治、经济资源有着密切关系。

张静江早年追随孙中山参加资产阶级革命，毁家纾难，出力颇多。孙中山曾言："自同盟会成立以后，始有向外筹资之举。当时出资最勇而多者，张静江也；倾其巴黎之店所得六七万元尽以助饷。"④ 中华民国临时政府成立后，由于政府甫建，财政异常艰难，张静江又以商人身份，捐款帮助民国的各项开创性事业。在"二次革命"中，张静江出任中华革命党的财政部部长，继续资助孙中山反对袁世凯的帝制活动。后又应孙中山之邀赴广州参加国民革命，成为 20 世纪 20 年代南方中国政坛上一个风云人

---

① 霍宝树（1895～1963），字亚民，广东新会人，张静江亲信之一。早年在建委会担任秘书处处长与会计科科长。1929 年 10 月，张静江调其赴浙江协调各项建设事宜，出任浙江建设厅秘书主任。当张静江辞去浙江省主席后，霍宝树亦随之辞职，返回南京担任建委会秘书长。见徐友春主编《民国人物大辞典》，第 1511 页。
② 陈体诚（1893～1942），字子博，福建闽侯人，著名公路工程专家。1915 年毕业于上海交通部工业专门学校（即上海交通大学的前身）土木工程系，获工学学士学位。因成绩优异，交通部派其赴美国卡内基钢铁研究院专攻桥梁构造工程，为留美"中国工程学会"会长。1919 年学成归国，初任闽江水利工程师。后受张静江邀请，参与浙江公路建设事业。
③ 中国公路交通史编审委员会编《中国公路史》第 1 册，第 607 页。
④ 周谷城：《中国通史》（下），第 436 页。

物。他一生中担任中央级别的中央委员即达 12 个之多。① 张静江与蒋介石的关系亦非同一般，不但早期帮助蒋介石在国民党内树立威信，而且在蒋介石的"分共"活动中出谋划策，以至于蒋介石在张静江去世后，赞誉其为自己的"革命导师"。因此，张静江有着他人难以相比的政治资源。这为他主持的各项建设事业的推动提供了广阔的发展空间，浙江省的各项"模范"建设事业也得以顺利进行。

同时，张静江的家族经济实力亦为他人难以望其项背。张静江为浙江南浔人，祖父和外祖父均为清末民初的丝商大户，为南浔"四象"之一。也正是出于这个原因，张静江筹措款项时，均有江浙金融集团从中帮助，如三次电气公债，很大程度上是由于上海金融界的鼎力相助才得以顺利发行，从而筹足款项，开始建设。张静江本人亦有出众的经济才能，其早期经营通运公司与后来经营建委会的几个"模范"附属企业，均获得极好的经济效益，充分显示了他经济管理方面的出众才能。

虽然张静江主政时间不长，但是由于这两年多的建设"为浙江省留下新建设规模"，以至于有人评价张静江在浙江省的成绩时，曾指出："在半世纪来的民国历史上，张是浙江省历任省政府首长致力于建设最有成绩的人。"② 此言并不夸大，因为其后国民政府历任浙江省长都无他那样的魄力和政治经济资源推行建设事业。浙江的建设事业虽然并未达到张静江的"拟将浙省建设事业，次第办理，以期成一模范行省"的预定目标，③ 但也使浙江发展成为当时中国经济发展较快的省份之一。1934 年即有文章称，浙江"建设事业更突飞猛进，大有一日千里之势，'新浙江'、'模范省'等美名，遂随之冠于浙省之上，全国人士对于浙省之建设事业，莫不引为惊异、钦佩、羡慕，有许多省份还派遣代表来浙参观，而海外侨胞以及外国人士亦有许多对于浙江省建设事业发生兴趣而加以赞扬者，总之，浙省的建设事业确已引起一般人们之严重注意了"。④ 其发展在很大程度上与 20 世纪 20 年代末 30 年代初建委会的悉心指导有关。就整体而言，

---

① 张朋园、沈怀玉编《国民政府职官年表》第 1 册。
② 吴相湘：《张人杰疏财仗义》，《民国百人传》第 1 册，第 433 页。
③ 杜镇远、刘贻燕：《杭江铁路之原起及工作之经过》，《建设》第 4 期，1929 年 7 月，第 16 页。
④ 董直：《浙省建设事业之总检讨与前途之展望》，《浙江省建设月刊》第 7 卷第 7 期，1934 年 1 月，第 52 页。

整个南京国民政府时期，虽然中央政府一直有意将江浙两省作为全国"模范省"来实施建设，"却始终没有成功地使哪怕是浙江、江苏那样的省份成为完全的'模范省'"。① 但无可讳言的是，张静江任职浙江省主席期间建委会对浙江各项建设事业的推动具有十分重要的作用。

---

① 〔美〕吉尔伯特·罗兹曼主编《中国的现代化》，第432页。

第七章　建委会主要附属企业的商业化运营

20世纪30年代是中华民族生死存亡的关键时期。东北沦陷、世界经济危机和美国购银风潮引发的国内金融危机、长江水灾及农村经济的严重破产等，使国内政治经济形势更加紧张。此时在中国金融舞台上，出现了一个非同寻常的金融投资公司，即宋子文创办的中国建设银公司。建委会为发展建设事业正亟须扩充资金，决定与中国建设银公司合作，招募商股，将主要附属企业实施商业化运营，以扩充实力，进一步发展壮大。

第一节　建委会主要附属企业商业化运营的酝酿

建委会的主要附属企业在抗战前半年的短暂时间内，迅速实施了商业化运营。这一政策的出现有一个酝酿的过程，不仅是因为建委会领导人张静江本身具有私有化的经营思想，也有建委会快速发展急需资金的因素。

一　张静江的私有化经营思想

富商出身的张静江有着浓厚的私有化思想，既受经商家族的遗传，亦因在欧洲经商实践的经验。20世纪初，张静江跟随驻法公使孙宝琦赴法期间，"在巴黎既久，颇与当日法国学者及革命党人，常相接纳，又目睹各国民主自由的可爱，于是精研政治经济建设理论，遂慨然以身许国"。[①]在法国长期经商的实践中，私有化经营思想深深地根植于张静江的脑海中，影响了他的一生，这明显体现在他对建委会所属企业的经营与管理方面。

张静江领导建委会的指导思想明显与众不同，他认为中国"数十年

---

① 李少陵：《记开国名贤张人杰》，世界社编印《张静江先生百岁纪念集》，第114页。

来，疆域日蹙，民生凋敝"的根源"实出于建设事业之过于幼稚，即民生问题之未能解决也"。① 至于如何进行国家建设与解决民生问题，张静江提出："除了重大国防军事水利及重工业，非由政府主办不可者之外，其他各项经济建设，只须由政府制定政策、树立示范工作。而主要的是要由政府领导、鼓励、发动全国人民去努力，才能早著成效。"政府"在可能范围内，只办几项国营事业，给人民作榜样，同时极力指导协助和保障民营事业，造成全国上下一致努力建设的风气"。② 张静江在"绝对赞成均富，绝对赞成消灭贫穷"的同时，又"绝对主张民营事业，认为只有如此，才能发动人类工作之本能，以建立工商生产事业，累积国民财富，实现国父遗教，有人问其何以不怕资本集中？先生答曰：'政府可以运用租税政策，达成均富之目的，何必捆捆扎扎弄得大家没饭吃'"，③ 表明了他很有见地的建设思想。

二　建委会的发展困境

建委会成立后，准备大力扩充建设事业的范围，但因缺乏资金而受挫。建委会虽为政府机构，办公经费却不能按时发放。在其成立的第二年，每月仅有的 5 万元办公经费即开始拖欠，并且以后长期拖欠，使建委会全体职员"时有无米为炊之感"。④ 基本的办公经费尚且如此艰难，更遑论建设经费，致使该会拟定的许多发展计划无法付诸实施，唯有束之高阁。1929 年 11 月 21 日，张静江向财政部呈文要求将拖欠的办公经费按时拨付："十八年度经常费预算既经财政委员会核定月支 5.7 万元，应请贵部嗣后即照核定数目按月拨发，并请将以前各月欠发本会经费，按照核准预算如数补发过会，以附预算，而资应用。"⑤ 这既表明了中央政府对经济建设投入之少，亦反映了张静江领导的建委会已开始逐渐被政治边缘化。1930 年 10 月，张静江在国民党三届四中全会上所做报告指出了经费紧张的窘境："虽竭力经营，于事业上不无相当之发展，而究以款项支绌，

① 张人杰：《发刊词》，《建设》第 1 期，1928 年 2 月，第 2 页。
② 秦惠伽：《回忆伟大的革命建国领袖张静公》，世界社编印《张静江先生百岁纪念集》，第 10 页。
③ 周颂贤：《纪念张静江先生》，世界社编印《张静江先生百岁纪念集》，第 21～22 页。
④ 《革命文献》第 81 辑，第 408 页。
⑤ 《咨财政部，为本会十八年度经常费预算既经财委会核定应请按月照数拨发并补发积欠之款以附预算，请查照办理见复由》，《建设委员会公报》第 6 期，1930 年 1 月，第 37～38 页。

不克为长足之进步，故工作报告以计划一项为较多。"① 说明建委会由于经费受限，自成立以来处于计划多于建设的窘境。

在经费捉襟见肘的情况下，建委会如欲经营事业，唯有用发行公债的办法筹集建设资金。为加快所属企业首都电厂与戚墅堰电厂的建设，解决南京与无锡等地的电力供应不足问题，建委会不得不三次发行电气公债。而建委会领导的多项建设事业因经费缺乏难以为继。建委会经营所属企业，多赖借款进行，政府并无投资。正如其《建设委员会招收商股补充说明书》中所言："其投资来源，不外借款与盈余二途，近年来事业发展速度甚高，盈余一项，不足抵扩充费用之什一；胥赖借款，以资挹注。致现在所负长短期各债之数，共达一千五百余万元。收入方面，除开支及付息外，尚须偿还本金；而扩充之需要，仍有加无已，经济周转，殊感困难。"② 张静江在拟具招收商股的提案中，承认建委会"经济能力甚属有限，对外负债超过本会投资约一倍半左右"，如欲发展，"只有设法吸收长期民资"。③ 建委会的经济困难使其不得不开始转向市场，寻求合作伙伴。至 1935 年，资金周转愈来愈难，发展举步维艰，建委会只好另谋出路，首先在内部成立经济委员会商议商业化运营问题。至此实施商业化运营策略逐渐提上议事日程。

三　五次经济委员会会议

1929 年 2 月 26 日，建委会副委员长曾养甫做工作报告时总结了建委会近两年来的工作。报告指出建委会工作人员应该具备的三种精神："一、革命化的精神；二、科学化的精神；三、经济化的精神。"认为"迎头赶上就是革命化的精神"；科学化精神就是"采取科学态度，实施国家建设"；至于经济化精神，即指"办理建设事业一定要经济化、商业化，如果不是经济化，就要多费国帑，不是商业化，将来国家就无力继续建设"。④ 此时开展的建委会主要国有企业的商业化运营，即是这一指导思

---

① 《革命文献》第 26 辑，第 164 页。

② 《建设委员会招收商股补充说明书》（1937 年 5 月），台北中研院近代史研究所藏国民政府建设委员会档案，23－04，23－2。

③ 《张人杰、蒋中正为发展建设委员会事业拟具招收商股提案》，台北中研院近代史研究所藏国民政府建设委员会档案，23－04，23－2。

④ 《建设委员会曾副委员长养甫报告》，《建设》第 7 期，1930 年 4 月，第 3 页。

想的体现。随后成立的经济委员会及其召开的一系列会议加快了商业化运营的步伐。

1935 年 11 月 28 日，为解决资金困难，化解经济难题，建委会成立了由秦瑜、霍亚民、潘铭新、陈筜霖、陈大受、张家祉、许敦楷、吴玉麟、程士范、恽震、蒋元新及萧文熙等各主要机关与主要附属机构的负责人组成的经济委员会，由事业处处长秦瑜任主任委员。经济委员会成立后，共召开五次会议，从讨论企业内部的商业化运营到与中国建设银公司的合作，试图解决建委会的资金难题。

1. 第一次经济委员会会议

1935 年 12 月 26 日上午 9 时，在建委会会议室召开了由全体经济委员会委员参加的第一次经济委员会会议，讨论预算委员会议决议案。该案内容如下：

> 第一条　由事业处依据本会对所属各该事业机关"固定资产额"及"投资额"，拟定各该事业机关"股本总额"及"应付债务额"。
>
> 第二条　关于三百万元借款应以各该机关实在支用数为准，分别作为本会对各该机关之"投资数"或"贷款数"。
>
> 第三条　本会对各该事业机关之投资，统须核计股息，每半年暂以年息八厘计算，其自三百万元借款内贷于各该机关之款所有应还本息，应由各该机关分别负担，至不属于各机关支用而由本会投资于其它事业者，其本息暂由有盈余之京戚两厂及淮矿局负担。
>
> 第四条　本会事业费经常支出之来源得自各事业机关之"股息"及"盈利"两项统筹拨用。①

经过经济委员会委员全体讨论，第四项内容中的"'股息'应修正为'投资利息'"。上述会议内容已充分说明，为维持建委会的正常开支（来源于各附属企业的投资利息和盈余），已决定在所属企业内部实施商业化运营。因为建委会对所属企业的投资，"统须核计股息，每半年暂以年息八厘计算"。在会议即将结束时，秦瑜基于该会资金日趋紧张的形势，加之张静江早就提出将所属主要企业实行商业化运营，提出该会附属事业机

---

① 《建设委员会经济委员会会议记录及委员潘铭新派令》，中国第二历史档案馆藏国民政府建设委员会档案，全宗号：46，案卷号：110。

关也应完全实行商业化，才会适应市场化发展。首都电厂厂长潘铭新对此首先表示赞同，其他附属企业，如戚墅堰电厂厂长吴玉麟、淮南煤矿局局长程士范等均表同意。众委员遂将该提案修正为《本会各事业机关应逐渐采用商业组织案》。会议推定秦瑜、潘铭新、恽震、蒋元新及陈大受五位委员负责研究具体实施方案，提交下次经济委员会会议讨论。[①] 据目前所掌握的资料来看，此乃建委会内部会议上首次提出所属企业实行商业化运营的问题。

根据相关档案资料，从 1934 年开始，建委会已经对"各该事业机关投资统须核计股息，每半年暂以年息八厘计算"。[②] 说明从 1934 年开始，在建委会内部即已开始实行商业化运营，这为其对外实行商业化运营提供了基础。关于建委会对各个附属企业的投资情况，参见表 7 - 1。

表 7 - 1　1934 ~ 1935 年度建委会对所属企业投资及应收利息

单位：元

建委会所属企业	投资总额	年息（%）	半年应计利息	备注
首都电厂	3500000	8	140000	
戚墅堰电厂	2500000	8	100000	未完全足额
淮南煤矿局	2000000	8	80000	
淮路工程处（淮南铁路）	1000000	8	40000	除去上海各银行借款计算
总计	9000000	8	360000	

资料来源：《建设委员会整理债务确定各机关负担数目》，中国第二历史档案馆藏国民政府建设委员会档案，全宗号：46，案卷号：190。

2. 第二次经济委员会会议

1936 年 1 月 17 日上午 10 时，经济委员会召开第二次会议。此次会议与第一次会议相距不到一个月，但此时建委会各附属机关在资金方面已出现捉襟见肘的严峻局面。经济委员会各委员对于日益紧张的资金紧缺状况均深表忧虑，认为"上年应还之五十万元既已衍期，则本年上半年应还之六十万元，本会又将何以筹措？"故在此次会议上，众委员最后决议要

---

① 《建设委员会经济委员会会议记录及委员潘铭新派令》，中国第二历史档案馆藏国民政府建设委员会档案，全宗号：46，案卷号：110。

② 《建设委员会整理债务确定各机关负担数目》，中国第二历史档案馆藏国民政府建设委员会档案，全宗号：46，案卷号：190。

"使各个厂长或局长对于本机关的经临费用进行压缩，以便收支符合要求，好求得贷款"。① 建委会的三个主要附属企业的负责人，即首都电厂厂长潘铭新、戚墅堰电厂厂长吴玉麟及淮南煤矿局局长程士范均在会上表示要尽量减少单位各种开支，共渡建委会的经济难关，以使附属企业的商业化运营顺利实施。

3. 第三次经济委员会会议

1936 年 2 月 17 日下午 3 时，在第二次会议召开一个月后，经济委员会召开第三次会议，此次会议重点讨论淮南铁路的还款问题，实际上也是建委会附属企业的商业化运营问题。由于淮南铁路刚建成，收入欠佳，唯有让首都电厂和戚墅堰电厂帮助还款。委员们一致认为"京（首都电厂——引者注，下同）戚（戚墅堰电厂）两厂及淮矿（淮南煤矿局）均依照本案附表所列 25 年 1 至 6 月各月份应解会款数目逐月提存，惟淮路（淮南铁路）一二月只能解会五万元，尚短十五万元，应由淮路另行设法，并请京戚两厂协力援助，俾补足额，自三月份起照表列数目办理"。② 事业处最后要求各机关负责人严格执行预算经常与临时收支，无论如何不得超出核定数目案，为建委会的商业化运营扫清障碍。

4. 第四次经济委员会会议

在建委会与中国建设银公司谈判过程中，为加快建委会的商业化运营，1936 年 6 月 25 日，经济委员会召开第四次会议，刘石心、秦瑜、陈大受、张家祉、许敦楷、吴玉麟、程士范及恽震等建委会核心人物均出席，商讨商业化运营的具体问题。秦瑜首先报告了 1936 年 5 月 18～19 日与中国建设银公司谈判详细情况，称"本年委员长固有意另筹财源，借以挹注事业，其主要者，厥为各事业机关采用商业组织一案"。在经过与中国建设银公司的艰难谈判后，秦瑜认为"自今以往，本会各事业势必随商业化问题之演进，以图发展"，③ 唯有如此，建委会才能摆脱当前资金紧张的困境，获取更大的发展空间。秘书长刘石心表示在建委会各事业机关

---

① 《建设委员会经济委员会会议记录及委员潘铭新派令》，中国第二历史档案馆藏国民政府建设委员会档案，全宗号：46，案卷号：110。

② 《建设委员会经济委员会会议记录及委员潘铭新派令》，中国第二历史档案馆藏国民政府建设委员会档案，全宗号：46，案卷号：110。

③ 《建设委员会经济委员会会议记录及委员潘铭新派令》，中国第二历史档案馆藏国民政府建设委员会档案，全宗号：46，案卷号：110。

商业化运营实现以前，为平稳过渡，自 1936 年度起，预算应依据"量入为出"原则，使支出尽量紧缩，并由预算委员会切实执行。

5. 第五次经济委员会会议

1936 年 10 月 25 日下午 3 时，经济委员会召开第五次会议。这也是目前所知经济委员会召开的最后一次会议。值得注意的是，此次会议除大部分经济委员会委员参加外，既是中国建设银公司代表，又是建委会委员的霍亚民亦受邀参加了会议。首先由会计科科长许敦楷汇报了西京电厂欲扩大投资至 100 万元的情况，因陕西省主席邵力子与中国建设银公司有所接洽，三方投资股额大致定为建委会与陕西省政府各 30 万元，中国建设银公司 40 万元。会议的第二个内容是讨论《上海各银行两次借款未还部分改订还款期限并签订归并合同案》。建委会曾两次分别向上海各银行借款 300 万元及 370 万元，"除第一次借款已偿还 100 万元外，其未还部分共计 570 万元（包括京记部分 20 万元在内），先经本会函请银行代表交通、中国银行与承借各行会商改订还款期限，嗣准函复同意办理，并拟将两次借款未还部分并为一注"，"该归并合同以 25 年 7 月 1 日为起期……依据上述两借款归并合同，本会于本年 12 月底须还本 60 万元，付息约 30 万元，应如何筹划？"众委员听后皆面面相觑，不知如何解决。此时霍亚民提出："关于本会对于银行债务以往既有二次未能如期履行，影响信用不小，今年 12 月底应还本付息，如仍不能照付，窃恐信用更难保持。为今之计，惟有三途：1、核减本期临时支出预算；2、斟酌缓急延付料款；3、借款还债。"霍亚民认为，"关于借款还债一项，目前实无把握，其余两办法，可否酌行之处"，并询问许敦楷另外两种办法有无可能。许敦楷称："各事业机关，预算本已尽量紧缩，力求收支平衡，迄今执行，已逾三个月，如淮路、淮矿且有呈请追加之情形，事实上难再核减，至于缓付料款一节，据购委会陈主任委员估计仅就淮路方面而言之，在年底以前，尚须 20 万余元（依据 9 月份应付账），始足应付到期期票等款，故缓付一节，恐亦不易办到也。"从会议结果来看，建委会解决资金困境唯有"借款还债"一途了。

在主要附属企业实施商业化运营之前，建委会共召开五次经济委员会会议。由上述可知，建委会在与中国建设银公司谈判合作之前，内部早已有实施商业化运营的计划。但是此时仅在内部，而非外部。随着建委会经营范围的日益扩大与快速发展，加上世界经济危机爆发而导致的国内外经济形势的迅速恶化，巨大的建设资金短缺使建委会不得不考虑与当时中国最大的金融投资公司——中国建设银公司进行合作谈判。

第二节　建委会与中国建设银公司的谈判

20 世纪 30 年代中期，在日本侵华的步步紧逼下，为增强国家与民族的抗战力量，辞去行政院副院长兼财政部长的宋子文决计从商，"做中国的摩根"。① 1933 年，宋子文在出席伦敦国际金融会议时正式提出组织一个类似四国银行团的国际合作机构，并明确表示此金融机构不得有日本人加入，其目的是排除日本在华势力。按照宋之设想，成立这样一个金融机构既可在经济上尤其在工业与铁路建设方面获得西方的巨额贷款，又可在政治上建立一个不包括日本在内的国际组织，符合其"联合欧美，抵御日本"的抗日战略构想。

中国建设银公司②成立之后，积极拓展业务经营范围。建委会所属的重要企业，如首都电厂、戚墅堰电厂、淮南煤矿与淮南铁路、西京电厂等均为其要重点投资的对象。而此时建委会正日益陷入业务规模扩大而资金短缺的窘境，因此双方此时迅速接触，即开始谈判合作事宜。

一　第一次谈判

建委会借债建设的不易，使张静江意识到只有尽快实行商业化运作，彻底摆脱资金不足的困扰，才能使其更好地发展。由于张静江本人也是中国建设银公司的发起人，故在此建委会发展急需资金的关键时刻，立即想到与中国建设银公司合作。双方共举行了三次谈判，其中正式谈判两次，中间有一次非正式谈判。

1936 年 5 月 18 日，秦瑜、潘铭新、程士范三人奉张静江的指示，赴上海与中国建设银公司代表霍亚民、谢作楷谈判合作事宜。关于双方合作的第一次谈判的具体内容，根据目前的档案记录，有如下几个方面：

第一，关于首都电厂、戚墅堰电厂及淮南路矿局的资产估价问题。三者是建委会附属的主要模范企业，其资产估价牵涉到将来双方新成立公司

① 姚崧龄：《张公权先生年谱初稿》上册，台北，传记文学出版社，1982，第 133 页。
② 关于中国建设银公司的情况，可参见郑会欣《从投资公司到"官办商行"——中国建设银公司的创立及其经营活动》，香港，香港中文大学出版社，2001。

的股份总额及其中官股与商股所占的比例问题，因此是双方首次谈判的重点内容。建委会初步对两电厂与路矿的估价为：两电厂1340万元，路矿1100万元，信誉500万元，共计2940万元。中国建设银公司代表认为建委会对首都电厂、戚墅堰电厂及淮南路矿局的资产估价还可接受，唯有信誉估价感觉过高。建委会代表为使谈判继续进行，对电厂与路局的信誉估价做出少许让步，但提出最低400万元。中国建设银公司则坚持信誉最高估价为240万元，两者相差高达160万元。双方对此僵持不下，协商未果。最后双方表示关于电厂与路局的信誉估价由双方领导人张静江和宋子文商谈后做最后裁决。①

第二，关于成立新公司官股与商股的比例问题。由于这也牵涉到双方的直接利益，是合作谈判的重点内容。不过双方均认为新成立的股份有限公司中商股应占多数，官股应占较少部分，以示政府与商人合作之意。但是具体到官商各自所占的份额为多少，双方分歧较大。建委会认为官股应占三分之一稍多的比例，并提出具体方案如下：（1）首都电厂、戚墅堰电厂的股份，建委会应保留30%。（2）淮南路矿的股份，建委会应保留45%。但中国建设银公司提出异议，认为既然建委会所属企业要全面转向市场化运作，就应减少官股比例，扩大商股比例。中国建设银公司的代表霍亚民意识到京、戚两电厂必然会随着长江三角洲地区经济的发展不断壮大，赢利亦会随之增长。因此提出两电厂股本总额中商股的份额至少应占80%。经激烈争论，建委会由于筹款困难，不得不做出妥协，由开始提出的官股比例45%降至20%，并且提出最低也应有20%。②

第三，关于公司的股本总额问题。双方对官股与商股的比例尚未确定之时，也对京、戚电厂和淮南路矿的股本总额进行了讨论，认为应先募足一半资本以利公司正常运营。最后双方商谈拟定新成立的公司股本为：（1）京、戚两电厂的股本总额，初步拟为2000万元，应先募足一半，即1000万元；（2）淮南路矿的股本总额，初步拟为1500万元，应先募足一半，即750万元。

由于电厂有30年的专营权，具有广阔的发展空间，中国建设银公司

---

① 《建设委员会经济委员会会议记录及委员潘铭新派令》，中国第二历史档案馆藏国民政府建设委员会档案，全宗号：46，案卷号：110。

② 《建设委员会经济委员会会议记录及委员潘铭新派令》，中国第二历史档案馆藏国民政府建设委员会档案，全宗号：46，案卷号：110。

在谈判中表示："为保障商股利益起见，将来新公司成立，希望能援照杭州及沪西电厂之先例，享受电业专营权。"① 为保护电厂的专营权利益，中国建设银公司代表提出成立新公司的章程要由其拟具草案，供将来双方商讨时决定。

最后值得指出的是，中国建设银公司代表担心建委会所属主要企业因负债过多，在接管后无法正常运营，因此提出在建委会所属主要企业改组接办之前，一切债务应自行清偿完竣，不得影响新成立公司的运营。建委会代表对此亦表同意。此为双方的首次谈判。

二 第二次谈判

在建委会与中国建设银公司第一次谈判的次日，谈判双方继续商谈昨日未决问题。为使谈判继续，双方均进行了妥协，决定将电厂与路局的信誉估价估算在公司的资产净值在内，这样用确定公司资产净值的方式避开争议颇大的信誉估价问题。经双方协商一致认定的公司资产净值为：京、戚两电厂资产净值1600万元，淮南路矿资产净值1200万元，两者共计2800万元。双方争议颇大的信誉估价问题得到圆满解决。②

值得注意的是，在谈判结束之时，建委会请求中国建设银公司提供资金帮助："为结束本期收支，六月底以前，需款甚殷，特向对方（中国建设银公司——引者注）表示请予赞助。"③ 此时正在双方谈判合组新公司之时，可见建委会发展的困境。中国建设银公司顾及未来的合作关系，表示可以考虑帮助其渡过难关。

为了使公司商业化运营进程加快，使双方合作的办法渐臻具体化，秦瑜又约霍亚民到建委会商谈，只是此时霍亚民还未向宋子文汇报请示上次谈判的内容，因此表示此次谈话仅作为个人谈话，不是公司的正式谈判。霍亚民提出："近因两广发生异动（指两广事变——引者注），宋先生对于本会商业化问题似须稍缓进行。"秦瑜向霍亚民解释了淮南铁路的估价

---

① 《建设委员会经济委员会会议记录及委员潘铭新派令》，中国第二历史档案馆藏国民政府建设委员会档案，全宗号：46，案卷号：110。
② 《建设委员会经济委员会会议记录及委员潘铭新派令》，中国第二历史档案馆藏国民政府建设委员会档案，全宗号：46，案卷号：110。
③ 《建设委员会经济委员会会议记录及委员潘铭新派令》，中国第二历史档案馆藏国民政府建设委员会档案，全宗号：46，案卷号：110。

应增加 100 万元的原因，霍表示理解："盖以淮路资产价值随工程之进行日在变动之中。应随时照我方会计记录为依据，较为正确。"① 此次个人会谈还涉及公司股本总额问题。霍亚民提出新的意见，电厂股额中的"商股应占 80%，矿路股额商股初拟占 45% 至 55%"，秦瑜又陪同霍亚民赴淮南煤矿参观，"认为（淮南铁路）事业颇有希望，意欲将商股亦增至 80%"。② 这次非正式谈话，为以后双方商谈进一步合作提供了思路。

三　第三次谈判

此时建委会面临严峻的经济形势，为不影响兑现 1936 年 6 月底的电气事业公债，5 月下旬，秦瑜、潘铭新和程士范再次赴沪与中国建设银公司谈判投资事宜。经过双方多次协商，加之建委会的一再要求，中国建设银公司最终同意对建委会 6 月底前急需的 80 万元资金提供帮助，预先垫支。但必须首先征得银团同意，同时须对建委会 1936 年 7 月至 1937 年底之间的收支预计加以研究。为此，秦瑜等三人立即在上海对建委会的偿还能力加以审核，编制了京、戚两电厂与淮路矿单位收支预计表送交中国建设银公司。中国建设银公司在对建委会的收支预计仔细审核后，回复意见如下：

> 一、建设委员会如能维持上项预计表的正确，则中国建设银公司对建委会 80 万元的透支表示支持，不过今年年底必须先提还本息 35 万元，其余本息约 65 万元，可展至明年分两期清偿。
>
> 二、建设委员会如不能维持预计表的正确，则今年年底以前，每月必须提还 14 万元（京戚两厂共摊解 7 万元，淮矿淮路各摊解 3.5 万元）。③

1937 年初，随着国民政府开发西部建设，建委会决定向中西部扩展电力工业，需要在两年之内筹资 5230 万元，④ 而国民政府此时无法为建委

① 《建设委员会经济委员会会议记录及委员潘铭新派令》，中国第二历史档案馆藏国民政府建设委员会档案，全宗号：46，案卷号：110。
② 《建设委员会经济委员会会议记录及委员潘铭新派令》，中国第二历史档案馆藏国民政府建设委员会档案，全宗号：46，案卷号：110。
③ 《建设委员会经济委员会会议记录及委员潘铭新派令》，中国第二历史档案馆藏国民政府建设委员会档案，全宗号：46，案卷号：110。
④ 《建设委员会招收商股补充说明》（1937 年 4 月），台北中研院近代史研究所藏国民政府建设委员会档案，23 - 04，23 - 2。

会提供如此庞大的资金。为此建委会只有加快商业化运营步伐，向社会进行募资。因此，张静江和蒋介石联合向中央政治会议提出了建委会招收商股的办法。4月1日，国民政府下令，"为发展建委会主办之电矿事业，拟具招收商股办法，以提高社会投资"。[①] 9日，建委会将招收商股办法呈请国民政府批复，具体意见如下：

> 一、将建设委员会属下的首都电厂、戚墅堰电厂进行合并，组织扬子电气股份有限公司，将淮南煤矿与铁路两局合组为淮南路矿股份有限公司。
>
> 二、两公司资本均定为1000万元，建设委员会各保留20%之外，其余均招收商股，并委托中国建设银公司办理。[②]

建委会的呈文很快在国民党中央政治会议第39次会议上通过，国民政府照准同意，行政院通令各关系部会遵照办理。至此建委会实行商业化运营的方案终获批实施。

第三节　建委会主要附属企业商业化运营概况

一　扬子电气公司、淮南路矿公司与西京电气公司的成立

1937年4月，国民政府批准了建委会招收商股的计划方案，建委会开始委托中国建设银公司办理招商事宜，随后即加快了商业化运营的步伐。一个月后，即在上海成立了扬子电气股份有限公司（Yangtse Power Co. LTD，下称"扬子电气公司"）与淮南路矿股份有限公司（Huainan Railway and Mine Co. LTD，下称"淮南路矿公司"[③]）。

1937年5月14日，扬子电气公司与淮南路矿公司于上海江西路181

---

① 《国民政府训令》（1937年4月1日），台北中研院近代史研究所藏国民政府建设委员会档案，23-04，23-2。

② 《建设委员会呈文并附招收商股办法》（1937年4月9日），台北中研院近代史研究所藏国民政府建设委员会档案，23-04，23-2。

③ 关于"淮南路矿股份有限公司"，1937年5月15日《申报》称其为"淮南矿路股份有限公司"。而在笔者查阅的所有档案中，皆称其为"淮南路矿股份有限公司"。似以档案中所载的名称更为正确，即"淮南路矿股份有限公司"，简称"淮南路矿公司"。

号中国建设银公司所在地召开发起人会议，与会代表有张静江、宋子文、孙科（宋子文代）、李石曾、秦瑜及霍亚民等40余人。会议首先由扬子电气公司临时会议主席宋子文致开幕词，介绍了扬子电气公司与淮南路矿公司的成立"系由建委会将所办电矿事业，添招商股，改组而成，与普通公司略有不同"。宋子文的开幕词着重说明建委会招收商股的意义：

> 建设委员会为促进国内工农业之发展起见，历年以来，对于电气及矿路事业经营至力，所办如首都电厂、戚墅堰电厂、淮南煤矿及淮南铁路均已成绩昭著，前者之工程与管理，效率甚高，对首都无锡等地工业之推进，颇具成绩。后者则以接近长江，对于我国中部煤斤之供给，亦占有重要地位。兹建设委员会为提倡人民投资以扩充国内建设事业起见，拟将已有成效之事业，招收商股，组织公司，继续经营。其招得之资金，则以之倡办其他事业。俟将来办理有成效，再行开放，商股如此循环，在政府固得资金易于周转之效，在人民亦投资有正当稳固之途，开政府与人民共同建设之先河。即所以奠国家富强之始基，故两公司成立后，希望能仍在建设委员会指导监督之下，本以前发展电矿，以扶助工农业之主旨，继续迈进，尽量为社会谋服务，则两公司业务之发展可预卜也。[①]

宋子文报告之后，由建委会代表、事业处处长秦瑜汇报建委会主要附属企业招收商股的经过情况：

> 查此次建设委员会开办电矿路事业，招收商股，系由中央政治委员会于第39次会议议决，由国民政府令饬建设委员会拟具办法，遵将京戚两电厂改组为扬子电气股份有限公司，淮南煤矿及铁路两局改组为淮南路矿股份有限公司，一切按照公司法办理，资本各定为1000万元，各分为10万股，每股100元，除由建设委员会保留二成，计每公司二万股，共计国币400万元外，其余1600万元由会委托中国建设银公司代为招募，并办理组织公司事宜，此项办法复经中央政治

---

① 《建设委员会所办电矿两事业添招商股改组为两公司》，《申报》1937年5月15日，第13版。

委员会第 43 次会议议决照准，并奉国府指令遵照，暨由行政院通令各关系部会查照，其应募之商股 1600 万元现已由中国建设银公司如数募足，所有认股人或其代表人即为各该公司之发起人，兹以公司法第 90 条之规定，召开发起人会。①

最终选出的两公司董事与监事成员名单，如表 7 - 2、表 7 - 3 所示。

表 7 - 2　扬子电气股份有限公司的董事、监事名单（1937 年 5 月）

机　构	组成人员
董事长	宋子文
常务董事	张静江　秦瑜　孔祥熙　吴震修　孙科　霍亚民
董　事	吴稚晖　潘铭新　李石曾　曾养甫　胡笔江　陈光甫　李馥苏　周作民　钱新之　汪楞伯　宋子安　贝淞荪　胡筠庄　尹仲容
监　察	张家社　余梅荪　陈康齐　秦颖春　赵季言　卞仲　袁纯初

资料来源：《扬子电气股份有限公司董监事名单》，中国第二历史档案馆藏扬子电气公司档案，全宗号：401，案卷号：289。

表 7 - 3　淮南路矿股份有限公司董事、监事名单（1937 年 5 月）

机　构	组成人员
董事长	宋子文
常务董事	张静江　李石曾　胡笔江　宋子良　秦瑜　霍亚民
董　事	王志莘　程士范　孔祥熙　杜月笙　孔令侃　孙科　盛升颐　徐可亭　曾养甫　陈健庵　宋汉章　徐新六　陈筌霖　唐寿民
监　察	陈大受　庄叔豪　蒋尉先　刘竹君　叶扶霄　汪楞伯　杨介眉

资料来源：《淮南路矿股份有限公司董监事名单》，中国第二历史档案馆藏资源委员会档案，全宗号：28，案卷号：232032。

与此同时，中国建设银公司入股建委会与陕西省政府共同创办的西京电厂的谈判也基本完成。建委会"鉴于西北电气建设之重要，所需资本，势非利用各大银行投资，不足以造成雄厚之发展力量，爰商请中国建设银公司加入合作"。② 原计划于 1937 年 1 月 1 日三方开始共同管理

---

① 《建设委员会所办电矿两事业添招商股改组为两公司》，《申报》1937 年 5 月 15 日，第 13 版。
② 寿光：《西京电厂之概况》，《资源委员会月刊》第 2 期，1939 年 5 月 1 日，第 115 页。

电厂，但因合作条件未能完全谈妥，推迟半年，至是年7月1日三方才正式共同签约。7月5日，建委会、陕西省政府与中国建设银公司在南京召开西京电气股份有限公司成立大会。经三方讨论，通过了西京电气股份有限公司章程、董事会章程及西京电厂组织章程。因寿光在筹备该电厂时即为主持人，熟悉该厂业务与管理，故仍被三方一致推选为西京电厂厂长。此外又推选了公司第一届董事和监事，董事长为秦瑜，董事有陈大受、陈中熙、雷宝华、续式甫、杨毓真、卞喜孙、王巽之、尹仲容，监事张家祉、李志刚、袁纯初等人。① 由此可知，董事会与监事会中建委会、陕西省政府和中国建设银公司各占三分之一，说明三方对电厂有相同的控制权。由此三者均达到了各自目的，即通过投资入股的方式，中国建设银公司得以投资西北的电力工业，为其在西北能源行业的投资开辟了道路；建委会招到商股助推了发展，为其后续的发展提供了建设资金；西京电厂因中国建设银公司大量资金的注入而获得了较快发展。②

二　建委会主要附属企业商业化运营——以扬子电气公司为例

由于扬子电气公司、淮南路矿公司与西京电气公司的诸多情形相类似，下文即以扬子电气公司为例分析说明建委会主要附属企业实行商业化运营的情况。

从表7-2可知，中国建设银公司的实际创办者和执行董事为宋子文，他以商股的代表担任扬子电气公司的董事长。常务董事张静江、秦瑜、孔祥熙、孙科、霍亚民、吴震修6人中，前两人为建委会成员，占有两个董事席位，且张静江也是中国建设银公司的发起人之一。在14个董事中，建委会仅有潘铭新一人，7个监察中也只有张家祉一人。由此可见，建委会所属企业实际上已由中国建设银公司基本控制，并非《申报》所报道的"招收商股"之举。

再者，从扬子电气公司的商股与官股的比例分配情况也可看出建委会"招收商股"实际上是中国建设银公司之股（参见表7-4）。

① 《西京电气股份有限公司创立及第一次监事会议纪要》，中国第二历史档案馆藏国民政府建设委员会档案，全宗号：46，案卷号：562。
② 关于西京电厂的发展详情，参见谭备战《南京国民政府对西北电力工业的开发与建设——以建委会创办西京电厂为例的考察》，《中国经济史研究》2012年第4期。

表7-4　扬子电气股份有限公司股份成分（1937年5月）

股东单位	中国建设银公司	建委会	中国银行	交通银行、上海银行、新华银行、大陆银行、浙江兴业银行、浙江实业银行、金城银行、中南银行
所占份额	50%	20%	10%	20%

资料来源：《建设委员会与中国建设银公司经济关系表及扬子电气公司与淮南铁路公司董事名单》，中国第二历史档案馆藏国民政府建设委员会档案，全宗号：46，案卷号：155。

　　表7-4表明，扬子电气公司的商股主要来自中国建设银公司和中国银行，分别为50%和10%，占公司股份总数的60%。其他的商股股份，即交通银行、上海银行、新华银行、浙江兴业银行、浙江实业银行、大陆银行、金城银行及中南银行8家银行共占20%，所占份额相对较少。从股份份额看，建委会"招收商股"实为中国建设银公司之股。

　　关于扬子电气公司的股东、代表人及其股份的详情，可参见表7-5。

表7-5　扬子电气公司的股东、代表人及其股份、股额

股东单位	代表人	股份	股额（元）
建委会	张静江、吴稚晖、秦瑜、陈大受、张家祉、许敦楷、程士范	20000	2000000
中国建设银公司	宋子安、刘竹君、霍亚民、袁纯初、尹仲容、蒋尉先、宋子文、孙科、孔祥熙、宋子良、徐可亭、陈健庵、杜月笙、盛升颐、孔令侃、沈寿宇、胡筠庄、秦颖春、陈康齐、赵季言、余梅荪	48750	4875000
中国银行	卞仲、宋汉章、吴震修、贝淞荪、汪楞伯	10000	1000000
交通银行	胡笔江、唐寿民	5000	500000
中国国货银行	李石曾	2500	250000
上海商业银行	陈光甫、杨介眉	2500	250000
中南银行	胡笔江、黄裕沂、周继云	1250	125000
大陆银行	许汉卿、叶扶霄	1250	125000
浙江实业银行	李馥荪	1250	125000
浙江兴业银行	徐新六	1250	125000
金城银行	周作民、吴蕴斋	1250	125000
新华银行	王志莘	1250	125000
四行储蓄会	钱新之	1250	125000

股东单位	代表人	股份	股额（元）
公记	陈笲霖	1250	125000
中国汽车制造公司	曾养甫	1250	125000
合计		1000000	10000000

资料来源：根据《扬子电气公司及淮南路矿公司未填发股票明细表》（中国第二历史档案馆藏扬子电气公司档案，全宗号：401，案卷号：260）、《淮南路矿公司股东认股清册》（中国第二历史档案馆藏资源委员会档案，全宗号：28，案卷号：23203）制作。

从表 7-5 可知，扬子电气公司的最大股东实为宋子文所创建的中国建设银公司，股额 487.5 万元。其次是扬子电气公司的创办者建委会，占有 20% 的股份，股额 200 万元。占有股份第三者为中国银行，股额 100 万元。扬子电气与淮南路矿两公司的董事、监事有很大程度的重叠。很明显，这与两公司的股份分配有关。对中国建设银公司素有研究的郑会欣认为，建委会与中国建设银公司之间有着非同寻常的关系。了解这些内在关系，可能有助于理解建委会为何能够与中国建设银公司很快合办扬子电气公司和淮南路矿公司。①

经过建委会和中国建设银公司的多次艰难谈判，扬子电气公司和淮南路矿公司终于在 1937 年 7 月 1 日正式成立。扬子电气公司总经理由建委会设计处处长潘铭新担任，首都电厂和戚墅堰电厂仍由陆法曾和吴玉麟分任厂长，淮南路矿公司总经理仍为淮南路矿局局长程士范。由此可见，扬子电气公司与淮南路矿公司的重要职务仍均由建委会的原班人马担任。

扬子电气公司、淮南路矿公司与西京电气公司的成立，标志着建委会商业化运营的正式实施。

第四节　实施商业化运营的原因

建委会所属主要企业在经营良好时，突然被转为民营，的确令人既诧异又费解。据报载，建委会主要企业实行私有化"纯为提倡人民投资，以

---

① 关于扬子电气公司与淮南路矿公司的详情，可参见郑会欣《扬子电气、淮南矿路两公司的创立与国有企业私营化》，《历史研究》1998 年第 3 期。

扩充建设事业，故招收商股，组织公司，继续营业，于事业本身及内部均无所更张，同时即将招得之资金创办其他建设事业"。① 然而实际原因并非如此简单。

关于建委会所属企业实施商业化运营问题，目前学术界约有四种说法。第一种说法认为，张静江为建委会的主要附属企业寻找继承人。② 此种说法明显欠妥，因为招来的商股表明，建委会并不是最重要的股东。第二种说法认为抗战来临后，张静江将建委会所属企业私自出售给他人经营。③ 笔者查阅档案资料发现，建委会实行商业化运营的策略是由张静江和蒋介石联合向国民党中央政治会议提出而获政府批准的，并非私自出售。第三种说法认为是张静江具有私有化经营思想之故。④ 无可讳言，张静江的确具有私有化经营思想，但仅由此分析，似嫌不足。第四种说法由郑会欣提出，他从张静江与建委会及建设银公司三者间的复杂关系分析建委会实施商业化运营问题。⑤

上述四种说法均有值得商榷之处。前两种说法明显缺乏史实根据，后两种说法如果仔细推敲，则显得有些片面。关于国营企业向私营企业的转化，有学者认为，在资本属于私人的自由资本主义和资本属于国家的国家资本主义之间还存在一种形态，在这种形态中，私人资本主义与国家资本主义并无明显界限，官僚可以借用自己对于国家企业的管理权化公为私。这种形态可能在两种社会条件下产生，一种是传统国家解体，国家资本不得不向民间资本转化，如清末民初周学熙创办的企业即属此类；另一种是国家组织力量的重新兴起，国家资本再次涌现，官僚凭借手中的行政权力进行资本积累，如宋子文的中国建设银公司等。⑥ 建委会主要附属企业实施商业化运营即是在中华民族危机的紧要关头实行的由国营迅速转为民营的一个特例。下面拟从历史背景、建委会的运行困境、中国建设银公司的

① （南京）《中央日报》1937 年 5 月 20 日。
② 经济资料社：《宋子文豪门资本内幕》，香港，光华书店，1947，第 12 页。
③ 金士宣、徐文述：《中国铁路发展史（1876～1949）》，第 410 页。
④ 王树槐：《张人杰与淮南煤矿：1928～1938》，《中央研究院近代史研究所集刊》第 17 期（下），第 251 页。
⑤ 郑会欣：《扬子电气、淮南矿路两公司的创立与国有企业私营化》，《历史研究》1998 年第 3 期。
⑥ 金观涛、刘青峰：《开放中的变迁：再论中国社会超稳定结构》，香港中文大学出版社，1993，第 160～161 页。

政治目的以及张静江的私有化思想四个方面探讨建委会所属企业实行商业化运营的真正原因。

一　国家统制经济政策的产物

20世纪30年代，南京国民政府为积蓄抗战力量，应对日益紧张的中日关系，从政治、经济、军事及思想等各方面采取了积极措施。20世纪30年代初期世界经济危机波及中国，特别是九一八事变后日本为转嫁经济危机加快了全面侵华的步伐，导致国家经济日益困窘。南京国民政府逐渐认识到统制经济实为加强国防经济建设、抵御外敌入侵的救国方策。无论国内经济学界还是政界要人，均提出了为提高国家整体经济实力的统制经济理论。1935年12月4日，国民党五届一中全会通过《确定国民经济建设实施计划大纲案》，分析了经济形势，认识到"值此国际风云益趋险恶，设战事一旦爆发，海洋交通隔绝，外货来源阻断，举凡吾人平日衣食住行之所需，将立呈极度之恐慌，届时即无强敌之侵入，我亦将因社会经济之混乱而自行溃亡也"。为救亡图存，政府应迅速"调整原有生产组织，统制社会经济行动，使国民经济得为有组织、有计划之活动"，具体而言，即对"人力、地力、资力、组织力予以适当合理之配置与运用，使成为有系统、有组织、有意识、有计划之活动"。为此必须"将原有经济组织及生产单位予以切实之调整结合，使成为有机之组织体然后始得为有目的、有计划之统制与推动"，由于"各种经济活动错综复杂，交相组合，殊难为截然之区划，故建设国民经济，必须为全盘之统制"。① 至此南京国民政府正式提出了统制经济为国防经济建设服务的战略方针。1937年2月19日，国民党五届三中全会通过了《关于国防经济建设案》，重申统制经济的重要性："凡国防建设、经济建设之方针与程序，应先有详密精细之研讨，再作定案之决定，俾便遵行，尤应注意订定保护工业方针，统制全国工业劳动计划，以及扫除建设障碍等，以利建设之推进。"② 至此统制经济政策已为政府上下所重视并开始采纳实施。

在国家统制经济政策的推动下，帮助急需巨额建设资金的建委会所属

---

① 《确定国民经济建设实施计划大纲案》（1935年12月4日通过），周开庆主编《经济问题资料汇编》，台北，华文书局，1951，第42~46页。

② 《关于国防经济建设案》（1937年2月19日通过），周开庆主编《经济问题资料汇编》，第50~51页。

企业渡过难关者即中国建设银公司。这不仅因为建设银公司本身具有特殊的政治背景，更在于张静江与建设银公司有着特殊的关系，他既是建委会负责人，又是建设银公司监察人。

由上可知，建委会的商业化运营实际上是南京国民政府统制经济政策的产物。

二　中国建设银公司的背景及目的

20世纪30年代中期，中国金融舞台上突然出现了一个非同寻常的金融投资公司——中国建设银公司。它的出现并非偶然，是与当时国内外形势紧密相连的。

中国建设银公司由宋子文倡导成立。他希望通过中国建设银公司的投资导向作用，达到引进外资、发展国内实业的目的。考察宋子文创办该公司的背景、经营思路及其一贯"联美反日"的政治立场，可以发现建委会和中国建设银公司合资兴办建委会所属企业与抗战前夕的国防形势有着非常密切的关系。

1933年，宋子文出席伦敦国际金融会议，提出组织一个类似四国银行团性质的国际合作金融机构，但因遭到日本政府的极力阻挠而未果。是年8月29日，宋子文回到上海，在接受记者访谈时感慨颇多："子文外感于世界经济文化国防，凡百设施之突飞猛进；内忧于近年我国天灾人祸之纷至沓来，认为立国之道，惟在以国民经济为中心，而以国家全力维护与发展之。"① 他一方面极力推崇美国罗斯福"新政"，总结"新政"成功之处在于"彼实行一事，有一定之办法，有一定之步骤，一切事业，私人咸不得任意干涉，而政府则实行干涉主义"，也认为其他国家如德、俄等国的干预经济的体制可以为我所用，"即如俄意德之新兴国家，无论其政治上为法西斯蒂、共产主义，然其目的，皆以谋社会国家之共同福利，惟其如此，皆能牺牲自己权利"。② 因此政府应"以国民经济为中心，政府实力维护，加以有计划的统制而谋开展"。宋子文认为，"厉行统制经济，近世经济趋势均有此倾向。我国现时经济疲敝，都市虽似繁荣，农村则日有破产之虞，欲图复兴，务使各生产部门均能作有计划之生产，非统制不足

---

① 《热烈欢迎声中宋子文昨回国抵沪》，《申报》1933年8月30日，第12版。
② 《昨日两大盛会欢宴海外回来宋财长》，《申报》1933年8月31日，第12版。

收合作之效"。^① 至此，宋子文主张的统制经济政策开始浮出水面。

1934 年初，宋子文发表题为"统制经济问题"的演讲，系统阐述了统制经济理论，认为这是"社会物质文明发达之结果"，实行经济统制，"且至少限度，更如何使一民族一国家能够自谋经济生存，在国际上站得住，且因之国防外交、一切政治与经济均发生更密切变化之关系，不能不兼顾并筹"。^② 因此筹组中国建设银公司是宋子文实行金融统制、增强国防力量的重要举措。

中国建设银公司成立之快是其他金融机构不能相比的。1934 年 3 月中旬，《大公报》刊载上海银行界筹组中国建设银公司的消息："沪银界筹议合组一银公司，先集资本一千万，其意义在由此组织，于将来诱引外资，以兴建设，现正酝酿，尚未头绪。"^③ 4 月 15 日，孔祥熙就该公司情况发表新闻谈话，称中国建设银公司"资本 1000 万元"，其性质"并不完全与美国善后银公司相同"，"系专以沟通我国与国际间之投资与建设诸事业之金融机关"。^④ 18 日，中国建设银公司将《中国建设银公司募款章程》呈报上海社会局备案，24 日，获准备案。翌月 28 日，财政部予以核准，31 日，在宋子文召集下，于上海汉口路 7 号召开中国建设银公司发起人会议，宋子文、孔祥熙、李石曾、张静江、宋子良、贝淞荪、李馥荪、唐寿民、周作民、陈光甫、钱永铭、徐堪、徐新六、张嘉璈及胡笔江等 26 人，以个人名义各认购股份 185 股，每股 100 元；会议确定中央、中国、交通、金城、中南、上海商业储蓄、浙兴、大陆、四明、中国国货等银行为中国建设银公司的团体成员。^⑤ 6 月 2 日，在上海九江路大陆银行六楼中国建设银公司办事处召开全体股东会议，98 名股东与会。至此，中国建设银公司正式宣布成立。从 3 月提出意向到正式成立，仅短短的三个月时间。足见速度之快，也说明中国建设银公司非同一般的背景。

对中国建设银公司发起人的身份稍加分析，我们可以更加清楚其特殊性（参见表 7 - 6）。

---

① 李菊时：《统制经济之理论及实践》，新中国建设学会，1934，第 596 页。
② 军事新闻社：《当代党国名人讲演集》，沈云龙主编《近代中国史料丛刊》第 82 辑，第 20 页。
③ 《筹组银公司》，（天津）《大公报》1934 年 3 月 13 日，第 3 版。
④ 《宋孔等合组银公司，俟宋西北归来开创立会》，《申报》1934 年 4 月 15 日，第 13 版。
⑤ 《中国建设银公司昨召集发起人会议》，《申报》1934 年 6 月 1 日，第 13 版。

表7－6 中国建设银公司发起人情况

	中国建设银公司职务	所任职务或社会背景
宋子文	执行董事	国民政府委员、全国经济委员会常委
孔祥熙	董事长	行政院副院长兼财政部部长、中央银行总裁
李石曾	常务董事	国民党元老、中央政治会议委员、建委会常务委员、中国农工银行董事长
张静江	监察人	国民党元老、国民政府委员、建委会委员长
宋子良	常务董事兼总经理	中国国货银行董事兼总经理
贝淞荪	执行董事	中国银行上海分行经理
张嘉璈	常务董事	中国银行总经理、建委会常务委员
陈　行	常务董事	中央银行副总裁
胡笔江	常务董事	中南银行总经理兼交通银行董事长
谢　棋	常务董事	前财政部统税署署长
叶琢堂	常务董事	中央银行常务理事
徐新六	常务董事	浙江兴业银行总经理
李馥荪	常务董事	中国银行董事长、浙江实业银行总经理
陈光甫	常务董事	上海商业储蓄银行总经理、中央银行常务理事
唐寿民	常务董事	交通银行总经理、中央银行常务董事
周作民	常务董事	金城银行总经理
钱永铭	董事	四行储蓄会总经理
徐　堪	董事	财政部钱币司司长、中国国货银行董事
叶扶霄	董事	大陆银行董事兼经理
刘体智	董事	中国实业银行总经理
席德懋	董事	中央银行业务局总经理
宋汉章	董事	中国保险公司董事长、中国银行常务董事
张汉城	董事	中国实业银行常务监察、裕华银行总经理
杨敦甫	董事	上海商业储蓄银行常务董事
张寿墉	董事	中国女子商业储蓄银行常务董事、财政部顾问
齐　政	董事	中国农工银行总经理
宋子安	监察人	中国国货银行监察人、松江盐务稽核所稽核
张文焕	监察人	上海华商证券交易所理事长

中国建设银公司成员	中国建设银公司职务	所任职务或社会背景
瞿祖辉	监察人	国华银行常务董事
徐补荪	监察人	上海金业交易所理事长、中和商业银行董事长
王怀忠	监察人	中国垦业银行总经理
孙衡甫	监察人	四明商业储蓄银行董事长兼总经理
傅宗耀	监察人	中国通商银行总经理
王宝仑	监察人	中央银行常务理事

资料来源：根据郑会欣《中国建设银公司的创立：官僚与财阀结合的一个实例》，《改革》1999 年第 2 期，第 111～112 页表制作。

表 7-6 中的董事、监察人，不仅有当时多个国家银行或商业银行的领导人，而且很多人与南京国民政府关系密切，甚至担任政府要职，如宋子文、孔祥熙、李石曾及张静江等。这说明中国建设银公司并非一个寻常的民营金融公司，而是一个具有浓厚官方色彩的金融集团。因此对于它的一系列金融投资活动，不能简单地从商业角度观察，应从政治角度进行审视。中国建设银公司的建立，实质上是南京国民政府介入和干预国家财政经济的预演，从某种意义上而言，中国建设银公司和建委会合资办理建委会所属企业，是南京国民政府对于有关国计民生的一些重要能源工业，如电力、煤炭行业进行统制的措施。

中国建设银公司虽然在声明中一再表示该公司"无论在国内国外，不涉政治，不存偏见，纯以赞助中国之经济建设为己任"，[①]但其吸收的外资多为英美资本，实际上是借英美之力抵抗日本。据此可知，建委会商业化运营实是南京国民政府增强抗日力量的一种政治策略，它所具有的政治意义远远大于经济意义。对宋子文素有研究的吴景平认为，宋子文成立中国建设银公司的目的，"不仅是他凭借政界背景、通过金融机构向实业界发展势力的开端，也是他谋取欧美援助、遏止日本对华扩张的主张的继续"。[②]众所周知，宋子文受美国文化教育影响颇深，是亲美派。对于日本在华的侵略，英美等国为维护自身利益，积极支持宋子文对日本进行反击。宋子文强烈反日，尽可能地利用英美国家的力量，如

① 《中国建设银公司昨召集发起人会议》，《申报》1934 年 6 月 1 日，第 13 版。
② 吴景平：《宋子文评传》，福建人民出版社，1992，第 238～239 页。

利用其强大的资本优势反击日本的经济侵略等。因此，宋子文颇有利用中国建设银公司遏制日本经济侵华的凶猛势头的意图，而"在客观上，也确实起到了相应的作用"。①

三　建委会资金周转的困境

建委会虽为政府机构，但国民政府未能向其按时拨付建设经费，即便是办公经费亦时常拖欠，这使得其在发展过程中，时时遭受资金短缺的困扰。1929 年 11 月 21 日，建委会向财政部呈文要求将拖欠经费按时拨付，因为"十八年度经常费预算既经财政委员会核定月支 5.7 万元，应请贵部嗣后即照核定数目按月拨发，并请将以前各月欠发本会经费，按照核准预算如数补发过会，以附预算，而资应用"。② 每月 5 万余元的经费，如何让负责全国经济建设的建委会实施建设？建委会不得不三次发行电气公债，向社会募资。公债发行为建委会的发展注入了活力，但也带来了沉重的债务，以致出现资金周转的困难。

1935 年底，建委会各项事业日益发展，资金周转顿显紧张，只好成立经济委员会，对所属企业的经济运行加以协调，共同渡过难关。11 月28 日，张静江任命秦瑜（主任委员）及霍亚民等各个机构的负责人为经济委员会委员。翌年 1 月 17 日，在经济委员会举行的首次会议会上，秦瑜与潘铭新两人首次提出了《本会各事业机关应完全商业化案》。众委员对提案均表欢迎，并很快形成决议，定为《本会各事业机关应逐渐采用商业组织案》。③

如前所述，建委会内部对其附属企业实行了商业化管理，这无疑为以后建委会的主要附属企业实行商业化运营奠定了基础。

四　张静江的私有化经营思想与民族主义思想

建委会委员长张静江的私有化思想是分析建委会实行商业化运营不容

①　吴景平：《宋子文评传》，第 239 页。
②　《咨财政部为本会十八年度经常费预算既经财委会核定应请按月照数拨发并补发积欠之款以附预算请查照办理见复由》（1929 年 11 月 21 日），《建设》第 6 期，1930 年 1 月，第 37～38 页。
③　《建设委员会经济委员会会议记录及委员潘铭新派令》，中国第二历史档案馆藏国民政府建设委员会档案，全宗号：46，案卷号：110。

忽视的重要方面。而他具有强烈的爱国主义与民族主义思想，也产生了很重要的影响。

张静江出身浙江南浔丝商巨族，耳濡目染的家庭商业氛围，深深地影响了他的一生。无论早期在法经商，还是后来在沪经营证券交易所、管理建委会所属企业，他均可以经营良好。

1902 年 5 月，25 岁的张静江以清朝驻法使馆一等商务参赞的名义，随驻法公使孙宝琦使法。张静江"在巴黎既久，颇与当日法国学者及革命党人，常相接纳，又目睹各国民主自由的可爱，于是精研政治经济建设理论，遂慨然以身许国"。①

张静江不仅具有浓厚的商业化思想，还是一个强烈的民族主义分子。在早期革命活动中，张静江表现出对外国侵华势力的憎恨和反抗。张静江在法国广泛接触了西方民族主义思潮，在 1905 年与孙中山相识后，以经商获利支持孙中山的革命活动。1907 年 6 月 22 日，张静江联合好友吴稚晖、李石曾及蔡元培等人在巴黎创立《新世纪》周刊，吴稚晖担任主编，张静江供应所需经费，"新世纪虽为宣扬无政府主义学说之刊物，但大力鼓吹革命排满的思想，并反对君主立宪之主张……故其影响，不仅限于留欧学界，对于欧洲华侨锢蔽的思想，亦颇多启发"，而"新世纪自设备、编排，以至付梓，所有发行工作，人杰无不躬亲任之，且出资最多"。②

建委会成立后，张静江把发展国家经济实力作为它的工作重心。1928 年 10 月，在建委会创办的《建设》的发刊词中，张静江提出"近数十年来，疆域日蹙，民生凋敝，驯至阡陌不修，货弃于地，饿莩载途，群盗满山。推原厥始，固有政治之窳败，而根本原因，实出于建设事业之过于幼稚，即民生问题之未能解决"，③ 因此必须加强经济建设，才能实现国富民强、民族独立。1931 年九一八事变爆发后，中日民族矛盾日益尖锐，张静江将《建设》第 12 期定为"北方专号"，专门讨论北方建设问题以警醒国人，在该期杂志封一和封二上又分别题词"为日本强占东三省志痛"、"前事之不忘，后事之师也"，④ 勉励国人努力建设，振兴祖国。据张静江创办的通运公司的经理、其妻舅姚叔来回忆，抗战爆发后，张静江

---

① 李少陵：《记开国名贤张人杰》，世界社编印《张静江先生百岁纪念集》，第 114 页。
② 蒋永敬：《张人杰》，秦孝仪主编《中华民国名人传》第 2 册，第 380~381 页。
③ 张人杰：《发刊词》，《建设》第 1 期，1928 年 10 月，第 2 页。
④ 《建设》第 12 期，1931 年 9 月，"北方专号"，封一、封二。

将经营良好的通运公司的大部分资金"借与中国妇女慰劳会，不取分文，且帮助设法捐款汇华救济国内战时孤儿。自 1937 年 9 月起至 1946 年 4 月止，共捐汇重庆美金 35 万元"。① 这充分说明了张静江具有浓厚的抗日爱国思想。

20 世纪 30 年代中期，日本侵华日益加剧，全国上下一致要求政府早做抗日准备，具有浓厚民族主义思想和爱国主义思想的张静江，在建委会实行商业化运营中，选择具有强烈反日情绪的宋子文创办的金融集团——中国建设银公司进行合作可谓顺理成章之事。建委会获得政府批准实施商业化运营后，一个星期即公布了招收商股的办法："首都、戚墅堰两电厂合并组织为扬子电气股份有限公司，淮南煤矿局及铁路组织为淮南路矿股份有限公司，股本各定一千万元，除本会至少各保留股份 20% 以外，所余股份之招收商股事宜，拟由本会委托中国建设银公司办理。"② 张静江还提出规定商业化运营后的公司股票持有人"以有中华民国国籍者为限"。③ 中国建设银公司在一周内募足了公司的全部股份，招收商股之快，既说明建委会所办的企业之良好，亦表明建委会的主要附属企业实施商业化运营是南京国民政府筹谋已久之事。

综上所述，建委会所属企业实行商业化运营，并非一个简单的历史事件，它是抗战前夕，南京国民政府为抵御日本侵略而采取的整合国家经济力量与加强国防建设的一种尝试，一定程度上也反映了南京国民政府对国有企业的投资无力。另外，从公司制度的发展历史分析，实现商业化运营亦为企业发展到一定阶段的产物，是公司制度发展的进步。抗战前，银行业开始普遍投资企业。对于银行而言，这一过程多半先与企业发生某种借贷关系，经过一段时间，确认自己所投资的企业信誉可靠后，便开始购买该企业的股票或认购该公司发行的债券，再行扩大放款。通过这种方式，"银行逐步加强了对企业经营者管理权的控制，有利于银行资本向产业资

---

① 姚叔来：《张静江先生首创之通运公司之今昔》，世界社编印《张静江先生百岁纪念集》，第 100 页。

② 《建设委员会呈文并附招收商股办法》（1937 年 4 月 9 日），台北中研院近代史研究所藏建设委员会档案，23－04，23－2，转引自郑会欣《扬子电气、淮南矿路两公司的创立与国有企业私营化》，《历史研究》1998 年第 3 期。

③ 《淮南路矿股份有限公司章程草案》，中国第二历史档案馆藏国民政府建设委员会档案，全宗号：46，案卷号：259。

本的转化"。^① 从建委会附属企业的运行考察，亦是如此。在淮南铁路运
行艰难时，由于上海金融集团已将部分资金投入到淮南路矿局，而淮南路
矿局发展前景良好，只不过后来资金紧张，银行界开始对其加大投资，最
后将淮南铁路的管理权紧紧控制。实际上这一过程也是银行资本向产业资
本的转化过程。

　　建委会主要附属企业实行商业化运营后，扬子电气公司和淮南路矿公
司由于资金充裕，发展迅速。如扬子电气公司，有论者言："二年之间，
整个电气事业之阵容，顿改旧观，可见在经济落后之国家，一个强有力之
投资机构，其成就之迅速与远大，实有足以惊人者。"^② 当然此说有夸大
之嫌，但也反映当时银行界投资电力工业实为时代发展之趋势。

---

① 李一翔：《近代中国银行与企业的关系（1897～1945）》，台北，东大图书公司，1997，
　　第72～73页。
② 陈中熙：《三十年来之中国电力工业》，中国工程师学会编《三十年来之中国工程》，第3页。

第八章　建委会的运营和管理

建委会作为南京国民政府建立初期成立的一个中央政府机关，并非完全按照政府机关的模式进行管理，而是采取了一种亦官亦商的经营管理模式。1928 年 12 月 1 日，时任建委会副委员长曾养甫在南京招待京沪各地新闻记者会时提出，建委会将"根据商业经营之原则，科学治事之精神，力求增高效能，尤须彻底的廉洁，绝无丝毫贪污之处"，① 说明建委会将按照企业经营的原则管理所属机构。1929 年 3 月，国民党三大在南京召开，建委会报告了其管理模式为："根据商业经营原理，科学治事精神，用最少量之劳力与经济，期获最巨之效率。办事人员尤注重于廉洁从公，不容有贪墨恶习，采用革命手段，经营建设事业。"② 而事实上也的确如此。为使所属企业更好地发挥自身优势，建委会结合实情，实行简政放权，除对所属企业的会计和购料两方面实施直接管理外，其余权力均下放至基层厂矿。但这绝非放任自流，相反建委会对所属企业管理十分严格。每个职员的工作作风是勇于任事，即"硬干、苦干，说做就做，只怕不做，不怕做错"。③ 为了解建委会的运营与管理情况，本章选取购料集中制度、预算与会计统一制度、重视科研与人才、注重调查销售与宣传以及加强企业的文化建设五方面进行分析。

第一节　实施购料集中制度

购料集中管理制度是建委会管理所属企业制度中最具特色的一个。该制度尽管在南京国民政府的其他政府机关中亦有实行，但像建委会如此实

---

① 《曾秘书长招待本京新闻记者》(1928 年 12 月 1 日)，《建设》第 2 期，1929 年 1 月，第 19 页。
② 《革命文献》第 26 辑，第 84 页。
③ 朱大经：《八秩回忆》，第 23 页，转引自王树槐《首都电厂的成长，1928～1937》，《中央研究院近代史研究所集刊》第 20 期，第 333 页。

行彻底者毕竟寥寥无几。在建委会裁并至经济部之后，此制度仍被资源委员会延用，对企业的经营和管理产生了良好的效果。

一　成立购料委员会

张静江出身商业世家，深知企业在购料方面存在的诸多弊端陋习，如经手者收取回扣，以少报多，以劣报优等。为此，张静江决定在建委会所属机构中实行购料集中制度，以加强购料方面的管理，杜绝购料过程中出现的违规现象。

1928年11月22日，建委会"为求主权集中、购料统一起见"，①宣布成立购料委员会，任命霍亚民、潘铭新、陈筚霖、俞汝鑫及顾丽江等为委员，霍亚民为委员长，专门办理"所属各机关需用机器材料之招标、选采、评价、购买事项"。②考虑到购料的方便快捷，决定在上海英租界博物院路88号租房办公。建委会副委员长曾养甫提出，购料集中不仅要考虑到减少违规现象，更要从"便利"方面考虑："每月须购材料甚多，本会为便利计，特组织购料委员会，所有各附属机构需要材料，均由该会购买。"曾养甫认为实行集中购料制度，其利有二："一、货价便宜，二、免除中饱。"③购料委员会正、副主任委员分别由陈筚霖和苏乐真担任，"二君都是专家，且操守清廉"。④购料委员会对各个附属单位的购料工作，均尽心尽力，没有违规现象。陈筚霖在1933年9月召开的购料委员会会议上曾表示："购料委员会所抱之态度有三：一，竭诚为各厂局而服务；二，采购材料务求价廉物美；三，树立建委会对外之信用。其愿各厂局一方面尽量指示，俾有遵循；一方面预以经济上之协助而免贻误。"⑤陈、苏两人将购料委员会经营得井井有条，为建委会所属机构的购料工作做出了重大贡献，推动了建委会的顺利发展。

① 《建设》第2期，1929年1月，第9页。
② 《建设》第2期，1929年1月，第9页。
③ 《建设委员会曾副委员长养甫报告》，《建设》第7期，1930年4月，第5页。
④ 朱雨香：《张静江手创杭江淮南江南三铁路》，世界社编印《张静江先生百岁纪念集》，第139页。
⑤ 《建设委员会事业会议材料会议记录》，中国第二历史档案馆藏国民政府建设委员会档案，全宗号：46，案卷号：113。

二　购料集中制度的实施

南京国民政府初期，购办制度约有两项，即"分散采办制"与"集中购办制"。其中集中购办制起源于美国，"凡购办之人选，多具有专门学识，购办之方针，复兼用科学法门，通盘筹划，一律推行，物美价廉"。① 集中购办制相较于分散采办制优点甚多，故建委会成立后即采取此种购料集中制度。

1. 购料集中制度的规则

建委会对所属机构的购料过程管理十分严格。1929 年 12 月 12 日，张静江向附属机构下达指令："嗣后各处会局厂及所属机关，如拟购机器或大宗材料，业经批准者，其向外问价之说明书，无论是否由职会（指购料委员会——引者注）发出，其订购手续，无论是否由职会办理，均请将说明书及其它有关系案卷或订购事实价目抄寄一份。"② 即各附属机构购料须由购料委员会的全程参与与指导，获得购料委员会批准后方能实施购料。购料委员会规定购料有三个原则："材料适用、价格低廉、交货迅速。"购料委员会的职掌有八项工作："审查估价、采办、审订合同、试验成绩、管理存储、征集目录、编制表格。"③ 具体而言，购料手续分六个步骤：

一、各机关需购材料时，先填具请求购料单三份，丙份自留，甲、乙二份连同图案理由书等，呈由本会交该委员会核办。

二、该会主任委员应自留一份，其甲份则批送指派之委员估价。

三、复估委员估核后，由主任委员附意见呈复本会。

四、本会收甲份请购单批示准否后，或退回请求机关，或交需料机关自行购置，或交该会采办。

五、每次经购材料完结时，应请将订购手续与合同条件等，连同甲份请购单，呈报本会备案。

---

① 余立铭：《购办集中制与分散采办制之比较》，《中国建设》第 2 卷第 5 期，1930 年 11 月 1 日，第 143 页。

② 《建设委员会训令》（1929 年 12 月 12 日），《建设委员会公报》第 1 期，1929 年 1 月，第 22 页。

③ 《革命文献》第 26 辑，第 74~75 页。

六、本会核准订购报告书后，批令会计科付款。①

从上述内容可知，购料委员会的购料手续十分严格，产生不合规问题较少。但是随着建委会所属厂矿会所的增多，所需材料日益增多，购料业务亦渐趋扩大，这样一些机构等不及购料委员会便私自购买材料。为协调发展、节约开支，1931 年 12 月 10 日，建委会制定并公布了《建设委员会直辖机关购料规则》，规定各直属机关购买一切材料，"除有特殊情形者，必须在本地或附近地点自行购买者外，皆应交由本会购料委员会代办"。为使购料工作进展顺利，建委会要求购料委员会"应随时调查各项重要材料之市价涨落"，然后制表通知各附属机关以便随时购买，说明建委会已将所属单位的购料权全部收归至购料委员会，并要求购料委员会派专人负责调查市场行情。

另外，购料委员会对建委会将所属单位的购料数量及预算经费采取了一定的限制，提出各直辖机关代购的"材料数量及总价应根据本会核定之预算，不得超出"。如果"不在核定预算范围内而又未经呈准追加之请购单，购料委员会应拒绝接受"。② 遇有各附属机关向国外采购机器、配件、钢轨、电料及车辆等材料时，须填具请购单一式四份呈送建委会，一经核准，建委会将第一联存案，第二联批复，第三、四联交与购料委员会订购，其中第三联由购料委员会抽存，第四联日后于交货时随货附送，照单验收。为严格管理，购料委员会要求请购单必须详细注明货品名称（外货应用外文）、数量、规格（包括货品材料的号码、宽、厚、长度及重量等）、厂名及其他必须添注的项目，以便其依单采购。至于购料款，每周由购料委员会造具应付款项清单，分送建委会以及购料机关。

对于购买一种或多种相近的材料，且预算价格在 5000 元以上者，建委会规定应采用"有限制招标及登报招标"两种招标方法。至于采用何种招标方法，由购料机关决定。但属于以下情形者，则不允许采用招标方法：

一、经本会核定无须招标者。

二、材料为一厂家所专利或独造而不能以他种物品代替者。

① 《革命文献》第 26 辑，第 74 ~ 75 页。
② 《建设委员会及各直辖机关购料规则》（1931 年 12 月 10 日公布），《建设委员会公报》第 20 期，1932 年 2 月，第 212 页。

三、购料机关与承办人订有长期供用合同并经呈会备案者。①

这一规定在一定程度上制止了各个附属企业随意购料的不良行为，既节约了开支，也防止了企业呆料的出现，促进了建委会各个附属机构的正常运行。

2. 购料集中制度的改进

经过一段时间的运行，购料委员会发现购料集中制度有需要调整之处。1933 年 9 月 9 日，为加强所属机构与购料委员会的及时联络，建委会决定召开购料委员会会议，商议购料委员会购料集中制度的改进问题。刘石心、秦瑜、陈筸霖、潘铭新、程志颐、陈懋解、许敦楷、孙昌克（许本纯代）、苏乐真、林士模、张鉴暄、陆法曾（张祖荫代）、恽震、吴新炳、吴玉麟、张家祉及孙辅世等人出席会议。

此次购料委员会会议主要讨论"各机关现行购料手续以资改进案，讨论材料目录以资一律使用案"问题。② 会议上，各附属机构的代表均根据自己单位的实际情况提出了对购料委员会工作的改进意见。如淮南煤矿局局长程志颐提出，为加强购料委员会与厂矿之间的联系，应注意以下两点："一、请购委会每三个月派员分赴厂局接洽购料事项，以明材料需要之缓急；二、请购委会向厂家订货时明白规定付款办法，以便厂局事前有所准备。"首都电厂厂长潘铭新提出，"各厂局如能与购委会频通音信，当可减除困难，解除误会"。为此，潘铭新提出四项建议："一、各厂局应于每月相当时期内，将所有未结束之请购材料单，加以清理，何者需照购，何者可取消，由各厂局开列清单，通知购委会；二、遇有属于经常材料而沪上一时无现货者，各厂局购有两个月之存货；三、遇有特别材料或物件必须购自外洋者，得编制整个预算，呈会核准订购，分期付款；四、以后标单及询价书上须切实注明，既已开价，不再论价，以便速于订购而免迟延。"全国电气事业指导委员会主任委员恽震则提出购料过程中出现的一些问题："一、各厂局应有最低存货之限度；二、应注意规范书之详明，尤须注意请购单之填写，以免引用错误；三、以前所编订之材料目录，因

---

① 《建设委员会及各直辖机关购料规则》（1931 年 12 月 10 日公布），《建设委员会公报》第 20 期，1932 年 2 月，第 213～214 页。
② 《建设委员会事业会议材料会议记录》，中国第二历史档案馆藏国民政府建设委员会档案，全宗号：46，案卷号：113。

欲求其合于各厂局之需要，以致迄今尚未见诸实用。"恽震接着指出，京戚两厂、电机厂及淮矿局应分别编订材料目录，以增进购料之效率。① 最后经过热烈讨论，由事业处处长秦瑜对此次会议进行总结："请购手续方面，应加以研究改良，如材料存量之限度规范，应如何规定与材料名词之统一，及关系至材料目录，以编订一册为宜。惟名词仍以尽量采用通俗者为原则；经济方面，各厂局应按期将款汇交购委会以维信用；三、各厂局在添写请购单时，应将何月何项批准预算加以注明，并附具详明之规范书。此外，对于需用日期，亦应据实注明，遇有沪上缺货，一时不及订购情事，购委会应即通知各厂局商量办法。"②

此次购料委员会会议解决了购料集中制度运行中存在的诸问题，加强了附属机构与购料委员会之间的沟通，有利于购料工作的进一步开展。

随着所属机构的日渐增多，各附属机构购料日渐混乱，如有些机构不经预算即要求购料委员会进行购料。为解决这一问题，1934 年 6 月 6 日，建委会对购料规则进行了修订。其中购料规则第四条再次强调了购料必须有预算批准，否则不予购料："各机关应用材料在预算批准后，方得填用请求购料单。"购料委员会接到各机关请购单后，"应取最迅速办法，代为采购，关于材料价格、总值、交货与付款日期及方法，均须与商号议妥"，③ 以免交货时出现差错。为使购料委员会更好地为各附属机构的购料服务，规定每届年终各机关应将"各项经常材料之实用数量分别列表，送交购料委员会备查"。购料委员会收到上项统计报表后，进行分析，尤其"对于各项材料价格之涨落，应随时注意，每三个月报告各机关一次，并调查各项价格最高、最低、最少之各个时期，俾各机关请购时有所参考"。④

购料委员会成立初期，办公经费及购料费由建委会承担。随着所属机构的日益庞大，购料所需费用日益增加，建委会无力独自负担购料所需费

---

① 《建设委员会事业会议材料会议记录》，中国第二历史档案馆藏国民政府建设委员会档案，全宗号：46，案卷号：113。

② 《建设委员会事业会议材料会议记录》，中国第二历史档案馆藏国民政府建设委员会档案，全宗号：46，案卷号：113。

③ 《建设委员会及各直辖机关购料规则》（1934 年 6 月 6 日修正公布），《建设委员会公报》第 42 期，1934 年 7 月，第 139 ~ 141 页。

④ 《建设委员会及各直辖机关购料规则》（1934 年 6 月 6 日修正公布），《建设委员会公报》第 42 期，1934 年 7 月，第 143 页。

用。经建委会研究决定，购料委员会的办公费用由所属机构分担。分担比例大致为："本会担负20%，首都电厂20%，戚墅堰电厂20%，长兴煤矿局15%，淮南煤矿局15%，电机制造厂10%。"① 1932年一·二八事变后，建委会考虑到"各厂局近因局势不宁，营业颇受影响，其有赖于本会补助者尚多，而本会自缩减后亦复万分竭蹶，自当量入为出，并顾兼筹，以维持现状"。② 1932年2月17日，建委会将购料委员会的每月办公经费由过去的4000元减少为3000元，因为建委会经费时常短缺，有时为了购料需要，须将所属企业的地产作担保。例如，11月22日，建委会致函中英庚款董事会，在"借款本息未清偿以前……应以首都电厂全部厂基为本借款担保品……厂基系指下关该厂现在地亩而言"，③ 以获得14万英镑的购料借款。由此可见建委会发展之艰难。

建委会对购料委员会的严格管理，使各附属机构在购料方面始终保持着清正廉洁的风气，"建委会所属各机构的仓库里，很少有呆料发现，效率之高，也为其他事业机关所难见"。④ 足见建委会实施购料集中制度之良效。

第二节　采取预算与会计统一制度

实施预算与会计统一制度对企业的经营和发展至关重要。因为企业若无预算与决算，则发展无计划；若无很好的会计制度，则账务不清，易导致贪污腐败。这对企业发展不利，甚至严重影响企业的正常发展。正是基于此，建委会在成立初期对所属企业实行严格的预算与会计统一制度。

一　预算制度的实施

1. 预算委员会的成立

编制预决算在近代中国的历史并不长。民国元年，财政部决定编订各

---

① 《建设委员会训令购委会、电机厂、淮矿局、戚电厂、长矿局、京电厂》（1930年6月24日），《建设委员会公报》第7期，1930年7月，第18页。
② 《建设委员会指令购料委员会》（1932年2月17日），《建设委员会公报》第21期，1932年4月，第162页。
③ 《公函管理中英庚款董事会》（1932年11月22日），《建设委员会公报》第26期，1933年1月，第75页。
④ 朱雨香：《张静江手创杭江淮南江南三铁路》，世界社编印《张静江先生百岁纪念集》，第140页。

月临时预算与次年上半年预算（当时设计的预算仅限于在京的各政府机关），但因政局不稳而无法实行。南京国民政府成立后，军费陡增，财政愈加艰难，时任财政部长宋子文强烈要求严格实施预算制度以保证国家财政的正常运转。1928 年 8 月，在国民党二届五中全会上，宋子文严厉批评了中央政府每年财政支出不按预算，甚至根本没有预算的状况，并认为这是全国财政混乱的根本原因。因为"预算确定，则事前既有审查，事后尤严考核，于吾党造成廉洁政府之主旨，尤为相合，财政上之组织，尤似非此不能健全也"。① 在宋子文的强烈要求下，南京国民政府决定效仿广东国民政府时期的做法，重新设立预算委员会，以谭延闿、蒋介石及宋子文等 13 人为委员，谭延闿为预算委员会主席。

1928 年 2 月，建委会成立后，为确保所属机构财政运转自如，在实行购料集中制度的同时，决定采取预算与会计统一制度，这是建委会对所属机构在财务管理方面的重要措施。

1929 年 12 月 10 日，建委会"为审核各直辖机关预算"设立预算委员会，"职权系审核各直辖机关及其附属机关之预算"。② 建委会指定各处处长、会计科科长、考核科科长等 5 人为预算委员会委员，职责为"根据建委会经济委员会所定建设经费支配标准，审核各直辖机关之一切关于预算事宜"。③ 同月 17 日，预算委员会举行第一次全体会议，出席者有陈逸凡（会议主席）、陈懋解、鲍国宝、孙瑞璜及恽震五人。会议通过了预算委员会开展工作需要注意的问题：

一、本委员会须五委员全体出席时方得开会，如遇到特别事情不得出席时得派代表参加。

二、直辖机关及附属机关预算草案，俟各直辖机关提出意见后交本委员会通过。

三、预算审核手续：第一步，先经会计科会同有关系之厂或局详细审查，遇有疑问时可请被审核机关之负责人员来会解释或书面询

---

① 中国第二历史档案馆编《中华民国史档案资料汇编》第 5 辑第 1 编《财政经济》第 1 册，第 198 页。

② 《建设委员会预算委员会会议事录》，中国第二历史档案馆藏国民政府建设委员会档案，全宗号：46，案卷号：123。

③ 《建设委员会预算委员会组织章程》（1929 年 12 月 10 日公布），《建设委员会公报》第 1 期，1930 年 1 月，第 73 页。

问，初步审查完毕后，连同审核意见书交预算委员会审核预算，或由
被审核机关之负责人员出席解释之。

　　四、追加预算为数不大者，得由主任委员酌量核准，交下次委员
会追认之，遇重要者，可召集临时会议决定之。

　　五、每月开会两次，以每月八日及廿六日为开会日期。[①]

　　从上述决议内容可知，预算委员会对各个单位的预算管理十分严格。
然而实际上其在运行过程中受各方干预甚多，以致弊端百出，亟须整顿。
在运行了近三年之后，1932 年 4 月 28 日，建委会对预算委员会的组织章
程进行修订，规定各处处长、会计科科长、考核科科长不能担任预算委员
会委员，改由建委会重新任命的五人担任，预算委员会"每月开会两次，
于必要时得由主任委员会召集临时会议"。[②] 如此可以完全独立行使预算
委员会的职责，避免了各处对委员会事务的干预。

　　2. 预算制度的运行

　　《建设委员会预算委员会组织章程》规定了预算内容共分为两大类：
经常预算与临时预算。经常预算下又分行政费及设计费，设计费再分调查
费及实验费两种；临时预算分各项设计费、设备费、开办费及建筑费等，
并规定两种预算每月平均以 10 万至 12 万元为度。至于附属机关的预算，
分电气、煤矿及灌溉三种，按各机关的收支状况及应扩充事项编制收支预
算书，遇收支相抵不敷之数时则编入模范事业补助费项下。[③]

　　为具体实施各机构的预算，1930 年 1 月 21 日，建委会颁布《建设委
员会直辖及附属机关编制预算细则》。该细则共分十章，即"一、总则；
二、收支预算之计算方法；三、编审程序及日期；四、预算之执行；五、岁
入预算科目；六、岁出预算科目；七、月份预算纲要；八、全年度收入及支
出预算书格式及说明；九、月份收支预算书格式及说明；十、附则"。[④]

---

①　《建设委员会预算委员会会议事录》，中国第二历史档案馆藏国民政府建设委员会档案，
　　全宗号：46，案卷号：123。

②　《建设委员会预算委员会组织章程》（1932 年 3 月 24 日会令公布），《建设委员会公报》
　　第 22 期，1932 年 6 月，第 131 页。

③　《建设委员会各处科室有关职员签到等事务的通知来往函》，中国第二历史档案馆藏国民
　　政府建设委员会档案，全宗号：46，案卷号：295。

④　具体预算细则的内容，参见《建设委员会直辖及附属机关编制预算细则》（1930 年 1 月
　　21 日），《建设委员会公报》第 2 期，1930 年 2 月，第 65～88 页。

随着建委会所办模范事业范围的扩大，各直辖机关出现了随意追加预算扩大经营的现象。对此，1931 年 4 月 27 日，建委会召开经济委员会会议讨论解决办法。预算委员会建议"对于经常开支切实紧缩至最低限度，以增高办事效率而利事业"。5 月 8 日，张静江要求各直属机关严格实行财政紧缩政策，并且"由预算委员会对各个附属机关预算逐项核定，各项预算既经核定后，除节目间可酌量移动外，对于各款各项，不得任意移用"，① 以防止各机构的超支预算。是年 12 月 16 日，建委会公布《建设委员会事业机关办理预决算规则纲要》，翌年 1 月 1 日起正式实行。该纲要重申"凡本会事业机关概须有预算"，并且"各机关一切支付概以核定之预算数为准"，一律不准超出预算。至于各机关的全年总预算，"应于每会计年度开始前三个月编就，连同简明营业及工程计划书表图案说明等件送会核办，月份预算每季编送一次"。针对各直属机关经常随意追加预算的现象，建委会提出："预算核定后严密遵守，非有充分理由不得呈请追加。"② 但凡事总有例外，即便建委会再三强调严格要求，各机关仍有不断追加预算的情形。对此，建委会专门召开会务会议，决定：

　　一、凡于每三个月预算批准后要求事件预算或追加预算者，虽经呈会核定其经费，至速须于令准日起两个月后，开始拨款。
　　二、凡特别追加预算必须即时付款者，应由各机关就本机关核定预算案以内，拟定挪移或筹借办法，呈会核夺，如无此声明，则按第一项办法办理。③

建委会规定，附属机构如欲追加预算，应于核准后两个月方能拨款。但实际情形并非如此简单，因为"最近以来，各该机关呈请追加之预算案，大都款已先用，而后请追加"，建委会认为"似此漫无限制，本会财政管理权实受影响"。经过会务会议再次研究，重申"嗣后各该机关追加

① 《建设委员会训令各处预算委员会各直辖机关》(1931 年 5 月 8 日)，《建设委员会公报》第 17 期，1931 年 7 月，第 38 页。
② 《建设委员会事业机关办理预决算规则纲要》(1931 年 12 月 16 日)，《建设委员会公报》第 20 期，1932 年 2 月，第 45~46 页。
③ 《建设委员会训令直辖各机关》(1932 年 4 月 8 日)，《建设委员会公报》第 22 期，1932 年 6 月，第 42 页。

预算，如非于事先用正式公文呈请（紧急事件亦须先用电呈），经本会核准后，不得任意动支款项，否则不准报销，倘遇有特殊事故发生，非立即处置不足以资应付时，所需支用之款，得由各机关最高长官先行办理，仍须于最短期间补具呈报手续，请予追认"。① 由此可见，虽多次严格规定，但仍无法克服预算超支现象。这也许是南京国民政府建立初期建设事业亟须发展，抑或初步实行预算制度不尽完善之故。

为确保预决算的准确与预算工作的正常推进，建委会决定让所属机构逐渐废除一些陈规陋习。如无线电管理处成立以来，"对于酒资节赏等陋规，取缔极严，故于审计方面，此项陋规，无论数目巨细，难予核销。至各处资赏之习，在实际上倘或难以立即革除，亦只归诸私人之给予，绝对不能列入公账呈报，往者各局台间有填入决算报销情事，当经恺［剀］切告诫，均能体念意旨，相率改由私人给予，不列公账报销"。② 建委会所属机构陋规陋习的废除既为国家节约了一些不必要的开支，也有利于企业的快速发展，更使建委会形成一个良好的企业预算环境。

在南京国民政府成立以来还没有完全实行预算制度的情况下，建委会在所属机构里即率先实行此制度，加强了该会对所属企业经费收支的管理，一定程度上避免了资金浪费的现象，有利于所属企业的进一步发展。

二　会计统一制度的实施

1. 会计统一制度的实施

1928 年 5 月 1 日，南京国民政府财政部在宋子文的领导下，决定实行新的会计制度，以推行现代财政制度。其中最为重要者即为会计统一制度。8 月 1 日，各政府机关正式实行会计统一制度。是年冬，建委会亦遵照中央政府的命令开始在会内全面实施会计统一制度。

随着建委会所办模范建设事业的扩大，附属机构日渐增多，张静江认识到"倘无组织完密之会计制度，必有尾大不掉，鼻窦丛生之虞"。③ 因

---

① 《建设委员会训令直辖各机关》（1932 年 5 月 26 日），《建设委员会公报》第 23 期，1932年 8 月，第 65 页。

② 建设委员会编印《建设委员会办理国营无线电事业之经过》，第 38 页。

③ 《建设委员会工作概况》，《建设委员会公报》第 16 期，1931 年 5 月，第 353 页。

为"会计能够统一而独立，则可减少浪费，免除弊端"。① 出于上述考虑，建委会成立未及一年，便在全国率先实施了会计统一制度。② 建委会实施的会计统一制度主要内容如下：

一、预算决算之编制。本会规定所属机关每月须编月份预算，全年须编年度预算，送会审核，非经批准后，不得施行，实用以后复须造送决算到会，以备审查。

二、解款拨款规则。所属各机关收入一切款项，即缴存指定银行作为解款本会，非有本会支票，不能支付。

三、指派会计课课长。所属各机关之会计主任或课长，均由本会直接派充。

四、会计制度之实施。由本会编定各所属机关之会计制度次第施行。③

从上述内容可知，建委会主要对编制预算决算、解款拨款等要求严格，并且会计课课长由建委会"直接派充"，而非本单位任命，从而保证各单位的会计业务完全归建委会管理。

首都电厂的会计改革是建委会实行会计统一制度的成功典型。1928年4月，建委会接办首都电厂时，电厂会计人才缺乏，仅有记账与出纳两股。后为整理账务，增加了审核与统计两股，所用均为旧式账簿，对历年资产及负债情况根本无法了解。经过两个月的艰难整理，最终核算出首都电厂的资产及负债数目。建委会规定，实施会计统一制度后，首都电厂每月必须有收支预算，收入款项亦悉数存入建委会指定的银行，支出款项则由建委会依照预算按月拨付。

1931年3月，为规范管理首都电厂与戚墅堰电厂的财务会计业务，时任建委会秘书长陈逸凡与总务处会计科副科长王国华提出每月实行"电厂

---

① 朱雨香：《张静江先生创杭江淮南江南三铁路》，世界社编印《张静江先生百岁纪念集》，第139页。

② 南京国民政府主计制度改革虽酝酿已久，可是具体实施一波三折，历经艰难。南京国民政府成立四年后，经过多方努力，1931年4月1日，中央终于成立了主计处。7月，将会计、统计人员暂行规程通知各机关。1931年12月，国民党一届四中全会决定实施超然主计制度。《建设委员会公报》第18期，1931年9月，第1页。

③ 《建设委员会工作概况》，《建设委员会公报》第16期，1931年5月，第353页。

会计报账制度"。每月报账具体手续为："一、电厂每半年办理决算一次，造具资债对照表及损益表；二、每月造送会计报告；三、报销单据不送会，由会随时派员查核。"① 虽如此要求，但"电厂会计报账制度"在各电厂并未完全实施。1932 年底，会计科科长许敦楷在调研时发现，建委会所属几个电厂的会计组织异常紊乱，主要表现为："传票分散于各课股编制科目，致科目归纳无一定标准；补助账不完备，致各个资产无从知悉；预付及暂付款项不正式入账，致现金库存与现金账余不符；簿册表式随意涂改，其他各课股有关系补助账簿，会计课从未复核，致彼此结数不符。"② 上述情况给电厂管理带来诸多不便。由此许敦楷提出了整顿首都电厂会计制度的七条办法：

一、传票应统由会计课簿记股编制。

二、现金日记账应由簿记股登记。

三、预付暂付各款应一律登现金日记簿。

四、赊购物料均应登入购置日记账。

五、补助账应添设以求完备。

六、单据应依照计算书表依次粘入单据粘存簿以便审核。

七、审计股审核各项单据，应于核对数目之外，注意各种手续是否完备，科目有无错误。③

首都电厂"历年未办会计事务甚多，亟待整理，并须规定下年度一切会计事宜"。④ 按照许敦楷提出的解决办法，1933 年 4 月 5 日，建委会致函上海立信会计师事务所，请求派出两名专业人员帮助整理首都电厂的会计事务。未及半月，4 月 19 日，立信会计事务所派副会计师郭驹和助理员庄士英到首都电厂进行会计整理事宜。在他们的帮助和整顿下，首都电厂的会计业务逐渐步入正轨。这些措施的实行，在一定程度上保证了会计制

---

① 《建设委员会训令首都电厂、戚墅堰电厂》（1931 年 3 月 30 日），《建设委员会公报》第 16 期，1931 年 5 月，第 143 页。

② 《许敦楷对于首都电厂会计整理的呈文》，《建设委员会公报》第 27 期，1933 年 3 月，第 171～172 页。

③ 《许敦楷对于首都电厂会计整理的呈文》，《建设委员会公报》第 27 期，1933 年 3 月，第 171～172 页。

④ 《建设委员会训令首都电厂》（1933 年 4 月 19 日），《建设委员会公报》第 28 期，1933 年 5 月，第 102～103 页。

度的运行。

2. 会计统一制度实施的影响

会计统一制度的实施，使建委会能够将所属机构的剩余资金集中起来，办理急需事业，如"兴建淮南铁路，得力于灵活运用所掌握各机构收存之款，予以挹注，实非浅鲜"。[①] 正值国民政府在全国努力推行会计统一制度之时，建委会率先实施此制度，无疑在当时的国营机构中起到了表率作用。此制度在地方电厂的推行也显示了其优越性，如建委会每年奖励全国经营电厂良好者，其中上海浦东电气公司"联续四年得到奖状，其原因则在于该公司以会计制度的方法来管理全厂之工程业务，电杆上的一钉寸线，拆至何处移装那里，都有卡片详细载明，视材料与现金并重，此种管理方法，值得他人仿效"。[②]

第三节　重视科研与人才

建委会充分认识到科研与人才在企业发展中的重要性，在每个发展阶段，均十分重视科研与人才的重要作用。建委会在早期尽可能地延揽各种专业的专家学者，对企业实施专家管理。建委会在中后期加强学术科研，使科技人才为企业的发展提供良好的智力支持，提升所属企业的科技含量。

一　重视科研

建委会作为一个主持全国规划和实施经济建设事业的政府机构，本身亦经营着部分国有企业，即模范企业。为在市场上具有竞争力，十分重视科研，不仅时刻注意引进国外先进的科学技术，也加强自主研发，为建委会的发展提供了先进的科技服务。

1. 引进国外先进技术

晚清以来，西方列强的入侵，中央政府的软弱无能，造成国家经济衰败、科技落后。对于这种积弱积贫的落后局面，曾在海外经商多年的张静江感受颇深，他深知科学技术对一个国家与民族的深刻影响。至建委会成

---

① 朱雨香：《张静江手创杭江淮南江南三铁路》，世界社编印《张静江先生百岁纪念集》，第139页。

② 朱大经：《十年来之电力事业》，谭熙鸿主编《十年来之中国经济》（J），第55页。

立后，为发展民族经济，张静江十分重视引进西方各种先进技术，希望能够推动国内相关行业发展。

建委会成立初期，因为国内无线电事业的落后，在筹办国际无线电台时，"举凡一切组织及收发报机之制造与管理方法，必须借镜"于发达国家，而当时美、德两国，均"为近世电气事业先进国家，多可取法"。为此，"特聘任留美专攻无线电之吴维岳、沈炳麟，暨本会南京电台台长周维干为留美监制工程师，并以吴维岳为首席监制工程师，后又续任王劲、杨树仁为留美监制工程师"，同时，聘任"留德专攻无线电之张德庆为留德监制工程师"，① 分别学习两国监制收发报机的技术。建委会所属企业，尤其电力工业，锅炉、发电机等技术均引自西方。

建委会不仅引进西方先进技术，还有意引进西方建设专家来为中国谋划设计建设事业。1930 年 8 月，国联提供对华技术援助时，张静江便有意聘请一位国联专家襄助建委会设计整个中国的建设事业，并就浙江资源开发、财政及会计稽核等制度进行咨询。因国联希望先从整个中国财政经济问题入手，不就浙江一省设计建设事业，超出张静江的构想甚多，况亦非其所能控制而作罢。②

2. 提升自身科研能力

建委会引进国外先进技术的同时也在不断加强自身科技的力量。张静江认为，建委会只有加强科研、提高产品质量，才能降低生产成本，增强国货竞争力，促进民族工业发展。实际上建委会在具体的工作中亦是如此执行。

煤矿业的科研在长兴煤矿初建时即很重视。在长兴煤矿出煤初期，煤质"灰分很重，竟有高至 40% 以上，以致用煤厂号啧有烦言"，建委会认为"殊非所以推广营业之道"。要求长兴煤矿局"亟应设法提高煤质，减低灰分，以资竞争而利推销"。③

与此同时，建委会领导下的矿业试验也做出了一定成绩。1932 年 10月，建委会"为鉴定及化验矿质并研究矿产品之经济用途起见"，成立了隶属于事业处的矿业试验所，由矿业科指挥监督。同月 27 日，公布《矿

---

① 建设委员会编印《建设委员会办理国营无线电事业之经过》，第 17 页。
② 周子亚：《中国与国联技术合作之瞻顾》，《外交月报》第 4 卷第 4 期，1934 年 4 月 15日，第 36 页。
③ 《建设委员会训令长兴煤矿局》（1931 年 5 月 17 日），《建设委员会公报》第 23 期，1932年 8 月，第 132 页。

业试验所章程》，规定其职责如下：

一、关于购置及保管各种仪器药品事项；

二、关于鉴定化验建委会直属机关矿质事项；

三、关于接收外界请托鉴定化验矿质事项；

四、关于一切矿产品经济用途之研究事项。[①]

《矿业试验所章程》表明，该所成立的目的首先是为建委会直属机关鉴定化验矿质，其次也接受外界请托，进行鉴定化验。矿业试验所成立之后，首先为淮南煤矿进行矿石试验，试验效果良好，坚定了建委会进一步开发淮南煤矿的信心。随着矿业试验所业务的扩展，建委会认为有必要扩大试验范围，以便更好地为全国矿业试验服务。1933 年 6 月 6 日，矿业科科长陈大受呈请扩大该所的业务范围并扩建试验室，提出"于化验煤质之外，兼化验各种矿务及煤质灰分内所含各种矿质"。但是现有设备"仅敷化验煤质之用，如精确天秤、高温火炉暨化验矿务所必需药品均付阙如"，如添设此项器械及药品，预计须花费在千元左右，且该所化验室原系附设办公房，"屋内既多不便，且不敷应用"，拟请在建委会东边隙地建设化验室一所，建设费用亦以千元为上限，"以上两端，对于该所今后工作，似属急切需要"。[②] 建委会了解科技进步对企业的重要性，同意拨款。

电力工业方面的科研也随着建委会接收电机制造厂而逐渐加强。"日月牌"电池与收音机制造技术反映了建委会重视科研、提高技术产品的情况。1929 年 8 月，建委会接收电机制造厂后，由于该厂"系创造及研究参半性质"，为提高竞争力，任命具有高超电工技术并富有实践经验的许应期[③]为厂长，加强研发。科技人员经过不懈努力，终于制造出无线电收

---

① 《建设委员会关于矿业试验所总务业务文件》，中国第二历史档案馆藏国民政府建设委员会档案，全宗号：46，案卷号：305。

② 《建设委员会关于矿业试验所总务业务文件》，中国第二历史档案馆藏国民政府建设委员会档案，全宗号：46，案卷号：305。

③ 许应期（1899～1977），江苏江阴人，著名电机工程专家。南洋大学（今上海交通大学）电机工程专业毕业，大学毕业后赴南通电厂工作，1923 年考上庚款赴美留学，获麻省理工学院与哈佛大学电机工程硕士学位，1926 年返国后历任交通大学、浙江大学、东北大学教授，1932 年受中央大学校长罗家伦邀请担任中央大学电机系教授并兼任系主任，1935 年受建委会邀请担任电机制造厂厂长，仍兼任中央大学课程。许照：《许应期教授生平》，《电工教学》1997 年 2 月。

发报机、电动机、变压器及"日月牌"干电池等，特别是"日月牌"干电池，"因原料纯洁，制造精审，品质极佳，遍销国内，与外货相颉颃，借以杜塞漏卮"。① 无线电技术的进步推动了收音机市场的开拓。1932 年，该厂开始对收音机进行研发。经过几年的刻苦研究和不断改良，所制造的收音机"经中央广播电台、教育部采用，成绩极佳，各地采购亦多，故销路甚广"。事实上，"日月牌"电池、收音机与其他产品"经试验与试用结果，与外货比较，毫无逊色"。②

电力工业技术方面也开始取得标志性成就：国人自行编制两台 1 万千瓦发电机组取得成功。1932 年，首都电厂为了能够与江北浦口电厂互通电力，由著名电力专家陆法曾亲自设计了长江第一条过江水底电缆。在 1933 年下关发电所二期扩建工程中，为了抵制德商西门子洋行的全程操纵，以陆法曾为首的首都电厂工程师自行编制两台 1 万千瓦发电机组的整套设计，并进行设备订货的国际招标，这是中国电力工业建设的一大创举。1935 年，陆法曾亲自勘察、设计并架设了当时关内电压等级最高的 66 千伏"京龙线"，向江北浦口的中国水泥厂输送电力。这是建委会民族主义与民生主义精神的体现，也是其重视电力工业优秀人才的结果。

二 重视科技人才

建委会自 1928 年 2 月成立至 1938 年 1 月并入经济部，经历十年之久，成立时以区区"10 万元国币"创办各类"模范"企业，所属企业均运营良好，堪作国内同类企业的表率。考其原因，曾长期在建委会工作的人认为"约有人事公开、事业合理、会计独立、统一购料四端"，③ 其中尤其是建委会的人事管理，在当时的国有企业中独树一帜，具有明显的重视科研人才的特点。这主要体现在引进科技人才与培训科技人才两个方面。

1. 延揽各类优秀科技人才

张静江在法国经商时期，"在巴黎既久，颇与当日法国学者及革命党人，常相接纳；又目睹各国民主自由的可爱，于是精研政治经济建设理

---

① 《革命文献》第 29 辑，第 756 页。
② 《革命文献》第 29 辑，第 756 页。
③ 朱沛莲：《建设委员会十年》，世界社编印《张静江先生百岁纪念集》，第 34 页。

论"。① 其弟张久香曾写道："二兄虽未受新式之教育，而于科学之原理，发明之途径，莫不头头是道，如数家珍，虽专家无不叹服其见解之透彻与所闻见之渊博也。"② 建委会成立初期，人才济济，张嘉璈曾称赞该会"是国民政府初期富有朝气的一个机构。静江先生见解超人，颇想有所作为，网罗了许多有志气有抱负的青年"。③ 尤其是当时留学归国的青年才俊，在南京国民政府成立初期大多愿意加入建委会，为国家经济建设贡献力量。

（1）延揽专家

建委会接收濒临破产的南京市电灯厂后，正是在留学归国的优秀科技知识分子的帮助下，才很快扭亏为盈。1928 年 4 月，在张静江的要求下，国民党中央政治会议第 135 次会议决定将南京市电灯厂划归建委会办理。14 日，建委会派秘书沈伯棠为电厂事务指导员、委员王承桓为电厂查账员、技正陆法曾为工程指导员，正式接办南京市电灯厂，并更名为"建委会首都电厂"，简称"京厂"。稍后正式任命陆法曾为首都电厂厂长，鲍国宝为总工程师。8 月 17 日，陆法曾离职，建委会任命设计委员潘铭新兼任该厂厂长。潘上任后提出首都电厂的整改方案："一、改良城内发电厂；二、分清馈电区域划一分配电压；三、联络城内和下关发电厂；四、全城改装电表。"④ 此后首都电厂一步步发展壮大，至抗战前成为国内五大电厂之一，为南京各项事业提供了现代动力。不仅首都电厂是专家管理，建委会所属企业也都实行专家管理（参见表 8 - 1）。

表 8 - 1 建委会专家管理企业情况

单　位	负责人	学　历	经　历
首都电厂	陆法曾	交通部工业专门学校电机科毕业	汉阳铁厂实习，美国通用电气公司、新泽西公司实习，上海慎昌洋行装械工程师，苏州电气厂技术主任技术员，上海西门子洋行装械工程师，芜湖明远电灯厂机务主任，震华电厂机务主任

---

① 李少陵：《记开国名贤张人杰》，世界社编印《张静江先生百岁纪念集》，第 114 页。

② 张久香：《二兄行述》，（台北）《中央日报》1950 年 9 月 16 日。

③ 张公权：《追念霍君亚民》，张公权等：《霍宝树先生逝世五周年纪念文集》，沈云龙主编《近代中国史料丛刊续编》第 62 辑，第 32 页。

④ 潘铭新：《首都电厂之整理及扩充》，《建设》第 1 期，1928 年 10 月，第 174～175 页。

续表

单　位	负责人	学　历	经　历
戚墅堰电厂	吴玉麟	清华大学学士，麻省理工大学电机科硕士	历任美国裘赛电厂学习工程师，汉冶萍公司大冶铁厂电机科科长，交通大学电机科教授，国立浙江大学电机科主任
淮南煤矿局	程志颐	北洋大学学士，美国卡尼克大学冶金工程学硕士，哥伦比亚大学冶金工程博士	美国钢铁公司伊利诺伊钢铁厂制铁炼铁及钢品制造技术师，汉冶萍公司冶炼工程师，实业部国营基本工业委员会委员，工业标准委员会委员，浙江建设厅顾问，建委会技正
淮南铁路局	程士范	北洋大学工程科毕业	安徽工业学校校长，北洋大学铁道测绘学教授，江苏省建设厅技正，杭州自来水筹备委员会工程处主任兼总工程师，交通部购料委员会主任委员，邮政储金汇业总局副局长，建委会专门委员

资料来源：关于陆法曾，见《建设委员会函实业部》（1933 年 2 月 21 日），台北中研院近代史研究所藏建设委员会档案，23 - 02，22 - 2，转引自王树槐《首都电厂的成长，1928—1937》，《中央研究院近代史研究所集刊》第 20 期，第 296 页；关于吴玉麟，见《叙述戚墅堰电厂之经过》，江苏省档案馆藏戚墅堰电厂档案，全宗号：1042，乙类，目录号：69；关于程志颐、程士范，参见王书槐《张人杰与淮南煤矿，1928～1937》，《中央研究院近代史研究所集刊》第 17 期（下），第 122～123 页表 5。

从表 8 - 1 可知，建委会所属主要企业的领导者均为专家，绝少官僚习气而利于企业的健康发展。优秀科研人才的延揽，使所属企业在生产、管理及销售等各方面处于国内同类企业的前列，工作效率高，发展甚为迅速。专家管理企业是建委会的一贯做法，不论是该会创办的企业，还是整理、接管的企业，莫不如此。对江西九江映庐电灯公司的整顿即为明显一例。

1933 年，江西九江映庐电灯公司因管理不善，几近倒闭，电厂股东一致要求建委会派人整顿以作挽救。因建委会负责管理全国电力工业，职责所系，遂派电力专家单基乾[①]主持整顿该公司业务。单基乾赴九江后，

[①]　单基乾（1899～?），江苏苏州人，南洋大学毕业，1925 年获得美国普渡大学（Purdue University）电机工程硕士学位，曾任美国西方电气公司（Western Ele. Co.）装械师、通用电气公司总厂练习工程师，回国后任津浦铁路工程师，任同济大学、上海交通大学教授、中央大学教授。在建委会延聘下，在 1932 年 5 月任建委会技正、设计委员兼电业管理科科长。《民国 21 年夏职员进退表》（1937 年 4 月 28 日函军委会），台北中研院近代史研究所藏建设委员会档案，23 - 02，22 - 2；23 - 02，24 - 1，转引自王树槐《九江映庐电灯公司：自营与政府的整理（1917～1937）》，《中央研究院近代史研究所集刊》第 27 期，第 164 页。

利用自己丰富的电力知识和管理经验，加之从建委会调来的朱大经、朱谦然等电力专业人才的配合，较好地处理了该公司存在的问题，使其逐渐步入良性的发展轨道。究其原因，便是"整理处几位重要职员，学历高，能力强，操守好，经验又丰富，与他们在建委会的工作经验有密切的关系"。[1] 抗战初期后方电厂的建设以及资源委员会对全国电厂事业的管理，基本上仍是在原建委会全国电气事业指导委员会组成人员的指导下进行，足见建委会在这方面的深远影响。

（2）选拔高校毕业生

仅由专家学者来管理企业是远远不够的，企业发展还需要更多的中层技术人才来共同支撑。中下层技术与管理人才的取给主要来自国内各大专院校的优秀毕业生。对此，建委会采取招考办法录取工务员和学习员，当然也欢迎高校学生到所属企业实习。

随着首都电厂与戚墅堰电厂规模逐渐扩大，电力工业的中下层专业人才缺乏问题日益凸显。1933 年 6 月，为招收机电专门人才，建委会下成立招收学习工务员测试委员会，计划招收学习工务员 7 人，分电业科 2 人、戚墅堰电厂 2 人、首都电厂 3 人，进行深造学习，以充实基层单位。为确保人才的专业性，招考简章规定报名资格为"年龄在二十岁以上三十岁以下者；国内外大学或同等学校机械或电机工程科毕业者；体格健全能耐劳苦且品性诚朴而无不良之嗜好者"。[2] 截至 7 月 5 日，报名 49 人。7 月 24 日举行考试，普通科目有党义、国文、英文、常识四门，专门科目有电机工程、机械工程和机械画（此三科均用英文作答）。第一天上午到场考试者 32 人，两日内完全考完者 28 人，最后录取施汝砺等 7 名高校毕业生。由于该选拔方式效果良好，能选拔出有真才实学者，翌年 5 月，建委会再次招考部分学习工务员充实至基层厂矿。

建委会还鼓励电气事业单位接纳大学毕业生实习。曾任建委会副委员长的张乃燕认为学生毕业后，仅有书本学识而缺乏实地经验是不行的，遂极力提倡国内电厂提供给学生实习机会，并以欧美为例说明接纳学生实习

---

① 关于单基乾对九江映庐电灯公司的整顿，可参见王树槐《九江映庐电灯公司：自营与政府的整理（1917～1937）》，《中央研究院近代史研究所集刊》第 27 期，第 178 页。

② 《建设委员会电业科有关招考学习工务员的文件》，中国第二历史档案馆藏国民政府建设委员会档案，全宗号：46，案卷号：141。

的益处：“在欧美各国，各大制造公司及电气事业公司均招致大学毕业学生，加以相当之训练以补其学识之不足”，而“我国各公营民营事业，规模较小，限于经济，往往不能容纳学生，授予实地之训练，实非培养人才之本旨”，并呼吁“愿告吾全国电气事业人，无论公营民营，均能顾及为国储才之大计，效法欧美各公司，尽量容纳毕业学生，使其得实地练习之机会，并与工程学校，通力合作，造就人才，始可于发展电气事业程序之中，不致憾人才缺乏之苦”。① 建委会积极接纳大学生实习，以便从中选拔出优秀的科技人才。

2. 培训科技人才

现成的科技人才需要广为延揽，但企业还需要在吸收外来优秀后备人才的基础上加强对企业自身人才的培养。即使在国内外深造过的科技人才，其知识也需要与日新月异的国际科技发展相衔接，不断充实和更新，因此必须经常办理人才培训。建委会主要负责全国电气事业建设，因此建立了电业人员训练所。

20 世纪 30 年代，电力工业的迅速发展使电业人才愈加缺乏。为解决这一难题，1936 年 8 月，建委会创办了电业人员训练所，由全国电气事业指导委员会主任恽震兼任所长，副主任张家祉兼任教务长，朱谦然兼任事务主任。三人均为全国著名电力专家。恽震采取理论和实践相结合的教学方式，在教学之余，组织学员赴各地办理较好的电厂参观，以获取实际经验。1936 年 6 月 21～31 日，在电训所教员及设计委员杨家禄的率领下，学员们参观了杭州电厂、上海闸北电厂、华商水电公司、浦东电气公司、苏州电气公司与扬州电气公司。② 经过参观学习，大部分学员深深感受到学习电业知识的重要性。由于建委会的严格选拔与全面培训，该期大部分学员成绩优良，以至于未到毕业即有许多电厂纷纷来函要求分配学员。1937 年 6 月，续办第二届，任命张家祉为所长，仍由各地政府或电厂缴纳协款，保送原有职员 1～2 名前来受训。当时有 9个报送机关，共缴纳协款 2700 元，后因抗战爆发，该培训班推迟半年开班。最终不得不停办，所缴协款经张家祉的努力如数退还（仅有沦陷

---

① 张乃燕：《发展我国电气事业之我见》，《建设》第 14 期，1933 年 4 月，第 4 页。
② 《建设委员会有关参观事项的来往文件》，中国第二历史档案馆藏国民政府建设委员会档案，全宗号：46，案卷号：294。

区的未退还）。①

　　建委会不但培训电力工业人才，而且在掌管水利、无线电等建设事业时，均举办过类似培训人才的机构。例如，接办全国水利事业时，为培养人才，在华北水利委员会的要求和支持下，于天津举办过华北暑期灌溉讲习班，"借河北省立工业专门学校校舍为开班地址，由职会职员负责指导讲授"，②并令河南、河北、山东各省建设厅饬各县建设局各选送一人来津学习，从1929年7月1日至8月31日，举办为期两个月的短期培训，暂时缓解了华北水利灌溉人才缺乏的问题。

　　再如，建委会接办全国无线电事业后，由于当时国内无线电事业尚属初创，人才极为缺乏，遂于1929年初建立专门培训无线电人才的服务人员养成所。同年3月所内又设立译电夜校，在全国招考学生40人入校练习，三个月毕业，分配至各地。③

　　上述建委会对各个行业人才的培训，不但为所属企业的发展提供了人才支撑，而且为全国各行业做出了重要贡献。

　　3. 重视科研和人才的影响

　　建委会由于领导人张静江的人事管理理念以才能为上，在"用人方面，纯以人才为标准，一洗从前荐托延引之故习，并决不用无用之人员"，④保证了企业经营上用人的专业性。因其办理的事业大多属于其他各部未曾举办者，故"以延揽专才为用人之标准，故选贤任能，将旧时代之官僚习气，摒除净尽，务求才称其职，事无不举"。各直辖机关职员，"或属学有专长，或系久经训练，各能负责尽职，共策事业之发展"。⑤除

---

①　电业人员训练所第二期培训班缴纳协款的单位共9家，学生11人：重庆电力公司（300元）报送学生王元清，重庆市政府工务科（300元）报送学生潘登高，常熟电气公司（300元）报送学生王敏敏，苏州电气公司（600元）报送学生吴鹤筹等2人，泰县振泰公司（100元）报送学生沈鑫圻，南宁电力公司（400元）报送学生刘经文、刘育骥，万县公用事业整理会（200元）报送学生聂大德，唐山新电力厂（200元）报送学生张文褚。见《建设委员会移交事项》，中国第二历史档案馆藏国民政府经济部档案，全宗号：4，案卷号：8732。
②　《华北水利委员会呈为附设暑期灌溉讲习班拟定办法草案请鉴核由》（1929年4月23日），《建设》第4期，1929年7月，第8页。
③　《本会十八年三月份工作报告》，《建设》第3期，1929年4月，第3页。
④　《曾秘书长招待本京新闻记者》（1928年12月1日），《建设》第2期，1929年1月，第19页。
⑤　建设委员会编印《建设委员会办理国营无线电事业之经过》，第41页。

了引进高层次人才之外，还通过对不同行业人才的培训，一定程度上缓解了建委会成立初期建设人才极为缺乏的状况，让更多的技术人才走上了国家建设的急需岗位，为国家各项建设提供了最基层的科技人才，为建设事业做出了积极贡献。

建委会在南京国民政府建立之初，即十分努力推行人才的引进及培训工作，这对百废待举的局面而言，具有十分重要的现实意义。中国有轻视制造技术的传统，加之中国本身经济技术力量的薄弱，使得从事建设方面的人才十分缺乏。然而建委会即在此薄弱基础上进行大刀阔斧的人才合理引进和人尽其才的人事科学管理，给后来从事经济建设及对人才的管理和培养提供了极好的借鉴。

建委会引进人才的过程中，还有一个值得注意的现象，即多引进和培养国人，少用外人，从而大长国人志气，弘扬民族精神。如无线电机制造厂，"所有设计制造各事宜，均系延用留学欧美无线电专家担任，从无外人厕入，完全以我国之新人才，兴办我国之新事业，实可为我国之电机制造上辟一新纪元"。① 可见民族精神的培育是建委会人才建设的指导思想之一。

南京国民政府成立之初，法令规章多付阙如，人事更乏制度可言，建委会在人才管理方面均需要多探索经验。张静江为发展全国建设事业计，便多方"延揽工矿、水利、电气、土木、经济、会统专家多人，办理设计、管理、考核、调查之责，且实行精简主义，每年严加考绩，凡力不胜任，办事不力，或无事可办，则予调免，以免冗员混迹，故在职人员，莫不负有专责"。② 由此可知，广揽科技人才是建委会所属企业顺利发展的重要因素之一。

第四节　注重调研与宣传

对于一个企业而言，如果不注重市场调研与产品销售工作，则工厂内生产的商品堆积如山，势必影响企业的整体发展。商人出身的张静江对此非常注意，极为注重产品的市场调研与销售环节。在建委会所属企业的经

---

① 建设委员会编印《建设委员会办理国营无线电事业之经过》，第23页。
② 朱沛莲：《建设委员会十年》，世界社编印《张静江先生百岁纪念集》，第34页。

营与管理上，颇为讲究推销艺术，时刻注意拓宽企业的经营渠道，加快企业的发展。

一　注重调研

建委会开始接管或办理一个企业时，均要提前进行一番实地调查研究，为企业的发展提供有意义的参考。在建委会接管首都电厂、戚墅堰电厂及浙江长兴煤矿时均是如此，在创办淮南煤矿时亦是如此。

1928 年 4 月，建委会接管首都电厂后在对电厂业务进行整顿的同时，对首都南京的用电量进行了市场调查和研究，发现南京电力供应极为缺乏，同时许多用电户对电表押金一项颇为不满。在对市场有了充分了解后，首都电厂便尽力扩充发电容量，同时建议安装电表时勿收押金，以减轻用户的经济负担，这使得用电户的数量增加，扩大了首都电厂的营业量。

建委会对戚墅堰电厂的经营，更能说明该会对电力工业的扩展不遗余力。戚墅堰电厂经过市场调查研究后，发现不仅无锡城市部分对电力需求十分迫切，而且乡村地区用电需求非常旺盛。为扩展电厂业务，戚墅堰电厂将发展重点迅速转向乡镇间的工农业用电。因为长三角一带工农业较为发达，用电量较大，经过不断的扩大经营，戚墅堰电厂工业与农业用电量增长极快。至 1934 年 8 月底，"直接供给电力之用户，已达 454 户，计 9459 马力，每月平均用电 212 万度，几三倍于接办之时"。[①] 彰显了电力工业推动地方农业生产的积极作用。

建委会创办安徽淮南煤矿初期，为调查其是否具有开采价值，聘请多位煤矿专家勘测，以获取最为切实的矿产开发数据。在众多专家调研结果一致的情况下，才最终决定开采淮南煤矿。在注重调研的基础上，建委会对企业销售环节也十分注意，尤以淮南煤矿的经营最为明显。1932 年 6 月，为扩大销路，在淮南煤矿局总务课设立煤务股，专门负责销售事宜。除淮南煤矿设置矿厂门市之外，还在一些重要城市设置煤厂，如蚌埠、浦口、上海与武汉等地，甚至一些较小县市，如怀远、蒙城、涡阳、临淮、江阴及无锡等也设立了淮煤分销处。为加强管理，1934 年 2 月 27 日公布《建设委员会淮南煤矿局煤厂组织章程》，规定煤厂主任及会计人员"均

---

① 《戚墅堰电厂事业报告》（1934 年 10 月），江苏省档案馆藏建设委员会档案，全宗号：1054，目录号：69，卷号：30。

须遵照建委会直辖机关会计人员金钱物料出纳人员保证规则之规定，觅具殷实铺保由局长核准呈报建委会备案"。① 此举保证了煤厂主任及会计人员的可靠性与安全性，从而保证了淮南煤矿的销售环节不出意外，免受损失。

根据煤矿专家孙昌克的调查，上海一带煤炭销量逐年增加的速度甚快，"民国初年长江用煤，每年合计不过百余万吨，近年上海消费已达三百万吨以上……十余年来，销量增加三倍有奇，今后仍有继续增加之势"。上海煤炭销量增多的主要原因是其为全国工商业中心，且当时工业发展颇快："工商业盛则用煤多，一也。同时人口之增加亦至速，人口多则公用事业易发达，而用煤亦多，二也。"② 因此淮南煤矿确定以上海为主要销售地。上海淮煤销售处虽盈利不多，却能够占领广大的上海煤炭市场，扩展淮煤的销售空间。淮煤各地煤厂的广泛设置，加快了淮南煤矿的发展。

二 扩大宣传

张静江出身商业世家，善于经商，深知宣传对企业发展的重要作用，因此要求建委会所属企业尽其所能，通过各种渠道进行广泛宣传，如通过商业运作举办一系列的展销会、在报刊上广泛刊登广告等，以扩大企业的影响。

1. 通过商业运作扩大宣传

张静江在主政浙江时期，在杭州西湖之畔举办过一次规模庞大、轰动中外的西湖博览会，引起了积极的社会效应。在建委会的管理上，张静江也经常要求所属企业学会用博览会或其他公众集会的方式来获得更大的知名度。

建委会接管戚墅堰电厂后，为扩大经营，决定利用合适时机在无锡公园举行一次抽奖活动以扩大宣传。1930 年 7 月，负责业务推广工作的朱沛莲针对电厂电灯用户甚少的状况，建议实行"经济灯"策略，办法"是照普通用户减半收取保证金五元，每月用电底度减为三度，电表表租减为一角，装灯费用，由本厂担保，分三个月交付装灯商店。凡在创办一个月内装用的，概由本厂另给奖券一张，于一个月后开奖"。朱沛莲原打算试办一个月，希望装灯户数达到 500 户，结果竟报装了 600 余户。戚墅堰电

---

① 《建设委员会淮南煤矿局煤厂组织章程》（1934 年 2 月 27 日公布），《建设委员会公报》第 38 期，1934 年 3 月，第 121～122 页。

② 孙昌克：《长江流域之国产煤现况》，《建设》第 14 期，1933 年 4 月，第 133 页。

厂用1000元购买各种电器,如电熨斗、电风扇、电汤器、大灯泡、电炉、电灶及电煮水器等,凭券抽奖。一个月后抽奖大会在无锡公园内同庚厅举行,"除经济灯户六百余人外,有新闻记者十余人,以及看热闹的游客们,共有二三千人,真是轰动一时,无形中作了一次宣传工作。后来武进方面,亦经推行,成绩也颇可观"。至1931年7月初,经过一年的努力,"用户已达1万5千户"。① 而经济灯用户,每月用电量大多数和一般灯户一样,真正仅用三度的,不过百分之一二。通过这种商业促销活动,戚墅堰电厂扩大了电力销售范围,增加了用电户的数量,刺激了电厂的发展。

2. 在报刊上刊登广告、印行小册子及放映电影

建委会在利用展销会推广企业的同时,也在报刊上广泛刊登广告,并印行小册子。刊登广告主要以上海《申报》为主。如为扩大无线电发报业务,1929年6月7日,建委会在《申报》上登载《无线电管理处通告》,内容如下:"本处为便利民众发报起见,自6月1日起,特在下列各地点设立代收处,如有发报者,可就近送发,特此通告。"②

刊登广告的刊物主要有建委会出版的《建设》及各个电厂与淮南煤矿局等出版的年刊。尤其是《建设》杂志,每期必刊有建委会所属企业的销售广告。例如,为推广电力的广泛应用,《建设》1930年1月第6期封二刊登有关于"电气万能"的广告,以普及有关电气的知识:

> 电气可以供给光明;电气可以转动机器;电气可以灌溉农田;电气可以驶车代步;电气可以烹调饮食;电气可以治疗疾病;电气可以温暖居室;电气可以驱除暑气;电气可以洗熨衣衫;电气可以制造冰冻;电气可以代人搬物;电气可以辅助科学。
>
> 关于电气上一切装置,各界如有委托或垂询请照后列地点接洽:
>
> 南京西华门首都电厂,电话131
>
> 下关湖北街发电厂,电话443③

《建设》1930年7月第8期封底刊登的是浙江长兴煤矿局的广告:

① 朱沛莲:《建设委员会戚墅堰电厂》,中国国民党中央委员会党史史料编纂委员会编《张静江先生文集》,第393~394页。

② 《建设委员会无线电管理处通告》,《申报》1929年6月7日,第3版。

③ 《建设》第6期,1930年1月,封二。

本局产煤之优点：热力大，发挥高，价格廉，轮船、火车、工厂、家庭均甚合用，堪称长江下游最佳最廉之烟煤，且悉完全国营之产品。如蒙惠顾竭诚欢迎。

营业处：浙江长兴五里桥。

分销处：杭州拱宸桥群益煤号，湖州钦石巷洽成昌煤号。

上海、南京、嘉兴、嘉善、宜兴、丁山、无锡、常州等处俱有分销。①

印刷小册子亦为建委会扩大宣传的途径之一。1931年10月31日，淮南煤矿出煤第一天，建委会就迫不及待地通知淮南煤矿局局长孙昌克将《建设委员会创办淮南煤矿述略》（该文共有23页，内有22张照片、4张图表）的小册子尽快交与建委会印刷，以便向国内外宣传淮南煤矿。该书初版以中、英文同时印刷300本。结果不敷使用，孙昌克便委托位于上海福照路649号的中国科学图书仪器公司帮忙印制，并请该公司经理徐厚孚印刷越快越好。由于"此间需用较多，寄来250份尚嫌不敷支配，现存贵会（购料委员会——引者注）之50份，如尚未分散，请酌留数份，仍将其余悉数寄京为荷"。同时英文版《建设委员会创办淮南煤矿述略》也极为抢手。1934年5月18日，事业处处长秦瑜致函购料委员会请"寄英文淮南煤矿述略50份，请代分发津沪两地与本会有来往各洋行家及西文报馆通信社，以资宣传"。②

建委会宣传首都电厂、戚墅堰电厂以及杭州电厂的《电气月刊》等一系列小册子亦同时编辑出版。戚墅堰电厂从1932年1月起，"每月发行四开月刊一份由收费员带送各用户，内容刊登与用户有关的法令规章和用电常识及报装、停用、移表、缴费等手续，厂方有事要告知用户，或用户有什么意见或建议，也在月刊上发表或解答"。③ 如此贴近用户发行的《电厂月刊》，既方便了用电户，也宣传了戚墅堰电厂，可谓一举两得。

当时读书看报者毕竟为数甚少，在报刊上刊登广告无法达到人人皆知

① 《建设》第8期，1930年7月，封底。
② 《建设委员会创办淮南煤矿述略及有关文件》，中国第二历史档案馆藏国民政府建设委员会档案，全宗号：46，案卷号：762。
③ 朱沛莲：《建设委员会戚墅堰电厂》，中国国民党中央委员会党史史料编纂委员会编《张静江先生文集》，第394页。

的效果，因此建委会另辟蹊径，利用声像、图像资料等进行宣传，还放映电影。当时放映电影就是较为先进的宣传手段。1935 年 7 月 2 日，首都电厂致函建委会电业科建议放映首都电厂的影片以作宣传："定于本月（7月）4 日（星期四）下午 8 时，放映西门子洋行摄制本厂新发电所装置新机工作之影片。"① 又利用路边广告牌做宣传，如淮南煤矿局、首都电厂和电机制造厂三家"在首都电厂的职员宿舍前空地两边临中山路，建造广告牌一面（即本会大门西边），该牌面积甚广……交由本京丁经鑫油漆铺做就"。② 该广告牌花费 16 元，十分醒目，引起许多路人的注意，起到了宣传电气知识的良好效果。由此可见，当时建委会即十分注意墙体室外广告的效果。建委会从 1929 开始，除随时编制《建设要闻》向宁沪各报宣传外，还通过中央广播电台报道建委会的主要建设活动，以引起国人对建设事业的关注。

三　提倡国货

张静江经过早期与外商的接触和 1902 年出国经商的切身体会，十分注意提倡国货以抵制外国经济侵略，为建委会所属企业营造了一个良好的外部环境。

1. 响应政府号召采用国货

建委会作为一个负责全国建设事业的中央政府机构，非常重视提倡国货。使用国产测量器具即是一个比较明显的例子。

长期以来，中国度量衡器具"历来购自外洋，权利外溢，实为最大漏卮"。全国度量衡局所制造的测量仪器经过北京大学和地质调查所等使用后，均称"品质优良，数量准确，堪与外货抗衡，惜仅一二学术机关采用，各界知者甚鲜"。因此全国度量衡局呈文实业部，并转请"内政、军政、教育、交通、铁道等部及建设、导淮等委员会、各省市政府，饬令所属有关机关购用度量衡制造所所制之测量仪器，以挽利权，而维度政"。③

---

① 《建设委员会电业科有关电机厂经费、庶务等实行的文书》，中国第二历史档案馆藏国民政府建设委员会档案，全宗号：46，案卷号：358。

② 《建设委员会电业科有关电机厂经费、庶务等实行的文书》，中国第二历史档案馆藏国民政府建设委员会档案，全宗号：46，案卷号：358。

③ 《建设委员会训令各直辖机关》（1933 年 6 月 8 日），《建设委员会公报》第 30 期，1933年 7 月，第 16 页。

1933 年 6 月 8 日，建委会训令各直辖机关必须使用全国度量衡局制造的国产测量器具，以挽国家与民族利权。

采用国产润滑油也体现了建委会推广国货的良好品质。1934 年，上海制油厂"自购地皮，种植蓖麻子，用化学分析，制成润滑油，经实业部化验成分优良，认为一等国货；又经海军飞机场等试用，来函均称合宜，现于首都及各地推销国货，以杜漏卮"。1935 年，"丰泰机油号"经理李云侠呈行政院建议使用国产润滑油，因所用润滑油"向通用外货，此项外货，据海关统计，已年达 1600 万元，值此民生凋敝之秋，巨款外漏，何堪设想！"建委会按照行政院要求，通令各附属机关："凡所属有机器需用润滑之处向用外货者，迅速一律尽先改用国货润滑机油，替代外货，济我民生。"①

使用国货，使建委会发展获得了地气，从而在一定程度上获得了人民的支持，为其顺利发展提供了良好的外部环境。

2. 广泛推广建委会产品

为推广淮煤与电机制造厂生产的"日月牌"电池，建委会一方面在自己创办的各种报刊上刊登民族产品的广告，另一方面与全国各地媒体广泛沟通协商，请求各省市厅局刊登广告推广。1933 年 6 月 12 日，张静江在致各省市厅局的公函中指出："本会直辖淮南煤矿局所产烟煤，电机制造厂所制日月牌电池，均系优良国产，亟应广事宣传，以资提倡国货而挽利权"，并送上广告样刊一份请求对方在"编印之各项刊物广告栏内以广宣传"，如果对方"有出品及刊物广告亦请检赐一份，以便在本会各刊物内交换登载"。② 建委会购买外洋物品需发拍电报时，也尽量用上海真茹国际无线电台发送。1934 年 4 月 12 日，交通部致函建委会："闻贵会上海购料委员会经由外国公司水线拍发外洋电报甚多，利权外溢，损失甚巨。"③于是建委会令上海购料委员会拍发电报时交由上海真茹国际无线电台发送。

1936 年 12 月 4 日，建委会积极响应政府号召，通令各机关一律使用国货，凡国货中有者，如果附属机构"而仍购用外货者，一律以不经济支

---

① 《建设委员会训令各直辖机关》（1935 年 2 月 2 日），《建设委员会公报》第 50 期，1935 年 3 月，第 29 页。

② 《公函各省市厅局》（1933 年 6 月 12 日），《建设委员会公报》第 30 期，1933 年 7 月，第 113 页。

③ 《建设委员会令购料委员会》（1934 年 4 月 12 日），《建设委员会公报》第 40 期，1934 年 5 月，第 108 页。

出论，不准核销"。① 这一定程度上抵制了外货的流入，维护了民族经济，挽回了国家利权。建委会通过对国货多渠道的销售与宣传，将国货运动推向深入，使所属企业内部形成了爱用国货、喜用国货的风气，既弘扬了中华民族精神，也为自身企业营造了良好的外部销售环境，使所属企业得到了更大的发展。

建委会通过深入调研使所属企业的发展明确方向，日益壮大；通过多方位的宣传使所属企业的发展得到世人的广泛关注；通过倡导国货，使所属企业的发展具有良好的外部环境与民族情怀。这些因素均为建委会所属企业的发展提供了很好的外部条件。

第五节　加强企业文化建设

建委会非常注重企业文化建设，以优化企业内部人文环境，提高全体职员的整体素质，形成特有的企业价值观念和精神力量，最大限度地调动所属职员的工作积极性。建委会作为时代的产物和多个所属企业的组合体，拥有自己的企业文化精神。根据所处的时代环境，企业文化管理的手段在企业内部要达到的文化影响，包括两个层面，一是影响于企业表层的文化，即构成企业文化氛围的一些活动内容，诸如职工教育、职工业余文化娱乐、体育活动、成文法规、厂训、厂歌以及其他文化习俗与仪式等；二是渗透于企业深层的文化，即在一定的企业文化氛围的基础上，通过一种渗透于企业成员内心世界、为集体认同的观念形态，把他们凝聚在一个共同的精神支点之上，形成共同奋进的向心力与推动力。诸如将企业成文或不成文的价值观、道德规范、行为准则、思想修养及企业精神等，集中到一点，形成企业对人的有效管理。建委会关于企业文化建设的内容，主要有制定与宣传会训、加强企业的文化设施等。

一　制定与宣传会训

建委会成立后，为规范管理，使所属企业形成良好的精神风貌与企业文化，张静江首先制定了建委会会训，即"忠、勇、勤、廉"四字，并在

---

① 《建设委员会训令各直辖机关》（1936年12月4日），《建设委员会公报》第72期，1937年1月，第46页。

建委会所创办或出版的报刊封面或封底中经常刊载，以让所有建委会的职员能够时时注意检点自己的言行。

"忠"的含义是职员的所作所为要忠于国家、忠于民族、忠于建委会，将自己的爱国之心完全贯穿于平常的建设事业行动中，具有强烈的社会责任感和使命感。"勇"即指在具体的建设事业中，要勇于任事，不畏艰难，极富进取精神，也就是要具有冒险、开拓、创新、自强不息、百折不回、矢志不渝的精神。"勤"指在从事建设工作时，要任劳任怨，做事认真、仔细、勤劳、刻苦，把国家建设的事情当作自己的事情，把建设事业作为自己的崇高事业，具有强烈的敬业精神。"廉"就是要求广大职员廉洁奉公，摒除过去的官僚习气，在建委会内部形成廉洁清明的风气。

1928 年 10 月，张静江在《建设》上发表创刊词，认为建委会"自成立以来，审举国属望之殷，念民生问题之重，时懔冰渊，努力工作，奉建国大纲、建国方略为圭臬，以解决民生问题为主旨"。[①] 这实际上是对建委会会训的进一步阐释。同年 12 月 1 日，建委会副委员长曾养甫在南京举行的记者招待会上，指出建委会的经营和管理方针："本会办事精神，将绝对遵守政府宣誓誓词，一反昔日官办国营事业之故辙［辙］。用人方面，纯以人才为标准，一洗从前荐托延引之故习，并决不用无用之人员。管理方面，根据商业经营之原则，科学治事之精神，力求增高效能，尤须彻底的廉洁，绝无丝毫贪污之处。"[②] 这再次表明了建委会的会训精神。张静江也经常告诫下属："国家可以用我们私人所有的钱，我们绝不可以沾染或浪费一文属于国家的钱。我们必须时时警惕，养成彻底廉洁努力的习惯！"[③] 受此精神感召，建委会职员大多工作努力、廉洁奉公。例如，在领导无线电事业的短暂一年内，在创办真茹国际电台与美国签订的合同时，张静江即废除"旧时扣佣恶习，亦经督率所属人员绝对剪除，一秉廉洁"。[④]

九一八事变爆发后，建委会为了将会训精神贯彻下去，特向全体职员

---

① 张人杰：《发刊词》，《建设》第 1 期，1928 年 10 月，第 1 页。

② 《曾秘书长招待本京新闻记者》，《建设》第 1 期，1929 年 1 月，第 19 页。

③ 秦惠伽：《回忆伟大的革命建国领袖张静公》，世界社编印《张静江先生百岁纪念集》，第 11～12 页。

④ 《建设委员会为订购国际无线电台机件呈国府文》，《无线电新报》1929 年第 1 卷第 1 期，第 37 页。

发布训令，要求众职员克勤克俭，忠勇勤廉。为更深地了解建委会会训的精神，兹摘录训令原文如下：

> 自上年九月十八日事变之后，日本侵略我国，暴力凭陵，有加无已。政府为保持领土主权之完整，自应作长期之准备，当此危急存亡之间，若非倾全国之人力物力，胥出于救国一途，断无以纾此大难，凡我国民，惟有日夜淬厉，本同舟共济之义，缩衣节食，力事生产，充实饷糈，为抗日之后盾，帛冠布服，卫文所以中兴；尝胆卧薪，勾践所以复霸，近如德意志、土耳其，皆以失败之余，艰苦奋发，造成新邦，忧患图存，前事可法，苟能奉行俭约，一体勤劳，则国难前途，庶几有豸？①

1936年，长兴煤矿在宁益银团的经营下，困难重重，人心惶惶，经营出现困境。为稳定矿上人心，建委会在该矿发布告示，要求矿工要为国家与个人考虑：

> 我们要晓得，无论哪一种工厂，都是要上下齐心才可以办得好的。工友们在此地工作的人有好几千，差不多都有很长的时候，多数是有家眷的，自然不能不找钱来养活他们……最要紧的，是不要被人骗，加入青帮红帮，弄得将来不能出头，不好为人，再讲到一个煤矿，关系国家生产，几千万把人的生计。我们中国因为工商业不发达，处处受外人欺侮，就在这上面想想，也要好好做事，来把这个矿帮忙办好，不但自己个人可以安居乐业，随便上那里去，面子上也光彩不少。如果我国工厂个个都能这样争气，还怕我们中国不强吗？工友们，大家努力罢！
>
> 建设委员会驻长兴煤矿监督办公处
> 二十五年×月×日②

布告将工人最为关心的生计问题与民族危亡问题紧密地联系在一起，内容通俗易懂、切合实际，晓之以理，动之以情，表达了建委会的会训精

---

① 《建设委员会训令直辖各机关》（1932年4月13日），《建设委员会公报》第22期，1932年6月，第43~44页。
② 《劝工友书》，《建设》第20期，1937年2月，第157~158页。

神，促进了长兴煤矿生产的稳定。

建委会制定的会训对该会的发展影响甚大。通过会训教育"本会及各直辖机关之同人，咸能深明国营事业之真义所在，爱惜公家之事业，一如其自身之事业，节省公家之银钱，一如其自身之银钱，矢勤矢勇，必信必忠，人十己百，居之无倦。本会经营电气事业之有些微成绩者，皆此精神所以致之也"。① 其实不仅电气事业如此，建委会经营的其他事业莫不如此。由此可见建委会会训的深刻影响。

二　完善企业文化设施

张静江出身江南丝商大族之家，张家对文化教育十分重视，曾经办理南浔浔溪女校，秋瑾等人曾经在此教书育人，传播革命思想。建委会成立之后，张静江在资金十分紧张的情况下，仍多方筹资创办建委会图书馆等各种文化教育设施并出版建设类的相关书籍，为附属企业的发展提供知识保障。

1. 创办建委会图书馆及其他文化设施

1928 年 10 月 25 日，张静江任命秦瑜、霍宝树等人筹建建委会图书馆，借以扩大职工视野，增长见识，提高文化水平。经过四年的艰辛努力，1932 年底，建委会图书馆正式建成。

为规范图书借阅，建委会颁布了《建设委员会图书馆借阅图书规则》，规定图书馆所藏"中西图书杂志系供本会委员职员参考之用"，直辖机关职员如需借阅图书，"须由各该机关向本馆负责函借"。② 建委会用尽一切办法购买古今中外有关建设类的图书期刊。1934 年 2 月 3 日，张静江致函中国驻美大使馆，请购买所需书籍，"如该项书籍，无从购买，请向 New York Central Library 代抄一份"，③ 以便研究使用。至建委会裁并至经济部时，根据统计，其中有关建设类的书籍，共有中、日文书 10397 册，西文图书 5689 册。④

---

① 张人杰：《建设委员会电气事业专刊序言》，《建设委员会电气事业专刊》，1932。
② 《建设委员会图书馆借阅图书规则》（1934 年 1 月 4 日会令公布），《建设委员会公报》第 37 期，1934 年 2 月，第 109 页。
③ 《公函驻美利坚合众国公使馆》（1934 年 2 月 3 日），《建设委员会公报》第 38 期，1934 年 3 月，第 100 页。
④ 《遵令呈报接收前建设委员会沪港材料及存湘图书经过及处置情形》，《建设委员会移交事项》，中国第二历史档案馆藏经济部档案，全宗号：4，案卷号：8742。

为活跃职员身心、陶冶情操，建委会令所属各企业均投入大量人力、物力和财力，建造诸如图书室、运动场、医院、门诊室、浴室及职工宿舍等生活与学习设施。同时举办各种组织与活动，如首都电厂职员组织有"险德会"等。工人们自办有消费合作社及膳食组，组建俱乐部，购买音乐弈棋之类器具供职工娱乐。工人们也常常举行技术训练活动，曾办有星期日补习班，讲授电气常识及技术等内容，以提高工人的整体文化素质。

2. 出版建设类图书

出版建设类图书亦是建委会加强文化建设的重要组成部分。建委会出版的图书有《建设委员会整理导淮图案》、《中国电气事业统计》（1~7号）、《窃电诉讼案件实例》、《电气事业经营要略》、《电气事业年报空白表格》、《填制电气事业年报须知》、《第一次各省市电业视察会记录》、《防止窃电知识研究》、《电气事业注册规则图表式样》、《用电必读》、《中国各大电厂纪要》、《中国电厂统计》、《电气事业标准会计科目制度》、《电气事业取缔规则》、《东方大港之现状及初步计划》、《北方大港之现状及初步计划》等。①

为扩大对建设事业的宣传，建委会曾经组织人员编著"建设小丛刊"。主要有《东方大港之曙光》、《新中国无线电建设》、《电气建设》、《导淮之重要》、《蚕丝建设》、《制造工业与民生问题》、《建设委员会之工作》、《建设委员会现行法规》、《化学工业与建设之关系》、《首都自来水建设》、《整理导淮图案报告》十种。② 1929 年 3 月，"建设小丛刊"在国民党三大会场上分发，广为宣传建委会所进行的建设事业。

建委会经济调查所③亦出版了调查浙江有关建设事业的图书，如《浙江临安农村调查》、《浙江沿海各县草帽业》、《浙江平阳矾矿概况》、《浙江各县经济调查》、《浙江省政府设计会出版浙江之纸业》、《杭州市经济调查》、《杭州市丝绸业调查》、《浙江省吴兴县长兴经济调查合刊》、《浙江省嘉兴平湖经济调查合刊》、《浙江青田、建德、临海、云和、寿昌、富阳、淳安、松阳、余姚经济调查》、《浙江之农产（食用作物篇）》、《绍兴

---

① 《建设》第 20 期，1937 年 2 月，封底。
② 《本会十八年三月份工作报告》，《建设》第 3 期，1929 年 4 月，第 12 页。
③ 建委会经济调查所原名为浙江经济调查所，创办于 1928 年，后来考虑到经济建设实乃全国性的事情，为实施全国性调查与出省调查方便，1934 年 4 月 14 日，易名为经济调查所。该所详情见《建设委员会公报》第 40 期，1934 年 5 月，第 109 页。

之丝绸》。除了本省调查之外，还对其他省市的经济状况进行了调查，出版了《南京市经济调查》、《安徽省歙县休宁经济调查合刊》、《芜湖宣城郎溪广德各县经济调查》、《京芜铁路沿线经济调查》、《安徽泾县、宁国经济调查》等书。① 上述经济调查图书以浙江最多，江苏与安徽亦有一部分，其他省份较少。

对于公益性书刊，尤其是建委会所负责的电力工业中关于电学知识的图书，建委会出版后全部免费向民众赠阅，有《触电急救人工呼吸法图解》、《为防范电气危险告全国电气事业人书》、《电气事业盈余分配科目》、《取缔军警政机关部队及所属人员强用电流规则》、《电气事业人标准会计科目制度》、《电气事业人处理窃电规则》、《电气事业电压周率标准规则》、《电气事业注册规则》、《电气事业条例》、《民营公用事业监督条例》等。② 建委会用这种免费赠书的方式试图让更多的国人了解国家建设事业与建委会发展建设事业的情况。

综上所述，建委会通过制定会训、建立图书馆及出版多种与建设事业有关的图书等文化措施，提高了职工的思想认识和文化水平，增强了他们的责任心、集体意识和合作精神。建委会各职员的"职务虽各有不同，而其努力为国家谋建设，则旨趣合一。上级对于下级，先进对于后进，随时躬行作则，多所奖掖，多资观感，以增加努力服务之兴味，除尽旧时代敷衍苟且，推诿倾轧之恶习，而表现其分工合作之精神"。③ 建委会这一亦政亦商的负责全国建设事业的政府机构，在企业文化方面所做的努力及其对企业所产生的作用，值得后人借鉴与研究。

建委会在短短十年之中发展迅速，为国家经济建设做出了积极贡献，也为抗战奠定了一定的物质基础，这主要靠其与众不同的经营和管理模式。它在所属企业中推行的购料集中制度、预算和会计统一制度是其他国企中少有的，重视科研与人才、注重调研与文化层面的管理也是其非常突出的优点。

---

① 《建设》第20期，1937年2月，封一。
② 《建设》第20期，1937年2月，封二。
③ 建设委员会编印《建设委员会办理国营无线电事业之经过》，第42页。

第九章　张静江与建委会

张静江是中国近代历史上具有深远影响的重要人物，与蔡元培、李石曾、吴稚晖一起被称为"国民党四大元老"。曾任广州、武汉及南京三个国民政府的常委，国民党第一届中央执行委员，第二届至第六届中央监察委员，在国民党二届二中全会上当选为中央执行委员会主席。1928年2月建委会成立后任该会领导人，直至该会被裁并至经济部，长达十年之久。张静江两次担任浙江省政府主席，为浙江的发展，尤其是交通事业的发展奠定了一定的基础。张静江的一生以1928年2月建委会成立为标志，大致可分为两个阶段：前期参加资产阶级民族民主革命，后期领导建委会开创全国建设事业。

第一节　1928年前的张静江：参加资产阶级革命与扶持蒋介石崛起

1928年之前，张静江作为一个商人出身的资产阶级民主革命者，所参与的活动主要有两个方面，一是辛亥革命前后参加孙中山领导的资产阶级民主革命，二是参加1924～1927年的以国共合作为基础的国民大革命，在大革命后期扶持蒋介石在国民党内迅速崛起。

一　参加资产阶级民主革命

湖州一带的丝绸业从宋代即十分著名，"南林（南浔）一聚落耳，而耕桑之富，甲于浙右"。[①] 明初以来，浙江吴兴南浔镇附近的辑里村所产的丝最为出名，因此湖州一带所产的丝均称"缉里丝"。晚清以来，张静江家族靠经营"缉里丝"迅速发展壮大，为著名的南浔"四象"之一。

---

① 李英：《辑里湖丝，名驰天下》，《湖州文史》第2辑，湖州文史出版社，1985，第23页。

南浔有"四象八牛七十二金狗"的说法，"民间传说一般以当时家财达百万两以上者称'象'，五十万两以上不足百万者称'牛'；三十万两以上不足五十万两者叫'狗'"，张家与其外祖父庞家均名列四象之中。祖父张颂贤与外祖父庞云赠，"均为丝商巨贾，个性又都开朗豪爽，冒险进取、热心公益，人杰自幼受熏陶"。① 张静江成年后成为一个头脑精明的商人，与孙中山相识后，不但从经济上支持革命，在文化思想上也非常进步，在法国巴黎办有《新世纪》周刊宣传资产阶级民主革命，与东京的革命报纸《民报》遥相呼应。

1. 经济上支持孙中山领导的资产阶级民主革命

张静江的早期留洋经历为其走向资产阶级民主革命道路奠定了基础。张静江腿脚不便，据说是骑马跌伤或者火中救人落下残疾。不过又有不同的说法，说是"先天的，并不是一些英雄行为导致的"。② 其父张宝善以十万两白银为他捐得二品江苏候补道员衔，意欲使其步入仕途。但是"张静江不是一个墨守成规的人，他很快就受到革命思潮影响，开始走上推翻满清统治的道路……随着张静江的反清倾向愈来愈明显，他的颠覆行为逐渐被官府觉察，他父亲担心张静江出事，决定送他出国避风头"。③ 1902 年 10 月 14 日，在其父安排下，25 岁的张静江跟随驻法公使、浙江同乡孙宝琦登上法国东亚船运公司的"安南号"（Annam）邮轮，赴法担任驻法商务参赞。海上颠簸月余，途经香港、新加坡、锡兰与苏伊士运河，最终抵达马赛，上岸后又转乘火车，历经两个多月的长途颠簸之后，于 12 月 17 日到达目的地巴黎。④ 赴法之后，接触到资产阶级民主革命思想，使他眼界大开，对资产阶级民主革命有了自己的理解和认识，对孙中山则充满了崇拜之情，时刻寻找机会为革命效力。

驻法商务参赞实际上只是虚职。到巴黎之后，"继承了祖上的创业天分"的张静江，迅速在巴黎"马德兰广场开起了一家专门经营中国货的商号，取名'通运'。后又在巴黎的意大利街接连开了开元茶楼和同义银行"。1907 年，他在研究大豆的好友李石曾的帮助下，"在巴黎西郊埃佩

---

① 秦孝仪主编《中华民国名人传》第 2 册，第 378 页。
② 〔法〕罗拉：《卢芹斋传》，卞婉钰译，中国文联出版社，2015，第 40 页。
③ 〔法〕罗拉：《卢芹斋传》，第 42 页。
④ 〔法〕罗拉：《卢芹斋传》，第 44 页。

农（Epernon）开办了一个豆腐厂"。① 据法国学者罗拉考证，张静江的"生意起步并不是一帆风顺的。刚开张时，法国顾客不熟悉也不习惯中国的东西，所以光顾的人不多，连茶叶和丝绸都不好卖"。卢芹斋曾经描述通运公司开业初期的窘境："我们卖什么都赔，除了古董。"张静江"是个自信、爱交际且富有幽默感的人"，因此在生意遇到挫折之后，迅速重新定位市场，看到法国人对中国古玩颇感兴趣，开始"主攻古玩市场"。此后"地毯、字画、玉饰、漆器、官窑瓷器和鼻烟壶在巴黎的店里琳琅满目，非常抢手，往往来不及上架就出手了，因此差不多两个月就要从中国进一批货"。为扩大生意，通运公司在上海的福建路 408 号开设了分号。该公司经营"丝绸、茶叶、地毯、瓷器、古董和漆器一应俱全。巴黎买家都叫张静江'珍品张'，称他是古玩珍品之王"。可以说，"中国当时的特产，在通运公司的店里应有尽有"。在通运公司成立的第二年，"开始赚大钱，做起一本万利的生意，一只宋代的小白碗从山西以十块大洋进价（约合 1.5 美元），通运能转手以 1 万美元高价卖出"，"流水一样的进项让通运的账房先生李力经总是算不清账"。生意如此红火的原因，正如卢芹斋所言："20 世纪初，特别是 1900 年义和团运动初期，很多中国陶瓷和其他古董趁乱出境，流入法国，巴黎于是成了中国艺术品集散地。"② 因此通运公司的迅速发展，既有张静江的善于经营，亦有其深刻的国内外背景。

1905 年，张静江与孙中山在船上相识，即表达了他对革命的向往之情："余亦深信非革命不能救中国。近数年在法经商，获资数万，甚欲为君之助，君如有需，请随时电知，余当悉力以应。"③ 且和孙中山互约通电号码，商定 A、B、C、D、E 的含义，A 为一万元，B 为两万元，C 为三万元，D 为四万元，E 为五万元。孙中山对张静江出资赞助革命的承诺并不信以为真。后来张静江送给孙中山一封信，让其到他所开办的通运公司纽约分公司——美国纽约市第五街 566 号领取资助革命的活动经费 3 万

---

① 〔法〕罗拉：《卢芹斋传》，第 48 页。

② 〔法〕罗拉：《卢芹斋传》，第 47、50、56 页。卢芹斋（1880～1957），浙江湖州人，幼年失怙，初期在张家做大厨。1902 年跟随张静江出国，在通运公司做帮手，后单独经营，成立"来远公司"，成为西方中国古董的重要贩运者。很多国宝级文物，如著名昭陵六骏中的"飒露紫"和"拳毛䯄"即由其偷贩出去。

③ 杨恺龄：《民国张静江先生人杰年谱》，第 7 页。

元。孙中山将信将疑，至美国后将信交与黄兴，令其办理。结果分文不少，如数领取。此举令孙中山大为感动，认为遇到了革命"奇人"。自此以后，孙中山"每遇困难，辄得其巨资相助"。① 甚至有一次由于款项不支，反清起义无法举行，张静江便将他在巴黎的一个茶店卖掉筹款。正如卢芹斋所言："公司虽然赚了很多钱，但利润既没有用于公司扩张，也没有让公司员工捞到好处，张静江把他的时间和金钱都用在了中国革命上。"卢芹斋所言不虚，张静江对孙中山的资助可谓竭尽全力。据林志宏1930年的著作《中国之政党》（Henri Vetch 出版社）估计，张静江给孙中山总共不下250万美元。② 这一数字准确与否暂且不论，张静江为孙中山提供大量经费则是不争的事实。

1906年3月，张静江在新加坡由胡汉民、冯自由担任主盟，加入中国同盟会。8月，张介绍好友李石曾加入同盟会。此后又积极介绍亲人加入革命，如将大哥张弁群（上海通运公司总经理）、舅父庞青城（上海中国银行董事）等人介绍给孙中山，并相继成为中国同盟会会员。中华民国成立前，浙江南浔加入革命队伍者占了"四象八牛"的大多数，为孙中山领导的资产阶级民主革命活动提供了非常重要的经济支持。

孙中山对张静江资助革命的盛举大加赞扬："自同盟会成立之后，始有向外筹资之举，当时出资最勇而有名者，张静江也，倾其巴黎之店所得六七万元，尽以助饷。"③ 孙中山并让胡汉民回信对其赞助革命表示谢意。张复信如下："余深信君必能实行革命，故愿尽力助君成此大业。君我既成同志，彼此默契，实无报告事实之必要；若因报告事实而为敌人所知，殊于事实进行有所不利。君能努力猛进，即胜于作长信多多。"④ 可见张静江对孙中山领导的资产阶级民主革命始终充满必胜信心。

中华民国临时政府成立后，严峻的财政经济形势使其举步维艰。于是张静江等人以商人名义向南京临时政府捐赠巨款。为反对袁世凯复辟帝制，1914年7月8日，孙中山在日本筹建中华革命党，任命张静江为财政部长，由于张远在欧洲，由副部长廖仲恺代理其职。1920年2月4日，张静江遵照孙中山之命至上海创办证券交易所，继续为革命筹措经费。

---

① 杨恺龄：《民国张静江先生人杰年谱》，第7页。
② 〔法〕罗拉：《卢芹斋传》，第58页。
③ 孙中山：《自传》，周谷城主编《民国丛书》第2编第90册，上海书店出版社，第14页。
④ 杨恺龄：《民国张静江先生人杰年谱》，第9页。

2. 与蔡元培等人创办《新世纪》，发起留法勤工俭学运动

辛亥革命前，张静江不但从经济上支持孙中山的革命活动，还注意时刻宣传资产阶级革命思想，从舆论层面支持孙中山的革命活动。

张家具有儒商的良好传统。1902 年张静江的胞兄张增熙出资办理养蒙学塾，后来在国民党政坛上闻名的朱家骅、叶楚伧等人曾在此学习过。后来张增熙又创办南浔历史上第一所女子学校——浔溪女校。辛亥女杰秋瑾、徐自华等人曾在此任教，为当地培养了一批具有资产阶级革命思想的优秀人才。

1905 年孙中山在东京成立同盟会，创办《民报》作为机关刊物，在日本起到了很好的宣传革命作用，在国内也引起了巨大反响。为与东京《民报》遥相呼应，在欧洲宣传中国资产阶级民主革命的思想，使留欧的中国学生了解和支持孙中山领导的资产阶级革命，1907 年 6 月 22 日，张静江联络蔡元培、吴稚晖和李石曾等人"在巴黎创刊《新世纪》(*La Tempoi Novai*) 周刊，吴负责主编，人杰供应所需经费"，《新世纪》在"巴黎第 13 区的健康路 83 号一个监狱附近印刷，在 5 区博卡路（Broca）4 号上架销售"。据统计，"自 1907 年 3 月 22 日至 1910 年 3 月 21 日，《新世纪》共出版了 21 期"。[①]《新世纪》整整三年的出版推动了资产阶级革命思想的传播，也推动了资产阶级革命队伍在欧洲的扩展壮大，为后来的资产阶级革命培养了大量人才。《新世纪》"同时又出版世界大型画报年刊，第一期印一万册……还增刊近代世界六十名人传，介绍中国人物于西洋，风行一时。此外，又编印新世纪丛书凡六集，揭橥自由、平等、博爱、大同、公道、真理、改良、进化为主义。其中以新世纪销售最广，亦为在欧革命的秘密机关，与东京民报相互辉映"。由于当时人员缺乏，"新世纪自设备、编排，以至付梓，所有发行工作，人杰无不躬亲任之，且出资最多"。[②]《新世纪》和《世界画报》紧密配合国内外的诸多革命报刊，大力宣传以孙中山为首的资产阶级革命，从舆论上支持孙中山的资产阶级革命活动。

另外，张静江还与蔡元培、李石曾等人发起留法勤工俭学运动，鼓励中国青年赴法勤工俭学，创办"留法俭学会"等组织为留法学生提供

---

① 〔法〕罗拉：《卢芹斋传》，第 48 页。
② 蒋永敬：《张人杰》，秦孝仪主编《中华民国名人传》第 2 册，第 380～381 页。

帮助。同时，创办一些学校，以解决到法国后无法立即入学的中国留学生的生活，如法国"中法大学"以及国内相应的"世界学校"、"法文专修馆"等。① 这些活动在一定意义上为中国青年在法国的学习和生活提供了许多帮助。此时"文弱的张静江内心强大而且外向，他执着于自己的政治追求，不懈地进行各种社会实践的尝试，对国家、民族的前途怀有无比的热忱"。②

二　参加国民革命，扶持蒋介石崛起

1924～1927 年的国民革命是张静江一生的重要转折点。在三年多时间内，他的主要活动以 1926 年的"中山舰事件"为标志分为两个时期。之前，张静江拥护孙中山的"联俄、联共、扶助农工"三大政策，支持国民革命；蒋介石发动"中山舰事件"后，扶持蒋介石崛起，并走上了"反共"道路。

1. 拥护孙中山，推动国共合作

1924 年 1 月，国民党第一次全国代表大会在广州召开，这标志着国共第一次合作正式建立，国民革命开始。张静江在国民党一大上当选为中央执行委员。之后，张静江、汪精卫、胡汉民和叶楚伧等国民党要员赴上海组织国民党上海执行部，以扩大上海的国民党地方组织力量。

在国民革命初期，张静江拥护孙中山的"联俄、联共、扶助农工"三大政策，推动国共合作，还积极反对"西山会议派"的分裂活动。1924年 11 月，"西山会议派"在北京西山碧云寺召开所谓"中国国民党一届四中全会"，通过一系列反共反苏决议，如取消国民党左派控制的政治委员会，开除中国共产党员在中国国民党内的党籍，另立中国国民党中央，解除苏联军事顾问，重新制定对苏政策等。据居正回忆，当询问张静江对他们的态度时，张"忿然曰：'北京开会通电，有汝名在，果尔，余定去广东与汝等作对。'"结果两人"不欢而散"。③ 针对"西山会议派"在上海创办《民国日报》所进行的反共分裂宣传活动，张静江曾多次苦口劝言，促其改正。

---

① 陶英惠：《记民国四老——吴稚晖、蔡元培、张人杰、李煜瀛》，《传记文学》第 23 卷第 5 期，1973 年 11 月，第 23 页。
② 〔法〕罗拉：《卢芹斋传》，第 48 页。
③ 沈云龙：《民国史事与人物论丛》，台北，传记文学出版社，1981，第 205 页。

1925 年 3 月 12 日孙中山去世后，国民党内的局势变得扑朔迷离。1926 年 1 月，国民党二大在广州召开，张静江当选为中央监察委员，蒋介石以军事领袖跻身于国民党中央常务委员。这时的广州政局处于汪精卫主党政、蒋介石主军事的蒋汪合作局面。两人因权力之争矛盾重重，张静江虽居间调停，仍无济于事。张静江在这一关键时刻，选择了扶持蒋介石。

2. 扶持蒋介石的崛起

国民革命后期，各种政治势力均欲借机扩大力量，争夺国民革命的胜利果实，蒋介石也不例外。此时的张静江积极扶持蒋介石成为国民党内领导人物。

张静江与蒋介石同为浙江人，蒋早年投靠与张静江同为浙江南浔人的上海都督陈其美，成为其手下的得力干将。1916 年陈其美遭袁世凯派人暗杀后，蒋介石又结纳张静江，并与许崇智、张静江及戴季陶结拜为兄弟。这对蒋介石的政治生涯影响巨大，尤其是张静江曾资助他去日本振武学堂学习军事，还把他推荐给孙中山。1918 年春，孙中山在广州任大元帅时，张静江向其推荐蒋介石担任上校作战科主任。1922 年夏，陈炯明炮轰总统府，张静江急忙催促蒋介石到广州中山舰侍奉孙中山 40 余日，从而取得孙中山的进一步信任。之后蒋介石撰写《孙大总统广州蒙难记》，该书由孙中山题名、张静江作序并资助出版，提高了蒋介石在国民党内的声望，有助于蒋介石在政治上的崛起。1924 年黄埔军校成立，孙中山欲以蒋介石为副校长，张静江"为此事亲自赶到广州向孙中山先生力争，蒋遂被任为黄埔校长"。[①]

孙中山逝世后，张静江更是对蒋介石扶持有加。1925 年 6 月，蒋介石在广州遭到国民党内其他派系的攻击，感觉自己"单枪匹马前狼后虎，孤孽颠危"，[②] 便急忙电促张静江赴穗助己。正是有盟兄张静江的提携与帮助，蒋介石才逐步巩固了自己在国民党内的地位。7 月，广州国民政府成立，张静江当选为国民政府常务委员。为使蒋介石将来牢牢控制军权，张静江以国民党元老的身份提名蒋介石为国民革命军总司令，领导北伐。这为蒋介石在军事上的发展壮大奠定了基础，实际上也为蒋介石在国民党内的发展壮大奠定了坚实的基础。

---

① 何祖培：《张静江事迹片断》，《文史资料选辑》第 24 期，中华书局，1962，第 280 页。
② 毛思诚：《民国十五年之前之蒋介石先生》第 2 册，香港，龙门书店，1965，第 622 ~ 623 页。

1926 年 3 月 "中山舰事件" 后，张静江为进一步扶持蒋介石成为国民党内的最高领导人，开始为其反共出谋献策。为了在党务上削弱中国共产党的力量，在张静江与蒋介石等人的操作下，国民党召开了以 "整理党务" 为中心的二届二中全会，蒋介石提议增设中央政治常务委员会主席一职，由张静江担任。张任职后，旋即为蒋介石的反共活动做了一系列的准备。5 月 25 日，迫使中共党员谭平山（中国国民党组织部部长）、毛泽东（代理中国国民党宣传部部长）、林祖涵（中国国民党农民部部长）、刘芬（中国国民党中央执行委员会秘书长）辞去所任职务。稍后，张静江开始安排自己的亲信进入国民党领导层。28 日，由张静江提名，蒋介石兼任国民党组织部部长（陈果夫为秘书），顾孟余为代理宣传部部长，甘乃光为农民部部长，叶楚伧为中央执行委员会秘书长，明眼人一眼即可看出，"此项人事上的新部署，显然是在阻止共党份子的渗透与把持，以为后日的清党工作铺路"。① 7 月，张静江为树立蒋介石在国民党内的威望，力辞国民党中常会主席之职，提名由蒋担任，但在北伐期间仍由张静江代理。后来与武汉国民政府的斗争中，张静江一直坚决支持蒋介石的反共政策，最终在南京建立了以蒋介石为首的国民政府。从此可知，在蒋介石逐渐登上中国国民党权力顶峰的过程中，张静江是核心人物之一。

蒋介石后来在致戴季陶的信中，将孙中山、张静江和戴季陶三人进行了比较，称 "吾谓孙先生待友，其善处在简直痛快，使人畏威感德；静江待友，其善处在不出微言，使闻者自愧。吾之待兄固亦奉为畏友良师，然而敬惮之心，终不能如对孙先生与静江者"。② 1950 年张静江在美国纽约去世，蒋介石书写 "痛失导师" 挽联，由此可以想见其对张静江的尊重。

第二节　1928 年后的张静江：领导建委会

1928 年之后，张静江的主要工作是全力推进建委会的宏大建设事业，将自己的平生志愿即建设现代化国家逐步实现。除此之外，在担任浙江省政府主席职务时努力推进浙江省的各项建设事业。在推进建委会与浙江省的各项建设事业的过程中，由于利益冲突，张静江与蒋介石开始产生矛

---

① 李云汉：《从容共到清党》，台北，及人书局，1987，第 512 页。
② 毛思诚：《民国十五年之前之蒋介石先生》第 2 册，第 629 页。

盾，以致慢慢疏远。

1928年2月15日，在国民党中央委员的支持下，中央政治会议讨论设立"中华民国建设委员会"。据建委会组织法规定，该会负责事务较多，凡属国营事业如交通、水利、农林、渔牧、矿冶、垦殖、辟港、建设商埠，发展其他生产事业的设计、开办、创建等运作的事务，均应归其管辖。18日，在南京市中央党部举行建委会成立大会，张静江被选为主席（一年后改称为委员长）。张静江又任命曾养甫为副委员长。之后从全国各地调集各方面的专家，如无线电专家李范一、王崇植，水利专家孙辅世，矿业专家孙昌克等人，以对全国的各项建设事业做一完整规划。

一 开启电力工业的黄金时代

在1929~1938年的十年时间内，张静江主持的建委会，作为中国电力工业的领导机关，开启了中国电力工业的新时代。张静江意识到，电力工业是一切现代工业的动力，1929年6月他在国民党三届二中全会的提案中提出："动力和交通促进与推行一切农工矿业的基本要素，必须首先在全国各地建立适当的大小型动力厂，方能有原动力推动机械、代替人工、增强工作效率。"[①] 因此建委会接管全国电力工业之后，张静江非常重视。

首先接管了金陵电灯厂。该厂是官办电灯厂，因管理不善而供电不足，使得首都南京灯光昏暗，国际形象大受影响。1928年4月，建委会接管金陵电灯厂，易名为首都电厂，经过改组、扩充机量等，成为当时全国的五大电厂之一。稍后接管的位于常州戚墅堰的电厂，前身是私营震华电厂和耀明电灯公司，因两厂产权纠纷，当地电力供应时有中断。建委会认为无锡、常州乃苏南经济发达之地，不可一日无电力，故立即接管该电厂，改名为戚墅堰电厂，并加以整理，两年之后，戚墅堰电厂不但解决了无锡、常州地区的工业用电问题，还提供廉价电力给当地的农田灌溉，使这一地区成为当时中国农田灌溉最为发达的地区之一。因其成就突出，波兰曾专门向建委会请教戚墅堰电厂的农田灌溉经验。

张静江在稳定发展江浙一带电力工业的同时，还积极筹划宁沪杭的电力联网计划，只可惜抗战爆发，使其无法推进。张静江对全国其他地方的

---

① 中国国民党中央委员会党史史料编纂委员会编《张静江先生文集》，第56页。

电力工业，如贵阳电厂与安庆电厂等，也进行了整顿。为响应政府开发西部建设，建设中西部的电力工业，1935年还在西安建设了西京电厂，在河南建设了洛阳电厂，给中西部也带来了现代动力供应。另外，还积极地规范全国电力工业各项标准，力争与国际接轨，不使中国落伍。由此可见，张静江领导的建委会在中国电力工业发展历史上，做出了积极贡献。

二 发展铁路交通

张静江在交通方面的贡献并不亚于电力工业方面。在抗战爆发前的十年时间中，中国铁路建设受张静江影响很大。他主持修建的三条铁路，一为省营（杭江铁路），一为国营（淮南铁路），一为私营（江南铁路），均具有代表性。

张静江建设铁路的一个重要思路即"发展交通，开发地方，为当地经济建设服务"。在其主政浙江时期修建的杭江铁路（修成一个月后即按照蒋介石的要求扩建为浙赣铁路），是一个非常有代表性的例子。它是南京国民政府建立后修筑的第一条省营铁路，对浙江的经济发展影响很大。杭江铁路建成后，"四方交通便利，货物运输，商旅往来，都比往日便利快捷"。① 虽然张静江两次在浙任期不及三年，但"为浙江省留下新建设规模"，以致后人认为："在半世纪来的民国历史上，张是浙江省历任省政府首长致力于建设最有成绩的人。"② 此路也开启了国内银行界投资铁路的先例，之后山西阎锡山修筑的同蒲路、四川刘湘欲修的成渝路均是仿照杭江铁路的模式修建的。1930年开筑的淮南铁路对安徽各项事业的发展起了非常重要的推动作用。该路建设之快、造价之低、运营良好实为国内铁路建设的楷模。其通车为淮南的各项事业的发展提供了许多便利，促进了安徽腹地的开发，加强了南北不同区域间的经济联系，加强各方面的交流，还改善了合肥、芜湖两城市的发展环境。另外江南铁路的修建也很有代表性，因为这是一条私营铁路，由张静江与宋子文等人合组的江南铁路公司修建。江南铁路公司虽有官方背景，但是以私营方式运营，给地方带来了许多新的气息，铁路建成后，推动了沿线地区各项事业的发展。

---

① 侯家源：《张静江先生与浙赣铁路》，（台北）《中央日报》1950年9月16日。
② 吴相湘：《张人杰疏财仗义》，《民国百人传》第1册，第433页。

三　推动煤矿业发展

在建委会发展的十年时间里，张静江在发展铁路与电力工业的同时，还注意对国内煤矿的开发，对淮南煤矿的经营即是一个很好的例子。

建委会开发淮南煤矿前，曾接管浙江的私营长兴煤矿，发展良好。但是该矿股东不愿被接管，建委会只好退回长兴煤矿的经营权。为解决所属电厂的用煤问题，建委会在安徽大通煤矿的旁边开发了淮南煤矿。时任建委会的矿业处处长为许粹士，淮南煤矿局局长是程士范，采矿工程师兼工务科科长是谢季纲，此三位皆为从美国留学回来的专家。淮南煤矿"尽管所用设备如锅炉、绞车、水泵、水管、钢丝绳、铁轨等，无一不是搜集来的外国制造的旧货（这些东西当时国内不能生产），但毕竟和大通的二号井一样，是由中国自己的工程技术人员从凿井到出煤独立完成的"。[①] 淮南煤矿的成功，不但为建委会所属电厂的发展提供了廉价的燃料供应，对淮南城市的形成以及淮南一带的经济发展也起到不可低估的作用。如田家庵"昔为荒辟之区，自本局（淮南煤矿局——引者注）邻矿大通公司成立后，煤斤循此地出口，遂渐繁盛。今为本路（淮南铁路）北端之起点，淮北各地货物之出入，或将集中于此，来日之发展，殊未可限量，现有人口约 6000 余人"。再如淮南煤矿局所在地九龙岗一带发展较为迅速，"九龙岗，隶怀远县，前为三五家村，自本局创立后，人口渐众，今则熙熙攘攘，以呈市镇之雏形焉，人口约 1 万 1 千余人"，[②] 俨然一个小县城。淮南铁路筑成后发展更快，九龙岗由过去一个名不见经传的小村庄变成一个以煤矿为主导产业的中等城市——淮南。

四　推动无线电与水利事业进步

对全国无线电事业的管理也是张静江主持建委会初期的主要工作。1928 年 7 月，建委会成立无线电管理处，任命曾在军事委员会创办军队无线电事业的李范一和王崇植为正、副处长。张静江确定的无线电管理处的营业方针为："首在便利民生，而不斤斤于报费收入之多寡。"[③] 无线电事业发展很快，由于当时各地私设电台十分混乱，首先整理的即是全国各地

---

① 潘企之：《淮南煤矿和官僚资本》，《淮南文史资料选辑》第 1 辑，第 22 页。
② 淮南煤矿局编印《淮南煤矿六周年纪念特刊》，第 102 页。
③ 《革命文献》第 26 辑，第 63 页。

管理无序的所有电台。通过整理，中国的无线电事业有了相当大的改变，"一年内完成（电台）27座，可以通达33处，各方称便"。①

　　推动水利事业的进步也是张静江领导建委会工作的一个方面。张静江意识到"水利关系民生问题极大，应有统一机关，统筹兼顾"，因此任用周象贤②为水利专门委员。为发展全国水利、统一研究及便利指导，在建委会内成立水利处，公布组织大纲，分科办事。然而水利建设事业并无大的成就。最制约发展的因素是水利经费无法落实，如建委会所属的华北水利委员会，"因在军事时期，经费异常支绌，自本年三月起，迄今八个月内，仅领到一个月之经常费，致该会在本期内所拟举办之各种水利工程及灌溉事业均不能进行"。③ 水利建设所需经费很多，因此在建委会管理的几个事业中，唯有水利事业成绩不多。

　　随着张静江的建设事业的开展与蒋介石在南京国民政府中地位的稳定，张静江与蒋介石的关系发生了微妙的变化。由于张静江与蒋介石在南京国民政府建立后国家主要任务上产生严重分歧，张静江准备淡出政治，但是对建设事业一项却紧抓不放，曾言："总理说过的，革命要建设，不建设，革命就要失败。因此我党政军都可不管，惟有建设，我是一定要干的！""谁不同意，就是有意破坏建设。"④ 为了筹集建设事业的经费，1930年3月，张静江在建委会众委员们的支持下，向国民党中央政治会议提出《确定全国建设经费保管支配方案以利建设案》，这无疑是对蒋介石推行的内战政策表示不满，试图限制蒋介石对财政的干预与对经济建设事业经费的挪用。这加剧了二人的矛盾，1929年3月召开的国民党三大上，张静江由中央执行委员会委员改任中央监察委员会委员，失去了他在中央执行委员会的发言权。1931年6月，在国民党三届五中全会上，蒋介石又操纵中央执行委员会通过了《建设委员会应将属于各部主管之事业分别移

① 蒋永敬：《张人杰》，秦孝仪主编《中华民国名人传》第2册，第388页。
② 周象贤（1885～1960），别名企虞，浙江定海人，自幼随父母迁居上海，肄业上海南洋公学，后与宋子文等赴美国留学，就读麻省理工大学和加利福尼亚大学。毕业回国后随宋子文在汉冶萍公司任职，旋入北京大学任教。1927年起，先后任庐山管理局局长、治淮委员会主任、扬子江水利委员会主任、浙江省水利局局长等职，并三度出任杭州市市长。参见浙江定海史志网，http://sz.dinghai.gov.cn/View.Asp.NewsID=273。
③ 《革命文献》第81辑，第408～409页。
④ 何祖培：《张静江事迹片断》，《文史资料选辑》第24期，第282页。

交各部主管案》，① 随后成立的全国经济委员会与国防设计委员会也逐渐发展壮大，挤压建委会的发展空间。但是张静江仍对建委会领导的各项"模范"建设事业，如电力、交通、煤矿、无线电、水利等方面开拓进取，取得了前所未有的成就。

纵观张静江的一生，1928 年之前，他不在政府中任职，从事商业经营，盈利很多。1928 年之后，担任浙江省主席和建委会委员长之时，全力从事经济建设，才华得到了充分展现。他后来自认为平生得意之作有以下四项："筹建完了浙赣铁路及芜湖到南京的通车；扩建南京首都发电厂及杭州电厂；重建淮南煤矿和淮南铁路；成立无线电管理处。"②

张静江领导建委会时期经济建设成就非凡，获得了颇多赞誉。陈果夫即称赞称："彼得以其富裕之家资，协助国父革命；复以其豪迈之气魄，协助蒋公主持全国建设委员会，以有限之经费，为国家建设造若干铁路，开发若干矿产，成立若干电厂及无线电台，并规划导淮灌溉等大规模工程，为实现国父实业计划开其端。其实政府苟能宽筹经费，听其发展雄才，则国家早已由农业进入工业化。"③ 此评价虽有夸大之嫌，但张静江对抗战前中国经济建设的影响却是有目共睹的。

第三节　张静江指导建委会的思想

建委会于 1928 年 2 月成立后，张静江因感到"能施展抱负"，且与"'造福人群，为而不有'的素志相合，欣然受命"担任领导人。④ 张静江自该会成立后直至被裁并至经济部，始终担任委员长一职，因此探讨张静江指导建委会的经济建设思想对进一步理解建委会的发展脉络很有必要。本节拟从关注民生建设、发展私人资本的无政府主义、振兴农村经济与近代企业的先进经营理念四个方面阐述张静江的经济建设思想。

① 何祖培：《张静江事迹片断》，《文史资料选辑》第 24 期，第 283 页。
② 李力经：《漫谈张静江》，《上海文史资料存稿》第 2 期，第 337 页。
③ 陈果夫：《追忆张静江先生》，世界社编印《张静江先生百岁纪念集》，第 6 页。
④ 蒋永敬：《张人杰》，秦孝仪主编《中华民国名人传》第 2 册，第 387 页。

一　关注民生建设

张静江的经济建设思想基本上以孙中山的"民生主义"为指导。1924年孙中山在手定的《建国大纲》中强调"建设之首要在民生"。张静江也认为中国"数十年来，疆域日蹙，民生凋敝"，其根源"实出于建设事业之过于幼稚，即民生问题之未能解决也"。经过张静江的多方努力，南京国民政府于1928年2月成立建委会，并任其为主席（是年10月改称委员长）。张静江在《建设》发刊词中提出该会的指导思想为："奉建国大纲、建国方略为圭臬，以解决民生问题为主旨。"[①] 至于如何进行建设，张静江主张"除了重大国防军事水利及重工业，非由政府主办不可者之外，其他各项经济建设，只须由政府制定政策、树立示范工作。而主要的是要由政府领导、鼓励、发动全国人民去努力，才能早著成效"。张静江曾设想"在可能范围内，只办几项国营事业，给人民作榜样，同时极力指导协助和保障民营事业，造成全国上下一致努力建设的风气"。[②] 张静江对建委会所属企业的经营理念基本上都是"给人民作榜样"，因此所办的每个企业几乎都成了全国的"模范"。

张静江之所以如此注重民生主义建设，是因为在他看来，推翻帝制、消灭军阀，不能看成革命已经成功，只有"根据民生主义，建国大纲，切切实实把中国建设成一个富强的现代化国家，使全国人民在自由和平精神文明笼罩之下，得享受最高度物质文明的幸福，才能称为革命成功"。[③] 可见张静江将"革命成功"理解为国家实行全方位的现代化。

由于认识到电力工业是近代工业发展的基础，张静江极力发展电力工业，并以苏俄电气化为例来说明中国电力工业建设的迫切："苏俄以新建之邦，欲救其土地辽阔生产落后之穷首，先施政即以政府经营若干电气网，使全俄农工业电气化，可谓扼要之图。"[④] 至于如何进行电气化建设，张静江认为应以"庚款之一部份建设基本大电厂数所，使新兴工业有所附丽，被灾农田有所取给……然后扩而充之，分设全国各区电气网，发展天

① 张人杰：《发刊词》，《建设》第1期，1928年10月，第1页。

② 秦慧伽：《回忆伟大的建国领袖张静公》，世界社编印《张静江先生百岁纪念集》，第10页。

③ 秦慧伽：《回忆伟大的建国领袖张静公》，世界社编印《张静江先生百岁纪念集》，第9页。

④ 《电气建设方案（附建设方针）》，《建设委员会公报》第8期，1930年6月，第26页。

然之水力，以国营为主体，同时奖励指导民营电业，共求发电之经济，电价之低廉，使全国逐渐电（气）化。庶几，革命大业，民生乐利并得循序完成"。① 因此张静江在办好首都电厂和戚墅堰电厂使之成为全国电力工业模范电厂的同时，极力支持民营电力工业的发展。张静江反对政府随意向民营电厂征收苛捐杂税，阻碍民营电厂的发展。1930 年 6 月，他呈文行政院要求"通令各省政府、各特别市政府转饬所属，嗣后关于征收民营电厂各项税捐事宜，须先呈经钧院核准备案，以示限制而维公用"。② 因为在他看来，只有民营事业"乃能发动人类工作之本能，以建立工商生产事业，累积国民财富，实现国父遗教"。③ 上述言论体现了张静江以民生主义为指导的经济建设思想。

二　注重振兴农村经济

20 世纪 30 年代，中国农村经济的凋敝，也引起了规划全国经济建设事业的张静江的关注，这主要体现在建委会成立后所创建的两个农业机构，即振兴农村经济委员会与模范灌溉管理局。这两个农业机构推动地方农业发展的过程，贯穿了张静江发展中国农业现代化的思想。

1. 振兴农村实验区

1933 年 3 月，中国国民党三届三中全会通过了《关于建设方针案》，指出政府各级机关"应特别注意农业之发展"，广泛开展"农民教育"、"竭力提倡农业合作"，④ 以恢复濒于破产的农村经济。张静江认为"自开海禁以来，农村因受外来经济之压迫，生产日渐衰弱。加之国内连年屡遭水旱奇灾，农村经济顿成破产之象，社会亦日感不安"。故 1933 年 5 月，建委会成立了以章桐、萧文熙、郭颂铭为主要领导人的振兴农村设计委员会，由章桐任主任委员，"专司计划研究农村经济、农村文化暨农民生活各问题及其救济方案"，确定其三项职能，即"研究农村救济方案及农村经济问题；计划促进农村文化及改善农民生活方案；筹办振兴农村实验区"。⑤

---

① 《电气建设方案（附建设方针）》，《建设委员会公报》第 8 期，1930 年 6 月，第 26~27 页。
② 《呈行政院令（第 73 号）》，《建设委员会公报》第 7 期，1930 年 7 月，第 31 页。
③ 周颂贤：《纪念张静江先生》，世界社编印《张静江先生百岁纪念集》，第 21~22 页。
④ 《训政时期经济建设实施纲要》，中国第二历史档案馆藏国民党中央执行委员会秘书处档案，全宗号：7114，案卷号：415。
⑤ 《建设委员会振兴农村设计委员会组织章程》（1933 年 2 月 14 日会令公布），《建设委员会公报》第 29 期，1932 年 6 月，第 113 页。

并拟定南京"观音门外乌龙山东流一带为实验区，以资研究，详细调查，精密设计"。张静江计划"先由国都附近着手，逐渐推广及于四方，为全国农村建设设计之助"。①

为解决振兴农村经济委员会的经费问题，同年 6 月，张静江力排众议，坚持每月拨给 1500 元。当时建委会的办公经费每月仅有 3000 元左右，张静江却对振兴农村设计委员会拨款 1500 元，为建委会办公经费的一半，可见他对农村经济振兴事业的重视。他想通过该机构的成就来树立振兴农村经济的典型，从而引起全国对农村经济问题的关注并推动农村经济的振兴。翌年 2 月，为加强对农村实验区的管理，特派章桐兼任实验区主任，并公布农村实验区章程，将实验区分为总务、常务、社会三个组，总务组主要负责后勤事务，场务组负责"农场之筹划及管理"、"农产增加"、"种植改良"、"提倡农民副产"、"农具改良"、"病虫害防止［治］"六个方面，社会组负责"各种合作社组织指导及监督"、"筹办公共仓库"、"农村调查"、"农村教育"、"农村卫生"、"改良种子及改良农具之推广宣传"、"农村社会一切改进"七个方面。② 从该会的章程和职责可以看出，这个实验区的工作几乎涵盖了农村经济建设的各个方面。

振兴农村经济委员会通过对农村实验区的多方实地调查研究，认为"农村衰落，实以农村经济破产为其主要原因，故振兴之计，必自经济救助方面着手，方克奏效"。并提出"农村合作，尤为救济农村之善良组织，以为举世所公认，我国近年来上下亦交相提倡"。为此在南京近郊侯家塘一带相继举办 15 个类似的农业合作社。但是"惟农村金融破产，端赖都市金融机构救济，该社等虽组织健全，惟乏金融上之扶助"。③ 由于 20 世纪 30 年代中国的资金多集中于上海，根据统计，"上海之存洋集中的趋势，一般的说来，每年都在增加，尤其从民国二十年急性的经济恐慌暴发而深刻化了以后，其增加速度更特别的快。从民国九年至二十三年的十四年三个月当中，增加了十四倍半，平均每年增加一倍；但自二十一年至二十三年三月的三年三个月中，就增加了七又四分之三倍，平均每年要增加

① 张静江：《为农村设计委员会组织章程呈国民政府文》，中国国民党中央委员会党史编纂委员会编《张静江先生文集》，第 119 页。
② 《建设委员会振兴农村实验区组织章程》（1934 年 2 月 7 日会令公布），《建设委员会公报》第 38 期，1934 年 3 月，第 112～113 页。
③ 《函农工银行》，《建设委员会公报》第 38 期，1934 年 3 月，第 102 页。

两倍以上"，①为了办好农村合作社，张静江特致函中国农工银行要求酌给实验区贷款，由于张静江与江浙财团的特殊关系，贷款终于成功，为农村实验区的正常发展提供了资金基础。

2. 发展电力灌溉事业

除了振兴农村设计委员会举办的农村实验区之外，为发展农业，张静江还大力推行水利灌溉，尤其是电力灌溉。1930年7月，张静江特授意在建委会下设立模范灌溉管理局，办理无锡区、庞山湖、方邱湖三个实验区的电力"模范"灌溉事业。可是模范灌溉管理局每月7000元的办公经费国民政府却时常拖欠不发。②为此，1931年6月11日，张静江致函财政部说明经费拖欠情况："灌溉经费每月7000元，早经呈奉国民政府核准……乃历时数月，上项经费犹未准"，而"灌溉事业，急待进行，需款迫切"，③要求财政部从4月起一并如数拨付。结果直至6月下旬方拨付6月经费的一半。可见发展农村经济、筹措经费的困难程度。

建委会属下的戚墅堰电厂发展壮大后，为使农村经济快速发展，张静江要求戚墅堰电厂支持当地的农田灌溉事业。1935年4月18日，张静江致电戚墅堰电厂，要求"克日动工，放线至安镇，限一个月内完成，通电以资救济"。④在张的多次督促下，戚厂"不惜巨资，专设数十里高压线路至四乡村镇，以电力戽水灌溉农田"。⑤结果"受戽田亩，俱庆丰收，田价随渐增高，农民信仰日深，要求加入受戽者亦日众"。⑥此举大大推动了电力灌溉事业的发展。随着戚厂供电能力的增强，为减轻农民负担与加快农业发展，1935年9月16日，张静江再次要求模范灌溉管理局与戚厂从1936年起降低电价，"以轻农民担负"，从原来电价每度7分5厘降

① 李紫翔：《资金集中都市与资金回到农村》，千家驹：《中国农村经济论文集》，中华书局，1936，第102页。
② 模范灌溉局的经费经财政部与建委会商议，由三部分组成，即由华北水利委员会月支经费34000元中每月划出4000元，太湖水利委员会月支经费4000元中每月划出1000元，由湘鄂湖江测量经费20522元中央担负部分6840元内每月划出2000元。详见《建设委员会公报》1931年6月第16期，第95页。
③ 《公函财政部（第240号）》（1931年6月11日），《建设委员会公报》第17期，1931年9月，第64页。
④ 《建设委员会训令戚墅堰电厂（第170号）》，《建设委员会公报》第52期，1935年5月，第146页。
⑤ 朱大经：《十年来之电力事业》，谭熙鸿主编《十年来之中国经济》，第57~58页。
⑥ 《革命文献》第81辑，第497页。

至 6 分，以符"本会扶助农村之本意"。①

振兴农村经济委员会和模范灌溉管理局开展的一系列活动，为地方经济的发展产生了榜样与示范作用，使地方人民得风气之先，极大地推动了农村经济的发展。

三　近代企业的先进经营理念

浙江南浔地处上海边缘，近代浔商与外商交往密切，张静江的"祖父和外祖父都是经营丝业的巨商，豪迈、冒险、进取是他们两人的特性，张出生于这样家庭环境中，自然受有遗传影响"。② 况且，"张家老爷很重视孩子的教育，开拓国际视野便是其中一个重要部分。张家少爷中相继有四个出了国，在法国和英国学习或做事"。③ 因此，张静江年幼时即已接触西方资本主义思想，又常随祖父或父亲到上海，接触到了更多的西方新观念与新事物，其中包括商业经营的先进理念等。少年时期，当张静江认识到火灾的巨大危害时，便组织了南浔镇最早的"救火队"，在家人的帮助下购得外国先进的"洋龙"（指灭火水枪），成为当时湖州地区最早的新式专业消防队。可见，早年的张静江深受西方思想的影响。

1902 年，25 岁的张静江以商务参赞的身份随驻法公使孙宝琦赴法，"这时张雄心勃勃，很想扩大中国货物的对外贸易"。④ 这次法国之行使张静江接触到西方先进的经济思想理念，并进行商业实践，在获得厚利后支持孙中山从事资产阶级革命活动，这为他后来从事各种政治和经济活动提供了极为丰富的政治资源。建委会时期，张静江率先在企业内部实行会计统一制度和集中购料制度，这在当时的国营企业中是绝无仅有的。先进的西方管理模式使张静江充分利用企业内部的剩余资金进行周转，以增加更多的建设项目。如淮南铁路即是利用首都电厂和戚墅堰电厂的剩余资金，加上淮南煤矿的盈余及上海银行团的贷款建成的。曾参加淮南铁路建设的石原皋回忆，合肥至田家庵段铁路，是建委会以首都电厂、戚墅堰电厂和淮南煤矿三家作为抵押向银行贷款 270 万元建成的，后又把此段铁路作为

---

① 《建设委员会训令戚墅堰电厂、模范灌溉管理局（第 390 号）》，《建设委员公报》第 57 期，1935 年 10 月，第 100 页。
② 吴相湘：《疏财仗义的张人杰》，《传记文学》第 6 卷第 2 期，1965 年 2 月，第 32 页。
③ 〔法〕罗拉：《卢芹斋传》，第 41 页。
④ 吴相湘：《疏财仗义的张人杰》，《传记文学》第 6 卷第 2 期，1965 年 2 月，第 32 页。

资本抵押给银行，再借贷 300 万元修筑合肥至巢湖段。最后把合巢段抵押给银行，贷款 280 万元，继续完成巢裕段。[①] 这一时期，张静江通过这种循环抵押的方式不断获得建设资金，从而保证了建委会所属企业的正常发展并壮大。建委会后期，资金益显紧张，加上抗日战争的全面爆发，建委会不得不采取企业和银行联合经营的策略，将四个办理良好的国有企业以招徕商股的方式与中国建设银公司合作经营，实现了企业的商业化运营。

张静江主政浙江时期，为发展浙江经济，修筑了杭江铁路，设计了以杭州为中心贯通全省的公路网，并实行商营筑路，给予 30 年的经营期限。为扩大杭州的动力基础，吸引上海金融资本投资企业，对杭州电厂实行招收商股的办法，扩大了电厂规模。为"奖励实业，振兴国产"，[②] 张静江举办了在中国近代历史上具有深远影响的西湖博览会。这是继清末举办南洋劝业会后规模最大的一次博览会，"规模最大，足轰动内外"。[③]

四　注重国际科技合作交流

张静江因为早年在海外经商，对西方的先进科技十分了解，亦十分注重国际科技交流，这主要体现在派遣专家出国考察先进的建设经验、参加国际学术会议与加入相关国际学术团体等方面。

自 1928 年 2 月建委会成立后，经过几年建设实践的探索，张静江意识到不能闭门造车，必须走出国门，学习先进国家的技术和经验。因此他多次派技术人员赴欧美等国进行考察。1933 年 8 月 10 日，张静江派简任技正陈大受、戴占魁搭乘意大利邮船"罗莎伯爵"号从上海赴欧考察矿业。为了使两人赴欧后较为顺利地投入工作，张静江特致函中国驻欧各公使馆，要其尽量"介绍驻在国各关系机关团体及工厂，予以种种便利，俾得实地参观考察，以资研究"。[④] 翌年 2 月，建委会又派设计委员许绍棣、张怀南和罗学濂等数人赴欧美等国考察建设事业。

张静江除派科技专家赴发达国家参观考察建设事业外，还派专家参加一些国际学术会议，以便了解学术前沿，力图与国际先进科技接轨。1936

---

① 石原皋：《忆程士范先生与淮南路》，《淮南文史资料选辑》第 2 辑，第 81~82 页。
② 中国国民党中央委员会党史史料编纂委员会编《张静江先生文集》，第 36 页。
③ 德征：《对西湖博览会的感想》，《时代》1929 年第 1 卷第 4 号，第 17 页。
④ 《公函驻欧美各公使馆》（1933 年 8 月 4 日），《建设委员会公报》第 32 期，1933 年 9 月，第 96 页。

年 9 月 7 日，世界动力协会第三届大会将在华盛顿举行，由于中国电力事业刚刚起步，急需了解关于世界电力工业的进展情况，张静江向国民政府呈文，说明这次会议"将有造于我国在国际上之声誉者甚巨。故此次大会，本会以职责所在，实有派选代表参加之必要"。① 建委会积极组织电力专家撰写论文，最后向世界动力协会第三届大会提交了 4 篇论文：《中国电气事业之发展》、《中国民营电气事业之组织》、《中国民营电气事业之监督》和《中国公营电气事业之组织筹资及其管理》。② 因大会名额及经费所限（中国仅分到两个名额，其中建委会一个名额），建委会只有电气试验所主任陈中熙一人出席。本来陈的出席旅费已列入实业部临时费项下拨付，可至 7 月 27 日，世界动力协会中国分会却来信告知："关于参加世界动力协会大会临时费一案……已由奉派参加化工大会之王代表绳善支用。其华盛顿大会出席旅费，已无法由实业部临时费项下开支。"③ 此举着实出乎张静江意料，为此他特致函国民政府要求拨付陈中熙的出席费用，经过多方努力，旅费方才拨付，陈中熙终能成行。

　　加入一些国际学术团体亦是参加国际学术交流的方式之一。但因科技落后、经费缺乏等，中国在国际学术会议上表现欠佳。加入国际电工技术委员会即为例证。在加入该会之前，中国已于 1934 年 10 月由张廷金、顾毓琇等在上海成立中国电机工程师学会。1935 年 5 月，中国电机工程师学会致函建委会，表示有意加入国际电工技术委员会，因该组织"系由各国联合组织，为全世界电气技术标准之权威，我国亟应加入"，而国内电工学者亦均认为"国内电工事业日趋发达，凡关于电工名词与电工机械仪器标准之拟定，似均有与国际电工学术机关互通声气之必要"。④ 翌年 6 月，在张静江和中国电机工程师学会的多方努力下，建委会始得加入国际电工技术委员会。虽已加入该会，但"成立以来，因经济上之困难，一切应办事业尚未能积极进行，而应缴国际委员会之常年经费，亦迄今未能照付"。⑤ 说明国家落后而使学术交流深受阻碍，无法通过学术交流达到发

---

① 《呈国民政府》，《建设委员会公报》第 68 期，1936 年 9 月，第 162 页。
② 《公函世界动力协会中国分会》，《建设委员会公报》第 64 期，1936 年 5 月，第 54 页。
③ 《呈国民政府》，《建设委员会公报》第 68 期，1936 年 9 月，第 162 页。
④ 《建设委员会训令专门委员吴玉麟、吴新炳、许应期、陆法曾，设计委员陈良辅》，《建设委员会公报》第 73 期，1937 年 2 月，第 93 页。
⑤ 《建设委员会训令专门委员吴玉麟、吴新炳、许应期、陆法曾，设计委员陈良辅》，《建设委员会公报》第 73 期，1937 年 2 月，第 93 页。

展科技的目的。

张静江要求建委会积极鼓励科技人才迈出国门努力学习他人之长的同时，他国对建委会内部的一些先进技术或者先进方法也颇感兴趣。如建委会办理电力灌溉成就显著，即引起了波兰灌溉研究专家的关注。1933 年 7 月，波兰工商部为了借鉴中国农村电气化建设经验，特地致函波兰驻华使馆，要求搜集建委会农村电气化建设的资料。为积极推动国际间电气化建设的交流，建委会将模范灌溉管理局武锡区办事处办理农田电力戽水工程情况、戽水站规则等一系列材料由外交部转交于波兰驻华使馆。

张静江自 1928 年 2 月任建委会委员长直至 1938 年初该会并入经济部与资源委员会，始终指导着该会的发展，其经济建设思想已完全体现在建委会所属企业的实践活动中。建委会后期一直负责电力工业的陈中熙这样评价建委会："推其成功之由，不外该会对于管理方法及工程设施能现代化、合理化而已。"[1] 毫无疑问，这与张静江的经济建设思想是分不开的。

五　发展私人资本的无政府主义思想

如果我们进一步考察张静江指导建委会的经济建设思想，就会发现在张静江的内心深处，始终有着他早年于法国经商时所熏陶浸染的一些无政府主义思想，即国家尽量不要干预经济、充分予私人经济发展的空间。

张静江早期"旅法数年，结识西欧无政府党诸学者，获聆浦鲁东、巴枯宁、克鲁泡特金等学说，因之思想锐进，言论怪特，隐然以中国无政府主义之宣讲师自任"。[2] 当时，"无政府主义"作为一个革命口号受到广泛宣传。张静江、吴稚晖、李石曾及蔡元培等人在巴黎成立世界社，出版革命报纸《新世纪》周刊，开中国人宣传无政府主义之先河；加之他们深受法国自由、平等及博爱等民主革命思想的影响，故被称为富有自由主义色彩的无政府主义"新世纪派"。尽管他们每人信仰的深浅程度不一，但都把它当作一个博大精深、包治百病的思想体系和最高的理想境界。[3]

"新世纪派"把他们的主张归结为"五大主义"，即反对宗教主义、反对家族主义、反对私产主义、反对祖国主义、反对军国主义，"合而言

① 陈中熙：《三十年来中国之电力工业》，中国工程师学会编《三十年来之中国工程》，第 2 页。

② 冯自由：《新世纪主人张静江》，《革命逸史》第 2 册，中华书局，1981，第 210 页。

③ 蒋俊、李兴芝：《中国近代的无政府主义思潮》，山东人民出版社，1990，第 81 页。

之，则曰反对强权主义"。① 这也是蒋介石建立南京国民政府后，张静江
坚持己见，极力反对蒋介石武力统一中国政策的原因，他实则反对蒋介石
的"强权主义"，主张国家应以经济建设为主要施政内容。张静江等人目
睹西方之发达，城市"满街电车、火车、公园、戏院、演说厅、公学堂，
万象皆新，道路整洁，建筑辉煌……区区三岛雄飞而为世界先，未始非由
实业之发达也"，便决心振兴中国实业，设想"自今而后，愿吾国人振兴
工业，效法英国，此实业上之革命也"。② 张静江被任命为建委会主席时，
认为此职"能施展抱负，且与其'造福人群，为而不有'的素志相合，
故欣然受命"。③ 张静江主持建委会期间展开的建设活动即是其发展民族
私人资本的无政府主义思想的最好体现。

　　张静江的一生，早期追随孙中山参加资产阶级民主革命，为革命捐资
输财做出了积极贡献。在大革命初期拥护孙中山的三大政策，后期支持蒋
介石上台。1928 年后张静江以建委会的事业发展为重，为该会的发展提
出了一系列的经济建设指导思想。正是张静江及其领导的建委会上下全体
人员的一致努力，使该会在中国近代政治经济史上占有一定的地位。

　　① 新世纪书报局：《本馆广告》，《新世纪》第 52 期，1908 年 6 月 12 日，沈云龙主编《近
　　　代中国史料丛刊三编》第 32 辑第 319 号，第 201 页。
　　② 新世纪书报局：《支那立宪党之模型》，《新世纪》第 66 期，1908 年 9 月 26 日，沈云龙
　　　主编《近代中国史料丛刊三编》第 32 辑第 320 号，第 425～426 页。
　　③ 蒋永敬：《张人杰》，秦孝仪主编《中华民国名人传》第 2 册，第 387 页。

第十章 建委会与国家政治、经济

建委会作为一个在南京国民政府建立初期创立的国家政府机构，名义上是为遵守孙中山的"政治遗教"而成立，具有较为浓厚的政治色彩，对国家的政治、经济形势产生了深远影响。由于它主持国家经济建设规划，又和同时代的其他经济建设机构，如全国经济委员会、国防设计委员会（后改为资源委员会）等有密切的关系。建委会发展的困境其实也是20世纪20~30年代中国现代化发展的困境。

第一节 建委会对政治与经济的影响

20世纪20~30年代，中国出现一个所谓"黄金十年"的经济建设的良好时期（指1927~1937年），南京国民政府在这一时期所取得的经济建设成绩，为八年抗战奠定了坚实的物质基础。众所周知，抗战前十年，南京国民政府有多个负责国家经济建设的重要部门，如建设委员会、全国经济委员会、国防设计委员会（1935年后改为资源委员会）、实业部等。这些部门中资源委员会因属蒋介石的军事委员会领导，发展最为快速。建委会在国民政府成立的初期影响亦甚为广泛，发展颇快。虽然该会在初成立时负责国家经济建设规划事宜，却具有较浓厚的政治色彩，政治方面的影响亦很明显。

一 建委会对抗战前政治形势的影响

南京国民政府初期成立建委会的主要目的，按照张静江的理解，是实现孙中山的《建国大纲》和《实业计划》，为中国的现代化建设开辟道路。南京国民政府建立后，中央政府与地方政府中的重要人物均以孙中山的"忠实信徒"自居，纷纷表示支持建委会的发展。建委会的成立给抗战前南京国民政府的国家建设带来了许多现代化的新鲜空气。

1. 标志着以"民生主义"为指导的经济建设政府机构的出现

建委会是国内外各种政治经济形势发展的产物。20 世纪 20 年代初，尽管一战的硝烟并未完全散尽，一些国际争端，如战争债务与各国赔款问题尚未最终解决，但国际政治经济形势在一定程度上得到了缓和，一些世界大国正努力恢复和发展经济，开始医治一战留下的创伤。对于大多数国家而言，20 世纪 20 年代是一个经济迅速发展和需求量上升的时期。

国际政治经济形势的好转刺激了国内经济的发展，南京国民政府形式上的统一为建委会的成立与发展提供了可能。1927 年 4 月 18 日，南京国民政府建立，随后"二次北伐"形式上统一了全国，国家的统一"迎和了中国实现现代化计划最重要和最有战略意义的需要"，① 于是加强经济建设的呼声随之高涨。当时国人普遍认为："革命成功，建设开始，以言建设，则首当注重经济。"② 对此孙中山早就有过建设现代中国的计划。当他辞去南京临时政府大总统后，努力于全国建设计划，于沪上潜心著书，完成《建国大纲》与《实业计划》等。这些论著基本上体现了孙中山经济建设的思想，阐述了开发实业的途径、原则与计划，堪称一个以国家工业化为中心、实现国民经济全面现代化的宏伟蓝图。孙中山曾经说过："建设为革命之唯一目的，如不存心建设，即不必有破坏，更不必言革命。"③ 因此至南京国民政府成立后，对孙中山的《实业计划》颇为重视。邵力子称："孙先生之计划，对外足应付经济竞争，对内尤预杜社会革命，开发全国之富力，防制少数之垄断，诚谋永久和平之惟一途径，国民应合全力从趋赴之者也。"④ 南京国民政府成立初期，国内各政治势力均表现出对国内经济恢复和发展建设事业的深切关注，以证明自己是孙中山的"忠实信徒"。正是在这种复杂的政治背景下，南京国民政府成立了负责国家全面建设事业规划的专职机构——建设委员会。

国家甫建，百废待举，该会的成立在某种程度上开启了国家经济建设的新局面。因为自此之后南京国民政府成立了专门领导国家经济建设计划、关乎国计民生的政府机构。1927～1937 年中国抗战前"黄金十年"

① 〔美〕吉尔伯特·罗兹曼主编《中国的现代化》，第 308 页。
② 《全国一致促裁兵》，《国闻周报》第 5 卷第 27 期，1928 年 7 月 15 日，第 7 页。
③ 胡汉民：《今后的革命军人》，见《革理》总第 967 页，转引自蒋永敬《胡汉民先生年谱》，台北，中央文物供应社，1978，第 239～240 页。
④ 邵力子：《永久和平之惟一途径》，傅学文主编《邵力子文集》（上），第 90 页。

经济建设成就的出现与建委会的成立、发展有着一定的因果关系。

2. 巩固了新生的南京国民政权，引导了国人对经济建设事业的重视

南京国民政府成立初期，各地各派军阀为扩充地盘势力相互混战，工农业生产遭到严重破坏，人民生活困苦不堪。建委会作为国民党实现孙中山"政治遗教"的重要产物，至少国民党内各个派别在表面上是完全拥护的。从这个意义上而言，建委会在某种程度上巩固了新生的南京国民政府，引导了国人对经济建设事业的重视。

1928 年 2 月 18 日，根据国民党中央政治会议第 127 次会议决议，建委会成立大会在南京国民党中央党部召开。会上张静江当选为建委会主席，孙科、李石曾、陈立夫、王征、叶楚伧、曾养甫、郑洪年、魏道明、宋子文、孔祥熙、吴稚晖、谭延闿、刘纪文、蒋介石、蔡元培、阎锡山、胡汉民、冯玉祥、李济深、何应钦等人当选为建委会委员。建委会"欲收众擎易举事权统一之效，故罗致各部部长暨各省建设厅长为当然委员"，①并指定张静江、孙科、李石曾、陈立夫、王征、叶楚伧、曾养甫、郑洪年、魏道明、宋子文及孔祥熙 11 人为常务委员。大会规定建委会"仰体总理为建设而革命之精神，秉承国民政府所付予之职责，依据总理建国方略、建国大纲及三民主义，计划全国建设，经营国营事业，并指导各省建设之实施"。② 叶楚伧认为："现值南北统一，军事底定之日，国内建设障碍悉已扫荡无遗，情势自较欧战后更进一筹。倘以所裁之兵，用诸建设之途，充分吸收外资，发展中国富源，大足以补救中国社会上之困穷。"③ 而这也是当时大多数国人的愿望。

张静江在建委会成立后的第一次"总理纪念周"讲演中说："要救中国，惟有建设，要保民生，也惟有建设。非建设国家无以安宁，非建设民众无以福利。若不想建设，就不算革命。不知道建设，就不是总理信徒。我们要做总理的信徒，要救我们的国家，要保我们的生命，惟有努力建设。"④ 在南京国民政府成立时，张静江提出要"救中国"、"保民生"，保

---

① 叶楚伧：《建设委员会之使命》，《建设》第 2 期，1929 年 1 月，第 6 页。

② 《建设委员会自 19 年 3 ~ 9 月政治工作报告书》（1930 年 10 月 20 日），《建设委员会公报》第 11 期，1930 年 11 月，第 43 页。

③ 叶楚伧：《建设委员会之使命》，《建设》第 2 期，1929 年 1 月，第 7 页。

④ 张静江：《张主席报告北伐情形及解说建设真义》，《建设》第 1 期，1928 年 10 月，第 186 页。

"国家安宁"、谋"民众福利"，这些重大问题均要用"建设"解决。而
"若不想建设，就不算革命。不知道建设，就不是总理信徒"，则把建设事
业理解得更为崇高。因此该会成立时，全国各地军阀均以参加其中为荣，
纷纷列名其下，如李宗仁、冯玉祥及阎锡山等，他们自称孙中山的信徒，
不同程度地在各自占据的地域空间，从事以孙中山的"民生主义"为指导
的国家经济建设。不论他们从事经济建设的真正目的与经济发展状况如
何，这在一定程度上仍减缓了国家动荡不安的局势，引导了国人对国家经
济建设事业的重视。

3. 导致国民党内部发生分化，各派别间的斗争加剧

南京国民政府成立初期国民党内矛盾错综复杂，派系斗争十分尖锐。
张静江在国民党内的地位与江浙财阀集团有关，蒋介石在政治崛起的过程
中及南京国民政府建立时均需依靠张静江和江浙财阀势力的支持。正如日
人井上谦吉在抗战前评论的那样："蒋介石之所以现在让张（静江）领导
建委会，也是出于相当深谋远虑的打算，这就是张静江的老家南浔聚居着
国内著名的富豪，他们的财产数目不只有几百万元，而且有的达几千万
元，今后在中国重大的建设方面是要借助这些富豪之力的。"另外蒋介石
从自身统治需要或"从长远的计划来看，要操纵他们，也以张（静江）
最为适合"。① 由此看来，张静江担任建委会委员长之职务含有蒋介石利
用其政治经济资源的考虑。

20世纪30年代初，国民政府政权日渐巩固后，张静江便很快失去其
价值。南京国民政府实施五院制时张静江未争到监察院院长一职即为例
证。当时，张静江"以为可以元老身份争取监察院长一席"，其他国民党
元老，如李石曾、吴稚晖及蔡元培等人也极力为张静江"捧场"。② 蔡元
培曾致函吴稚晖言及推荐张静江任监察院院长一职："即以静江先生任之，
有何不可？""盖张先生与弟同为党部监察委员，同为'四Ｘ'（"四Ｘ"似
应为四个国民党元老之意——引者注）之一，而革命资格，张先生最老；
与蒋先生交情，张先生较弟深十倍、百倍"，这样"亦不致为人所深忌"。③

---

① 〔日〕井上谦吉：《中国的全貌》，东京，宗文社印刷所，1937，第139～141页，转引自
陈真主编《中国近代工业史资料》第3辑，第766页。

② 何祖培：《张静江事迹片断》，《文史资料选辑》第24辑，第282页。

③ 蔡元培：《致蒋介石等函》，中国蔡元培研究会编《蔡元培全集》第11卷，浙江教育出
版社，1997，第408页。

令众人始料未及的是，最终于右任担任了监察院院长。蒋介石可能担心张静江担任监察院院长后，会对自己的行为进行真正的"监察"，不利于自己专断行事，故由于右任担任此职，减少张静江对自己的制约和干预。此举令张静江大为不满，但也无可奈何。此后张静江感觉不易升迁，便努力经营建委会以扩张政治势力。

20 世纪 30 年代初，随着建委会力量的壮大，为减少对张静江的依赖，南京国民政府又相继设立了由宋子文领导的全国经济委员会和由蒋介石亲自控制的国防设计委员会等一系列负责国家经济建设的机构，这些机构的成立相继打破了张静江一人操纵国家经济建设规划的局面，加剧了各派系之间争夺政治经济利益的斗争。宋子文对此颇为忧虑，认为"确有必要弃置各部门互不相谋、各自为政而定出的种种杂乱重叠计划，成立真正有效的计划机关，以指导国家的生产力，协调各部的行动，并缜密规定各有关机构今后若干年所应达成的基本目标"。① 实际上这又谈何容易？最后还是各个派系为了一己之私而相互争斗，影响了国家整体建设事业的发展。

二　建委会对抗战前经济建设的影响

南京国民政府建立后，在国内政局渐趋稳定的情况下，作为国家重要经济建设机构的建委会为激发国人的建设热情，向全党吹响了"建设新国家"的号角："希望本党全体忠实同志，一致努力协赞，集合于建设正轨，共负建设重任，庶几物质文明之进步，不数载踵武欧美，而本党建设大业与总理物质建设之伟大计划，亦于焉完成。"② 国人建设现代国家的热情迅速被点燃。实业界认为经济建设的时代已经来临，于是纷纷投资，国内一时出现了激动人心的经济建设热潮。

1. 南京国民政府开始重视经济建设

建委会是近代中国第一个以"民生主义"建设为专职的中央政府机关。它的成立表明南京国民政府对经济建设已开始重视。

1928 年 2 月 2~7 日，国民党于南京召开了二届四中全会。会后发表了《中国国民党第二届中央执行委员会第四次全体会议宣言》，提出国民

---

① 〔美〕阿瑟·恩·杨格：《一九二七至一九三七年中国财政经济情况》，第 328 页。
② 《革命文献》第 26 辑，第 84 页。

党的主要执政方针为"国民经济生活之建设，为国民革命最主要之目的"。① 指出"我党今后必以强毅而坚忍之决心，与不断的努力，以发展中国之农业工业者，裕中国国民之生活，建国家富强之基础，实现总理建国方略宏远之计划，而达人尽其才、地尽其利、物尽其用、货畅其流之目的，为维护此目的之进行，必须提携全国革命的民众，运用强国的政权与良善之法律，以全力为国民建设工作之后盾，反乎此义者，则是国民之蟊贼，必尽全力以刈除之，决不任其危害社会之生活，民族之生存，国民之生计，群众之生命也"。② 表明南京国民政府成立伊始即决定以孙中山先生的"政治遗教"为国家经济建设的理论基础，着手进行全国经济建设规划。建委会即是这种政治背景下的产物。

至1935年国民党五届三中全会召开时，由于认识到"历年以来，政府迫于环境，素以应付急需为理财工作之中心，今后所图，则当倾注全力于财政与经济上之建设，俾得本财政整理之成绩，共谋经济复兴，以树立国家百年大计"。③ 说明此时南京国民政府开始"倾注全力于财政与经济上之建设"。这从表10－1中"建设费"的逐年增加亦可看出。

表 10－1　1932～1936 年度国民政府中央岁出概算

单位：元

年度	A				B	A/B
	实业费	交通费	建设费	国营事业资本	岁出总额	
1932	5674005	5679538	1744532		867262891	1.51%
1933	4234922	5083738	715000		818921964	1.23%
1934	4134390	5199752	35989036	50318716	918111034	10.42%
1935	4389816	4829122	36374829	60971166	957054042	11.14%

资料来源：《革命文献》第73辑，第82～84、88～90、99～100页，转引自赵兴胜《传统经验与现代理想：南京国民政府时期的国营工业研究》，齐鲁书社，2004，第138页。

————————

① 1928年2月8日，国民党在二届四中全会结束时所发表的宣言中提出国民党近期的执政方针，共有六条：（1）内政建设；（2）教育建设；（3）国民经济建设；（4）提高我国的国际地位；（5）完成北伐；（6）国民党的整理与建设。详见（上海）《中央日报》1928年2月9日。

② 荣孟源主编《中国国民党历次代表大会及中央全会资料》，光明日报出版社，1985，第514页。

③ 《革命文献》第73辑，第485页。

由表 10 - 1 可知，1934 年后南京国民政府投入至经济建设的经费大幅增长，说明国家对建设事业日益重视。由于中央政府的重视以及国人的努力，社会经济有了很大进步，至 1936 年达到中国近代以来的最高水平。从 1927 年 4 月南京国民政府建立至 1937 年 7 月 7 日抗日战争全面爆发，是近代中国经济增长最快的时期，被西方史学界称作"黄金十年"。这既是南京国民政府对经济建设事业逐渐重视的结果，也部分含有建委会成立后影响了整个国家重视经济建设的风气以及该会经营建设事业以推动全国经济建设的努力。

2. **树立了经济建设的榜样**

南京国民政府建立后，"遂知立国之本，首重建设，而我国工矿事业，方在萌芽，乃因军事之摧残，已陷入一蹶不振之险境"，正是在这种情况下，张静江"以振兴实业为己任，遂出长建委会，广罗人才，致力于煤矿、铁路、电厂等基本建设事业，旨在迎头赶上，使我积弱之国家由农业而转趋于工业，以臻富强之域"。① 为管理与发展好建委会，张静江制定了"忠、勇、勤、廉"的会训，要求每个职员忠于职守、勇于进取、勤于工作、廉洁奉公。建委会先进的管理，如购料集中制度、预算与会计制度、重视科研与人才、注重调查销售与加强文化层面的管理等使所属"模范"企业发展迅速，盈利甚多。在当时大多数经营亏损的国营企业中独树一帜，时至今日，仍有许多值得借鉴之处。

建委会在发展建设事业时，一洗从前中央政府与洋人交往的奴颜婢膝，自始至终维护国家主权和民族尊严。如办理无线电事业时，为保护国家主权，坚持在上海真茹设立国际无线电台，以反对英国大东、丹麦大北无线电公司以及美国太平洋水电公司对中国无线电主权的侵犯；取缔外国在华无线电台，逐步收回已失的国家主权。即使购买外国产品，也十分注意民族利权的保护，与美、德两国签订合同购买无线电机件时，张静江呈文国民政府说明"该两合同之内容，系以平等互惠为原则，毫无片面利益，暨损失主权之处……一洗从前我国电政合同之积弊"。② 为防止民族权益外溢，努力创办上海无线电机制造厂抵制外商对华的侵略，由于所造电机"堪与外货颉颃，定价又极低廉……因该厂在建设上所负责任，日见

---

① 朱谦：《张静江先生对煤矿事业之史迹》，（台北）《中央日报》1950 年 9 月 16 日。
② 建设委员会编印《建设委员会办理国营无线电事业之经过》，第 14 页。

扩大，外商已备受抵制，亟思其往日居奇之野心"。① 反映了建委会的建设活动已起到了抵制外商的经济侵略作用，部分地挽回了国家利权。

南京国民政府对经济建设事业的重视与建委会的刺激，推动了经济界人士投资实业建设。当时"政府开办的企业常常因管理无能和人浮于事而亏损"。② 与此相反，建委会附属的模范企业，如首都电厂与戚墅堰电厂却"月有盈余，不但各自可提出折旧、公积，而且还有盈余，银行乐于贷款，购机亦可分期付款"。③ 宋子文在扬子电气公司成立大会上对建委会所属企业的经营也给予了很高评价："建委会为促进国内工农业之发展起见，历年以来，对于电气及矿路事业经营至力，所办如首都电厂、戚墅堰电厂、淮南煤矿及淮南铁路均已成绩昭著，前者之工程与管理，效率甚高，对首都无锡等地工业之推进，颇具成绩。后者则以接近长江，对于我国中部煤斤之供给，亦占有重要地位。"④ 足见建委会对所属企业的经营良好，社会信誉度很高，以致中国建设银公司在其招收商股时对其进行重点投资。

3. 推动了电力、煤矿事业的发展

建委会成立之后，对于如何实施建设，副委员长曾养甫认为，应"统筹全局，尤注重大处着眼，小处着手"，无论经营什么，要有一种"建设一事是一事，建设一种是一种"的气概，⑤ 国家建设事业要稳步推进，不可急于求成。建委会接收管理全国的电力工业后，为树立电厂"模范"，将首都电厂与戚墅堰电厂建设成为全国国营电厂的榜样，在一定程度上改变了全国电力工业分布失衡、完全被外资垄断的局面。

表 10 - 2　1927～1936 年电力工业经济发展指数（东北除外）

年份	1927	1928	1929	1930	1931	1932	1933	1934	1935	1936	%
电力（百万千瓦）	772	882	1017	1112	1287	1195	1422	1541	1569	1724	9.4

资料来源：根据〔美〕阿瑟·恩·杨格《一九二七至一九三七年中国财政经济情况》，第449～451 页内容综合而成。

① 建设委员会编印《建设委员会办理国营无线电事业之经过》，第24 页。
② 〔美〕小科布尔：《上海资本家与国民政府》，第8 页。
③ 陈中熙：《解放前中国电力工业的演变》，《回忆国民党政府资源委员会》，中国文史出版社，1988，第177 页。
④ 《建设委员会所办电矿两事业添招商股改组为两公司》，《申报》1937 年5 月15 日，第13 版。
⑤ 《曾秘书长招待本京新闻记者》（1928 年12 月1 日），《建设》第2 期，1929 年1 月，第19 页。

表 10 - 2 表明，抗战前十年中国电力工业的发展十分迅速，年增长率达 9.4%，这在其他行业中是十分罕见的，反映了建委会发展电力工业的巨大成就。

建委会对中国煤矿工业的影响也很大。20 世纪 30 年代初，国民政府主张开发国煤，以挽利权。建委会积极响应号召，努力勘探与开发安徽淮南煤矿。经过六年的艰辛经营，不但解决了建委会所属两大电厂——首都电厂和戚墅堰电厂的燃料难题，最重要的是缓解了长江下游一带能源供应紧张的形势。尤其淮南铁路的建成，解决了长期制约安徽中北部发展的交通难题，带动了该地区经济的良性发展。直至今日，淮南铁路在安徽中北部地区仍在发挥重要作用。另外，对于经营不久又归属民营的浙江长兴煤矿，影响也很大。停产多年的煤矿在建委会接管不久即恢复勃勃生机，归还民营后却又陷入危机，在煤矿众多股东的要求下，只好再由建委会收归管理。这恰恰说明该会的经营管理能力非同一般。

南京国民政府建立后，建委会随之在不到一年的时间内成立。该会的成立不仅对国家的政治形势产生了一定影响，也对国家的经济形势产生了不可低估的影响。"各类新兴事业由该会举办者，亦复风起云涌，蓬勃一时。其中最令人称道的，如公路建设的各种示范建筑，各地电厂的改革与扩建，以及各种制造工业的提倡与辅导。该会之声誉日隆，社会耳目亦为之一新。"① 由此可看出建委会在抗战前中国经济建设中的重要地位。

第二节　建委会与其他重要经济部会的比较

南京国民政府的成立，"迎和了中国实现现代化计划最重要和最有战略意义的需要"。抗战前十年"是新的强大的国家象征开始出现和新的民族事业、民族目标开始为人们认识的时期……在充满耻辱的年代结束后，出现了充满希望的国家重新统一的开端"。② 因此建委会成立之后，南京国民政府相继成立了几个职责相近而又稍有交叉的国家建设机构。其中宋子文领导的全国经济委员会与蒋介石领导的国防设计委员会最具代表性，

① 彤新春：《民国经济》，第 161 页。
② 〔美〕吉尔伯特·罗兹曼主编《中国的现代化》，第 308、363 页。

本节即将之与建委会加以比较，以使我们对建委会有更为清楚的认识。

一 全国经济委员会与建委会

全国经济委员会由宋子文于 1931 年提议成立。关于成立全国经济委员会的原因，据宋子文的解释，有如下几点："（一）世界大战后，欧洲各国均有经济委员会之组织，以计划全国整个的经济事项，苏俄方面亦有最高经济委员会之组织，以实现其五年的经济计划，中国方面社会情况虽与苏俄不同，但为谋国家大规模的经济建设顺利进行，不能不设立统筹的机关；（二）有许多经济上事，政府各部均有连带关系，故必须政府各部通力合作，始能达发展经济的目的。（三）现今国家财力甚为薄弱，而应举行之事又甚多，很小的经济力而欲收最大之效果，非有整个统筹的计划不为功；（四）财政方面虽月有报告，但各方尚未十分明了，如有联合有关系各部之经济委员会的组织，则政府各部可随时明了财政实况，种种建设事业自能适合经济状况，而顺利进行。"① 宋子文指出，成立全国经济委员会之后，"自今以往，政府经济方面之设施，当根据总理遗教，励行民生主义的财政政策，以发展国民经济，俾国家建设，得以早日完成"。② 并颁布全国经济委员会条例，要点为："（一）全国经济委员会根据现实财政状况，通盘规划，并调节中央各部会及各地方政府一切经济建设事宜。（二）该会隶属于行政院，中央或地方一切经济实业及其他建设发展计划，直接或间接需用国帑者，须先经审查合格呈请国府核准后方得举办。（三）各种经济建设计划施行时，该会得审查其工作及费用。（四）该会委员会以行政院正副院长及内政、财政、铁道、交通、实业、教育各部长及有关经济建设之各部委员会长，为当然委员，其余委员至多不得超过十一人。人选由当然委员推选，呈国府任命。（五）会设委员长副委员长各一人，以行政院正副院长充任。（六）组织各种专门委员会，研究各项专门问题。（七）会设秘书处，置秘书长一人，秘书及技正若干人，秘书长由委员长呈请国府任命之，技正奉委员长之命处理该会内部行政事宜。"③

1931 年 10 月 30 日全国经济委员会筹备处成立，以秦汾为主任，翌月

---

① 《宋子文谈经济委员会》，《国闻周报》第 8 卷第 16 期，1931 年 4 月 27 日，第 5 页。
② 《宋子文谈经济委员会》，《国闻周报》第 8 卷第 16 期，1931 年 4 月 27 日，第 5 页。
③ 《宋子文谈经济委员会》，《国闻周报》第 8 卷第 16 期，1931 年 4 月 27 日，第 5～6 页。

15 日，全国经济委员会正式成立，隶属于行政院，由蒋介石担任委员长。全国经济委员会兴办各种建设事业的指导原则为：第一，集中经费，兴办少数重要事业，以期力量凝聚；第二，举办之事业，在择定区域内施行，以免涣散；第三，事业虽属重要，而筹款方法尚未确定者，暂不举办，以免经费不继，中途停顿。① 由此看来，全国经济委员会初期"职责是以选定最迫切需要的建设项目，决定缓急轻重次序，制订并执行一套广泛的计划来推动经济发展"。②

根据南京国民政府颁布的《全国经济委员会组织条例》，全国经济委员会的职权范围为："凡国家一切经济建设或发展，其经费由国库负担或辅助者，应经全国经济委员会审定呈请国民政府核准之"，当国家"施行国营事业建设或发展计划时，全国经济委员会得审核其工作及费用"，"组织各种专门委员会研究各项专门问题，并得派专门人员视察或指导各种计划之实施"。③ 由此可见，全国经济委员会是一个集顾问、审议、监督于一体的指导全国经济建设的机关，其职权范围超过其他任何负责国家经济建设的政府机构（当然也包括张静江领导的建委会在内）。

1933 年 8 月底，宋子文出访欧美回国后，极力主张在中国实施经济统制，全国经济委员会即是他理想中统制全国经济的最高政府机构。经过一番准备，9 月，全国经济委员会修订了其职掌范围，主要有：

一、关于国家经济建设或发展计划之设计及审定事项。
二、关于国家经济建设或发展计划应需经费之核定事项。
三、关于国家经济建设或发展计划之监督指导事项。
四、关于特定经济建设或发展计划之直接实施事项。④

由上可知，全国经济委员会与建委会的职权多有重叠之处，这说明建委会的职权范围在日渐缩小。但仔细比较，两者在领导人、管理内容与经费等方面有明显的不同。

---

① 《全国经济委员会工作报告》（1937 年 2 月），沈云龙主编《近代中国史料丛刊三编》第47 辑，台北，文海出版社，1988，第 1 页。
② 〔美〕阿瑟·恩·杨格：《一九二七至一九三七年中国财政经济情况》，第 383 页。
③ 李军萍：《全国经济委员会组织机构介绍》，《民国档案》1990 年第 1 期。
④ 《修正全国经济委员会组织条例》，《国民政府公报》第 1244 号，1933 年 9 月 25 日，第 1 页。

第一，两者的领导人不同。全国经济委员会的正副委员长由行政院的正副院长兼任，而建委会自始至终就是张静江一人担任，其权力与行政院自然有着天壤之别。以后的发展态势也可一目了然。

第二，两者的管理内容不同。全国经济委员会的管理是以所有国库开支的建设项目为审核对象，而建委会后期主要管理电力工业与自主开发的"模范"项目。在时人看来，全国经济委员会"似乎为全国经济行政最高机构，就像当时的军事委员会为全国最高军事机关一样"。①

第三，两者的经费相差甚远。全国经济委员会每年"经费为1500万元，约为该年中央内政部预算6.5%，或为中央其他支出预算的18%"，②而建委会的经费每月仅有5万元，还经常拖欠不发，根本无法与之相提并论。

第四，两者在运行之中，冲突不断。正如美国学者柯伟林所言，全国经济委员会虽然公布了"三年发展计划，然而它遇到了来自现存组织，特别是全国建委会的某种抵制"，③迟至1933年10月，才改组筹备处正式成立全国经济委员会。其下设棉业统制、蚕丝改良、农村建设、公路、水利、土地（与内政部与财政部合办）委员会等众多机构。由于职权太杂，所经营事务甚多而受到时人的诟病。

实际上，全国经济委员会庞杂的行政机构当时即引起了不满。例如，有人提出，全国经济委员会机构大有超过行政院的趋势。由于工作重点多在公路与水利方面，在1937年2月召开的中国国民党五届三中全会上，孙科等人提出的改革行政机构以促进经济建设的提案中即有"全国经济委员会应改为全国水利、公路委员会"的内容。④

全国经济委员会的成立在一定程度上反映了宋子文干预国家经济的思想，因此该会当时即被视为"中国统制经济的最高机关"。⑤而全国经济委员会的出现又引起了某些高层的不满，因此，国联行政院专家哈斯博士对华考察后，提出全国经济委员会的定位，"当可专意担任各公私团体及

---

①　秦孝仪主编《中华民国经济发展史》第1册，台北，近代中国出版社，1988，第414页。

②　秦孝仪主编《中华民国经济发展史》第1册，第414页。

③　〔美〕柯伟林：《德国与中华民国》，陈谦平等译，江苏人民出版社，2006，第97页。

④　孙科：《与王宠惠等十九人提请确定经济方针调整建设行政以促进经济建设案》，秦孝仪主编《孙哲生先生文集》第4册，台北，中国国民党中央委员会党史史料编纂委员会，1990，第335～336页。

⑤　章乃器等：《中国经济恐慌与经济改造》，中华书局，1935，第93页。

各部会间联络之职务，使大体之建设计划，得以统筹实施，又经委会向可成为中央政府与各省建设间有效之'联络机关'，而得以弥补现时政府机构之缺陷"。① 全国经济委员会对建委会后期的发展产生了很大的影响，在一定程度上挤压了建委会的发展空间。

二　国防设计委员会（资源委员会）与建委会

在全国经济委员会成立之后，另一个发展中国重工业经济建设政府机构——国防设计委员会也宣告成立。该机构的成立在一定程度上是南京国民政府对日本侵华步骤加快做出的积极反应，同时，这一机构亦有蒋介石用来与其他国家经济建设机构争夺经济权力的用意。因为"它属于蒋私人的秘密发展机构"，"是为了计划与德国合作的中国工业化而成立的，它并将逐步实现对中国所有国有工业的控制"。② 在其壮大的过程中，逐渐衍生出许多经济功能，这些经济功能架空了某些经济部会，毫无疑问，对建委会也产生了重要影响。

1932 年 11 月 29 日，蒋介石以国防设计委员会委员长的名义将《国防设计委员会组织条例草案》呈报国民政府，认为"值此国难当前，国防机务，万端待理，为集中人才，缜密设计起见，特设国防设计委员会，以期确定计划，从事建设"。③ 国防设计委员会被国民政府批准成立后，隶属于国民政府参谋本部。根据条例，该会下设秘书厅（秘书长、副秘书长各一人），具体负责各项工作。秘书厅下设调查处、统计处与专员室。国防设计委员会下设军事、国际、经济及财政、原料及制造、运输及交通、文化教育、人口土地及粮食、西北地区调查八个组，分别聘用专家学者进行调研，以供参考。根据规定，其职掌有三："一、拟制全国国防之具体方案；二、计划以国防为中心之建设事业；三、筹拟关于国防之临时处置。"④ 均是与国防有关的内容。1935 年 4 月，国防设计委员会与兵工署资源司合并成立资源委员会，隶属于军事委员会。在保持原有职责不变的

---

① 《中国最近建设事业进行概况——哈斯博士之报告书》，《中央周报》第 392、393 期合刊，1935 年 12 月 16 日。
② 〔美〕柯伟林：《德国与中华民国》，第 91 页。
③ 程玉凤、程玉凰主编《资源委员会档案史料初编》（上），台北，"国史馆"，1984，第 16 页。
④ 程玉凤、程玉凰主编《资源委员会档案史料初编》（上），第 18~20 页。

情况下，开始创办与国防有关的重工业，机构性质由纯属国防资源调查的技术咨询演变为行政与企业性质兼具的经济实体，以至于在1937年2月召开的中国国民党五届三中全会上，孙科等人提出的改革行政机构以促进经济建设的提案中即有"资源委员会应改为全国重工业委员会"的内容。[①]

国防设计委员会委员长为蒋介石，实际上他仅过问一些重要问题，对于该会的细节问题从不过问。国防设计委员会常务委员有翁文灏、钱昌照、丁文江、王世杰及程天放等人，翁、钱两人是该会的核心人物。另外，在全国各地聘请各类专家学者担任专门委员，其中朱其清、恽震、丁燮林、王崇植及陈绍林等人为电气专门委员，丁文江、王宠佑、李四光、金开英及孙越崎等人为矿冶专门委员，吴承洛、范旭东、林继庸及杨公庶等人为国际化学专门委员。由于待遇、资金均十分优厚，全国大批工业建设的专家学者聚集在国防设计委员会周围，毫无疑问，这对建委会产生了不利影响，使该会在开展经济建设时顿感人才缺乏。

国防设计委员会与建委会有一些相同之处。其一，两者均在特定的时代背景下产生，为当时的政治形势服务。建委会在南京国民政府成立初期成立，表明对孙中山建设现代国家理念的响应；国防设计委员会是在日本加紧侵华步伐的背景下成立的，为抵御侵略而做准备工作。其二，两者在成立初期均没有实施具体的建设计划，建委会是规划建设计划为主，国防设计委员会是调查事宜。其三，两者均是发展重工业，只不过建委会发展的是能源重工业，而国防设计委员会则是国防重工业。

然而无论如何，国防设计委员会和建委会还是有着很大的不同，主要体现在以下三个方面。首先，两者成立后的发展重点不同。国防设计委员会主要为国防设计的内容，而建委会则负责规划全国的建设计划，在初期两者均是规划多而实施少。其次，两者的保密性不同。很明显，国防设计委员会的工作因为国防性质而具有机密性，建委会则少有机密方面的限制。最后，两者的发展结果不同。国防设计委员会至1935年日本侵华步伐加快时与兵工署资源司合并成资源委员会，由于受到政府的密切关注，尤其是其领导人蒋介石的关注而发展日益壮大。而建委会由于张静江与蒋

---

① 孙科：《与王宠惠等十九人提请确定经济方针调整建设行政以促进经济建设案》，秦孝仪主编《孙哲生先生文集》第4册，第335～336页。

介石关系的日益疏远而受到冷落，至抗战开始后并入资源委员会与经济部，从而结束了十年的发展。

三　经济建设机构与政治形势的关系

孙中山辞去中华民国临时大总统职后，一直致力于全国建设计划的制定。他认为"建设为革命之唯一目的，如不存心建设，即不必有破坏，更不必言革命"，① 因此制定了规模庞大的国家建设计划，如《建国大纲》与《实业计划》等。《实业计划》基本上体现了孙中山的全国经济建设思想，阐述了开发实业的途径、原则与计划。

南京国民政府对此计划十分重视。邵力子认为："孙先生之计划，对外足应付经济竞争，对内尤预杜社会革命，开发全国之富力，防制少数之垄断，诚谋永久和平之惟一途径，国民应合全力从趋赴之者也。"② 1928年2月8日，国民党二届四中全会发表宣言，提出国民党的主要执政方针，第三条即为"国民经济生活之建设，为国民革命最主要之目的"，③ 阐述了开展经济建设的重要性，保证"我党今后必以强毅而坚忍之决心，与不断的努力，以发展中国之农业工业者，裕中国国民之生活，建国家富强之基础，实现总理建国方略宏远之计划，而达人尽其才、地尽其利、物尽其用、货畅其流之目的，为维护此目的之进行，必须提携全国革命的民众，运用强国的政权与良善之法律，以全力为国民建设工作之后盾，反乎此义者，则是国民之蟊贼，必尽全力以刈除之，决不任其危害社会之生活，民族之生存，国民之生计，群众之生命也"，④ 说明南京国民政府成立后以孙中山先生的"政治遗教"作为国家经济建设的理论基础，建委会即是在这种政治形势下成立的。

建委会成立后，随着南京国民政府的日渐稳定，负责国家经济建设事业的机关，如全国经济委员会与国防设计委员会等纷纷建立，在一定程度上挤压了建委会的发展空间，使其职权日渐缩小。1928年12月修改后的组织法规定，建委会的职责为"根据总理建国方略、建国大纲、三民主义

① 胡汉民：《今后的革命军人》，《革理》总第967页，转引自蒋永敬主编《胡汉民先生年谱》，第239~240页。
② 邵力子：《永久和平之惟一途径》，傅学文主编《邵力子文集》（上），第90页。
③ （上海）《中央日报》1928年2月9日。
④ （上海）《中央日报》1928年2月9日。

研究及计划关于全国之建设事业"，"水利电气及其他国营事业，不属于各部主管者均由建委会办理之"，"民营电气事业之指导监督改良属于建委会"，"国营事业之属于各部主管而尚未举办者，建委会得经主管部之同意办理之"。① 可见职权范围较成立时已大为缩小，不过这也是南京国民政府实施现代化建设过程中的必然现象。因为随着现代化建设事业的推进，必然会衍生出如全国经济委员会、国防设计委员会、实业部、交通部、铁道部及农矿部等分工更细的经济建设部门。

建委会是南京国民政府成立后应国民党内坚持以孙中山《建国大纲》为施政纲领的"建设派"的强烈要求而成立的，然而，其后全国经济委员会和国防设计委员会的相继出现，反映了南京国民政府发展经济方面的诸多困惑。

首先，诸多经济建设机构的出现反映了南京国民政府政从人出、因人设政的不良政治陋习。这不仅导致某些投机政客利用国家发展经济建设的时机伺机牟取暴利、获得某些政治利益，而且造成国家计划百出、政策多变，使得政府机构间矛盾日趋尖锐，这些经济建设机构互相争权夺利，大大削弱了国家发展经济建设的能力。其次，反映了在国内外形势急剧变化的情况下，国民政府对国家经济的发展缺乏长远计划，唯有根据内外政治经济形势调整经济发展策略。在日本加快侵华步伐的背景下，南京国民政府意识到只有加快经济发展，增强经济实力，才能抵制日本的侵略，实现民族复兴，故成立了全国经济委员会，希望借助国联之力振兴民族经济。之后加强国防建设成为国家的重中之重，国防设计委员会应运而生。这一系列国家经济建设机构的相继出现，反映了南京国民政府认识到在经济落后、外敌侵略危机不断加剧的情况下，只有优先发展重工业以充实国防实力，才能建立国家工业化的基础，从而有效抵御外敌入侵以实现民族独立富强。实际上这也是许多新成立的民族国家所经历的沉痛教训。

第三节　建委会发展的困境

抗战前十年，南京国民政府的各项建设事业取得了前所未有的成就，尤其20世纪30年代，中国实施现代化的环境确实比过去有了很大改善，

---

① 《国民政府建设委员会组织法》，《建设》第2期，1929年1月，第1~2页。

根据美国学者吉尔伯特·罗兹曼的研究，主要体现在如下几个方面：

一、中国大大改善了向现代化国家平等借鉴的地位，虽然来自日本的压力在增大，但外国势力范围的蔓延速度减慢了。

二、重新建立起一个具有进一步集中控制潜力的中央政府，军阀至少暂时地退却了。

三、现代工业部门虽然仅是构成国民经济的极小的一部分，但已开始迅速增长。

四、城市社会组织正在变化，包括商业集团和工会的增加，家庭结构的变化反映着城市急剧变化的时代已经来临。

五、少数中国人在接受教育上的成就达到了现代知识诸领域中的高水平。①

在所谓"黄金十年"的建设时期，南京国民政府在基础建设方面取得了巨大成就，"铁路、公路、学校以及蓄水工程建设在南京政府统治下的省份都取得明显进展"。事实上，这一时期南京国民政府也面临着许多亟须解决的问题，例如，"既要应付经济衰退，又要应付日本强占满洲。在这种情况下，国家不可能着手重要的改革……在这个时期，实现现代化的条件主要是靠私人创业，而不是靠政府投资去发展经济基础"。② 建委会十年的发展历程充分表明，该会是在资金、人才等方面严重缺乏的情况下艰难向前发展的，其困境主要体现在以下几个方面。

一　资金严重短缺

资金严重短缺是自始至终制约建委会发展的问题。张静江也深知不仅国家对建委会缺乏经费支持，蒋介石也不把建委会作为发展的重点。后来建委会仅靠成立时国民政府所拨付的 10 万元建设经费而逐渐发展壮大起来。为此张静江经常鼓励下属要多动脑筋，多方筹资。他认为"办事情绝不能等先筹好了钱再办，若是这样，在中国就没有办成事的时候，只有先办了再来借钱"。③ 建委会经营所属企业的发展资金多是以信用贷款或发

① 〔美〕吉尔伯特·罗兹曼主编《中国的现代化》，第 646~647 页。
② 〔美〕吉尔伯特·罗兹曼主编《中国的现代化》，第 432、448 页。
③ 罗家伦：《敬悼一代振奇人》，世界社编印《张静江先生百岁纪念集》，第 77 页。

行公债的方式筹措的。

　　建委会委员叶楚伧认为，既然建委会"为中央建设机关，集国营生产事业之总汇，亦为解除民众痛苦与增进民众福利之枢纽"，那么，"今军事告终，训政开始，各集团军裁兵之经费，若能悉数拨为中央建设事业之用，则中央可以实行大规模国营生产事业之计划，以增进国库之盈余"。① 作为从事国家经济建设的政府机构，建委会建设经费本应由国家拨付，而事实上并非如此，建委会"并无一定之资源，全凭赤手空拳，以信用调拨周转，做到以事业养事业"。② "建委会的活动经费，一部分从国家预算中拨付，一部分取之于地方财源。建委会还从中英庚款保管委员会得到从英国退还的庚子赔款中拨付的几百万元垫款。"③ 建委会是政府机构，政府预算部分仅是为了维护正常开支，但也常拖欠延误。至于地方财源，主要是指建委会开发地方建设的实体单位，如淮南煤矿等机构的盈余。为解决电气事业的发展资金难题，建委会曾三次发行电气公债。1930年发行电气事业长期公债，"定额为国币150万元，期限15年，年息6厘，专为收办戚墅堰电厂事业，清偿震华公司股债之用"。同时发行电气事业短期公债，"定额国币250万元，期限8年，年息8厘，用以扩充首都及戚墅堰两电厂之设备"，规定两项公债的担保品为"两电厂现有地基房屋机器及营业盈余"。④ 1933年9月26日，为"扩充首都及戚墅堰两电厂暨建设淮南电厂事业，续发电气事业公债600万元，年息六厘"，⑤ 担保品同前。此次发行电气事业公债在很大程度上也是为了解决淮南铁路开工建设急需的资金问题。

　　除此之外，张静江还利用与江浙财团的密切关系，积极筹款推进建设事业，"迭以个人名义，向私家商借款项，以应付新事业之急需"。在张静江看来，"盖建设为百年大计，既不能无米为炊，更不能因噎废食，国家财政机关，既难予充分拨款，自不得出于借款一途"。⑥ 张静江为了国家建设事业向私人借钱，且经营事业在一定程度上是挽回了国家利权，因而

①　叶楚伧：《建设委员会之使命》，《建设》第2期，1929年1月，第7页。
②　朱大经：《八秩回忆》，第24页，转引自王树槐《首都电厂的成长，1928～1937》，第332页。
③　〔美〕阿瑟·恩·杨格：《一九二七至一九三七年中国财政经济情况》，第332页。
④　建设委员会编印《电气事业专刊（1932年）》，第35页。
⑤　千家驹：《旧中国公债史资料（1894～1949）》，第227页。
⑥　建设委员会编印《建设委员会办理国营无线电事业之经过》，第34页。

受到众多商人的大力支持，建委会的资金紧张问题由此得到一定程度的缓解，为其发展注入了活力。

二　科技人才缺乏

科技人才缺乏是建委会发展初期面临的最大问题。因为资金问题可通过借贷及发行各种公债等方式解决，但专业技术人才的缺乏非短期内所能解决。故建委会采取了初期延聘专家和在中后期办理各类人才培训班等方式，但实际上由于受到当时国家总体人才缺乏的影响仍难得到根本满足。

近代以来，"我国制造技术所以不能迅速进步之基本原因，即由于科学之不发达，与夫一般国民智识水准之低落"。[①]建委会发展过程中，科技人才短缺的现象十分严重。以西京电厂为例，该厂筹备时，除厂长寿光外，技术人员仅有三人，其中韦松年任电厂技佐，陶大文和田野农任电厂技术员。韦乃浙江东阳人，浙江工业专门学校甲种电机科毕业，与寿光有同乡同学之谊，是西京电厂筹办初期技术上的得力人物。后因工程扩大，而西部电力人才奇缺，只好从大学中延聘电机人才，经多方延聘，终于聘到浙江大学马秀甫（浙江桐庐人，浙江大学电机系毕业生）等人为技术员。迨西京电厂成立后，韦松年升任副工程师，陶大文、田野农及马秀甫升任工务员，由陶大文代理机务股股长，马秀甫代理电务股股长。[②]

尽管建委会多方罗致科技人才，但仍无法满足需要，只好举办短期培训班以设法解决基层科技人才缺乏之困境。建委会办理无线电事业时，首先在上海成立了无线电人才培养机构——无线电报务员养成所，延请全国知名无线电专家王崇植及杜光祖等人教授学员收发电报业务，兼授机务方面的应有知识。第一届招收学生80名，半年后毕业。毕业学员深受社会欢迎。之后续办第二届，名额较之首届稍多。1929年3月，无线电管理处在报务员养成所内又创办译电夜校，招考学生40人入校学习，三个月后毕业。人才培训机构的举办，稍稍缓解了国内无线电人才严重不足的局面。无线电管理处表示不但自己办理培训机构培训人才，还提醒各地高校也要注意培养该方面的人才，"此后对于学校之训育及人才之集中，特别

① 朱斯煌：《民国经济史》（上），沈云龙主编《近代中国史料丛刊三编》第47辑，第239页。
② 《建设委员会25年9月份职员进退一览表》，《建设委员会公报》第69期，1936年10月，第222页。

注意"，"同时并与国内各大学合作，积极训育制造管理报务之人才，以期供求相应"，① 表明了建委会为建设人才的广泛延揽。

对科技建设人才的多方延揽，既有国内外的专家，亦有高校大学生，更有建委会办理培训班以解决急需的科技人才，这些举措，在一定程度上解决了南京国民政府建立初期科技人才严重缺乏的情况。

三　职权日趋缩小

虽然南京国民政府在成立之初，就迫不及待地成立建委会以示其对孙中山"遗教"的继承，可是国民政府始终没有划清建委会与其他经济部会的经营范围，以至于在后来的发展过程中，建委会与其他经济部会时常出现冲突，发展受到制约，职权范围日趋缩小。

对于建委会与其他经济部会职权不清的情况，有学者指出："全国经济委员会、建设委员会与实业部的工作，很难明确划分。"② 如农业方面的管理机构，建委会下设振兴农业设计委员会，行政院有农村复兴委员会，全国经济委员会设有农业处，实业部还有农业司，甚至于教育部还设有农业推广委员会，政出多门的现象非常普遍。即便是建委会所主管的电力工业内部亦有冲突，如自接管全国电气事业起便和交通部产生了矛盾。1929 年 8 月，南京国民政府将电光、电力及电热等（当时通称电气事业）划归建委会管理，电信与电车等（当时称电气交通事业）仍归交通部。实际上，交通部电政司仅管辖电信事业，而对电车关注甚少。对此，当时即有人提出批评。1933 年，恽震在拟定建委会组织法时，指出交通部对"电车一项，除核给执照外，并未实施监督指导，且电车为电力事业之一种，与其他电力事业不能强行分拆，鉴于各地之电车多为电力电灯公司经营，即系明证"。恽震建议："现时对于电车事业，倘认为应由交通部主管，则与电车有发动力有关系之电力电光电热事业亦应划归交通部主管，倘电力电光电热事业不应属交通部主管，则连带关系之电车事业，亦无妨划归其他机关管理，以明职掌。"③ 上述反映的仅是建委会与交通部在电力事业上管理职权的冲突。建委会与其他经济部门

---

① 《革命文献》第 26 辑，第 61～63 页。
② 秦孝仪主编《中华民国经济发展史》第 1 册，第 415 页。
③ 《（恽震拟）建设委员会组织法修正意见》（1933 年 7 月），江苏省档案馆藏建设委员会档案，全宗号：1054，案卷号：40。

也多有冲突，如修筑淮南铁路时与铁道部即有矛盾，以至于在淮南铁路建成后铁道部还未发放营运证。这一切使建委会在经营建设事业时上感到莫大困难。

当时即有人指出中央行政的许多弊端，例如，组织庞杂、系统不明，职司众多、工作重复，委员会众多、责任混乱。为此，陈公博在国民党五大后提出加快政治改革，必须加强中央行政力量。"趁此时会，把所有行政性质的机关，通通归属于行政院，骈枝的裁并，散漫的统一，将数年来的矛盾、冲突，廓而清之。"① 然而这一建议并未受到国民政府的重视，至抗战爆发后中央行政机构才因抗战需要有所调整。总而言之，建委会职权范围日渐缩小是不争的事实。

四　政局动荡

20 世纪二三十年代的政局不稳也严重影响了建委会的发展。政治稳定是经济发展的前提和基础，而抗战爆发前十年，国内战乱不已，对经济建设产生了极为不利的影响，对负责全国建设规划事业的建委会打击尤其严重。

作为建委会领导人的张静江对此深有体会："时局多故，军事频仍，建设事业反大受影响。如铁路、电政、航政之类，每当军事发生，关于军队之输送，消息之传递，其供应极繁，其所受之牺牲损失亦最巨。致此项建设事业年来不惟毫无进步，且日益凋敝；外界不察，反归咎于事业本身之办理不善，而不知其凋敝之主因盖在彼而不在此也。"② 由此可见，建设事业"日益凋敝"的主因乃是"军事频仍"。如修筑杭江铁路时期发生了国民党内反蒋的"福建事变"。为尽快平息此事，蒋介石利用未完全建成的杭江铁路运输军队，使其迅速赶赴福建前线。1933 年 11 月，时任杭江铁路运输科科长的金士宣在浙江省建设厅"总理纪念周"演讲中指出军运对杭江铁路带来的损失：

> 去岁（1933 年——引者注）11 月铺轨尚未达玉山，而闽变陡起，是全线未通车，即开始军运矣。每日运输军队，多则四列，少则两列，十一月间约运 300 车，计 20 列，12 月间约 800 车，计运 53 列，

① 陈公博：《政制改革的尾声》，《民族》第 4 卷第 2 期，1936 年 2 月 1 日，第 226 页。
② 中国国民党中央委员会党史史料编纂委员会编《张静江先生文集》，第 80 页。

1 月 1 日至 15 日止，约 200 车，计 14 列……然因军队过多，客车亦多不准，客运既属勉强，货运则完全停顿。因之，杭江铁路之信用，颇有损失，如金兰一带货运之复由水路，诸暨旅客之改乘轮船，皆为目前之影响，营业进款，11 月虽为 12 万 5 千元，而现款仅为 9 万 5 千元，3 万元为军运，12 月为 16 万元，现款仅 8 万元，军运居其半，1 月为 15 万，现款仅 10 万，总计军运半价，达 16 万元之巨。①

金士宣的演讲反映了杭江铁路受军事影响的惨重损失。一位参加杭江铁路通车典礼的记者对此情形颇有感慨："我爱祖国，惟望国家能有复兴之一日，每看到一新的建设，心上总有说不出的欢喜，但是虽有新建设而立遭摧毁，那真比不建设更来得痛心了。"② 该记者所言，可谓道出了所有"建设派"的心声。

建委会副委员长曾养甫在 1930 年 2 月 25～27 日召开的建委会大会上也曾谈及该会经常遭遇的困境："感觉经费问题是建设事业中最困难的，其次就是人才问题，再其次就是事实问题。"特别指出"尤其在过去一年，受着军事的影响"，③ 说明该时期的军事战乱使建设事业深受影响。

五　委员制的弊端

除了上述的几个因素影响建委会的发展之外，当时在行政机构中盛行的委员制，在某种程度上也限制了建委会的发展。当时盛行的这些委员会，例如"全国经济委员会，建委会任何一个委员会扩充一下子，都可以裁撤实业部，交通部，铁道部，行政院的责任内阁还负什么责任？"④ 从另一个角度说明了建设委员会、全国经济委员会等以委员会为名的机构对政府的行政效率产生了诸多的阻碍作用。关于委员制的弊端，当时有专

---

① 金士宣：《杭江铁路今后之整理与发展问题》，《杭江铁路月刊》第 2 卷第 2 期，1934 年 2 月 1 日，第 1～2 页。
② 《本路全线通车典礼各报之纪载》，《杭江铁路月刊》第 2 卷第 1 期，1934 年 4 月 1 日，第 44 页。
③ 曾养甫：《曾副委员养甫演说》，《建设》第 7 期，1930 年 4 月，第 8 页。
④ 李朴生：《改善现行委员制的必要》，《行政效率》第 3 卷第 3 期，1935 年 9 月 15 日，第 204 页。

家指出有几个方面："（1）责任不明；（2）欠缺敏活；（3）易泄机密；（4）天才不易发展；（5）政策不易贯彻；（6）难收合议的善果。"以至于当时有人指出："现在的委员会关于组织运用上似乎根本就不是民主集中制……建设委员会规定委员长的权责，是'承国民政府之命，依全体委员会之决议，总理会务'（组织法第十条），寻绎条文的意义，与民主集中制的精神很有不同。"实际上实施委员会制度应该考虑不同的国家背景，"委员制在一个素有民主训练，而政局又复安定的国家如瑞士，是可以收其利。若是一个关系复杂，政局常遭遇严重的问题的国家而行委员制，是不容易收其利而容易承其害"。① 以至于当时有人指出："现在的中央政府是利用五权制度，委员制度等等理论来满足当政者的'人欲'的：从那里不但制度不能规范人事，当政的人反而借着制度的虚名来取得分赃的实惠。"② 从民国时期盛行的委员会制度，此言不虚。

民国时期盛行委员制，有其深刻的原因。大致而言，有以下个因素："（一）现有各部容纳不了这么多辈分相同的，对革命有勋劳的领袖，而领袖下有若干干部人物，在此百业萧条的时会，也不能不有所安排；（二）革命后百废待举，各领袖因看法的不同，所筹的经费来源不同，进行方法的主张不同，便要有一个机构来试行自己的抱负；（三）委员会的名称，比古典式的'部'有弹性，而地位相同，其组织又可伸可缩。且委员名义大小同一冠冕堂皇，而委员数目又是多多益善，少少无妨，可以网罗若干名流硕彦，相与号召。"③ 对此，罗隆基也曾尖锐地指出："中央政府行政上缺乏效率，还有一个原因，那就是政治学上所谓'分赃制度'。党治存在一天，党中总不免把国家的政治机关——甚至于非政治机关——看作一党的私产，可以用来报酬'革命有功'的人，或者报酬攀龙附凤的人。"④ 现在看来，说建委会是国民政府为了安排"革命元老"张静江才设立的机构，虽不全对，但是有一定的道理。

建委会短暂的十年发展历史，对中国的政治经济形势产生了巨大的

---

① 李朴生：《改善现行委员制的必要》，《行政效率》第3卷第3期，1935年9月15日，第195～196、204、196页。

② 陈之迈：《政制与人事》，《独立评论》第173号，1935年10月20日，第3页。

③ 李朴生：《改善现行委员制的必要》，《行政效率》第3卷第3期，1935年9月15日，第204～205页。

④ 罗隆基：《训政应该结束了》，《独立评论》第171号，1935年8月20日，第9页。

影响。建委会成立初期主要在于它的政治意义影响甚大，表明了国家开始进入了如孙中山所说的"建设"时期。而当建设事业逐步扩大时，其经济意义即日显突出。该会的发展困境，如资金严重短缺、科技人才缺乏、经营范围与其他部会冲突、政局不稳等一系列因素，实际上也是中国现代化发展过程中遭遇的困境。虽然如此，建委会仍然为中国各项建设事业的发展提供了一定基础，在一定程度上推动了中国现代化的进程。

第四节　关于建委会的几点思考

中国现代化建设在抗战之前发展缓慢，其实"症结并不全在近百年之内，实远伏于百年以前，特别是百年前的百年"。① 这种大历史观让我们更加准确地认识过去纷繁复杂的历史。建委会这一主持全国经济建设的中央政府机构，照常理而言，应随着国家建设事业的推进而有越来越大的发展空间，遗憾的是，它仅存在十年之久即被裁并至经济部和资源委员会，给后人留下了诸多思考。

一　建委会在中国现代化进程中的作用

建委会成立于南京国民政府建立初期，就当时历史环境而言，国人普遍认为它是一个实现强国富民的政府机构。成立之初，"凡关于农林、水利、工程、矿业、电业、无线电、渔垦、交通及建设首都诸大端，靡不延揽专才，精密研求，参合中外古今建设之成规，建设崭新之中国"。② 之后其职权范围逐渐缩小，但凡经营的事业，如无线电、电力、淮南煤矿及淮南铁路等均对中国现代化历史进程产生了积极影响。

建委会在中后期主要负责全国电力工业的经营与管理。在其经营的短暂十年时间内，电力工业发展迅速，一定程度上改变了电力工业分布不平衡和被外资控制的局面。众所周知，中国电力工业引自国外，起步晚，发展慢。建委会成立前，中国没有专职管理电力工业的政府部门，暂由交通部负责，建委会成立不久即从交通部接管并良好管理，使之获得了突飞猛

---

① 郭廷以：《中国近代化的延误》，罗荣渠、牛大勇主编《中国现代化历程的探索》，北京大学出版社，1992，第43页。
② 叶楚伧：《建设委员会之使命》，《建设》第2期，1929年1月，第5页。

进的发展。第一，电力工业畸形分布的局面有所改变，电厂原先多集中在东北、华东地区，但在十年之中，经过建委会的艰辛努力，中西部一些电厂纷纷建成，部分改变了区域间电厂分布不均的局面。第二，电厂数量增加，大型电厂出现，发电量快速提高。至抗战爆发前夕，在所有的现代工业中，电力工业的投资仅次于纺织工业而居于第二位，① 1931～1936年年平均增长率达13.21%。② 建委会成立时，上海美商电力公司一家的年发电量，即超过全部中国电厂发电量的总和。至1929年，华厂发电量总和与外资已经旗鼓相当，1936年已占总量的56%（不包括已沦陷的东北地区）。第三，培养了一批电业技术人才，一定程度上缓解了电力人才紧缺的情况。第四，电力工业为其他工业的发展提供动力支持。"一般工业进步之情况，可以电气工业发展之程度为判"，③ 因此电力工业在一定程度上可作为现代化工业建设的标准。从这个意义上而言，建委会对电力工业的推动即是对中国现代化建设事业的推动。

　　建委会在加快地方现代化建设方面，成就亦异常显著，尤以浙江、江苏、安徽三省为最。如安徽淮南煤矿推动地方经济的发展即十分明显。淮南煤矿是建委会自主开发的煤矿企业，抗战前夕即发展成为全国国有煤矿业的楷模。淮南煤矿开发前，煤矿所在地"是一片人烟稀少的、土质瘠薄、农业生产极不发达的地区"。④ 淮南煤矿开发后，"昔为荒辟之区"的田家庵，因"煤斤循此地出口，遂渐繁盛"，成为淮南铁路"北端之起点，淮北各地货物之出入，或将集中于此……现有人口约6000余人"，且"来日之发展，殊未可限量"。而淮南煤矿局所在地九龙岗，"前为三五家村，自本局创立后，人口渐众"，至1936年时，"则熙熙攘攘，已呈市镇之雏形焉，人口约1万1000余人"。⑤ 毫无疑问，安徽中北部的经济发展由于淮南煤矿与淮南铁路的建设得到了推动，皖北腹地与其他地区的经贸交流与商旅往来也得到了加强。

　　著名经济学家马寅初对建委会在十年间开展现代化事业所取得的成就评价颇高："建委会经营之电汽〔气〕事业，根据审慎之调查与估计，在

---

① 详情可参见中国通商银行《五十年来之中国经济》，第173页。

② 许涤新：《中国资本主义发展史》第3卷，人民出版社，1993，第122页。

③ 龚俊：《中国新工业发展史大纲》，台北，华世出版社，1978，第236页。

④ 程华亭口述，张景周整理《我所知道淮南煤矿的缘起》，《淮南文史资料》第7期，第4页。

⑤ 淮南煤矿局编印《淮南煤矿六周年纪念特刊》，第102页。

过去十年中，全国电气事业发电度数增加一倍有奇，淮南煤矿区之开发，亦著有成绩。"① 事实亦的确如此。

二　建委会的兴废反映了国家建设策略的变化

建委会的成立与裁并基本上反映了这样一种历史现象，即一个新政权建立后，总要为其存在寻找一个合法的政治外衣以巩固统治。南京国民政府成立后，孙中山的"政治遗教"成为其合法的政治外衣，建委会即是这一政治外衣的产物。当新政权日渐巩固后，建委会的存在便成为多余之物，渐渐变弱。而这一时期，日本对华的侵略步步紧逼，使南京国民政府不得不设法与国联取得联系，加强经济建设，增加国家经济实力，全国经济委员会即是这种国内外政治形势下的产物。九一八事变发生后，蒋介石更加意识到加强国防工业建设的重要性，先前成立的建委会与全国经济委员会根本无法适应国防工业建设的重要，为加强抵御侵略的力量，增强国防工业实力，国防设计委员会应运而生。国防设计委员会的成立，在一定程度上表明了南京国民政府开始为抗日战争做国防工业上的准备工作。

建设委员会、全国经济委员会及国防设计委员会的相继出现，反映了南京国民政府按照国家发展的实际情况变化而迅速调整经济建设机构，其实这也是中国迈向现代化历史过程中所必然出现的，因为随着建设事业的增多，众多经济建设机构必定会适时出现，建委会的职权范围会受到影响，甚至受到挤压而渐渐失去发展的空间。

三　建委会反映了张静江与蒋介石之间的矛盾

作为一个国家政府机关，建委会的运作深刻反映了南京国民政府内部各派系之间的矛盾。由上述可知，建委会的成立，政治原因大于经济原因，因此该会的成立与裁并也在一定程度上反映了张静江与蒋介石之间关系的变化。

从建委会成立至裁并到经济部与资源委员会，张静江一直担任委员长一职，从不假手他人，其他派系也根本无法插手。至于建委会的副委员长一职，张静江也并不轻易让外人担任。1929 年 1 月 24 日，副委员长一职

① 　马寅初：《十年来的中国经济建设》，中国文化建设协会：《十年来的中国》，第 134 页。

由建委会常务委员陈立夫（张静江盟兄陈其美之侄，也是自己的南浔同乡）的留美同窗好友曾养甫担任。1932 年 1 月 31 日，曾养甫赴浙江省任建设厅厅长后，由张静江之侄张乃燕接任。1934 年 1 月 12 日，张乃燕辞副委员长之职赴比利时任中华民国全权大使，张静江便呈文国民政府暂不设置副委员长一职，由自己的老朋友李石曾、吴稚晖以及张嘉璈担任常川驻会委员，此种局面一直持续到被裁并至经济部。随着建委会所属机构事业的日渐增大，加之国民党政权的日益巩固，蒋介石便竭尽所能对其加以削弱，全国经济委员会和国防设计委员会的相继成立在某种程度上即含有此种考虑。蒋介石深知，如果张静江领导的建委会发展壮大，以至于掌握了国家的经济建设命脉，必将对自己的政治统治构成威胁，这是他不愿看到的。建委会在成立初期的职权范围是十分广泛，可谓无所不含。可是后来该会的职权遂被蒋介石逐渐削弱，直至成为一个"计划成堆、实务很少"的、只负责全国电厂营业执照的发放与经营所属"模范"企业的机构。即使这样，1935 年 11 月国民党五大召开后推行中枢机构改革时，也难以将建委会裁撤。其时担任中央行政改革重任的行政院政务处处长的蒋廷黻，在回忆录中曾言及此次改革的不易："经济委员会秘书长秦汾告诉我，经济委员会做了很多事，不该裁撤。建委会的人告诉我：该会是张静江先生的灵魂。张与国父有莫逆之交，也是委员长的好友，所以建委会不能裁撤。"① 由此可见张静江在国民党内盘根错节的势力。

众所周知，南京国民政府建立后，张静江与蒋介石在国家发展的重点问题上存在分歧，实际上这也是建委会后期职权逐渐收缩的原因之一。这种情况在某种程度上代表了当时政府内部"流行"的两大派别，即"建设派"与"革命派"的斗争情形。孙科曾经指出两派的分歧："一派主张只要革命，不要建设，以为现在革命尚未完成，哪里谈得到建设？既然谈不到建设，建设就得暂时放弃，以便完成革命"，另外一派则正好相反，"只要建设，不要革命，以为今日革命时期已过，已进入建设时期，既进入建设时期，就应该专心致志于建设的工作，革命的行动应立刻停止"。② 很明显，在某种程度上而言，蒋介石属于"革命派"，而张静江则属于"建设派"，两派互不相让。蒋介石作为政权的实际主宰者，将巩固新政权

---

① 蒋廷黻：《蒋廷黻回忆录》，岳麓书社，2003，第 188 页。
② 孙科：《革命建设与民生主义》，吴相湘、刘绍唐：《西湖博览会筹备特刊》第 1 册，《民国史料丛刊》（16），台北，传记文学出版社，1971，第 127 页。

"放在优先的地位，而把经济和社会改革推到后面"，① 在这种情况下，张静江等"建设派"无疑受到了打击与冷落。而他所领导的建委会自然也陷入了困难的境地。

四　建委会经营管理思想的借鉴

建委会在经营所属的"模范"企业方面，要求严格，管理规范，使所属企业运行良好，而当时大多数国营企业经营不善，其原因确实值得深思。南京国民政府建立后，"遂知立国之本，首重建设，而我国工矿事业，方在萌芽，乃因军事之摧残，已陷入一蹶不振之险境"。正是在这种情况下，张静江"以振兴实业为己任，遂出长建委会，广罗人才，致力于煤矿、铁路、电厂等基本建设事业，旨在迎头赶上，使我积弱之国家由农业而转趋于工业，以臻富强之域"。② 为实现国家富强与发展好建委会，张静江为该会制定了"忠、勇、勤、廉"的会训，要求每个职员忠于职守、勇于进取、勤于工作、廉洁奉公。建委会先进的管理制度，如购料集中制度、预算与会计制度、重视科研与人才、注重调查销售、加强文化层面的管理等使所属企业发展迅速，盈利甚多，时至今日仍有许多值得借鉴之处。

张静江在1932年为《建设委员会电气事业专刊》撰写序言时，对于建委会的艰辛发展，曾有如下感触：

> 余维本会建立迄今，适得四载，中间军事迭乘，国库如洗，当此之时，欲言建设，盖忧忧乎其难已。本会最先即以发展全国电气事业为己任，拟即树立宏规，分区设计，期合政府与人民之力量，以建设全国动力为指归。时会不齐［济］，计划悉置高阁，四年以来，关于电气方面之成就者，薄书鞅掌以外，仅首都及戚墅堰两电厂整理略具规模而已。余及本会各委员，负政府付托之重，深惭无以副所期望。所可欣慰者，本会及各直辖机关之同人，咸能深明国营事业之真义所在，爱惜公家之事业，一如其自身之事业，节省公家之银钱，一如其自身之银钱，矢勤矢勇，必信必忠，人十己百，居之无倦。本会经营电气事业之有些微成绩者，皆此精神所以致之也。苟能扩而充之，使

---

① （美）阿瑟·恩·杨格：《一九二七至一九三七年中国财政经济情况》，第476页。
② 朱谦：《张静江先生对煤矿事业之史迹》，（台北）《中央日报》1950年9月16日。

此服务之精神发扬广［光］大，则今日之中国建设，虽有日暮途远之叹，终必有晨光之启一日也！①

张静江的上述感触，基本反映了建委会十年发展历程中所经历的一切艰辛，表达了该会为国家民族的经济复兴而努力经营建设事业的精神及对中国现代化经济建设的深切追求。

①　张人杰：《建设委员会电气事业专刊序言》，建设委员会编印《建设委员会电气事业专刊》，第1页。

参考文献

一 史料

（一）档案

1. 中国第二历史档案馆藏档案

国民党中央执行委员会秘书处档案，全宗号：711-4，案卷号：415

国民政府建设委员会档案，全宗号：46

国民政府经济部档案，全宗号：4

国民政府资源委员会档案，全宗号：28

中国建设银公司扬子电气公司档案，全宗号：401

中国银行档案，全宗号：397

2. 台北中研院近代史研究所藏档案

国民政府建设委员会档案，全宗号：23

3. 江苏省档案馆藏档案

国民政府建设委员会戚墅堰电厂档案，全宗号：1041

国民政府建设委员会首都电厂档案，全宗号：1042

4. 上海市社会科学院经济研究所藏档案

中国经济统计研究所档案，全宗号：04，案卷号：052

（二）资料汇编

陈真主编《中国近代工业史资料》第3、4辑，三联书店，1961。

程玉凤、程玉凰主编《资源委员会档案史料初编》（上、下），台北，"国史馆"，1984。

杜鸿宝、刘盼遂：《太康县志》（1933年刊本），台北，成文出版社，1976年影印版。

陈晖：《广西交通问题》，商务印书馆，1938。

冯和法：《中国农村经济资料》，黎明书局，1933。

郭廷以：《中华民国史事日志》，台北，中研院近代史研究所，1984。

杭江铁路工程处总务课编印《杭江铁路工程纪略》，1933。

建设委员会法规委员会编印《建设委员会法规汇编》，1934。

交通史编纂委员会编《交通史·电政编》，中华书局，1936。

交通史编纂委员会编《交通史·航政编》第1册，民智书局，1936。

金士宣：《中国铁路问题论文集》，交通杂志社，1935。

经济资料社：《宋子文豪门资本内幕》，香港，光华书店，1947。

李代耕：《中国电力工业发展史料：解放前的七十年（一八九四～一九四九）》，水利电力出版社，1983。

李文海主编《民国时期社会调查丛编二编（乡村经济卷）》（中），福建教育出版社，2009。

李文海主编《民国时期社会调查丛编（社会组织卷）》，福建人民出版社，2005。

李文治、张有义主编《中国近代农业史资料》，三联书店，1957。

刘统畏主编《铁路建设史料》第1集，中国铁道出版社，1991。

宓汝成主编《中国民国铁路史资料（1912～1949）》，社会科学文献出版社，2002。

农业部农业机械化管理局、北京农业工程大学编《中国农业机械化重要文献资料汇编》，中国农业大学出版社，1988。

千家驹编《旧中国公债史资料》，中华书局，1984。

秦孝仪主编《中华民国重要史料初编》，台北，中国国民党中央委员会党史委员会，1988。

全国经济会议秘书处编《全国经济会议专刊》，台北，学海出版社，1972。

全国经济委员会筹备处编印《督造苏浙皖三省联络公路报告书》，1932。

全国政协文史资料研究委员会工商经济组编《回忆国民党政府资源委员会》，中国文史出版社，1988。

荣孟源主编《中国国民党历次代表大会及中央全会资料》（上、下），光明日报出版社，1985。

巫宝三主编《中国国民所得（1933年）》（下），中华书局，1947。

乡村工作讨论会编《乡村建设实验》（1935 年 10 月），《民国丛书》第 4 编第 3 集，上海书店出版社据 1936 年版影印，1989。

严中平等编《中国近代经济史统计资料》，科学出版社，1955。

章有义主编《中国近代农业史资料》第 2 辑，三联书店，1957。

浙江省中共党史学会编印《中国国民党历次会议宣言决议案汇编》第 2 册，1986。

中国第二历史档案馆编《中华民国史档案资料汇编》第 5 编第 1 辑《财政经济》第 1、5、6 册，江苏古籍出版社，1994。

中国工程师学会编印《三十年来之中国工程》，1946。

中国人民政治协商会议安徽省委员会文史资料研究委员会编《工商史迹》，安徽人民出版社，1987。

中国通商银行：《五十年来之中国经济（1896～1947）》，台北，文海出版社，1948。

中国文化建设协会：《十年来的中国》，台北，文海出版社，1937。

中央党部国民经济计划委员会编《十年来之中国经济建设（1927～1937）》，南京扶轮日报社，1937。

钟歆：《扬子江水利考》，商务印书馆，1936。

《中华民国史事纪要初稿》编辑委员会编印《中华民国史事纪要初稿》，1978。

周开庆主编《经济问题资料汇编》，台北，华文书局，1951。

（三）文集、回忆录、年谱等

《邓小平文选》第 3 卷，人民出版社，1993。

冯自由：《革命逸史》第 2 卷，中华书局，1981。

傅学文编《邵力子文集》（上），中华书局，1985。

黄绍竑：《黄绍竑回忆录》，东方出版社，2011。

《郭沫若全集·历史篇》第 3 卷，人民出版社，1982。

蒋廷黻：《蒋廷黻回忆录》，岳麓书社，2003。

蒋永敬：《胡汉民先生年谱》，台北，中央文物供应社，1978。

《李大钊文集》（上），人民出版社，1984。

沈云龙主编《尹仲容先生年谱初稿》，台北，传记文学出版社，1988。

世界社编印《张静江先生百岁纪念集》，台北，1976。

杨恺龄编《民国张静江先生人杰年谱》，台北，台湾商务印书馆，1981。

姚崧龄编《张公权先生年谱初稿》（上、下），台北，传记文学出版社，1982。

中国蔡元培研究会编《蔡元培全集》，浙江教育出版社，1997。

中国国民党中央委员会党史委员会编《张静江先生文集》，台北，中央文物供应社，1982。

中国社会科学院近代史研究所中华民国史研究室等编《孙中山全集》，中华书局，1981。

（四）方志、工具书

安徽省地方志编纂委员会编《安徽省志·交通志》，方志出版社，1998。

安徽省地方志编纂委员会编《安徽省志·邮电志》，安徽人民出版社，1993。

巢湖地区地方志编纂委员会编《巢湖地区简志·交通邮电》，黄山书社，1995。

淮南市地方志编纂委员会编《淮南市志·铁路》，黄山书社，1998。

凌鸿勋：《中国铁路志》，沈云龙主编《近代中国史料丛刊续编》第923辑，台北，文海出版社。

刘寿林等编《民国职官年表》，中华书局，1995。

倪正太、陈晓明：《中华民国职官辞典》，黄山书社，1998。

芜湖市地方志编纂委员会编《芜湖市志·邮电》下册，社会科学文献出版社，1995。

徐友春主编《民国人物大辞典》，河北人民出版社，1999。

张朋园、沈怀玉编《国民政府职官年表》第1册，台北，中研院近代史研究所，1987。

浙江省电力工业志编纂委员会编《浙江省电力工业志》，水利电力出版社，1995。

中国第二历史档案馆《中国抗日战争大辞典》编写组编《中国抗日战争大辞典》，湖北教育出版社，1995。

朱倍得主编，南浔镇志编纂委员会编《南浔镇志》，上海科技文献出版社，1995。

资源委员会：《中国工程人名录》，商务印书馆，1941。

二　专著

〔美〕阿瑟·恩·杨格：《1927至1937年国民政府财政经济情况》，陈泽宪、陈霞飞译，中国社会科学出版社，1981。

〔法〕安克强：《1927～1937年的上海——市政权、地方性和现代化》，张培德、辛文锋、肖庆璋译，上海古籍出版社，2004。

〔法〕白吉尔：《中国资产阶级的黄金时代（1911～1937）》，张富强、许世芬译，上海人民出版社，1994。

〔美〕C. E. 布莱克：《现代化的动力》，段小光译，四川人民出版社，1988。

成台生：《胡汉民的政治思想》，台北，黎明文化事业股份有限公司，1981。

杜恂诚：《民族资本主义与旧中国政府》，上海社会科学出版社，1991。

〔美〕费正清主编《剑桥中华民国史（1912～1949）》，中国社会科学出版社，1994。

〔美〕费正清：《伟大的中国革命》，刘尊棋译，国际文化出版公司，1989。

龚俊：《中国新工业发展史大纲》，台北，华世出版社，1978。

郭廷以：《近代中国史纲》，香港中文大学出版社，1975。

郭绪印：《国民党派系斗争史》，上海人民出版社，1992。

韩文昌、邵玲主编《民国时期中央国家机关组织概述》，档案出版社，1994。

〔美〕黄仁宇：《从大历史的角度读蒋介石日记》，中国社会科学出版社，1998。

建设委员会编印《建设委员会办理国营无线电事业之经过》，1929。

〔美〕吉尔伯特·罗兹曼主编《中国的现代化》，上海人民出版社，1989。

江沛、纪亚光：《毁灭的种子——国民政府时期意识形态管理研究》，陕西人民教育出版社，2000。

蒋俊、李兴芝：《中国近代的无政府主义思潮》，山东人民出版社，1990。

金观涛、刘青峰：《开放中的变迁：再论中国社会超稳定结构》，香港中文大学出版社，1993。

金士宣、徐文述：《中国铁路发展史，1876～1949》，中国铁道出版社，1986。

〔意〕卡洛·M. 奇波拉主编《欧洲经济史》第5卷（下），林尔蔚译，商务印书馆，1988。

〔美〕柯伟林：《德国与中华民国》，陈谦平等译，江苏人民出版社，2006。

〔美〕柯文：《在中国发现历史：中国中心观在美国的兴起》，林同奇译，中华书局，1989。

孔庆泰：《国民党政府政治制度史》，安徽教育出版社，1998。

〔德〕马克斯·韦伯：《新教伦理与资本主义精神》，于晓、陈维纲等译，上海三联书店，1987。

李菊时：《统制经济之理论及实践》，新中国建设学会，1934。

李书田等：《中国水利问题》（下），商务印书馆，1937。

李新主编《中华民国史》第3编第2卷，中华书局，2005。

李学通：《幻灭的梦——翁文灏与中国早期工业化》，天津古籍出版社，2005。

李一翔：《近代中国银行与企业的关系（1897~1945）》，台北，东大图书公司，1997。

凌鸿勋：《七十五年来铁路大事之回忆与述评》，沈云龙主编《近代中国史料丛刊续编》第924辑，台北，文海出版社。

凌鸿勋：《中华铁路史》，台北，台湾商务印书馆，1981。

刘兰兮：《中国现代化过程中的企业发展》，福建人民出版社，2006。

陆仰渊、方庆秋：《民国社会经济史》，中国经济出版社，1991。

〔法〕罗拉：《卢芹斋传》，卞婉钰译，中国文联出版社，2015。

罗荣渠：《现代化新论——世界与中国的现代化进程》，商务印书馆，2004。

罗荣渠主编《从"西化"到现代化——五四以来有关中国的文化趋向和发展道路论争文选》，北京大学出版社，1992。

马克思：《资本论》，人民出版社，1998。

马敏：《官商之间：社会剧变中的近代绅商》，天津人民出版社，1995。

苗建寅主编《中国国民党史：1894~1988》，西安交通大学出版社，1990。

潘荣昆、林牧夫：《中华第一奇人——张静江传》，中国文联出版社，2003。

秦孝仪主编《中华民国经济发展史》，台北，近代中国出版社，1983。

秦孝仪主编《中华民国名人传》第1、2册，台北，近代中国出版社，1984。

上海市档案馆编《旧上海的证券交易所》，上海古籍出版社，1991。

沈云龙：《民国史事与人物论丛》，台北，传记文学出版社，1981。

史全生：《中华民国经济史》，江苏人民出版社，1992。

宋则行、樊亢：《世界经济史》（中），经济科学出版社，1998。

台北浙江同乡会编印《开国元勋、张乡长静江先生百岁诞辰纪念》，1976。

谭熙鸿主编《十年来之中国经济（1936～1945）》，中华书局，1948。

王鹤鸣：《安徽近代经济探讨》，中国展望出版社，1987。

王树槐：《中国现代化区域研究——江苏省：1860～1916》，《中央研究院近代史研究所专刊》，1984。

王孝通：《中国商业史》，商务印书馆，1936。

吴承明：《中国资本主义与国内市场》，中国社会科学出版社，1985。

吴景平：《宋子文评传》，福建人民出版社，1992。

吴相湘：《民国百人传》第1册，台北，传记文学出版社，1971。

〔美〕小科布尔：《上海资本家与国民政府，1927～1937》，杨希孟、武莲珍译，中国社会科学出版社，1988。

徐鼎新：《中国近代企业的科技力量与科技效应》，上海社会科学院出版社，1995。

徐和雍、郑云山、赵世培：《浙江近代史》，浙江人民出版社，1982。

许涤新、吴承明主编《中国资本主义发展史》，人民出版社，1993。

薛毅：《国民政府资源委员会研究》，社会科学文献出版社，2005。

张嘉璈：《中国铁道建设》，杨湘年译，商务印书馆，1945。

张建智：《张静江传》，湖北人民出版社，2004。

张南琛、宋路霞：《张静江、张石铭家族——一个传奇家族的历史纪实》，重庆出版社，2006。

张素贞：《毁家忧国一奇人——张人杰传》，台北，近代中国出版社，1981。

张宪文主编《中华民国史纲》，河南人民出版社，1985。

张玉法：《中华民国史稿》，台北，联经出版事业公司，2001。

章乃器等：《中国经济恐慌与经济改造》，中华书局，1935。

赵兴胜：《传统经验与现代理想：南京国民政府时期的国营工业研

究》，齐鲁书社，2004。

浙江省交通厅公路交通史编审会编《浙江公路史》第 1 册，人民交通出版社，1988。

郑会欣：《从投资公司到"官办商行"——中国建设银公司的创立及其经营活动》，香港中文大学出版社，2001。

郑友揆等：《旧中国的资源委员会（1932~1949）——史实与评价》，上海社会科学出版社，1991。

中国公路交通史编审委员会编《中国公路史》第 1 册，人民交通出版社，1990。

周峰：《民国时期杭州》，浙江人民出版社，1992。

周谷城主编《中国通史》（上、下），上海人民出版社，1957。

周颂贤：《江南铁路》，台湾铁路管理局印，1981。

周聿峨、陈红民：《胡汉民》，广东人民出版社，1994。

周治华主编《苏州全国之最》，江苏科学技术出版社，1994。

Arther N. Young, *China's Nation – building Effort, 1927 – 1937*：The Financial and Economic Record, Stanford, Hoover Institution Press, 1971.

Tim Wright, *Coal Mining in China Economy and Society, 1895 – 1937*, Cambridge University Press, 1984.

三 论文

陈国强：《评大革命时期的张静江》，《江海学刊》1994 年第 6 期。

方一戈：《张静江与"四省三铁路"》，《文史春秋》2004 年第 1 期。

黄山佐：《民国时期开发长江三峡水力资源的计划和经过》，《长江志通讯》1984 年第 1 期。

康丽萍、张建敏：《张静江与中华民国建设委员会》，《城建档案》2007 年第 5 期。

李军萍：《全国经济委员会组织机构介绍》，《民国档案》1990 年第 1 期。

李占才：《张静江修筑铁路》，《民国春秋》1996 年第 4 期。

刘义生：《张静江评析》，《史学月刊》1992 年第 6 期。

马陵合、廖德明：《张静江与淮南铁路——兼论淮南铁路的经济意义》，《安徽师范大学学报》（人文社会科学版）2005 年第 1 期。

戚如高、周媛：《资源委员会的〈三年计划〉》，《民国档案》1996年第2期。

孙辅世：《治水回忆录（摘录）》，《学会》2004年第2期。

孙立平：《后发外生型现代化模式剖析》，《中国社会科学》1991年第2期。

谭备战：《抗战前国企向民企的转变——以建设委员会和中国建设银公司谈判为例》，《贵州社会科学》2016年第6期。

谭备战：《抗战前农田机灌事业的肇启——以建委会推行模范灌溉为例》，《中国经济史研究》2016年第2期。

谭备战：《机遇与发展：抗战前建设委员会对电力工业之推动（1929～1937）》，《民国研究》（秋季号）第30辑。

谭备战：《南京国民政府对西北电力工业的开发与建设——以建设委员会创办西京电厂为例的考察》，《中国经济史研究》2012年第4期。

谭备战：《南京国民政府时期国营煤矿事业经营的典型——以建设委员会与淮南煤矿为例的考察》，《安徽史学》2010年第2期。

谭备战：《试论抗战前国有企业私有化的原因——以建设委员会商业化运营为中心的考察》，《中国经济史研究》2008年第4期。

谭备战：《孙中山与蒋介石心目中的张静江》，《党史文苑（纪实版）》2007年第19期。

谭备战：《张静江与近代浙江陆上交通建设》，《中国社会经济史研究》2011年第2期。

谭备战、谭新喜：《南京国民政府时期省营铁路的先导——张静江与杭江铁路》，《杭州师范学院学报（社会科学版）》2008年第1期。

唐凌：《抗战时期的中国煤矿市场》，《近代史研究》1996年第5期。

陶英惠：《记民国四老——吴稚晖、蔡元培、张人杰、李煜瀛》，《传记文学》第23卷第5期，1973年11月。

王骏：《学者参政与现代思想库——从国防设计委员会谈起》，《科学与技术管理》1997年第6期。

吴相湘：《疏财仗义的张人杰》，《传记文学》第6卷第2期，1965年2月。

恽震：《电力电工专家自述（1）》，《中国科技史料》2000年第3期。

张云燕：《论1928～1929年国民政府建委会的无线电管理》，《河北大学学报》（哲学社会科学版）2006 年第 6 期。

赵兴胜：《1927～1938 年的张静江》，《近代史研究》1997 年第 1 期。

赵兴胜：《论抗战前的国营工业》，《文史哲》2001 年第 2 期。

郑会欣：《扬子电气、淮南矿路两公司的创立与国有企业私营化》，《历史研究》1998 年第 3 期。

钟华、范展：《论张静江在建设委员会时期的经济建设活动》，《湖州师范学院学报》2003 年第 5 期。

William C. Kirby, "Joint Ventures, Technology Transfer and Technocratic Organization in National China, 1928 - 1949," *Republican China*, 1987, Vol. 12.

廖德明：《近代安徽铁路及其社会经济发展》，硕士学位论文，安徽师范大学，2005。

章建：《铁路与近代安徽经济社会变迁研究（1912～1937）》，博士学位论文，苏州大学，2013。

后　记

　　《国家与建设：南京国民政府建设委员会研究（1928～1938）》书稿是对以博士论文为基础申报的国家社科基金后期资助项目"南京国民政府建设委员会研究（1928～1938）"的最终结项成果。在即将交由社会科学文献出版社付梓之际，内心可谓百感交集。

　　17年前，我离开工作11年的中学历史教师岗位，考入河南大学中国近现代史专业攻读硕士学位，重返大学校园开始研究生学习。在顺利取得河南大学硕士学位之后，深感学习机会来之不易，便又继续考入国内研究中华民国史的重镇——南京大学中华民国史研究中心攻读博士学位。从河南大学到南京大学，在诸多师友的帮助下，终于顺利完成了自己的研究生学业。对于诸位师友的帮助，我将永远铭记于心！

　　首先，我要感谢博士指导老师陈红民教授。陈老师治学严谨，知识广博，要求严格。在南京大学读博期间，陈老师无论从平时生活的关心到博士论文的选题以及科研的每一点进步，都使我感受到关心与厚爱。完成博士学业参加工作以后，陈老师又经常为我指点学业上的迷津，使我虽不常在导师身边，也能时时取得学术上的少许进步。这次以博士论文为基础申报的国家社科基金后期资助项目的出版，陈老师又在百忙之中为我写序，使我十分感动。我深深知道，自己在科研上取得的任何一点进步都离不开陈老师的悉心指导与热情帮助。

　　我在南京大学读博的三年时间里，受益于南京大学中华民国史研究中心深厚的学术氛围与诸多老师们的悉心指导，南京大学中华民国史研究中心张宪文老师、崔之清老师、陈谦平老师、张生老师、马俊亚老师、李玉老师、姜良芹老师等均在我的开题报告或论文写作过程提出了许多宝贵意见，使博士论文得以按期完成毕业答辩。至今上述诸位老师仍时常关心和帮助我的学术成长。对于各位老师的指导与帮助，在此一并致谢！

　　本书的顺利完成，必须感谢提供查阅档案、图书资料的各个档案馆和图书馆的老师们。中国第二历史档案馆、江苏省档案馆、南京市图书馆、南京大学图书馆港台阅览室、古籍部、过刊阅览室，以及河南大学图书馆等的诸多老师，都为本书的写作提供了便利，对他们的热情帮助，在此深表感谢！

我的学术成长也离不开河南大学历史文化学院老师们的鼓励与帮助，翁有为老师、马小泉老师、赵金康老师等对我的科研成长始终表示关心与支持，在此亦表示对诸位老师的感谢！

十多年前在南京大学读博期间，整个师门就像一个温暖的大家庭，同学们的友好帮助使我时常怀念那段美好的学生时光。师兄刘孟信、肖如平、刘大禹、刘丰祥，师姐刘云虹、文庠、徐舒映，以及同窗张祖龑、刘立振、赵炳林等博士对我的学习或生活帮助甚多。师弟方勇、陈伟、魏兵兵、朱明轩、马超俊，师妹刘真等也为我的学习与生活提供了许多帮助。对于上述各位的热情帮助，虽然时光已过去十余年，至今回忆起来依旧充实而甜蜜。

当然本书的出版，还必须感谢社会科学文献出版社的领导与编辑邵璐璐老师，正是他们不厌其烦地与我沟通书稿的修改与完善，本书才得以顺利出版，在此也表示我的真诚谢意。当然本书中的错误之处，必须由我负责。

最后还要感谢我的亲人——年迈的父母、贤惠的妻子与懂事的女儿。年迈的父母，虽然不懂我的学术研究，但他们知道自己的儿子读书写作是对国家与社会有用的，因此时刻提醒我要以微薄之力对国家和社会多做贡献。妻子孔素芳女士为家庭付出了诸多艰辛，她不但承担了全部家务，而且要完成繁重的教学任务，同时还要照料女儿的生活和学习，本书的文字修改她也付出了辛勤汗水。女儿谭浩然，在我去河南大学攻读硕士学位时年仅3岁，今已是大学生了。本书的完成也有女儿付出的辛苦劳动。不仅是本书的写作伴随着她的成长，而且随着女儿的长大，她总是和我在学习上互相鼓励，对于有些问题还互相讨论，甚至书中的有些资料还是她帮我查阅与核对的。正是有这些亲人的默默支持和鼓励，我才能够继续读书与写作。

由于国民政府建设委员会的研究者不多，且涉及的内容繁杂，加之作者的知识水平所限，本书难免会出现这样那样的错误或不足之处，敬请各位专家学者与广大读者批评指正。

谭备战于郑州

2019 年 7 月 6 日

图书在版编目（CIP）数据

国家与建设：南京国民政府建设委员会研究：1928～1938 / 谭备战著 . -- 北京：社会科学文献出版社，2019.10
国家社科基金后期资助项目
ISBN 978 - 7 - 5201 - 4689 - 0

Ⅰ.①国…　Ⅱ.①谭…　Ⅲ.①国民政府 - 经济建设 - 委员会 - 研究 - 1928 - 1938　Ⅳ.①F429.06

中国版本图书馆 CIP 数据核字（2019）第 070597 号

· 国家社科基金后期资助项目 ·

国家与建设：南京国民政府建设委员会研究（1928～1938）

著　　者／谭备战

出 版 人／谢寿光
责任编辑／邵璐璐

出　　版／社会科学文献出版社·历史学分社（010）59367256
　　　　　地址：北京市北三环中路甲 29 号院华龙大厦　邮编：100029
　　　　　网址：www.ssap.com.cn
发　　行／市场营销中心（010）59367081　59367083
印　　装／三河市龙林印务有限公司

规　　格／开　本：787mm×1092mm　1/16
　　　　　印　张：24.25　字　数：408 千字
版　　次／2019 年 10 月第 1 版　2019 年 10 月第 1 次印刷
书　　号／ISBN 978 - 7 - 5201 - 4689 - 0
定　　价／138.00 元

本书如有印装质量问题，请与读者服务中心（010 - 59367028）联系